글로벌 패러독스

서울대학교 아시아연구소총서 기초연구시리즈 4

글로벌 패러독스

아시아의 도전과 과제

초판 1쇄 발행 2016년 2월 25일
초판 2쇄 발행 2016년 8월 1일

지은이 임현진 · 서문기 · 윤상우
펴낸곳 서울대학교출판문화원
펴낸이 성낙인

책임 편집 정성숙
디자인 최선아

출판등록 제15-3호

주소 (08826) 서울 관악구 관악로 1
대표전화 02-880-5252 | **팩스** 02-888-4148
마케팅팀(주문상담) 02-889-4424, 02-880-7995
이메일 snubook@snu.ac.kr
홈페이지 www.snupress.com

ISBN 978-89-521-1758-8 94330
978-89-521-1475-4 (세트)

이 연구는 서울대학교 아시아연구소 아시아기초연구사업 연구비에 의하여 수행되었음.

서울대학교 아시아연구소총서
기초연구시리즈 4

아시아의
도전과 과제

글로벌 패러독스

임현진 · 서문기 · 윤상우 지음

서울대학교출판문화원

The Developmental Challenges in Asia

Global Paradox

Hyun-Chin Lim
Moon-Gl Suh
Sang-Woo Yoon

Seoul National University Press

머리말

사회과학의 제 분야에서 발전의 의미는 역사적 조건과 복합적인 성격에 의해 주어진 사회의 현실적인 결과이자 미래를 향한 근원적인 자산으로 이해된다. 경제성장과 같은 발전의 전통적인 개념은 21세기 급격한 환경변화와 함께 새로운 사회적 수요를 반영하면서, 사회발전의 최종 목표인 '삶의 질'의 실제적 차원에 의해 강력한 도전을 받고 있다. 특히 국제 지형에서 대부분의 개발도상국은 탈(脫)식민화 및 근대화 과정을 통해 산업화를 추구하고 있으며, 서구의 선진사회는 복지국가의 위기에서 파생된 국가 경쟁력과 효율성의 문제 등에 본격적으로 대응해야 하는 새로운 국면을 맞고 있다.

지난 세기 서구 세계는 세계화 과정을 통해 발전의 밑그림을 제시했으며, 대부분의 개발도상국은 이 그림을 따라가기 위해 훈련되어 왔다. 하지만 오늘날 많은 국가는 발전의 대가를 지급하면서 기존의 틀에서 벗어나고자 노력하는 상황이다. 변화의 중요성은 신(新)자유주의에 의한 자본주의 발전의 딜레마와 이를 풀기 위한 국가, 시장, 시민사회의 상호관계에 대한 성찰과 재조명이 필요하다는 데서 찾을 수 있다. 이에 따른 발전전략과 관련해서는 다음과 같은 큰 흐름에 주목할 수 있다. 첫째, 세계경제에서 동아시아를 포함한 중국과 인도 등 아시아 신흥공업국의 위상이 높아짐에 따라 새로운 핵심적 역할이 요구되고 있다. 둘째, 발전의 주체는 다원화된 네트워크 구조로 전환하고 있으며, 시계추의 변동폭은 산업선진국과 개발도상국에 걸쳐 국가와 시장에 이르기까지 다양한 차원에서 나타나고 있다. 셋째, 자본주의 위기는 세계경제의 불안정을 초래하여 국제 지형에서 발전협력의 중요성과 함께 서구 중심의 기존 접근에 대한 경종을 울리고 있다.

세계화와 사회발전의 역동적인 맥락은 역설적으로 '과거로부터의 단절'과 '새로운 세계의 탐험'이라는 발전의 고유한 명제에 대한 성찰의 기회를 가져다준다. 사회질서의 전통적인 패러다임의 쇠퇴와 해체를 거쳐 주어진 사회가 새로운 환경 안에서 새롭게 재구성된다는 관점은 발전과정에서 기능적인 측면을 충분히 설명할 수 있다. 하지만 발전의 주체와 성격을 둘러싼 좀 더 본질적인 측면은 간과하는 경향이 있다. 사회발전에서 국가의 역할은 사회통치를 위해 일정한 규칙을 생산하는 일련의 제도적 권위체계로서 특정한 공간 내에서 합법화된 폭력수단의 독점으로 특징지어진다. 그래서 국가의 범주는 사회발전의 독립변수이자 종속변수가 될 수 있는 것이다(Weber, 1978). 국가는 단일한 정체성을 갖기보다 사회적 자원의 사용과 공공정책의 방향을 둘러싼 다양한 이해관계에 바탕을 둔 공통분모와 영역을 규정하는 일련의 제도다. 따라서 사회발전의 주체로서 국가는 그 경계선을 분명하게 규정하기보다는 서로 다른 집단의 협상력(bargaining power)을 반영하여 끊임없이 변하는 속성이 있다는 점에서 복합성을 가진다고 할 수 있다.

자본주의 국가의 발전과정에서 특정한 형태와 이에 대한 역사적인 특성이 존재하는가의 문제는 구조주의, 제도주의, 행동주의 등 다양한 관점에서 지속적으로 탐구되어 왔다. 국제질서의 흐름과 지정학적 맥락, 국가 및 사회 관계 등의 범주가 핵심 현안으로 다루어지고 있다. 예를 들어 자유방임형 경제체제를 기반으로 하는 서구 사회에서 발전의 청사진은 영국의 민주화된 정치우위 체제와 미국의 대외 원조정책에 기인한 경제결정주의, 독일과 일본의 성공적인 산업화 등을 포함한다. 국가의 역할에서와 같이 사회과학의 수수께끼에서 잃어버리거나 간과되었던 변수들에 대한 지속적인 재성찰은 사회발전의 주체를 종속변수로 접근하는 지적 전통에 반해 새롭게 태어나고 있는 것이다.

대부분의 개발도상국은 선진 산업사회로부터 발전모델을 수입하고, 미래의 발전경로와 관련하여 서구 사회에 대한 높은 선호도를 보여왔다. 이러한 흐름은 사회발전의 성격을 반영하는 것으로서 전통적인 사회적 · 문화적 틀의 계승과 해체를 둘러싼 정책적 판단에서 종종 딜레마적 상황에 빠지게 한다. 사회발전의 상이한 목표에 따른 갈등에도 불구하고 많은 개발도상국은 서구 사회가 시행착오를 거치며 진행해온 근대화 과정을 단기간에 성취하고자 노력한다. 그러나 포괄적 사회변동을 추구하고자 하는 국가적 노력에 대한 객관적이며 표준적인 평가기준은 아직 마련되어 있지 않다.

본 연구는 이와 같은 문제의식을 반영하고 있으며, 연구설계 과정은 세계화, 자본주의, 발전 분야에 관한 광범위한 문헌연구로부터 출발한다. 다양한 자본주의 이론과 경험 연구의 현황을 파악하고, 구체적인 사례를 통합적 분석 틀에 의해 실증적으로 분석한다. 이에 따라 아시아의 역동적인 발전가능성을 진단하고 정책적 함의를 도출한다. 본 연구는 분석수준을 높이고 방법론적 타당성을 확보하기 위해 다음과 같이 몇 가지 측면을 반영한다.

첫째, 국가, 시장, 시민사회의 구조적 관계에 대한 분석작업에서는 구체적인 가설뿐 아니라 이론적 재구성을 통해 해석되는 사례들의 범주를 설정하고, 연구모델과의 일치 여부를 검토한다. 이러한 전략에 기초하여 분석대상을 의미 있게 조망함으로써 사회발전의 개념규정 및 구성요소들을 규명하고, 어떻게 발전과정에 영향을 미쳤는가를 천착한다. 어떠한 관점을 사용할 것인가는 주어진 사회의 환경적 맥락에 대한 이해에 따라 달라진다. 따라서 본 연구에서는 연구대상에 영향을 미치는 통제요인의 속성을 더욱 명확하게 밝혀낼 수 있는 모델의 개발에 초점을 둔다.

둘째, 질적 구조연구 방법에 따른 비교분석 방법을 활용한다. 자본주의의 사회경제적 조건들을 이해하는 작업은 기본적으로 국가별 양적 분석에 의한 변수 간 상호 관계에 직면하게 된다. 이러한 구조적 관계는 근대화 및 종속 이론에서처럼 확고한 특정이론으로 수렴되지는 않는다. 어떠한 양적 분석도 인과관계에 대한 충분한 추론을 제공하지 않는다는 것은 유사한 결과들이 수많은 요소와 다른 인과과정을 통해 나타날 수 있음을 말해 준다. 연결고리를 파악하기 위해서는 사례별 비교분석 방법이 유효하다. 이 분석전략은 사례연구법의 일종으로 기존의 연구방법을 고려하는 이론적 틀을 세우고, 이 틀 위에서 일련의 개별적 역사를 분석한다. 그럼으로써 역사과정에 관한 정보와 사실을 수집하되 분석한 요소들의 특정한 역사적 맥락을 성찰할 수 있다.

셋째, 사례분석법은 일반적으로 너무 적은 사례의 수와 너무 많은 변수로 연구 작업상 어려움이 있다. 그러나 이 문제는 많은 수의 사례를 포함함으로써 해결될 수 있으며, 비교역사 연구방법의 가능성을 확장함으로써 그 어려움을 줄일 수 있다. 비교사적 접근은 발전과정에 관한 방법론 상의 딜레마를 해결하기 위해 시 · 공간의 구조화를 통한 통합의 필요성을 강조하게 된다. 이론의 방향에서 역사로부터 장기적인 시간의 흐름 속에 이뤄지는 사회 구조 및 변동에 관한 설명적 일반화의 시도는 시 · 공간을 축으로 사회의 생성, 성장, 소멸을 분석하여 방법론적 틈새를 메꾸고 또 그것을 효과적으로 연결할 수 있다. 본 연구에서는 연구사례를 질적으로 분석하기 위해 방법론적 과학성에 기초한 분석적 기술법(analytical narrative)에의 접근을 시도한다. 따라서 이론과 실제의 유관적합성에 관한 설명방식을 어떻게 일반화할 수 있는가에 초점을 둔다. 경제학이나 사회학에서 실험적으로 사용되고 있는 명시적인 논리체계를 반영하여 접근하는 분석적 방법과 역사연구에 보편적으로 사용되고 있는 맥락과 콘텐츠에 주목하는 방법을 통합한 접근은 특정한 시점과 상황에서 발생한 특정 사례를 심도 있게 다룰 수 있는 장점이 있다.

국가 간 비교분석 전략을 바탕으로 한 이 책은 모두 11개의 장으로 구성되었다. 각 장은 독자적인 완결성을 지니면서도 전체적인 틀과 상응하는 논리와 체계를 갖도록 발전의 이론과 경험의 적실성을 논의하고 있다. 다만 발전문제의 본질을 더욱 철저하게 해명하기 위해서는 다면적이고 복합적인 추론이 요구된다는 점에서, 다음과 같은 관련 글들을 수정 보완하여 재인용 없이 사용하고 있음을 밝혀 둔다: 임현진(1987), 『현대한국과 종속이론』 제1장(서울대학교출판부); 임현진(2011), 『세계화와 반세계화』 제1장(세창출판사); 임현진(2012), "The Road to East Asian Community," 일본 교토 심포지엄; 임현진(2012), 『지구시민사회의 구조와 역학』 서론과 제2장(나남); 윤상우(2013), 『경제와 사회』 제100호; 윤상우(2014), 『사회과학논총』 제16집. 자본주의 다양성 논쟁과 세계화 및 반(反)세계화를 넘어 대안적 아시아 발전모델을 모색하고자 한 본 연구의 주요 내용은 크게 세 부분으로 이루어진다.

제1부에서는 세계화의 진행과정과 효과에 대해 살펴보고, 발견적

(heuristic) 범주로서 세계화의 논리와 발전의 의미를 탐구한다.

제1장에서 서문기는 '사회발전이란 무엇인가'라는 문제의식을 통해 발전이론의 역사적 흐름과 주요 관점을 비교함으로써 이론적 지형을 조망하고, 글로벌 패러독스의 현실과 의미를 진단하고 있다. 아울러 세계화의 역사적 발전단계에 따라 중심부와 주변부 발전의 위기와 전개과정을 살펴보고, 발전개념의 시기별 변천사와 함께 발전에 관한 자유주의 및 급진주의 시각의 특징을 조망함으로써 새로운 발전모델의 가능성을 탐구하고 있다. 제2장에서 임현진은 제3세계 발전연구의 의미를 천착하고, 근대화 및 종속 이론의 진영을 각각 사회학적 근대화이론 및 신고전파 경제론, 저개발심화론 및 생산양식접합론에 이르기까지 단계적으로 구분하고, 발전이론의 변용과 전개과정을 체계적으로 설명하고 있다. 제3장에서 윤상우는 신제도주의와 조절이론, 세계체제론, 세계사회론 등 주요 패러다임의 이론적 지형과 경험적 연구결과를 중심으로 발전이론의 기원과 확장을 심도 있게 다루고 있다. 특히 자본주의의 발전과 변동에 대한 보다 풍부한 제도적 설명을 위해 조절이론과 자본주의 다양성론의 주요한 이론적 내용과 쟁점을 살펴보고, 이를 비판적으로 평가한다. 제4장에서 임현진은 세계화를 둘러싼 논쟁을 포괄적인 틀에서 이해하기 위해 세계체제론, 지구문화론, 세계사회론, 지구자본주의론의 기본 시각을 중심으로 각 모델의 장·단점을 비교분석하고 있다. 세계화의 본질에 대한 담론은 세계화론과 회의론으로 구분하여 접근하되 세계화 논쟁에 관한 이론적 지형의 적용가능성을 제시하고 있다.

제2부에서는 세계화의 구조와 전개과정에 대해 살펴보고, 신자유주의의 '보이지 않는 손'과 민주화 과정의 '빛과 그림자'를 경험적 차

원에서 체계적으로 고찰한다. 이에 따라 세계화와 사회발전의 불평등 구조를 이해하고 새로운 패러다임을 탐색한다.

제5장에서 윤상우는 발전의 정치경제학적 관점을 통해 현대자본주의의 전개과정에 따른 변동과 위기현상을 진단한다. 그리고 신자유주의 패러다임을 둘러싼 세계화 및 반세계화 논쟁을 분석한 후 대안세계화의 가능성을 조망한다. 구체적으로는 자본주의의 발전 동학을 호황, 위기, 재구조화라는 장기파동의 순환주기로 파악함으로써 2차 세계대전 이후 자본주의 체제의 변동과정을 우연한 역사적 사건들의 결과물이 아닌 자본주의에 내재된 체계적 경향성과 제도적 요인의 산물임을 보여 준다. 나아가 세계화, 정보화, 금융화, 신자유주의와 같은 현대자본주의의 다면적 특성이 1980년대 이후 자본주의의 위기탈출을 위한 재구조화의 순차적인 전략으로 등장하고, 상호 긴밀하게 연결되어 축적체제의 재구축을 위한 기능적 보완관계에 있음을 규명하고 있다. 제6장에서 임현진은 세계화와 반세계화를 각기 대변하는 신자유주의 세계화 네트워크와 민주주의 세계화 네트워크에 대해 살펴보고, 세계경제포럼과 세계사회포럼의 역사, 조직, 운영에 대해 검토하고 있다. 특히 세계화의 물결로서 금융의 전(全) 지구적 심화현상을 카지노 자본주의의 확장으로 간주하고, 시장중심적 이데올로기의 본질과 국제통화기금에 의한 구조조정 프로그램을 개발도상국의 관점에서 제언하고 있다. 제7장에서 임현진은 세계질서를 구성하고 있는 국가 간 국제체제, 자본주의 세계경제, 지구시민사회의 특징에 대해 논의하고, 이러한 체제를 민주화할 수 있는 매개체로서 세계화의 네트워크를 진단하고 있다. 오늘날 인류가 처한 복합위기 극복을 위해 서로 다른 경쟁체제에서 갈등하는 세계화의 라이벌 구도를 살펴보고, 이를 통해 대안세

계화를 모색하는 데 필요한 이론적 · 경험적 토대를 분석한다.

제3부에서는 세계화 과정에 따른 발전의 위기와 이에 대한 해결방안을 모색하며, 지구촌 시대의 시대정신으로 간주되는 글로벌 발전의 전망과 함께 한국의 역할과 과제를 다룬다.

제8장에서 임현진은 자본주의 다양성과 동북아 공동체 논쟁을 체계적으로 검토하고 있다. 이를 통해 발전국가의 장 · 단점을 진단하고, 지구적 변환과정에 따른 대안적 발전모델의 가능성을 지구공동체의 관점에서 모색한다. 제9장에서 윤상우는 외환위기 이후 동아시아 발전주의 국가모델의 성격 규명을 위해 2000년대 이후 대만이 경험하고 있는 변화의 방향과 특징을 고찰하고, 대만 발전모델의 현재적 성격과 좌표를 검토하고 있다. 특히 복지국가 전환과 제한적 신자유주의화라는 변화의 측면과 발전국가의 조직적 · 정책적 관성이 유지되는 연속성의 측면을 세부적으로 논의한다. 제10장에서 서문기는 비교발전의 시각에서 서구의 경험을 조망하고, 주어진 사회의 구조적 조건들과 비교 검토함으로써 사회발전의 함수관계를 살펴본다. 방법론 차원에서는 각기 상이한 지역에서의 공통점과 차이점을 대비하여 복지국가의 형성에 필수적인 요소들을 추출하고 삶의 질에 관한 이론적 타당성을 검증하고자 한다. 복지국가의 다양성과 역동적 과정을 사회학적으로 깊이 있게 탐구하기 위해 삶의 질 개념을 사회 각 집단의 다양한 이해관계를 둘러싼 정치력의 표현으로만 아니라 국가의 정체성과 시민권의 발로로 인간 존엄성과 사회적 유대감을 포함하여 좀 더 포괄적으로 다루고 있다. 제11장에서 임현진은 세계 각국의 발전경험을 강대국, 강중국, 강소국 모델의 측면에서 비교분석하고, 21세기 한국의 생존과 번영을 위한 강중국 발전모델의 가능성을 살펴본다. 결론적으로 세계화의

이상과 현실 관계의 분석결과를 통합하여 지구촌의 복합적 위기와 아시아 발전의 기회에 관한 사회학적 함의를 도출하고, 한국 사회의 현재적 좌표와 과제를 제시한다.

이와 같은 맥락에서 본 연구결과의 기대효과를 정리해 보면 다음과 같다.

첫째, 본 연구는 우선 자본주의 다양성의 개념을 하나의 총체가 아니라 주체에 따라 다르게 정의될 수 있는 유동적 · 역동적 성격을 갖는 것으로 전제하고, 세계화에 따른 사회발전의 논리와 의미 등을 규명하여 새로운 발전 패러다임의 틀을 제시하고자 한다. 양적 · 질적 차원에서 현실적인 적합성을 반영하는 발전모델을 개발함으로써 각국의 발전과정에서 다양성과 차이가 존중될 것이다. 이를 기반으로 지구사회의 안정과 공존을 지향하는 발전의 목표와 이론적 수준을 향상시키는 학문적 · 실천적 목적으로 활용할 수 있다.

둘째, 자본주의와 시회발전 이론의 확장에 크게 기여할 수 있다. 자본주의의 역사적 동인을 밝히는 본 연구는 시장이 불평등을 형성하고 불평등이 정치를 주조한다는 순환구조를 파악함으로써 정치의 경제적 결과와 경제적 현상의 정치적 효과에 관한 새로운 사회과학적 함의를 도출한다. 시민사회 발전의 역할과 기회구조의 연결을 다층적으로 검토할 수 있도록 실증 자료를 구축하고, 발전의 거시적 작동 기제와 자본주의 유형 및 국가 역할 간 연계성에 관한 분석을 시도한다. 따라서 발전의 정치-경제-사회학과 같은 학제적 결합을 통해 자본주의 위기에 관한 새로운 시각을 제시하고자 한다.

셋째, 한국 사회에 대한 발전연구의 학문적 수준을 향상시킬 것으로 기대한다. 세계화 시대의 자본주의 변동 및 위기 과정과 한국 사회의 발전과정이라는 거시적 차원의 논의를 조명하고, 양 진영의 논리를 결합하여 한국 사회의 현재 단면의 심층분석을 통해 발전모델의 타당성을 검증하는 계기가 될 것이다. 이는 사회발전의 지속가능성이 높은 한국형 발전모델의 경로와 전략을 제시함으로써 발전국가 이후 사회발전의 원동력을 규명하고, 자본주의의 위기대응 과정에서 소요되는 비효율적이고 소모적인 사회적 · 정치적 논쟁과 사회정책의 설계와 실행에 따른 정책 실패를 줄이는 데 효과적으로 기여할 수 있다.

마지막으로 본 연구는 국가, 시장, 시민사회의 관계가 다양한 역사적 · 문화적 맥락에서 어떻게 다르게 나타나는지 또는 지역적 한계를 뛰어넘는 이론의 정립이 가능한지를 밝혀내는 데 도움이 되고자 한다. 아시아 지역에서 신흥국의 특수성을 고려하고, 동시에 보편적인 이론의 틀로 설명하는 시도가 될 것이다. 복지국가의 형성과 운영을 둘러싼 대립과 갈등은 소득불평등과 함께 계층 · 계급 간의 이념적 갈등을 초래하고, 또 사회통합을 저해하는 주요 요인으로 간주될 수 있다. 경제적 불평등은 하나의 국가에만 국한된 문제가 아니다. 자본주의 사회 전반에서 정치에 대한 불신과 사회적 불만, 갈등의 증가와 같은 심각한 문제를 유발시킬 수 있다. 따라서 자본주의 위기와 경제적 불평등의 사회적 결과가 무엇인가를 분석하고, 이를 근거로 한 해결책을 제시한다. 이는 시민문화의 수립과 정착 단계에서 매우 중요한 문제다. 연구 주제에 대한 체계적인 비교연구는 생산적인 대화와 논쟁을 촉발할 것이며, 체계적인 후속 연구가 활성화될 것으로 기대한다.

이 책은 발전연구에 관한 본격적인 전문서로서 의미가 있다. 또한 연구결과는 사회과학의 학문적 이해를 위한 심화학습의 자료로 활용가치가 충분하다고 할 수 있다. 그럼에도 불구하고 본 연구진이 처음 발전연구의 협력 프로젝트를 준비하면서 가졌던 생각과 의욕을 반추해 볼 때 이 책은 체계와 내용 면에서 여전히 미완성이라는 점을 솔직히 시인하지 않을 수 없다. 언제나 그렇듯 여러 가지 부족하고 미흡한 부분은 후에 다시 수정할 기회가 있으리라 믿으며, 더는 미룰 수 없어 부끄럽지만 이 책을 내놓는다. 이 자리를 빌려 본 연구를 가능하게 해 준 서울대학교 아시아연구소에 깊이 감사드린다. 그리고 본 연구의 자료 정리와 편집, 교정 등 실무에서 효과적으로 업무를 수행해 준 정호영 석사와 길성은 조교에게도 고마운 마음을 전한다. 마지막으로 좋은 책을 출간하기 위해 열심히 애써 주신 정성숙 선생님을 비롯한 서울대학교출판문화원의 노고에도 사의를 표한다. 마치 세계화와 발전의 역동적인 성격을 말해 주듯이, 유난히 세계 경제위기와 정치적 대립 및 사회적 쟁점이 많았던 시기에, 일교차가 심한 변화무쌍한 날씨에도 불구하고 각고와 정진의 노력을 아끼지 않은 연구진 제위와 미래의 독자들에게 악수를 청한다.

2016년 새싹이 움트는 봄을 기다리며

임현진 · 서문기 · 윤상우

차례

제3부 아시아 자본주의 가능성과 한계

표 차례

그림 차례

제1부
발전이란 무엇인가?

제1장 서론: 세계화의 논리와 발전의 성찰

제2장 근대화이론과 종속이론

제3장 신제도주의와 조절이론

제4장 세계체제론과 세계사회론

제1장 서론: 세계화의 논리와 발전의 성찰

1. 글로벌 패러독스

콜럼버스가 세 척의 범선을 이끌고 스페인의 팔로스 항구를 떠났을 때 사람들은 세상의 끝을 향한다고 수군거렸다. 하지만 69일 동안의 항해 끝에 1492년 10월 12일 아메리카 대륙에 도착한 날, 세계 문명의 중심은 당시 번성했던 아시아에서 유럽으로 서서히 넘어가고 있었다. 그 후 500년이 넘는 세월이 흐른 오늘날 아시아는 다시 부상하고 있다. 한국 · 중국 · 일본 · 아세안(ASEAN) 10개국, 그리고 인도를 합친 경제 규모는 매우 거대하며, 이제 아시아는 유럽을 제치고 미국을 넘보고 있다. 보스턴컨설팅그룹은 2016년 아시아의 부(富)를 합치면 40조 달러 규모가 될 것이며, 유럽(39조 달러)을 뛰어넘어 미국(41조 달러)에 육박할 것으로 전망하였다. 중국은 이미 미국과 함께 G2 구도를 형성하여 글로벌 헤게모니를 다투고 있는 상황이며, 세계의 지배권이 네덜란드에서 영국과 미국을 거쳐 중국으로 옮겨지면서 유럽과 미국을 잇는 대서양으로부터 미국과 중국을 잇는 태평양으로 글로벌 중심이 이동 중이다. 바야흐로 중국의 덩샤오핑(鄧小平)과 인도의 간디(Rajiv Gandhi)가 선언했던 '아시아의 세기(Asian Century)'가 현실이 된 것이다.

역사적 지형에서 볼 때 콜럼버스 시대 이전의 아시아는 유럽에 비해 사회경제적으로 훨씬 발전해 있었으며, 인류 역사상 두 번째 1000년의 절반(1000~1500년)은 아시아의 시대라고 평가할 수 있다. 예를 들어 서기 1000년 무렵 중국은 이미 도시화되어 있었고, 중동의 바그다드는 100만 명이 거주했던 당시 세계 최대의 도시였다. 9세기부터 13세기 동안 바그다드의 '지혜의 집(House of Wisdom)'은 그리스 · 페르시아 · 인도 문명의 정수를 담은 서적을 집대성해 놓기도 하였다. 그러던 중 유럽이 뒤늦게 아시아의 선진 문화를 받아들이고, 르네상스의 자각과 과학기술 혁명을 통한 지리상의 발견 등으로 바다와 세계를 제패하였다. 이로써 나머지 다섯 세기(1500~2000년)를 유럽의 시대로 장식하게 되었던 것이다.

21세기에 들어서면서 세계의 역사는 다시금 아시아에 의해 새롭게 재편되고 있는 상황이다(그림 1-1 참조). 유럽 및 미국과 더불어 아시아

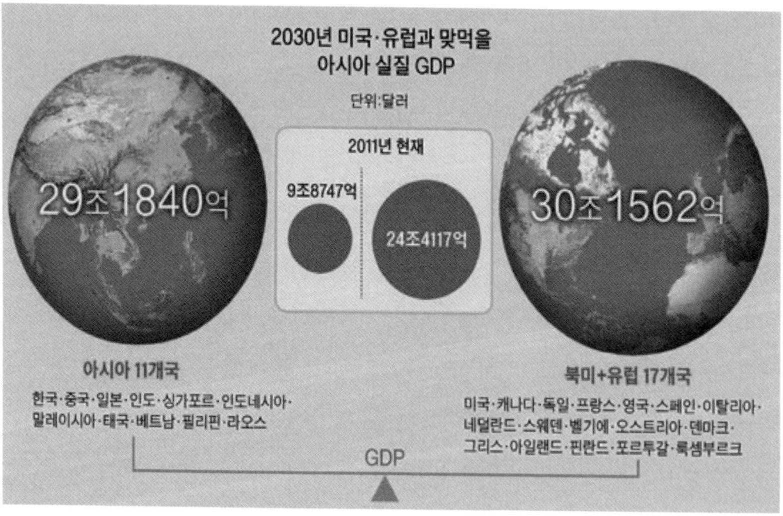

〈그림 1-1〉 아시아의 가능성

출처: 서울대학교 아시아연구소.

는 근대 산업세계의 3대 중심축을 형성했으며, 아시아의 첫 근대화 성공 사례인 일본을 모델로 하여 한국, 대만, 싱가포르, 홍콩 등 '네 마리 용'이 선진국 대열에 합류하려는 단계에 와 있다. 태국, 인도네시아, 말레이시아, 베트남, 필리핀의 '다섯 마리 호랑이'는 신흥공업국으로 세계경제무대에 새롭게 진입하고 있다. '친디아(CHINDIA)'로 불리는 중국과 인도는 세계의 정치 및 경제 대국을 향한 무한한 잠재력을 발현하고자 진군 중이다. 아시아는 인구, 면적, 투자, 생산량, 교역이 규모면에서 북미, 남미, 유럽, 아프리카보다 훨씬 크며, 사회경제적 발전의 역동적인 모습도 괄목할 만하다. 또한 산업화와 민주화는 서구보다 늦었지만 컴퓨터, 인터넷, 모바일 혁명 등 정보화 부문은 세계에서 가장 빠르게 21세기 지식기반 사회로 바뀌고 있다.

모든 역사는 나름대로 시대적 중요성이 있다. 이렇듯 아시아의 부상을 '문명의 전환'으로 예단하기는 아직 이르다. 왜냐하면 이러한 환경변화의 중심에서 아시아가 해결해야 할 도전과 과제는 여전히 산재해 있으며, 서구식 자본주의의 한계를 뛰어넘는 대안적 경제체제와 정치이념을 제시할 수 있는 가치와 콘텐츠가 절실한 상황이기 때문이다. 유럽과 미국이 한 역사의 종말이 아니라 또 다른 역사의 시작이듯이 아시아 시대도 같은 맥락에서 바라볼 필요가 있는 것이다.

최근 영국『파이낸셜 타임스』는 200여 년 전에 세상을 떠난 애덤 스미스의「세계 자본가들에게 보내는 편지」를 실어 시선을 모았다. 세계경제를 이끌어 가는 사람들의 모임인 다보스 포럼 연차 총회를 앞둔 시기였다. 실제로 글을 쓴 사람은 영국 투자그룹 칼라일의 공동창업자인 루벤스타인으로, 세계 각국이 경제불황에 흔들리는 가운데 격렬해지는 시위와 증가하는 실업률, 늘어만 가는 재정적자 등 총체적 위기를 경고하고 있다. 자본주의를 지속시키기 위해, 아니면 최소한 지난해보다 더 나은 상황으로 유지하려면 어떻게 해야 할지에 대한 고민이 절실히 필요하며, 자본주의가 단지 다른 대안보다 좀 더 낫다는 의미를 깊이 성찰해야 한다는 것이다.

세계경제의 위기와 함께 전(全) 세계적으로 들불처럼 번진 '월가를 점령하라(Occupy Wall Street)'의 시위가 상징하듯 자본주의 위기론이 팽배하고 있는 것이 현실이다. 이러한 세계화의 경향성 이후 자본주의를 바라보는 대표적인 두 가지 관점으로 스위스 다보스의 세계경제포럼(World Economic Forum)과 브라질 포르투 알레그레의 세계사회포럼(World Social Forum)이 주목받고 있으며, 자본주의 위기현상에 대한 서로 다른 주장과 해법을 추구하고 있는 상황이다. 전자가 자본주의를 옹호한다면 후자는 자본주의를 반대하는 모임이며, 위로부터의 세계화를 밀어붙여 온 세계경제포럼이 기업과 정부 중심이라면 아래로부터의 세계화를 부르짖는 세계사회포럼은 풀뿌리 시민단체에 기반을 두고 있다. 마치 1%와 99% 사이의 대결과 같은 모습을 보여 주는 이러한 구도는 공교롭게도 친(親)자본주의와 반(反)자본주의라는 점에서 서로 입장이 다르다. 하지만 오늘날 자본주의가 위기를 맞고 있다는 점에서는 의견을 같이하고 있다.

세계경제포럼의 창설자인 클라우스 슈바프는 우리의 죄를 사하기 위해서는 자본주의 체제를 개선해야 할 때라고 고백하고 있으며, 세계사회포럼의 기획자인 그르지보우스키는 다보스에 모인 신자유주의자들의 오만에 맞서야 하며, 자본주의를 넘어설 대안을 찾아야 한다고 선언하였다. 최근에도 세계경제포럼은 '대전환을 위한 새로운 모색'을 핵심 주제어로 제시했지만 말 잔치로 끝난 감이 없지 않다. 오늘날 자본주의가 신자유주의 세계화의 와중에서 불공정과 불평등을 만들어 냄으로써 도덕적 권위를 잃었다고 반성하고, 금융자본의 탐욕에 대한 비판과 함께 새로운 고용창출과 인재양성을 위한 재능주의(meritocracy)도 제시하였다. 하지만 신자유주의를 넘어서는 새로운 자본주의 모델의 제시는 못하고 있는 실정이다. 나아가 유럽의 재정위기 아래 세계 돈줄을 쥐고 있는 중국 수뇌부의 불참과 여전히 긴축을 강조하는 앙겔라 메르켈의 빈손 등 국제 지형에서의 이해관계가 개혁을 향한 다보스의 힘을 빼놓고 있다.

세계경제포럼에 비해 그 역사는 짧지만, 개발도상국의 정서적 공감대를 형성하고 있는 세계사회포럼은 자본주의의 위기와 사회적 · 경제적 정의라는 주제 아래 경제위기, 공공정책, 빈곤퇴치, 기후변화 등에 관한 논의를 하였다. 다보스 대신 포르투 알레그레에 참석한 브라질의 호세프 지우마 대통령은 경제성장, 고용창출, 빈곤퇴치, 불평등 감소를 위한 사회발전모델이 필요하다고 역설하였다. 사회운동가들은 자본주의는 원래 잘못된 것이므로 이를 살려 보려는 노력은 의미 없는 것이라며 세계경제포럼을 향해 비판의 목소리를 높였다. 아울러 '리우+20'으로 구성되는 유엔지속가능개발회의에 대한 경고로서 세계 각국의 주요 도시에서 자본주의에 반대하고 환경적 · 사회적 정의를 촉구하는 점령(occupy) 시위를 벌일 것을 강조하고 있기도 하다.

요컨대 세계경제포럼이나 세계사회포럼은 오늘의 자본주의 위기를 넘어설 대안의 발전모델을 마련하는 데 성공적이지 못했다고 평가할 수 있다. 다보스에서는 자본주의 자체가 문제라기보다는 시장경제의 변화를 통해 자본주의를 구할 수 있다고 보았다. 포르투 알레그레에서는 자본주의를 버려야만 오늘의 위기를 벗어날 수 있다고 주장하였다. 하지만 현실적으로 사회주의의 실패에서 보았듯이 해법은 제시되지 못하였다. 지난 세기 자본주의와 사회주의 체제의 대결에서 전자가 승리한 이유 중에 특히 개인의 이기심이 시장의 가격조정 메커니즘을 통해 수요와 공급의 균형을 맞추고 공공의 이익을 촉진하기 때문이라는 주장은 설득력이 있다고 할 수 있다. 개인 본성의 중심축인 이기심을 기초로 하는 경제행동이 사회 전체의 이익을 가져온다는 것이다. 그럼에도 인간의 탐욕은 자본주의 위기론을 넘어서 자본주의의 태생적 한계까지 거론하는 양상으로 치닫고 있다. 왜냐하면 자본주의는 개인의 소유욕을 포함한 이기적 욕심을 동력으로 삼기 때문에 사회적 총량이 한정되어 있는 부의 불평등을 초래할 수밖에 없기 때문이다.

결국 21세기 변화를 수용할 수 있는 새로운 발전모델을 찾아야 한다. 여기서 주목할 점은 자본주의가 국가의 역할, 고용제도, 노동시장, 금융체제, 주식시장, 계급관계의 작동방식에 따라 다양하다는 사실이다. 영 · 미식 자본주의가 자유 시장에 기초한 규제 완화를 통해 경쟁력을 지키려 한다면 독일식 자본주의는 국가개입을 인정하면서 계급연합에 의한 사회통합을 중시하는 경향이 있다. 한국은 1990년대 초반 이래 김영삼 정부의 세계화 추구와 김대중 정부의 구조조정을 통해 국가주도에서 시장중심의 발전으로 급격한 방향전환이 이루어졌다. 시장중심적 발전은 이명박 정부와 박근혜 정부에 들어와 본격적으로 강화되었으며, 자본의 무한질주에 의한 시장만능의 신화가 구조화되고 있는 상황이다.

자유방임형 시장경제, 국가 자본주의, 신자유주의의 무한경쟁 속에서 국가와 시장 실패의 경험을 성찰해 볼 때 현재 진행되고 있는 자본주의 위기가 우리의 미래를 어떻게 바꿀지는 매우 불확실하다. 당장 관심은 신자유주의의 종언과 함께 위기의 자본주의가 세계화의 부메랑으로 다시 한 번 경제 대공황으로 떨어지느냐의 여부다. 그러나 현재의 자본주의 위기는 사회적으로 조정된 시장경제가 '고삐 풀린' 시장경제보다 낫다는 사실을 가르쳐 주고 있기도 하다. 요컨대 발전의 역설이자 새판짜기(development paradox) 과정에서 중요한 사실은 사회주의의 종언이 자본주의의 단점을 용인하거나 보호해 주는 것은 아니라는 점이다. 국가와 시장 가운데 어느 한 쪽에 과도하게 의존하기보다는 두 가지 지형의 조화와 균형을 통해 자본주의의 모순과 폐해를 넘어설 수 있는 정책의 대전환이 필요하다. 국가와 시장에 맡길 부분과 그렇지 않은 부분에 대한 사회적 공론화와 합의가 요구되는 시점이다.

2. 발전이론의 발전을 위하여

21세기에 들어 세계화는 발전의 일반적인 기준을 넘어서서 급속히 진행되고 있으며, 국제 지형과 시장의 힘은 국가의 역할과 발전의 전통적인 개념을 능가하는 양상으로 나타나고 있다. 선진국 따라잡기로 묘사되는 발전의 목표는 세계화 과정의 명암으로 더 이상 개발도상국의 바람직한 미래가 될 수 없기 때문에 그 자체가 의문시되고 있기도 하다. 서구의 근대성 개념은 생태학적 · 기술적 · 문화적 다양성 관점에서 볼 때 더 이상 매력적인 틀이 아닌 것이다. 자본주의의 다양성 논쟁에서와 같이 문제는 어떤 목표를 향한 발전과정인가 하는 것이다. 현실적으로 서구를 제외한 대다수 개발도상국의 발전과정은 기대한 만큼 진행되지 못했으며, 발전이론의 고전적 패러다임에서 주장하는 보편적 목표와 정책은 각국 사례의 특수성을 반영하지 못함으로써 발전이론의 기반을 약화시키고 있다.

그렇다면 이러한 현상은 모두 발전이론의 종말을 의미하는가? 경제성장에서처럼 그동안 발전의 기초 개념으로 이해되고 측정되는 모든 것이 의문시되고 있는 상황은 분명히 위기임이 틀림없다. 이러한 위기가 무엇을 말하는가 하는 것에 대한 관점 또한 다양하게 표출되고 있으며, 사회발전의 위기에 대한 인식에 이어서 소위 '발전 이후(post development)'에 대한 논의도 활발하게 등장하고 있다(Bok, 2011; Brenner, 1998; Easterlin, 1995; Inglehart and Welzel, 2010; Suh, 2011). 실제로 발전의 양적 측정에 의한 오류나 발전의 성취에 대한 단편적이고 일방적인 분석과 이에 따른 정책 실패도 발전의 위기에 포함된다. 단순한 경제적 원조보다 건강, 복지, 교육 등 삶의 질에 대한 국제적 관심이 경제적으로 낙후된 개발도상국의 발전에 실제로 필요한 것이다. 다른 한편으로 위기 자체는 발전의 내재적 특성으로부터 나오며, 발전은 위기와 함께 간다고 할 수 있다. 예를 들어 새로운 발전의 개념은 산업화 또는 민주화 과정에 의한 사회경제적 혼란에서와 같이 위기에 대한 반응으로부터 나온다. 그렇기 때문에 발전의 위기에 대한 문제의식은 사회발전의 개념 속에 용해되어 나타나며, 결코 배타적으로 외재적인 성격을 갖는 것이 아니다. 세계화와 발전의 논리에 대한 비판적 성찰은 발전이론의 지속적 가능성을 의미하며, 대안이론을 발견할 수 있는 공간을 제공하는 것이다.

지난 세기 발전의 개념은 매우 다양한 의미를 포함해 왔다. 발전의 전통적 의미는 제국주의 및 식민지 시대를 거치면서 서구의 근대화 과정에서 본격적으로 출발한다고 할 수 있다. 당시 발전의 중심축은 경제성장에 있었으며, 여기에는 산업화와 근대화를 통한 사회경제적 변혁과정이 포함된다(Bendix, 1967; Gerschenkron, 1962). 이와 같이 경제성장 또는 자본축적을 강조하는 초기 발전이론의 주장은 저발전 또는 종속적 발전이라는 왜곡된 발전 유형을 가져다주기도 했으며, 서구의 발전 모델에 대한 비판과 대안을 모색하는 반응을 초래하였다(Cardoso, 1993; Evans, 1992b; Schurman, 1993). 이후 인본주의 및 공동체 발전에 초점을 두는 패러다임 전환을 거쳐 인간의 선택권과 삶의 질을 중시하는 사회능력 또는 사회의 질을 강조하는 단계에 와 있다고 할 수 있다(Przeworski, 2001; Sen, 1999).

다양한 시각과 역사적 변화에도 불구하고 사회발전에 관한 이론적 토대는 크게 두 가지 상반된 관점에 의해 핵심적인 지형을 형성하고 있다. 신자유주의는 개발도상국을 특수한 경우라고 보는 발전경제학의 주장을 비판하며, 더욱 중요한 문제로서 발전의 정당한 대가를 인정함으로써 시장질서의 올바른 작동을 가능케 하는 환경적 조건을 제시하고 있다. 이러한 관점에서 국가개입에 의한 발전모델은 본질에서 시장왜곡을 의미하므로 일종의 저주로 여겨진다. 발전의 중심 목표인 경제성장은 규제철폐, 자유화, 민영화를 통해 성취될 수 있으며, 발전을 훼손시키는 정부의 역할이나 시장의 왜곡은 감소시켜 나가야 한다. 발전의 전통적인 개념인 경제성장은 유지하면서 이를 달성하기 위한 방법론 또는 주체를 국가에서 시장으로 전환해야 하는 것이다. 이러한 신자유주의 관점은 발전의 목표가 아닌 수단의 차원에서 반(反)발전주의 시각을 반영하고 있다. 후기발전주의 관점은 신자유주의에서처럼 단순히 발전의 수단뿐만 아니라 발전의 목표나 결과에 적용함으로써 반발전주의 시각을 좀 더 확장했다는 것이 특징적이다. 이 관점에 의하면 경제성장이 최선은 아니며, 국가주도형 발전모델은 권위적 · 기계적 · 관료적 특성으로 발전의 효과가 왜곡되거나 대다수 사회구성원의 삶의 질을 실제로 향상시키지 못한다.

〈표 1-1〉에서 나타나듯이 발전의 개념과 의미는 역사적인 지형과 맥락으로 인해 복합적인 성격을 내포한다고 할 수 있다. 발전의 개념은 본래 사회와 경제는 진화하고 있으며, 이를 증진해야 한다는 인식론적 변화와 밀접한 관계가 있다. 생산력 변화가 느린 난세에서 급속한 물질적 · 정신적 변화를 초래한 세계화 과정과 발전의 개념은 상당히 높은 정도의 유관적합성을 가진다. 예를 들어 1800년대 제국 및 식민주의 시기로부터 세계체제의 고전적 형태가 나타났으며, 본격적인 세계화 과정이 진행됨에 따라 발전에 대한 개념이 등장하게 되었다고 할 수 있다. 특히 봉건제 잔재에 대한 부르주아 투쟁 속에서 발전의 개념에 대한 싹은 성장하기 시작했으며, 18세기 중엽 산업화 과정은 기존의 정치 · 경제적 틀을 변화시키려는 역사적 흐름을 반영하고 있다. 이

〈표 1-1〉 발전개념의 시기별 변천사

시기	성장	위기	관점	개념
1800년	제국주의	식민주의	사회진화	세계화
1870년	산업화	민주화	정치경제	계층화
1920년	헤게모니	신식민주의	근대화	서구화
1960년	성장	저발전	종속/세계체제	분업구조
1970년	분배	불평등	인간개발	사회정의
1980년	복지	비용	삶의 질	사회능력
1990년	환경	불균형	NGOs	지속가능
2000년	정보	격차	NPOs	지구화
21세기~	지식	불확실성	대안	공동체

출처: 필자 작성.

후 사회발전의 모델을 놓고 시장과 국가의 역할을 둘러싼 선발과 후발주자 간 경쟁이 시작되었으며, 1920년 이후 근대화 과정을 거치면서 서구화 모델에 대한 지지와 비판이 발전이론의 기본적인 내용이 되었다.

무엇보다 발전개념에서 식민지에 대한 지배적인 성격이 나타남에 따라 자본주의와 사회주의 대립과 제3세계에 의한 저발전을 통해 선진사회로의 이행기를 놓고 성장과 분배 문제가 필수적인 핵심 쟁점으로 나타나기 시작하였다. 1975년 로마클럽보고서를 계기로 경제성장과 사회발전의 개념이 분리되기 시작했으며, 인간의 기본욕구(basic needs)를 중심으로 인간개발 및 삶의 질, 복지, 환경에 대한 사회경제적 관심이 확산하였다. 다른 한편 신자유주의와 무한경쟁 시대를 통해 자본주의가 고도화되고, 경쟁력 강화를 향한 각국의 치열한 다툼의 구도는 추구과정에서 누적된 불신, 불만, 불안에 의해 불평등, 불균형, 갈등을 불러와 발전의 구조적 위기 상황을 형성하게 되었다. 역설적으로 사회발전의 불확실성을 해소하고, 사회 각 부문에서 발전의 지속가능성과 지구공동체의 의미를 포함하는 새로운 대안모델이 필요한 상황이다.

발전연구에서 중요한 방법론적 변화는 학문분야의 통섭을 향한 흐름이라고 할 수 있다. 전통적으로 분야별 주류 이론이 발전연구의 중심축을 차지해 왔으며, 그 역동성은 근대화이론과 종속이론에서처럼 경제성장과 사회정치적 발전의 차이에 대한 설명방식에서 잘 드러나고 있다(서문기, 2013). 〈표 1-2〉는 발전이론의 양대 축에 관한 시각을 거시적이고 장기적인 관점에 두어, 비교역사학적 방법론에 기초한 흐름을 보여 주고 있다. 점진적 발전을 가정하는 자유주의적 시각과 혁명적 발전을 지향하는 급진주의적 시각은 대조적이다. 하지만 각 진영의 이론적 진화는 상대 진영에 대한 비판과 성찰을 통해 수정 보완됨으로써 이루어져 왔다고 할 수 있다.

정치 · 경제 · 사회 · 문화 분야에서 서구와의 연결고리를 강조하는 근대화이론은 저개발심화 및 저발전을 주장하는 종속이론이나 부등가교환론, 주변부 자본론의 비판에 의해 수정근대화론으로 발전하여 오늘날 신제도학파 및 정보사회론에 연결되어 있다. 제3세계 입장을 대변하는 종속이론은 수정근대화론의 비판에 의해 신(新)종속론 또는 종속적 발전론으로 거듭나 생산양식접합론 및 세계체제론과 맥

〈표 1-2〉 발전에 관한 시각

자유주의적 시각	급진수의적 시각
경제성장론: Rostow, Lewis, Streeten	저개발심화론: Frank
산업사회론: Bendix	신종속론: Dos Santos, O'Donnell
정치발전론: Lipset, Almond, Apter	종속적 발전론: Cardoso, Evans
사회변동론: Parsons, Levy, Inkeles	부등가교환론: Emmanuel
수정근대화론: Eisenstadt, Huntington	주변부 자본론: Amin
신제도학파: Myrdal	생산양식접합론: Rey, Taylor
정보사회론: Bell	세계체제론: Wallerstein

출처: 필자 작성.

락을 같이하고 있기도 하다. 다른 한편으로 발전이론의 역사적·구조적 틀에 의한 설명방식은 다시 거시적·미시적 틀에 의한 쟁점으로 진화하며, 사회현실에 대한 구조와 행위의 관점에서 부딪히며 경제학에서 인류학에 이르기까지 다양한 학문분과에서 이론적 지형을 확장시켜 왔다. 이론적 자원의 다양성에 관한 관심은 새로운 종류의 긴장관계를 나타내는데, 이러한 범주에는 일반적으로 국제 지형과 토착지역, 내적 요소와 외재적 변수의 관계 등이 포함된다.

사회발전의 개념이 복합적 의미를 포함하듯이 발전의 차원도 시기별로 특징적인 요소로 구성된다. 첫째, 발전이론은 명시적이든 암묵적이든 간에 역사적 맥락과 사회정치적 상황을 반영한다. 각 관점은 어느 특정한 역사적 환경 안에서 전개되며, 주어진 맥락에서 발전이론을 천착하는 것은 특정 시기의 문제나 주장에 대한 반응으로 발전을 이해한다는 의미를 가진다. 둘째, 발전이론의 핵심적인 차원은 인과관계에 관한 일련의 설명방식이나 가정을 포함하는 이론적 자원과 함께 조사 및 연구에 관한 방법론적 틀을 포함한다. 셋째, 특정한 정치적 또는 계급적 이해관계나 문화적 선호를 대표하거나 결합하는 역할의 수행 정도에 따라 발전의 개념과 목표가 달라진다고 할 수 있다. 넷째, 발전이론은 사회환경의 개선방향이나 변동의 성격이라는 가치체계를 반영하여 정책적 현안이나 사회적 함의 또는 미래 청사진 등으로 구성되기도 한다.

이와 같은 맥락에서 〈표 1-3〉은 세계화의 역사적 발전단계와 그 특징을 요약 정리하고 있다. 15세기 이래 근대적 의미로서 세계화의 태동기는 중세체제의 해체와 근대 민족국가의 형성을 가져다준 단계로 새롭게 태양중심설과 인본주의 사상이 펼쳐진 시기이기도 하다. 두 번째 단계는 비(非)서구 지역에 대한 유럽 제국주의의 침탈로 특징지어지는 1870년대까지의 성장기를 말한다. 이 시기에는 제국주의와 민족

〈표 1-3〉 세계화의 역사적 단계

연번	단계	시기	특징	비고
1	태동기	15세기~1800년대	중세해체, 근대국가	과학
2	성장기	~1870년대	제국주의, 민족주의	정치
3	도약기	~1920년대	국가경쟁, 세계전쟁	군사
4	갈등기	~1960년대	체제경쟁, 패권주의	이념
5	전환기	~2000년대	다원주의, 질서재편	경제
6	불확정기	21세기~	정보주의, 지구주의	정보

출처: 필자 작성.

주의의 논쟁이 활발하게 전개되었으며, 국가의 역할과 초국가적 규제에 대한 논의가 본격적으로 나타나기 시작하였다. 세 번째 단계는 1920년대까지의 도약기로 개인, 국가, 세계에 대한 개념이 구체화되고, 올림픽이나 노벨상에서처럼 치열한 국가경쟁과 함께 세계전쟁으로 특징지어진다. 헤게모니 갈등기를 의미하는 네 번째 단계는 1960년대까지의 시기로서 제3세계의 형성과 함께 동서갈등 및 남북문제가 첨예하게 대립, 갈등함으로써 자본주의와 사회주의의 체제경쟁 및 패권주의가 심화되었다. 또 국제연합(UN)이 출범했지만, 국제분쟁은 점점 격화되는 양상을 보여 주었다. 다원주의의 확산과 세계질서의 재편이라는 전환기적 특징을 가진 다섯 번째 단계는 이념에 의한 양극체세가 쇠퇴하고, 인권과 환경에 대한 국제적 관심이 고조되는 시기다. 오늘날 21세기 불확정기를 의미하는 여섯 번째 단계는 정보통신혁명과 자본주의의 심화에 의한 세계화 과정으로 비정부단체 및 비영리단체에 의한 신(新)사회운동이 새로운 개념 틀로 등장하고 있다.

발전이론을 체계적으로 천착하기 위해서는 역사적 단계별로 구성되는 다양한 성층구조에 대한 이해가 필요하며, 이는 이념, 관행, 관점, 방법론, 정책, 합의 등으로 이어지는 순환적 연결고리에 대한 검증을 의미한다. 시기별로 발전이론은 기존의 헤게모니에 대한 도전으로 해석될 수 있으며, 주어진 시기의 정치적 권력, 지식체계의 유형, 국제 지형의 패러다임을 함께 반영한다고 할 수 있다. 역사적 지형에서 발전의 개념은 끊임없이 성장과 위기를 거치면서 새로운 환경조건에 맞추어 변화되어 왔다. 그리고 기존의 발전과정에 대한 비판과 성찰의 과정을 통해 개념 틀을 분해하거나 합체하고, 역사적 맥락에서 주어진 사회의 변화된 사회경제적 능력과 선택을 반영하는 거울로서 작동해 왔다. 같은 맥락에서 세계 각국은 발전의 다양한 차원에 대한 서로 다른 관점들을 흡수 또는 재통합하여 새로운 개념 틀을 구축하고 발전시켰다. 그럼으로써 발전의 새로운 양식으로서 대안을 추구해 간다고 할 수 있다.

3. 세계화와 발전의 위기

지난 세기 세계화의 경험은 한국을 포함한 아시아 개발도상국의 미래 발전에 관해 많은 시사점을 던져 주고 있다. 왜냐하면 세계화로 인해 얻은 것도 많고 잃은 것도 많지만, 특히 1997년 외환위기 이후 신자유주의적 구조조정에 따라 '발전 없는 성장(growth without development)'이 나타나고 있기 때문이다. 가장 우려되는 문제가 사회적 양극화라면, 이러한 방식의 차별과 배제를 통한 경제성장이 앞으로 민주주의 심화를 위한 사회경제적 토대를 잠식하지 않겠는가 하는 것이다. 지역, 이념, 세대 사이의 정치적 균열이 해소되지 않은 채 사회적 양극화가 기존의 갈등을 확대 재생산하여, 미래 사회발전을 위한 사회구성원의 합의기반 와해 가능성을 높이게 된다는 것이다.

사회적 양극화는 단순히 빈부격차의 차원을 넘어 도시와 농촌, 대기업과 중소기업, 취업자와 실업자, 정규직과 비정규직 등 다양한 계층 차원에서 심리적, 문화적으로 구조화되고 있다. 세계화의 명암 교차는 부정하기 어렵지만, '20대 80'의 사회가 이론상의 화두가 아닌 현실적 무게로 다가오고 있다는 점에 문제의 심각성이 있다. 이른바 모래시계나 장구 유형의 계층구조가 가져다줄 위험은 두 개 사회로의 분열이라는 최악의 시나리오인 것이다(서문기, 2014). 냉철한 현실진단에 기초하여 미래발전의 가능성과 한계를 면밀히 검토해야 함에도 대다수 사회구성원은 현실만 개탄할 뿐 아예 미래에 대한 준비에 관심을 둘 형편이 되지 못하는 상황이기도 하다. 더욱이 세계경제 위기에 즈음하여 개발도상국과 신흥공업국의 국내·외적 여건은 미래가 반드시 밝지만은 않다는 점을 경고하고 있다. 필요 이상의 자아 비관론도 문제지만, 안이한 낙관론에 빠져 미래를 위한 준비를 게을리한다면 더 큰 위기를 자초할 수 있다.

세계화는 교역의 증진을 통해 총체적 부를 증가시켜 주지만, 동시에 선진국과 후진국 사이의 불평등을 심화시키고 있다. 거대 국제금융자본이 주도하는 신자유주의적 세계화는 후진국들에 지나친 무역개방과 자본자유화 정책을 몰고 옴으로써 외환위기 및 금융위기의 위험성을 높여 주고 있다. 결과적으로 사회적 양극화는 정치불안과 사회갈등의 기저가 되는 원천으로 작용하고 있으며, 근래에 확산하고 있는 전쟁, 폭동, 저항, 시위, 테러 등이 좋은 보기다. 국경을 넘어 행해지고 있는 반세계화 시위는 세계화 자체를 거부하는 것으로 세계 각국에 대안적 세계화의 중요성을 다시금 일깨워 주고 있다. 그러므로 우리는 스스로 세계화 관리능력을 키워 가야 하며, 궁극적으로는 기존의 신자유주의적 세계화에 대한 대안 모색의 노력이 필요하다.

중심부와 주변부 사이의 불균등 발전을 심화시키는 세계화의 역설적인 과정을 극복하기 위해서는 무엇보다 국가들 사이의 연대가 중요하다. 그러나 오늘의 현실은 나라마다 분산된 이해관계로 인해 지구시민사회 안에서의 대안적 세계화라는 공감대 형성에도 불구하고 국제 지형에서의 연대를 어렵게 하고 있다. 지난 세기에 걸친 반자본주의 운동은 자본주의를 비판적으로 공격하는 것만으로 자본주의의 모순을 극복하기 어렵다는 사실을 잘 보여 준다. 그러므로 자본주의 안에서의 개혁이나 그것을 넘어서는 체제 이행과 같은 다양한 해법을 찾는 것이 중요하다. 사회주의의 좌절에서 나타나듯이 이상과 현실 사이의 벽을 허물고 불가능한 혁명에 숨겨져 있는 신화의 베일을 벗겨 내야 하는 것이다.

세계화의 와중에서 비교우위에 입각한 교역을 통해 먹고 살고 있지만, 아시아의 현실은 어렵다 못해 참담한 상황이다. 주요 자원에 대한 높은 해외의존도와 그에 따른 취약성이 매우 크다. 세계시장에 식량이나 에너지의 위기가 닥쳐 오면 생존의 문제에 직면할 수밖에 없다. 특히 한국의 인구는 2030년 5,200만 명을 정점으로 내리막길으로 접어들게 되어 있다. 세계에서 유례를 찾기 어려울 만큼 빠른 속도로 진행되고 있는 저출산과 고령화로 인한 노동인구의 감소와 부양인구의 증가는 장기적으로 경제성장을 둔화시킬 것이다. 앞으로 복지, 교육, 국방, 통일 등 세출 수요는 늘어나게 되어 있다. 그런데 이를 사회구성원의 세금으로 감당하기는 어려울 것이며, 따라서 정부의 재정적자는 눈덩이처럼 불어나게 될 것이다.

지속적으로 경제성장이 보장되지 않는다면 국가채무는 악화될 수밖에 없으며, 사회발전의 길은 요원할 뿐이다. 예를 들어 1997년 외환위기 때 아시아 각국의 정부재정은 비교적 건전한 편이었다. 하지만 구조조정 과정에서 막대한 공적자금이 사용되었다. 만약 민간의 가계부채와 정부의 국가부채 상환이 동시에 맞물린다면 지난번과는 달리 언제든지 총체적 경제위기가 나타날 수 있다. 결국 경제성장의 마지막 기회가 되는 향후 10년 안에 아시아의 미래가 달려 있다 강조해도 지나친 말이 아니다. 그동안 재도약을 위한 성장의 기틀을 마련하지 못하면 세계화에 의한 발전의 위기에 직면할 수밖에 없다. 고(高)기술의 선진국과 저(低)임금의 후진국 사이에 끼어 있는 신흥공업국이 살 수 있는 길은 새로운 자가충전적 성장동력을 찾아내는 데 있다. 자원의 의존은 불가피하더라도 기술의 자립을 통한 철강, 자동차, 선박, 섬유 등 전통산업의 유지 및 발전과 IT, BT, NT 등 첨단산업의 발굴과 추진이 동시에 이루어져야 할 것이다.

따라서 아시아의 미래발전을 위해서는 거시적 · 종합적 안목이 필요하며, 적어도 반세기를 내다보는 비전 아래 장 · 단기 실천 프로그램을 갖춰야 한다. 중요한 것은 향후 몇 년 안에 일인당 국민소득 3만 달러를 이루거나 G10이 되겠다는 가시적 목표보다는 국내외 여건에 맞는 발전모델을 개발하는 작업이 필요하다. 자유, 평등, 복지, 안전 등 다양한 발전가치를 사회적 합의하에 미래의 발전모델에 담아내는 노력을 해야 한다. 이를 통해 성장과 분배, 개발과 보전, 종속과 자립 등 이분법적 한계를 넘어 실현가능한 통합적 발전모델을 재정립해야 한다.

자본주의의 역사적 전개과정을 진단하고, 한국 사회의 새로운 발전모델의 정립 작업은 세계화와 발전이론의 비판적 성찰에서 출발한다고 할 수 있다. 발전이론의 근본적인 문제는 한국이 20세기 후반 세계사적으로 유례없이 빠른 속도로 이루어낸 역동적 발전과정을 총체적으로 설명하는 이론과 분석 틀이 매우 논쟁적인 수준에 머물러 있다는 사실이다. 해외 학계는 물론 국내 학계에서도 한국의 발전경험을 독자적인 개념과 이론으로 설명하는 다양한 시도가 있었다. 하지만 현재까지 이러한 노력은 대부분 각 이론적 주장에 맞추어 설명하려는 경향성과 배타성으로 인해 진정한 의미에서 학문적 발전을 가져다주지는 못하고 있는 실정이다.

지난 30여 년 동안 이루어진 아시아의 발전경험에 대한 대부분 연구들은 국가와 시장의 관계에 집중적인 방점을 찍었다. 예를 들어 한국을 포함한 동아시아 지역의 국가들을 중심으로 주목받던 발전국가론의 경우 국가와 시장 사이의 변화하는 상호관계에 분석의 초점이 맞추어졌으며, 발전모델의 차원에서도 국가와 시장에 대한 우위와 영향력이 강조되었다. 그러다가 1990년대 후반 한국을 포함한 동아시아 지역의 금융위기가 원인이 되어 과도한 국가개입이 비판을 받으며 아시아에서 시장의 국가에 대한 우위가 새로이 확립되었다. 이에 따라 금융위기 이후 발전이론은 급격하게 변화하는 국가와 시장 관계에 주목함으로써 다양한 정치·경제학적 논의에 의해 주도되었다. 다른 한편으로 1990년대 후반의 경제위기는 아시아의 발전이론에서 정치경제학 연구의 과잉을 치유하는 계기를 제공하기도 하였다. 경제위기의 한 원인으로 떠올랐던 정실 자본주의(crony capitalism)론은 짧은 기간에 성공과 좌절의 반대되는 경험을 동시에 겪은 아시아의 발전과정을 해석하는데 정치 및 경제사회학적 접근의 필요성을 부각시켰다. 경제위기 극복을 위한 대안적 발전모델로서 시장중심의 영·미식 발전모델이 제시되면서 시장과 시민사회, 시장과 국가 관계의 심층적인 분석이 필요해진 것이다.

발전이론에서 정치·경제학적 연구의 과잉과 사회학적 연구의 상대적 결핍은 아시아 발전경험에 관한 종합적 이해를 가로막는 중요한 걸림돌이 된다. 이러한 문제는 주로 이 지역의 발전경험을 유사한 경제발전의 단계나 비슷한 경제구조를 가진 국가들과 비교하고, 발전의 역사적 과정과 특수성을 경시함으로써 나타난다. 따라서 기존 발전이론의 문제점에 주목하면서 사회학적 접근을 적극 수용하고, 산업화·민주화·근대화 과정의 각 단계에서 국가, 시장, 사회가 어떠한 관계를 맺었으며, 또 어떠한 상호작용을 통해 사회발전을 진전 혹은 퇴보시켜 왔는지를 종합적으로 진단하는 작업이 시급하다(Suh, 2014).

인류 역사에서 어느 방향으로의 세계화인가 하는 질문은 원론적이라고 할 수 있다. 하지만 원론의 본질은 가장 핵심적인 내용을 담지하고 실천의 중요성을 강조하는 데 있다. 한국을 포함한 아시아의 경험은 사회발전과정에서 다양한 가능성을 제시해 주며, 그 중요성은 바로 복합성에 있다고 할 수 있다. 주어진 사회의 어느 특정 시기에서 유토피아를 향한 지름길은 다른 시기에서는 디스토피아를 향한 함정이 될 수 있다.

오늘날 우리는 세계화라는 메가트렌드 아래 살고 있으며, 좋든 싫든 결코 세계화를 피할 수 있는 상황이 아니다. 앞에서 살펴보았듯이 세계화는 무한경쟁, 약육강식 및 적자생존이라는 냉혹한 논리를 지니고 있으며, 이에 어떻게 대응하느냐에 따라 향후 발전과정의 명암이 갈린다. 이에 따라 득실이 달라질 수밖에 없다. 이른바 지구적 불균형(global imbalance)이 산업, 금융, 무역뿐만 아니라 계층, 문화, 환경 등 모든 영역 전반에 걸쳐 나타나고 있는 이유도 같은 맥락이다. 그러므로 미래 사회발전의 올바른 방향과 전략을 도출하기 위해서는 각국의 공통분모인 세계화의 본질을 종합적으로 이해, 진단하는 작업이 필수적이다. 21세기에는 신자유주의적 세계화가 가져오는 폐해 극복을 위한 대안적 세계화의 가능성을 끊임없이 탐색해야 한다. 왜냐하면 새로운 세상에 걸맞은 국가, 시장, 시민사회의 관계를 정립하여 함께 대처할 수 있는 역량을 요구하기 때문이다.

제2장 근대화이론과 종속이론

1. 제3세계의 발전연구

오늘날 제3세계에 관한 발전연구는 정체성의 위기에 빠져 있다. 지난 20여 년에 걸친 발전연구를 통해 이러한 난관을 돌파하려는 시도가 있어 왔지만,[1] 현실세계에 대한 근원적 문제 제기가 계속해서 기피됨으로써 학술적 탐구와 정책적 구현의 틈새가 여태껏 메꾸어지지 못하였다(Booth, 1993: 49). 무성한 발전이론의 등장과 각축에도 불구하고 현실

1 이른바 1980년대 초반부터 제3세계 발전연구의 무력감에 직면하여 '막다른 골목에 빠진 발전이론을 구하자는 토론(impasse debate)'이 있어 왔다(Schurman, 1993; Booth, 1994). 이 토론에서는 발전이론의 현실적합성 제고를 위해 첫째, 거시, 중위, 미시 등 분석 차원을 다양화하고, 둘째, 행위와 구조를 동시에 고려하고(이에 관해서는 이견이 있음), 셋째, 지식과 행동을 통합할 수 있는 문제 틀을 만들자는 여러 가지 논의가 이루어져 왔다(Booth, 1993). 이 와중에서 여러 갈래의 이론적 전망과 경향이 나타났다고 볼 수 있다. 예를 들어 행위자지향접근(actor-oriented approach), 합리적 선택론, 급진정치경제학, 신구조주의 정치경제학, 후기 제국주의론, 국가중심적 이론, 신제도주의, 탈근대이론, 문화연구, 성연구(gender studies), 지방연구 등이 대표적이다.

적합성은 제각기 낮은 수준에 머물러 있다. 여기에는 두 가지 원인이 곁들어 있다. 첫째, 냉전체제의 붕괴 이후 현실 사회주의의 쇠퇴에 따라 연구대상으로서 제3세계라는 국가군이 해체되고 있다는 사실이다. 자본주의와 사회주의 두 진영에 대한 상대적 개념으로서 제3세계는 제2세계가 무너진 작금의 국제관계에서 더 이상 유효한 실체로 남아 있지 않다. 둘째, 전 지구화가 되고 있는 자본주의 세계체제 아래 주변부가 중심부에 의해 통합되고 있는 실정에서 제3세계는 독자적인 발전의 대안을 갖지 못한다는 사실이다. 제3세계로서는 주변화를 모면하기 위해 통합에 가담할 수밖에 없고, 그 결과는 거꾸로 신식민화의 악순환으로 이어진다. 사회과학 분야에서 제3세계 발전연구처럼 '백화제방(百花齊放)'과 '백가쟁명(百家爭鳴)'이 심한 것도 드물다. 그만큼 하나의 패러다임에 의한 통일천하가 흔치 않았다.

실제로 지난 반세기의 발전연구 역사는 자유주의 계통과 맑스주의 계열 사이에 중단 없는 혁명과 반혁명을 보여 주었다. 1960년대 중반 이후 제3세계에서의 '근대화의 좌절', '정치쇠퇴', '저발전의 심화'가 네오-맑스주의에 의한 근대화이론에 대한 패러다임 혁명의 계기가 되었다면, 1980년대 후반 동구와 구소련에서의 '현존 사회주의'의 실패는 신자유주의에 의한 종속이론에 대한 패러다임 반혁명으로 귀결되었던 것이다.[2] 그럼에도 이러한 혁명과 반혁명이 이론과 현실 사이의 실천격차(practice gap)를 넘어설 수 있는 지식체계와 행동프로그램을 가져오지 못하였다. 쿤(Béla Kun)이 지적하는 의미에서 저발전의 이상

2 본 장에서는 논의의 편의상 근대화이론은 사회학적 근대화론, 신고전경제학, 정치발전론, 지대추구이론 등 자유주의 계통의 발전이론을 통칭하며, 종속이론은 저개발심화론, 신종속론, 종속적 발전론, 세계체제론, 부등가교환론, 주변부 자본주의론, 생산양식접합론, 조절이론 등 맑스주의 계열의 발전이론을 포괄한다.

징후는 여전히 제3세계의 트레이드마크로 남아 있다. 변방으로서 대부분의 제3세계가 가난과 착취, 압제에 시달리고 있는 것이다.[3]

제3세계에 관한 발전연구는 이론진영마다 일종의 우상숭배에 빠져 인식론적으로는 합리주의나 본질주의, 또한 실재론적으로는 문화주의나 경제주의와 같은 대립구도의 함정으로부터 벗어나지 못하고 있다. 신자유주의 시장에 대한 맹신과 네오-맑스주의의 계급에 대한 환상 등을 적합한 예로 들 수 있다. 이는 발전연구에서 코페르쿠니스적인 비전의 전환을 가로막는 이유이기도 하였다. 한국의 발전에 관한 대부분의 기존 연구에서도 우상숭배는 찬미되고 있다. 특히 이러한 우상숭배는 국제학계에서 동아시아가 지니는 상품성으로 인해 구미(歐美)에서 연원한 교리를 우리가 들여오는 방식으로 참신도를 만들어 왔다. 시장중심론(World Bank, 1993; 공병호, 1996), 발전주의국가론(Wade, 1990; Evans, 1995), 유교자본주의론(유석춘, 1997) 등과 같이 해외에서 완제품으로 수입된 주류의 대표적인 발전이론에서 엿보이는 시장, 국가, 유교에 대한 맹목적 충성이 이를 잘 예증한다.[4]

한국의 발전문제를 적확히 다루기 위해서는 서부 유럽과 같은 중

3 특히 제3세계 내부의 분화는 일부 신흥공업국(NICs)이라 불리면서 반주변부를 탈피하여 중심부의 위상을 차지하려는 경우(한국, 대만, 싱가포르 등)와 대륙 규모의 경제를 가진 신흥국들의 경우(중국, 인도네시아, 러시아, 남아프리카, 브라질, 인도)를 제외하고는 대부분 나라가 과거보다 더 주변화되어 더 이상 착취조차 어려운 제4세계로 남아 있는 실상을 보여 주고 있다.

4 물론 여러 이론의 충돌은 발전경험의 보다 다면적·복합적 해명을 위해 하등 나쁠 것이 없다. 문제는 경제학에서 유교를 거론하면 일탈자가 되고, 정치학에서 시장을 중시하면 예외자가 되고, 그리고 사회학에서 국가를 배척하면 이단자가 되는, 우리 사회과학 내부의 건전한 의사소통을 가로막는 장벽이다. 이는 여러 발전이론 사이의 상호 교류와 비판을 저해하여 한국의 발전경험에 대한 진단과 처방의 적실성을 떨어뜨린다. 따라서 우상숭배의 타파는 이론의 절충이 아니라 현실의 총합을 위해서도 필요하다.

심부나 라틴아메리카 등 주변부 체험을 일반화한 근대화이론과 종속이론을 비판적으로 여과할 필요가 있다. 한국은 근대화와 현대화를 동시에 겪어 오고 있지만, 중심부처럼 탈전통적인 단계를 넘어서 있다고 단정하는 것은 무리다. 후기 근대에 있는 북미나 유럽은 한국과 여러모로 차이점이 있다. 비록 탈물질적 가치에 대한 추구가 전 세계적인 추세라고 해도 한국 사회에서 자아실현, 현실참여, 인습타파는 아직 대세라고 보기에는 이르다. 계급갈등에 따른 계급타협조차 거치지 않은 상태에서 개인주의화가 나타나는 맥락 또한 탈계급화라기보다 오히려 급속한 사회변동에 따른 집단가치의 약화에 있다고 볼 수 있다. 실제로 탈계급화는 자아성찰성의 바탕이 되는 개인의 권능 강화로 이어지지 않고 있다.

한국 사회는 여전히 자유, 성장, 분배, 복지, 연대, 환경 등 가치배분을 둘러싸고 사회갈등이 일어나고 있다. 국가가 시민사회를 깔고 앉아 있는 형국에서 하부정치가 기층민중의 이해를 대변하기에는 그 기반이 취약하다. 권력동기로 얼룩진 해방정치가 삶의 질을 추구하는 생활정치를 압도하고 있는 것이 현실이다. 우리는 전통과 근대뿐만 아니라 근대와 반근대 나아가 근대와 후근대가 모두 함께 병치되어 있는 이른바 '비동시적인 것의 동시적 공존'이라는 특이한 사회변화의 과정에 있다. 따라서 한국의 발전경험을 설명할 수 있는 현실적합성 있는 이론을 확립하기 위해서는 기존의 패러다임인 근대화이론과 종속이론을 비판적으로 검토하는 것이 필요하다.

2. 근대화이론

1) 사회학적 근대화이론

가. 인덱스 접근

인덱스 접근은 이념형적인 유형변수(pattern variables)로 구성된 비교론적인 정태이론을 통해 사회발전의 문제를 설명한다. 이 접근법은 근대화를 달성하지 못한 저발전 사회의 유형학적 특성들을 이념형적으로 구성하고, 이와 상반되는 이념형적 유형 변화들로 발전된 사회의 모습을 설명한다. 따라서 전통성을 구성하는 지수들에 의해 묘사되는 발전 이전의 본래 상태인 저발전(underdevelopment)에 대비하여 발전(development)은 이러한 유형적 특징들과 단절하고 이미 발전된 사회의 특징들을 수용하는 과정을 뜻한다. 인덱스 접근법은 크게 두 가지 갈래로 나눌 수 있다. 첫째는 호설리츠(Hoselitz)가 강조한 유형변수 접근, 둘째는 로스토우(Rostow)가 채택한 역사단계 접근이다(Frank, 1972: 325).

호설리츠의 유형변수 접근의 이론적 모체가 되었던 것은 파슨스(T. Parsons)에 의해 정교화된 인간행위에 관한 유형변수였다. 파슨스는 공동사회(Gemeinschaft)와 이익사회(Gesellschaft)라는 퇴니스(Tönnies)의 두 가지 사회 유형에 깊이 연관되어 있는 일련의 변수 집합을 매개로 인간의 행위를 설명하였다. 그에 따르면 인간의 행위는 어떤 상황 속에서 행위자가 둘 중 하나를 선택해야만 하는 이항적 성격의 행위 목적 또는 유형적 선택 기준들, 곧 감정중립성(affective neutrality)-감정성(affectivity), 확산성(diffuseness)-한정성(specificity), 보편주의(universalism)-특수주의(particularism), 성취본위(achievement)-귀속본위(ascription), 집단지향성(collectivity)-자기지향성(self) 등의 다섯 가지 유형변수에 기초하여 이루어진다(Parsons, 1991: 46-51, 58-67). 파슨스의 이와 같은 개념화에는 인간행위의 가치기준에 대한 단순한 기술을 넘어 사회 유형과 문화에 따라 상이하게 나타나는 행위 양상을 설명할 수 있다는 이론적 함의가 내재되어 있었다(Duncan, 1968: 130-131).

호설리츠는 파슨스가 고안한 유형변수들을 경제성장과 문화변동에 대한 연구에 적용하였다. 특히 파슨스의 유형변수 중 보편주의-특수주의, 성취본위-귀속본위, 확산성-한정성과 같은 세 가지 범주 쌍을 핵심적인 변수로 활용하였다. 호설리츠의 주장에 따르면 발전된 국가들은 보편주의, 성취지향성, 기능적 한정성과 같은 유형변수적 특징으로 대표된다. 이에 비해 저발전된 사회에서는 특수주의, 귀속본위적 지위, 기능적 확산성 등과 같은 정반대의 유형적 특징이 나타난다. 이를테면 저발전된 후진국에서는 왕이나 족장의 인척이나 측근들이 사적이거나 족벌적인 특수 이해관계에 따라 주요한 결정을 독점하고, 뛰어난 전사나 훌륭한 정치가가 자신의 능력에 따라 지도자가 되는 대신 족장의 아들이 혈통에 따라 권력자가 되며, 족장은 정치적 기능뿐만 아니라 종교, 경제, 사법, 교육 등 여타의 사회 기능까지 도맡아 한다는 것이다(Hoselitz, 1953; 1964).[5] 이러한 견지에서 저발전된 사회가 근대화된 사회로 발전하는 길이란 전통적인 유형변수들을 소거하거나 교정하여 보편주의, 성취지향성, 기능적 한정성과 같은 발전된 사회의 유형변수 조합으로 대체하는 과정으로 인식된다(Frank, 1972: 327). 마찬가지로 어떤 사회의 근대화된 정도를 측정하는 기준 역시 근대적 유형변수들의 조합이 사회구성원들의 행동양식과 사회제도에 있어 얼마나 지배적인가에 달려 있다(박재묵, 1984: 13).

5 호설리츠는 시카고 대학 '경제발전과 문화변동 연구소'의 설립자이자 이 연구소의 학술지인 *Economic Development and Cultural Change*의 발행인이었다. 이 잡지는 유형변수 접근에 기초한 사례연구를 통해 근대화이론의 확산에 중추

역사단계 접근은 저발전과 발전이라는 이분법적 사회 유형들 사이에 이행기적 중간단계가 존재한다는 시각에서 출발한다. 이러한 접근법의 전형적인 예는 로스토우의 성장 5단계 도식에서 나타난다. 로스토우는 '전통사회'와 '대량소비사회'라는 경제성장의 양 극단을 가정하고, 3단계에 걸친 이행적 변화를 통해 경제성장에 관한 동태적 이론을 구성하려 하였다. 이 같은 도식화는 "비-공산주의 선언(A Non-Communist Manifesto)"이라는 그의 책 부제가 시사하듯 맑스주의의 역사발전 5단계설에 대한 근대화이론적 반명제의 성격을 지니고 있었다. 그는 모든 사회를 경제적 관점에서 전통사회, 도약을 위한 전제조건의 충족단계, 도약단계, 성숙을 향한 추진단계, 고도 대량소비사회단계로 구분할 수 있다고 주장한다.

전통사회는 과학, 기술의 미성숙과 외부세계에 대한 숙명적 태도로 인해 생산력 발전이 구조적으로 제약된 사회를 뜻한다. 뉴턴으로 상징되는 과학·기술적 혁신 이전의 전통사회는 생산력 제약으로 사회적 자원 대부분이 농업에 투자될 수밖에 없었고, 오랫동안 형성되어 온 숙명론적 가치체계로 변화의 유인 역시 적었다. 도약을 위한 두 번째 단계에서 성장을 가로막던 제약들이 점차 소멸되면서 전통사회는 근대사회로의 이행기에 진입한다. 이 시기에는 근대과학의 성과를 활용하여 수확 체감을 막고, 그리하여 누적적 성장을 통한 번영을 향유할 조건들이 형성된다. 이와 함께 경제적 진보를 사회적 선을 이루기 위한 필수조건으로 보는 사유가 확산되고, 근대적 경제활동의 요구에 적합하도록 교육 역시 대중화된다. 아울러 이윤 추구에 진력하는 새로운 기업가와 자본 동원을 위한 제도들이 등장하고, 투자와 통상이 확대되어

적인 역할을 하였다.

근대적 제조업이 본격적으로 형성되는 시기다. 그런데 로스토우의 인식에서 특이한 점은 이러한 변화가 일반적으로 내생적 과정이 아닌 외부로부터 오는 침입이나 자극에 의해 유발된다는 시각이다. 도약단계에 이르러 성장의 방해물이나 저항이 극복되어 마침내 성장이 정상적인 사회적 상황으로 자리 잡게 된다(Rostow, 1990: 5-7). 로스토우에 따르면 도약단계는 다음의 조건을 모두 충족시켜야만 한다. 첫째, 생산적 투자율이 국민소득(또는 국민순생산) 대비 5% 이하에서 10% 이상으로 상승해야 한다. 둘째, 하나 또는 그 이상의 실질적 제조업 부문이 높은 성장률을 보이며 발전해야 한다. 셋째, 성장을 촉진할 수 있는 정치 · 사회 · 제도적 프레임과 잠재적 외부 경제 효과가 존재해야 한다(Rostow, 1990: 39). 성숙단계는 도약단계를 주도했던 최초 산업이 도약 진전되어 가장 선진적인 근대과학의 성과를 흡수하여 그것을 광범위하게 적용할 수 있는 정도의 역량을 확보한 상태를 의미한다. 로스토우는 도약단계 이후 대략 60년이 지나면 성숙단계에 도달할 수 있다고 보았다. 마지막은 고도 대량소비단계로서, 내구성 소비재 산업과 서비스 산업으로의 선도 산업 이동이 변화의 바탕이 된다. 20세기에 미국이 최초로 진입한 이 단계에서는 두 가지 현상이 특징적으로 나타난다. 첫째, 일인당 실질소득이 급격히 상승하여 많은 사람이 기본적인 의식주 이상의 소비를 향유할 수 있게 되었다. 둘째, 전체 인구 중 도시인구의 비율뿐만 아니라 사무직 노동자와 숙련노동자의 구성 비율이 늘어나는 등 노동력 구조 역시 크게 변하였다(Rostow, 1990: 9-11).

역사단계 접근으로의 변화를 통해 전통과 근대라는 이분법적 유형화의 한계를 부분적으로 탈피하는 노력을 보였음에도 인덱스 접근은 경제성장과 문화변동의 문제를 제대로 해명하지 못한 문제점을 노출하였다. 이러한 한계를 가져온 근본적인 이유는 일반적으로 이 접근이 저발전 국가의 역사적 · 구조적 현실을 무시했다는 데 있다. 인덱스 접근은 이들 나라의 현실을 이미 발전을 이룩한 나라에서 나타났던 것과 똑같은 역사적 과정과 체계적 구조의 산물로 간주했을 뿐이다(Frank, 1972: 356). 이런 맥락에서 볼 때 인덱스 접근은 강한 이데올로기적 함의를 안고 있었다. 가장 전형적인 예는 로스토우에게서 나타났다. 그에 따르면, 어느 사회든 도약을 위한 전제조건이 충족된다면 그 사회는 경제구조나 국제무역구조와 관계없이 자동적으로 성숙한 사회로 진입하게 된다. 저발전 국가가 해야 할 일은 단지 참고 기다리는 것뿐이다(Hauck, 1986: 11-12).

이처럼 발전된 나라의 역사적 경험에서 유래한 변수들과 사회체계 변동의 프리즘을 통해 저발전의 문제를 연구한 결과, 결국 인덱스 접근은 제3세계의 저발전 문제를 해명하는 이론적 프레임으로써의 기능을 못하였다. 또한 인덱스 접근이 전제하고 있는 단선적 설명에 대한 비판 역시 제기되었다. 예컨대 벤딕스(Bendix)는 전통과 근대의 유형론적 개념은 하나의 이념형적인 모델일 뿐이고, 역사적으로 전통과 근대는 언제나 연속성과 상호의존성을 가지며 복합적으로 결합되어 있다고 지적하였다. 더욱이 인덱스 접근에서의 '전통' 개념은 근대화에 장애가 되는 것으로, 그리고 근대화를 위해서는 필수적으로 제거되어야 하는 것으로 가정되는데, 전통과 근대는 반드시 배타적인 것이 아니며 충분히 병존할 수 있다고 주장하였다. 어떤 전통은 성취동기의 근원을 제공함으로써 근대화를 정당화하는 통일된 상징을 제공하며, 근대화를 위한 희생을 의미 있는 것으로 만들며, 변화무쌍하고 급속한 변동을 경험하고 있는 사람들에게 안정성과 심리적 안전감의 토대를 제공함으로써 근대화에 기여한다는 것이다.

나. 심리학적 이론

사회발전에 있어서 심리학적 이론의 선구자는 베버일 것이다. 그는 『프로테스탄티즘 윤리와 자본주의 정신』에서 자본주의로의 이행이 더 많은 이윤을 창출하기 위한 합리주의의 확산에 따른 결과라고 보았다. 그리고 이러한 합리주의가 동양이 아닌 서양에서 더욱 지배적인 사고체계로 확립된 것은 프로테스탄티즘과 같은 개신교가 개인의 심리구조에 미친 독특한 영향 때문이라고 주장하였다. 즉, 예정설을 믿는 프로테스탄트들은 개인에게 주어진 직업, 즉 신에 대한 소명(vocation)을 받아들이고, 그 직업활동 내에서 성공하는 길이 곧 자신의 구원이 예정되어 있음을 보여 주는 징표로 간주하였다. 이러한 종교적 심리가 자본주의 정신과 선택적 친화성을 가지게 되었다는 것이다. 대다수 종교가 경제적 수익추구나 물질적 성공을 중시하지 않았던 반면 개신교가 만들어 낸 독특한 심리구조는 종교활동과 경제활동을 화해시킬 수 있었고, 이것이 자본주의적 발전에 유리한 조건을 만들어 낸 것이다(Weber, 2010).

맥클란드 또한 베버와 유사하게 자본주의적 발전의 요인을 개인의 심리구조에서 찾는다. 그에 따르면 경제성장과 문화변동의 요체는 사회구조도, 사회적 역할의 할당과 그에 따른 보상도 아닌, 그가 성취욕구라 부른 높은 수준의 개인적 동기이다(Frank, 1972: 384). 그는 사회다윈주의(social Darwinism)의 관점이 역사관을 지배했다고 비판하면서 가치와 동기, 달리 말해 심리학적 요소의 중요성을 인식하는 새로운 접근의 필요성을 강조하였다. 사회다윈주의는 인간을 자연환경 또는 사회환경의 산물로 이해하면서, 환경 속에서의 물질적 배치를 제도와 관념을 (재)형성하는 요소로 오인했다는 것이다. 사회다윈주의를 거부하면서 맥클란드는 유물론적 배치보다 관념이 사실상 역사를 빚어내는 데 더욱 중요한 요소라고 강조하였다. 같은 맥락에서 가치, 동기와 같은 심리학적 요소가 경제와 사회의 발전을 궁극적으로 결정한다고 역설하였다(MaClelland, 1961: 391; 1963: 17).

맥클란드가 경제발전을 가져오는 가장 중요한 심리적 요인으로 상정한 것은 특히 '성취욕구'였다. 이런 맥락에서 맥클란드의 핵심적인 이론적 명제 역시 성취동기와 경제발전 간 정(正)의 상관관계를 설정하는 것이었다. 한 사회의 성취욕구가 높을수록 더 정력적인 기업가가 많이 나타날 것이며, 이는 결국 더 빠른 경제발전으로 이어진다는 주장이다(MaClelland, 1961: 205). 기업가 정신을 경제성장의 핵심 요인으로 보고, 기업가 정신의 본질을 화폐욕이 아닌 성취욕에서 찾는다는 점에서 맥클란드는 베버의 영향을 크게 받았다. 맥클란드의 연구는 프로테스탄티즘과 서구 자본주의와의 친화성을 강조하는 베버의 시각을 성취욕구와 경제성장 간의 상관관계라는 형태로 독특하게 일반화한 것이었다(박재묵, 1984: 11).

맥클란드는 성취욕구와 경제성장 사이에 존재하는 이러한 상관관계를 입증하기 위해 일련의 정량적인 통계분석을 시도하였다. *The Achieving Society*에서 맥클란드는 역사교과서에 대한 내용분석을 시도하거나, 일인당 생산 전력량에 대한 통계자료를 수집하여 두 변수를 양적 비교가 가능한 국가 간 정량 지표로 가공하고, 1925년과 1950년이라는 두 시점을 사이에 두고 나타난 성취욕구와 경제성장 상태 간의 상관성을 통계적으로 입증하려고 노력하였다. 그는 상관관계 분석을 통해 높은 성취욕구가 나타났던 곳에서 경제성장이 더 빠르게 나타난다는 자신의 가설이 입증되었음을 주장한다(MaClelland, 1961).

이러한 견지에서 경제성장을 촉진하기 위해서는 그 사회의 성취욕구를 증진시켜야 한다는 식의 결론이 뒤따른다. 아동에 대한 교육을 통해 성취동기를 고양시키거나, 저발전 사회의 부족한 성취욕구 자원을 보충하기 위해 발전된 사회의 높은 성취욕구 자원을 더 효과적으로 동원해야 한다는 제안들이 그것이다(MaClelland, 1961: 437). 이를테면 후진국과 선진국의 기업수준 협력을 통해 후진국의 성취욕구 결핍 문제를 해소할 수 있다는 진단을 내리고 있다. 결국 발전문제를 성취욕구와 같은 개인의 심리적 동기로 환원하면서, 맥클란드는 사회구조를 발전과는 아무런 관계가 없는 변수로 격하시킨다.[6] 맥클란드에게 구조가 어떻게 권력의 분배와 성취의 방향을 규정하게 되는지는 전혀 관심거리가 아니었다(Frank, 1972: 393). 제3세계의 저발전과 정체가 정말 낮은 성취욕구에서 기인하는 것인지, 아니면 제국주의 또는 반식민지적 종속에 기인하는 것인지를 검증할 길은 맥클란드에게 열려 있지 않았다(Hauck, 1986: 30).

맥클란드와 유사하게 헤이건 역시 심리적 원리를 통해 경제발전이론을 구성하려 했던 경제학자다. 그는 경제발전을 기술적 진보로 발생하는 일인당 소득의 지속적 증가로 규정하고, 그 과정은 창조적 퍼스낼리티에 의해 이루어지는 것이라고 주장하였다. 경제성장은 점진적이며 장기간에 걸쳐 이루어지므로 외생적 요인들의 단기적 변화에 따른 것이기보다는 특정 사회의 역사적 맥락에서 출현하는 창조적 개인들과 밀접하게 관련되어 있다는 것이다. 헤이건에 따르면 경제성장을 추동하는 혁신은 외부로부터가 아니라 내부의 사회구성원들에 의해 이루어진다(Hagen, 1962: 30-35).

따라서 헤이건의 관심은 어떻게 경제성장을 이끄는 창조적 퍼스낼리티가 발전하는가에 초점이 모인다. 우선 그는 퍼스낼리티의 주요한 차원이 '욕구'에 있다고 보면서 이러한 욕구를 조작적 욕구, 공격

6 맥클란드가 베버의 프로테트탄티즘 연구에서 영감을 받기는 했지만, 그는 자본주의의 발생에 관한 설명에 있어 베버가 강조한 많은 제도적 요인에 대해서는 대체로 함구하고 있다(박재묵, 1984: 12).

적 욕구, 수동적 욕구, 상호부양적 욕구로 분류한다. 그리고 이러한 욕구의 실현강도에 따라 권위적 퍼스낼리티와 혁신적 퍼스낼리티로 구분된다고 주장한다. 권위적 퍼스낼리리티가 외부의 권위에 대한 순응에서 안락함을 느끼는 수동적 욕구와 타인을 정복하려는 공격적 욕구가 강한 성향을 보인다면, 혁신적 퍼스낼리티는 자기이해에 대한 욕구와 자신의 복지뿐 아니라 타인의 복지에도 관심을 두는 욕구가 우세하다. 권위적 퍼스낼리티가 지배적인 사회는 정체되기 마련이지만, 혁신을 강조하고 경험을 존중하며 끊임없이 흥미와 관심을 확대하는 혁신적 퍼스낼리티가 확산될 때 그 사회는 발전할 수 있다는 것이다(Hagen, 1962: 135).

헤이건의 논의에서 가장 흥미로운 부분은 권위적 퍼스낼리티가 혁신적 퍼스낼리티로 전환되는 과정이다. 그는 베버와 유사하게 사회발전을 낳는 퍼스낼리티의 전환이 특수한 심리적 구조에서 기인한다고 지적하면서, 이를 '지위존중의 철회(withdrawlal of status respect)'가 낳는 심리적 불안감에서 찾는다. 지위존중이 철회되는 상황은 전통적 엘리트집단이 다른 집단에 의해 대체되었을 때, 경제적 지위와 다른 지위의 불일치가 발행했을 때, 그리고 새로운 거주지에서 이주 집단이 승인받지 못했을 때 발생한다. 이러한 상황에서 지위가 인정되지 않거나 기대에 훨씬 못 미치는 지위를 받아들이도록 강요받는 집단은 존재 목적을 상실하고 현재의 질서에 불만을 느끼게 된다. 처음에는 현실에서 물러나 은둔하는 퇴보주의자(retreatist)가 되지만, 점차 혁신주의자(innovationist)가 되고, 최종적으로는 사회발전을 선도하는 개혁자(reformist)로 성장한다는 것이다.

이와 같은 심리학적 설명은 이후 문화주의적 설명으로 발전하였다. 다만 심리학적 설명이 개인의 심리구조에 주목하여 사회경제적 발전의 원인을 탐구한다면, 문화주의적 설명은 개인적 심리구조에서 사회적 심리구조, 즉 '문화'에 주목한다는 결정적인 차이점이 있다. 문화주의적 설명은 특히 동아시아의 발전과 관련된 연구에서 중요한 위치를 선점하였다. 서구적 관점에서 동아시아의 독특한 '유교주의적 문화'는 동아시아의 국가주도적 발전에 큰 영향을 미친 요인으로 간주되었기 때문이다.

문화주의적 관점은 일본 초기 근대화 과정에서 신도(神道)의 긍정적 기능에 대한 벨라의 요구를 효시로 출발하여 모리시마, 호프하이츠와 콜더, 투 웨이밍 등의 논의를 거쳐 '유교자본주의론'으로 체계화되었다. 이 관점은 동아시아의 발전과정에서 문화적 전통으로서 유교가 갖는 순기능에 주목한다. 가족중심주의, 교육에 대한 강조, 조직에 대한 충성, 위계 서열의 존중, 정부의 강력한 리더십, 국가중심의 공동체주의 등의 유교적 가치체계들이 동아시아 경제발전의 주요한 동력이 되었다는 것이다. 이 관점은 과거 '고급 유교(high Confucianism)'가 통치자들에게 지배의 명분을 제공했다는 점을 부인하지 않으나, 동아시아인들의 저변 생활윤리로 작동하고 있는 '하급 유교(low Confucianism)'에 대해 주목할 경우 사정은 달라진다고 한다. '유교자본주의론'을 체계화하는 데 주력하고 있는 투 웨이밍의 경우 동아시아를 인류역사상 세 번째 산업문명으로 파악하고 있다. 즉, 시장경제에 기반을 둔 유럽과 미국의 서구 사본주의, 계획경제에 기초한 사회주의에 대해 유교 자본주의를 제3의 발전대안으로 제시하는 것이다(Tu, 1996).

그러나 문화론적 설명방식은 동아시아 경제위기 이후 다음과 같은 큰 난관에 봉착하였다. 첫째, 동아시아 발전을 설명하는 독립변수로서 문화층위를 위치시키는 것이 과연 적절한 것인지에 대한 회의다. 유교는 산업화에 필요한 제도적 변환을 촉진한 매개변수의 위상밖에 가지지 못한다는 반론이 제시된 것이다. 둘째, 동아시아의 발전을 촉진한 유의미한 변수로서 유교적 가치를 자리매김하려는 시도는 불교, 이슬람 등의 종교를 생활윤리의 중요한 기반으로 여기는 인도네시아, 태국, 말레이시아, 필리핀 등 동남아시아 나라들을 암묵적으로 배제하고 있다. 동아시아의 발전을 논할 때 아무리 그 외연이 한국, 중국, 일본 등 동북아시아 국가를 중심으로 이루어져 온 것이 사실일지라도(Kim, 1994), 아세안 국가들의 사례를 배제하고 논의를 종결할 수는 없는 노릇이다. 이런 맥락에서 유교자본주의가 동북아시아 패권주의와 은밀한 형태로 연결되어 있다는 비판도 충분히 제기될 법하다. 셋째, 그간의 동아시아 발전의 역사를 돌아볼 때, 사실 유교적 가치체계는 일종의 '양날의 칼'과 같은 역할을 담당해 왔다. 즉, 그 내적 속성이 발전의 동인 역할을 하기도 했지만, 다른 한편으로 권위주의 정권을 정당화하고 경제체제의 경직성을 가져왔다. 1997년 동아시아 경제위기의 원흉을 '정실주의', '투명하지 않은 기업경영논리' 등에서 찾으려는 서구인들의 시도는 바로 이 '양날의 칼'과 관련되어 있다. 넷째, 문화론적 관점은 동아시아의 발전이 세계열강의 전략적 목표와 깊이 연관되어 있을 가능성 등과 같은 국제정치 또는 세계경제적 요인에 주목하지 못하는 중대한 한계를 가진다(임현진, 2010).

2) 신고전파 경제론

신고전파 경제론은 신흥공업국의 경제성장을 국제무역의 비교우위설에 입각하여 수출의 대폭적인 증가로서 설명하고 있다. 신흥공업국이 경제성장에 성공한 이유는 국내의 부존자원, 인적자원 및 제도적 여건, 그리고 국가주도하에 일사분란하게 계획 추진된 성공적인 경제정책으로서의 수출지향정책 때문이라는 것이다(Balassa, 1981). 예컨대 서아시아와 남미의 경우는 석유나 농업생산물에서, 그리고 동아시아의 경우는 저임금에 기초한 저가공산품에서 보다 경쟁력이 있기 때문에 이러한 상품을 선진국으로 수출함으로써 빠른 경제성장에 성공하였다. 그러나 어떤 유형의 국가형태 아래서 이와 같은 정책이 실행가능한지는 설명이 불분명하며, 세계경제에의 적극적 참여에 따른 국민경제의 왜곡에 대해서는 관심을 보이고 있지 않다. 특히 2차 세계대전 이후 세계경제가 장기간에 걸쳐 호황과 자유로운 무역환경이었던 데 비해, 최근 국제무역환경이 보호주의의 등장에 의해 악화되고 신흥공업국 내부에 사회갈등이 현재화됨에 따라 새로운 정책처방이 요구되고 있다.

다국적 기업이 제3세계 내에서 생산활동을 하게 되는 배경과 과정을 국제분업체계 변동의 맥락에서 살펴봄으로써 신흥공업국의 경제성장을 설명하고자 하는 생산물주기이론이 있다(Vernon, 1966). 이는 선진국에서 개발된 새로운 제품과 생산공정은 세계시장에서의 우위성을 확보하기 위해 점차 해외에 자회사를 설립하게 되고, 그 결과로서 일부 주변부에서 산업화가 이루어진다는 것이 중요한 논지다. 신흥공업국의 산업화 내용에 대해서는 일면 종속이론의 시각과 상통하면서도, 국가기구의 경제활동에 대한 개입이 주기단계의 성격을 변모시키는지와 선진국의 보호무역정책이 생산물주기에 미치는 영향에 대해서는 언급이 없다.

신고전파 경제론이나 생산물주기이론 등의 자유주의적 이론은 신흥공업국의 발선 원인으로서 국내적 변수를 분리해 내는 데 매우 유익한 모형으로 볼 수 있다. 그럼에도 불구하고 그러한 발전이 지니는 본질적 한계를 무시하고 있다는 비판을 받고 있다. 그것들은 시장경제를 제약하는 정치제도와 사회구조의 요소를 고려하는 데 취약하며, 경제성장에 대한 직접적이고 단기적 요소에만 집착하여 성장 및 발전과 관련된 국내 행위자들 사이의 역학관계를 경시하고 있다. 이러한 비판적 인식하에서 자이스만(Zysman)은 경제발전과 각국의 독특한 제도적 배치, 국내 행위자들 사이의 관계를 연관시킨다. 그는 각국의 금융제도를 자본시장기반(capital-market-based) 금융모델과 신용기반(credit-based) 금융모델, 국가주도(state-led) 금융모델이라는 세 가지 유형으로 구분하고, 이러한 상이한 제도 유형이 경제발전에 미치는 독특한 영향에 주목하였다.

자본시장기반 금융모델은 미국과 영국처럼 주로 증권시장이 발달한 국가들에서 발견되는 것으로 기업의 자금조달은 이러한 시장으로부터 이루어진다. 국가, 은행, 기업은 각각 독자적 영역에서 활동하면서 자본시장을 매개로 독립적 파트너로서 금융거래에 참여한다. 반면 독일로 대표되는 신용기반 금융모델에서 기업은 자금조달을 위해 자본시장보다는 은행과 같은 금융중개기관에 주로 의존하고, 은행은 지속적인 신용제공을 대가로 기업들의 경영에 개입한다. 그리고 국가는 은행과 기업의 관계를 안정적으로 제도화하고 화폐의 지속적인 공급과 금리안정을 지원한다. 따라서 이 금융모델에서 국가, 은행, 기업은 독립적이라기보다는 의존적인 관계를 구성하게 된다. 마지막으로 국가주도 금융모델은 금융자원의 '정치화'와 '중앙집중화'를 특징으로 한다. 프랑스와 일본에서 전형적으로 나타나는 이 모델에서 은행은 국가의 하위 파트너로서 국가의 산업정책의 주요 수단이 된다(Zysman, 1983).

3. 종속이론

1) 저개발심화론

고전적 마르크스주의자들은 자본주의가 발전하면 전 세계의 생산방식 및 인구 대다수의 생활수준이 점차 일치하게 되리라고 기대하였다. 마르크스와, 특히 레닌은 이 과정의 불균등성을 강조하면서도 선진지역 후진지역 간 격차의 심화현상은 예기치 못하였다.[7] 한편 근대화론에서 제기된 이중구조론 역시 이론적 원천은 다르나 이와 유사한 맥락에서 저발전 경제가 서로 본질적으로 독립되는 두 부문으로 나누어진다고 주장함으로써 자본주의를 진보의 동력, 즉 발전의 추진력으로 여기고 있다. 두 부문 중 한 부문은 근대적이고 진보적이며 자본주의적인 반면, 다른 한 부문은 전근대적이고 자본주의에 물들지 않았으며 퇴영적이다. 이중구조론적 분석에 기초하면, 발전이 이루어지기 위해서는 자원이 봉건적 부문으로부터 자본제적 부문으로 이전되어야 하고, 봉건적 농업 및 과두적 사회정치구조가 전반적으로 변하거나 근대화되어야 한다.

이에 대한 통렬한 비판은 최초로 프랑크에 의해 제기되었다.[8] 프랑크는 서구의 발전은 제3세계에 대한 착취를 통해 가능했으며, 제3세계는 서구의 발전에 기여한 대가로 저발전하게 되었다고 한다. 그에 의하면 발전과 저개발은 모두 자본주의 자체의 내적 모순의 결과다. 세계 자본주의 체제로 통합되면 일부 지역에서는 발전이 이루어지지만, 그 외 지역에서는 '저개발의 심화'가 형성된다. 또 그에 의하면 저발전(underdevelopment)은 라틴아메리카의 본래의 모습이 아니다. 그에게 있어 자본주의가 침투하기 이선의 상내는 비(未)발전(undevelopment)인 것이다.

이러한 모순의 하나로서 자본주의는 다른 생산양식을 예속시킴으

7 이러한 견해는 마르크스와 엥겔스가 쓴 *Manifesto of the Communist Party*(Tucker, 1978)와 레닌의 *Imperialism, the Highest Stage of Capitalism*(Lenin, 1993)에 잘 드러나 있다.

8 이중구조론에 대한 프랑크의 비판은 그의 논문(Frank, 1967b) "Sociology of Development and Underdevelopment of Sociology"을 참조할 수 있다.

로써, 즉 그들의 경제적 잉여를 전유하고 자원을 고갈시킴으로써 그 위에서 변성한다고 하는 점을 들 수 있다. 또 다른 모순으로 자본주의 체계가 중심부와 변방의 위성지역으로 양극화한다는 점을 들 수 있다. 자본주의는 자신의 모순을 전가하여 주변부의 토착경제를 황폐화시킴으로써 주변부 내에도 중심-주변관계를 만들어 놓는다. 그리하여 중심부-위성의 연결고리는 가장 발전된 국가의 자본주의적 중심부로부터 가장 낙후한 국가의 말단 노동자에까지 이어진다. 서구의 수위도시와 지배계급은 모든 지역의 핵심으로서 제3세계 수위도시의 중심부로 기능하는 반면, 제3세계의 수위도시는 그 국가의 지역적 중심의 중심부로 기능한다. 그리고 이들 지역적 중심은 그 지역 농민, 소작농, 농업노동자들의 중심부로 기능한다. 따라서 "중심-주변의 연쇄적 네트워크는 전 세계를 서구나 미국의 중심부로부터 남미의 가장 깊숙한 오지에 이르기까지 하나의 세계로 연결시킨다."[9] 각각의 매개적 위성 고리는 자체의 위성을 가지고 있어서 이들로부터 착취한 경제적 잉여를 상급의 체계로 이전시킨다. 그리하여 잉여는 세계의 중심부로 모아지고, 중심부 부르주아를 살찌우는 데 기여하게 된다. 프랑크에 의하면 이러한 중심과 주변의 관계는 16세기 이래로 존재해 왔다. 그리고 그 이후의 변화는 주변부에 대한 지배 및 착취 형태의 변화일 뿐 본질적인 변화는 아니다.[10]

제3세계의 부르주아는 중심부의 부르주아와 마찬가지로 하위계급으로부터 경제적 잉여를 수탈하는 역할을 한다. 그러나 이들은 다

9 A. Frank. 1970. "The Development of Underdevelopment," In R. Rhodes(ed.), *Imperialism and Underdevelopment: A Reader*. NY: Random House. p. 7 참조.

10 A. Frank. 1967a. *Capitalism and Underdevelopment in Latin America: Historical Studies of Chile and Brazil*. NY: Monthly Review Press.

시 중심부 부르주아로부터 착취당한다는 점에서 서구의 발전과정에서 보여 준 부르주아의 고전적 역할을 수행하지 못하는 미약한 계급에 불과하다. 이런 점에서 프랑크는 제3세계의 부르주아를 룸펜부르주아(lumpen-bourgeoisie)라고 일컫는다. 이들 저발전 국가의 지배계급은 자신이 현재 누리는 지위가 주변부와 제국주의 중심부를 잇는 연쇄에서 차지하는 위치 때문이라고 여기므로 그것을 유지하는 데 관심이 있다.[11]

중심-주변의 착취체계에서 보면 세계역사에서 격리되어 보존되는 고대문명(특히 남미지역의)이 있다거나, 발전에 장애가 되는 봉건적 혹은 반봉건적 구조가 잔존한다는 주장은 어불성설이다. 또한 서구와 접촉하는 지역은 번성하고 그 접촉이 지연된 지역은 낙후된다는 이중경제론도 잘못된 견해임이 분명해진다. 그와는 반대로 가장 고립되고 낙후된 것은 서구의 침입에 의한 것이다. 저발전의 원인이 서구로부터의 격리가 아니라 서구와의 접촉이라는 것은 제3세계 대부분 국가들이 서구와의 관계가 가장 취약했을 때 가장 급격한 경제성장을 이룩했고, 서구와의 관계가 밀접했을 때 가장 정체되었다는 사실에서 단적으로 나타난다. 또한 서구와 가장 긴밀한 관계를 맺었던 나라일수록 경제적으로 가장 후진되었으며, 서구와 분리되어 독자적으로 남아 있을 수 있었던 나라일수록 발전을 거두었다는 점에서도 잘 드러난다. 그러한 고전적인 예로서 프랑크는 메이지유신(明治維新) 이후의 일본을 들고 있다.[12]

프랑크는 자본주의를 정의함에 있어 잉여를 주변부에서 중심부로

11 A. Frank. 1972. *Lumpenbourgeoisie and Lumpendevelopment: Dependency, Class and Politics in Latin America*. NY: Monthly Review Press. p. 13 참조.

12 Frank, 앞의 책(1967)과 앞의 논문(1970) 참조.

이전시키는 세계적 규모의 교환관계망이라는 관점에 서고 있다. 세계경제에 있어 각 지역의 내적 구조와 발전은 일차적으로 그 지역이 전체에서 차지하는 위치에 의해 결정되며, 더 낮은 수준(기업, 지역, 민족국가)에서의 생산조직은 부차적이라고 주장한다. 프랑크가 중심-주변관계의 연쇄에 관해 기술한 목적은 그것이 '저개발의 심화'의 원인이라는 점을 주장하기 위해서다. 저개발의 심화라는 명제는 정확히 정의되어 있지는 않지만, 부분적으로는 산출고, 고용 및 생산성의 '양적인 성장'이 저지되는 것을 의미한다. 그것이 의미하는 또 다른 측면은 '질적인 파행성'이다. 프랑크는 저개발의 중요성과 세계체제의 발전이라는 관점에서 그것의 분석 필요성을 역설함으로써 이후 새로운 발전이론의 정립에 중요한 공헌을 하였다.

2) 신종속론

산토스에 의하면 종속이란 특정 국가의 경제가 그 국가를 지배하는 다른 나라 경제의 발전과 팽창에 의해 조건 지어지는 상황을 의미한다. 즉, 양자 간의 관계는 일부국가(지배국)는 팽창하여 자립하는 반면, 일부국가(종속국)는 지배국의 팽창에 의해 그렇게 되지 못할 때 종속의 형태를 띤다고 한다.[13] 마르크스주의적 전통하에서 제국주의론은 자본주의 중심부의 팽창과 세계정복과정에 대한 연구로 전개되어 왔다. 그러나 산토스의 특색은 이러한 제국주의적 팽창의 대상물로서 주변부에서의 내적 발전법칙에 관한 이론이 추구되어야 한다고 보는 데 있다. 개개의 국민경제가 세계시장경제로 통합되는 과정을 분석해 보면 세

13 T. Dos Santos. 1970. "The Structure of Dependence," *American Economic Review* 60(1): 231 참조.

계시장 내부의 관계가 불균등함이 드러난다. 무역관계는 시장에 대한 독점적 지배하에 있으므로 종속국가에서 지배국가로 잉여가 이전되며, 중심국의 견지에서 보면 금융관계는 차관과 자본수출에 근거한 이자와 이윤의 수취에 있는 것이다.

종속국가의 입장에서 보면 이러한 관계는 국내에서 생산된 잉여의 일정 부분을 탈취당하고 생산자원에 대한 통제를 상실하는 것이다. 이런 불리한 관계를 지속하기 위해 고도의 기술을 결여하는 종속국가는 노동력을 초과 탈취하지 않을 수 없다. 그 결과 내부시장과 토착적 기술력의 발전이 방해를 받는다. 따라서 가장 낙후한 종속부문에서 가장 진보한 지배적 부문으로의 자원 이전 현상은 불평등의 원인이 되고, 이를 심화시킨다는 점에서, 그리고 이러한 불평등이 세계경제의 구조적 요소가 된다는 점에서 이를 결합발전(combined development)이라고 부른다.

산토스에 의하면 종속의 역사적 유형은 ① 독자적 발전법칙을 갖는 세계경제의 기본적인 양식, ② 외부로 팽창되는 자본주의적 중심부에서 지배적인 경제적 관계의 유형, 그리고 ③ 자본주의적 팽창에 따라 생겨난 국제적 경제 관계에 포섭된 주변부 국가의 내부에 존재하는 경제적 관계의 유형 등에 의해 규정된다.[14] 구체적인 종속의 유형에는 다음과 같이 세 가지가 있다. 첫 번째, 식민지석 종속(colonical dependence)은 상업자본과 식민모국이 식민지의 경제관계를 직접 지배하는 형태로서 토지, 광산, 노동력(농노, 노예)을 독점한다. 두 번째, 금융-산업적 종속(financial-industrial dependence)은 중심부 대자본의 팽창과 1차 부문에의 침투로 나타나는 유형이다. 산토스는 이러한 유형의 경제를 수출

14 위의 논문, p. 232.

경제(export economy)라고 명명하는데, 그 내부시장은 다음의 네 가지 요소에 의해 제약된다. 첫째, 수출을 통해 얻어진 대부분 국민소득은 수출생산을 위한 투입재 구매로 쓰이거나 소수의 사치성 소비재 구입에 쓰인다. 둘째, 가용한 노동력은 초과 착취되어 그들의 구매력이 제한된다. 셋째, 간접임금에 해당하는 노동자들 소비의 상당 부분은 생계유지경제(subsistence economy)에 의해 제공된다. 넷째, 농장이나 광산의 소유주가 외국인일 경우 잉여의 대부분이 해외로 송출되어 국내소비는 물론 재투자의 가능성이 희박해진다. 세 번째, 이러한 종속의 유형과 달리 최근에 나타난 것이 기술-산업적 종속(technological-industrial dependence)이다. 그는 이를 신종속(new dependence)이라 명명하고, 그 특징을 다음과 같이 들고 있다. 신종속은 국제적인 상품 및 자본시장의 긴급한 요구에 의해 이루어진다. 신규투자를 창출하기 위해서는 기계와 국내에서 생산되지 않는 원자재의 구매에 필요한 외환의 존재 여부가 관건이 된다. 그러나 여기에는 몇 가지 한계가 따른다. 먼저 들 수 있는 것은 수출부문에 의해 창출된 자원이 갖는 한계다. 주변부 국가에서의 산업발전은 산업부문에서 활용할 투입재를 구매할 외환 때문에 수출부문에 종속된다. 그 결과 전통적 수출부문을 보존할 필요가 대두한다. 그러나 낙후한 생산관계가 온존되고, 정치적으로는 부패한 전통적 과두제를 지속시켜 내부시장의 발전에 장애가 된다. 이러한 제약에 대한 반응으로 종속국들은 외환규제정책이나 생산시설의 국유화 혹은 수출부문에 대한 과세정책 등을 추진해 왔다,

한편 산업발전은 국제수지균형의 변동에 의해서도 크게 좌우되어 왔다. 종속 상황은 국제수지의 적자를 초래하는 경향이 있는데, 이는 고도의 독점적인 국제시장에서의 무역관계가 원자재 가격을 낮추고 산업생산품의 가격을 높이는 경향이 있기 때문이다. 대부분 근대기술은 다양한 원자재를 인공 소재로 대체시키며, 외국자본은 경제의 가장

역동적인 부문에 침투하여 대량의 잉여를 수취해 간다. 그 외에도 수송, 로열티, 기술지원 등의 서비스에서 국제수지적자를 크게 한다. 그 결과 외국금융은 기존의 적자 해소와 투자 촉진을 위한 자원으로서 필수적으로 요구된다. 따라서 외국의 원조는 그들이 창출한 공동(空洞)을 채워 주는 것이다. 이러한 상황에서 종속국의 산업발전은 제국주의 중심부의 기술독점에 의해 조건 지어진다. 주변부 국가는 산업발전을 위해 기계류와 원자재를 수입해야 하지만 이를 국제시장에서 자유로이 구매할 수는 없다. 중심부의 대기업이 특허권을 갖고 로열티를 요구하며, 이들 상품을 자본으로 전환하여 직접투자하기 때문이다. 새로운 형태의 종속은 종속국의 생산구조에 영향을 미친다. 그리고 저개발국의 생산체계는 국제적 관계에 의해 기본적으로 규정된다. 그 구체적인 과정을 살펴보면 다음과 같다.[15]

첫째, 1차 산업 위주의 수출구조를 보존하기 위해 경제적인 선진부문과 낙후한 부문과의 결합이 일어나 선진부문은 낙후부문에서 잉여를 수취하고, 중심도시는 내부 식민지를 착취한다. 즉, 국제적 불균등교환이 국내에서 그대로 재연된다. 둘째, 산업 및 기술 구조는 내부의 발전을 위한 요구보다는 다국적 기업의 이해관계에 보다 밀접하게 반응하는 경향을 띤다. 셋째, 고도로 기술집약적 · 자본집약적인 중심부 경제가 아무런 수정 없이 직접 주변부 경제로 이식되므로 소득의 집중, 생산설비효용의 저하, 시장기능의 집중 등을 초래한다. 이처럼 종속적 산업화로 창출된 생산구조는 노동력을 고도의 착취적 관계 속에 위치시켜 그들의 구매력을 약화시키며, 자본집약적 기술을 채용하여 고용효과를 낮추고, 국내에서 창출된 잉여를 해외로 유출시킴으로

15 위의 논문, pp. 233-237.

써 내부시장의 성장을 제한한다.

산토스의 신종속 개념은 프랑크의 저개발심화론의 일면성을 극복했다는 점에서 프랑크의 논의 연장선상에 놓여 있으면서도 그 적용범위를 확대했다는 의의를 가진다. 즉, 종속적 재생산구조와 그에 의해 창출된 사회경제적 제도들을 이해하기 위해서는 대자본의 독점적 통제, 고도의 기술력 독점에 기초하여 국제적 · 국내적 수준에서 불균등한 발전을 낳는 세계적인 경제관계망의 한 부분으로서의 인식이 필요하다. 이 점에서 프랑크의 논의와 맥을 같이한다. 그러나 여러 가지 외부적 제약 속에서도 비록 많은 부분이 파행성을 지니지만, 경제 규모의 성장이 이루어진다는 점에서 프랑크의 저개발심화론을 수정하고 있다. 즉, 프랑크의 논의가 지닌 양적인 저개발명제의 수정을 제안하고 있는 것이다.

3) 종속적 발전론

카르도소와 팔레토(Cardoso and Faletto)의 공통된 특징은 방법론적 측면에서 산업화 과정의 정치적 특성을 강조, 해석함으로써 경제발전의 문제에 관한 새로운 성찰을 주장하는 데 있다. 이때 경제적 가정, 구조적 조건, 그리고 역사적 상황 간의 관계를 포괄적으로 정식화할 필요성이 제기되는 것이다.[16] 경제체제와 정치과정은 상대적 자율성을 가지며, 이들 간에는 갈등 혹은 수렴의 가능성이 존재한다. 따라서 종속적 발전은 '발전'과 '종속'에 관한 전통적 이분법을 거부하고 종속 상황에서의

16 F. Cardoso and E. Faletto. 1979. *Dependency and Development in Latin America*. Berkeley: University of California Press. p. 174 참조.

발전 가능성을 예시한다는 데에 그 이론적 의의가 있다.[17]

종속적 발전의 배경으로는 세계경제질서의 재조직과 다국적 기업의 침투를 들 수 있다. 자본주의의 재조직은 중심부 경제뿐 아니라 주변부 국가에도 영향을 미쳤다. 2차 세계대전 후의 세계경제는 브레턴우즈(Bretton Woods) 협정, GATT 체계, 그리고 IMF의 통제를 통한 미국의 주도하에 놓여 있었다. 그러나 냉전의 종식 후 방위부담을 면제받은 유럽과 일본의 경제적 성장은 이러한 미국 중심의 균형을 파괴하였다. 즉, 자본주의 중심부 간의 모순이 첨예화됨으로써 미국 경제는 일종의 부메랑효과로 고전하게 되었고, 이는 석유파동 이후 더욱 심화되었다. 서구의 경제권은 미국 지배하의 질서를 타파하고 다극화했으며, 1970년대에 오면 이들 간의 무역마찰이 본격적으로 이루어진다. 따라서 이러한 국제경제 상황의 변화는 주변부 국가에 있어서도 유리한 조건으로 작용하게 되었다.

카르도소와 팔레토는 종속적 발전의 계기를 주변부 사회 내부의 정치적 요인, 특히 계급관계와 국가의 역할에서 찾고 있다. 이들의 중요한 이론적 가정의 하나는 시기에 따라 주변부 국가 내의 각 계급집단의 역할이 상이해지고 그 결과 발전의 양상이 다양해진다는 데 있다. 종속적 발전을 하는 국가의 사회구조는 경제체계의 양면, 즉 외적 연계와 내적 토대의 양 측면을 반영하고 있다. 외부의 영향력은 내부의 세력관계를 통해 이해관계를 관철시킨다. 그러므로 주변부 경제가 다국적 기업의 통제하에서 산업화한 후에도 이전의 산업화 양상은 지속 확대된다. 즉, 사회계급의 분화로 노동자계급뿐 아니라 신중간계급이 큰 세력으로 대두한다. 또한 국가의 경제개입이 강력해질수록 관료와 군

17 위의 책, p. 175.

부의 참여가 확대된다. 이러한 모든 과정은 저발전 상황의 복잡성을 보여 준다.[18]

다국적 기업의 주변부 사회에 대한 침투와 종속의 강화는 주변부 사회에 부과되는 외적 요구가 내면화하는 과정에서의 기능적 연관성을 잘 나타낸다. 즉, 중심부 자본의 확대에 따라 관료적 권위주의에 대한 상호 필요성이 증대하고 국가는 기업가로서의 역할을 증대시키면서 민중주의를 억압해 나간다. 카르도소와 팔레토에 의하면 종속적 발전의 주도적 지배세력은 국제화된 부르주아지와 공공국가관료 사이의 동맹이다. 국가의 경제개입 확대는 흔히 국가부르주아지라고 불리는 공공관료 계층을 국가 자체의 사회적 기반으로 생산해 내는데, 이 계층이 국가기업에서의 자본축적을 지원하고 있기 때문에 자본의 '공적 소유자'로서 사회적 기능을 하고 있다.[19] 국제자본과 국가의 연합적 발전을 위해서는 국가기업에 의한 자본축적과 경제적 자원에 대한 국가의 통제가 필수적이다. 그러나 다국적 기업의 침투와 국가기능의 강화가 탈종속을 의미하지는 않는다. 주변부 국가는 자본주의가 주변부 산업화에 침투하는 통로이며, 이러한 이유에서 nation과 state를 구별할 필요성이 대두한다.[20]

에반스의 논의(Evans, 1979)에 이르면 종속적 발전과정에서의 특성은 더욱 확실한 모습을 띠고 나타난다. 에반스는 종속적 발전의 메커니즘을 국가, 다국적 기업 및 토착자본의 3자연합(triple alliance)으로 파악하고, 세 행위자가 상호 갈등, 화해하는 역동적인 메커니즘을 보여 주

18 위의 책, pp. 26-27.

19 F. Cardoso. 1973. "Associated-dependent Development: Theoretical and Practical Implications," In A. Stepan(ed.), *Authoritarian Brazil: Origins, Policies, and Future*. New Haven: Yale University Press, pp. 142-176 참조.

20 Cardoso and Faletto, 앞의 책, pp. 99-210.

고 있다. 그에 의하면 국가는 자본축적의 핵심적 수행자다. 만약에 국가가 토착적인 자본축적에 우선권을 쥐지 않았다면 주변부 사회의 산업화를 추진할 세력은 없었을 것이라고 말하고 있다. 그러면서도 그는 토착자본과 다국적 기업의 존재와 역할을 절대 무시하지 않는다. 그는 토착자본이 국가에 완전히 종속된다고 가정하는 국가자본주의론을 애써 피하면서 토착자본과 국가의 갈등관계를 상세히 논하고 있다.[21]

종속적 발전론은 주변부 사회의 성격을 규명하는 데 있어 중요한 기여를 하였다. 첫째로 제국주의의 내적 변모와 그에 따른 종속 유형의 변화에 관심을 기울이고 있다. 종속적 발전론은 국제분업이 농공분업단계에서 새로운 분업단계로 이행하게 됨으로써 생겨난 제국주의의 속성변화와 그에 따른 주변국과의 관계변화를 그 이론적 틀 안에 도입할 수 있었다. 이 점에서 저개발심화론이나 자립적 발전론의 단순논리에서 진일보한 것으로 평가된다. 둘째로 내부계급관계의 파악에 있어서 저개발심화론이나 자립적 발전론과는 달리 그 내적 변화에 주목하고 있다. 이전 지배계급으로서의 봉건과두제의 지배권 상실과정과 새로운 산업자본가의 헤게모니화 과정, 그 외적 연계의 변화에 주목할 수 있었다는 점에서 분석상의 진전이 있다고 보인다. 더욱이 종속의 변모과정을 내부지배계급의 변모과정으로 파악했다는 점은 두드러지게 구별되는 점이다.[22] 셋째로 종속적 발전론은 발전의 가능성과 현실성을 인정하면서도 그것이 종속의 한계 내에서 이루어지는 것으로 파악함으로써 발전의 왜곡성을 동시에 파악할 수 있는 포괄적인 시각을 제시

21 P. Evans. 1979. *Dependent Development: The Alliance of Multinational, States and Local Capital in Brazil*. NJ: Princeton University Press, Ch. 1 참조.

22 P. Evans. 1975-1976. "Industrialization and Imperialism: Growth and Stagnation on Periphery," *Berkeley Journal of Sociology* 20: 113-145 참조.

했다고 볼 수 있다.

4) 부등가교환론

엠마누엘(Emmanuel)의 부등가교환론은 제국주의에 관한 전통적 마르크스주의적 해석과 다르고, 비(非)마르크스적인 논의와도 다르다.[23] 그의 이론적 기여는 재화와 자본은 국가 간에 유동적인 데 반해 노동력은 그렇지 못하므로 가격과 이윤율은 국제적으로 균일화하지만, 임금은 그렇지 못하다고 하는 중요한 가정하에 마르크스(Marx)의 생산가격이론을 국제적인 가격결정이론으로 확대한 데 있다. 즉, 자본은 국제적으로 이동할 수 있으며, 그리하여 국제적인 수준에서 적절한 이윤율이 형성되지만, 노동은 국가 사이에서 이동하지 못하므로 그 결과 각 나라 노동자들은 서로 직접적으로 경쟁하지 않으며, 서로 다른 국가적 임금수준이 형성된다. 이 경우 상품은 자유롭게 교역할 수 있는 것으로 가정되므로, 그 결과 전 세계에 걸친 단일한 생산가격체제가 존재하게 된다.

엠마누엘이 부등가교환이 일어날 수 있는 경우로 가정하는 것은 두 국가가 완전히 다른 종류의 상품을 생산하여 그들이 직접적으로 서로 경쟁하지 않는 경우다. 만약 한 상품이 고임금국가에서만 생산되고 다른 상품은 저임금국가에서만 생산된다면, 각기 상품가격에는 임금비용이 포함될 것이기 때문에 그것은 임금격차를 반영하게 된다. 달리 말해 고임금국가의 상품은 두 국가의 임금이 동일할 때 받는 경우보다 비싸지고 저임금국가의 상품은 저렴해진다. 그러므로 저임금국가는 일정한 양을 수입하려면 그보다 많은 양을 수출해야 하고, 반대로 고임

23 A. Emmanuel. 1972. *Unequal Exchange: A Study of the Imperialism of Trade*. NY: Monthly Review Press.

금국가는 자신이 수출한 양보다 더 많은 수입품을 얻는다. 그러므로 교환은 부등가적이다.[24]

이때 전제가 되는 것은 '노동자에게 필요한 재화의 양', 즉 임금에는 '역사적, 도덕적인 요소'가 포함되어 있어 그 탄력성이 매우 작다는 점이다. 단기적으로 보면 가격 및 임금은 균형수준의 상하로 움직이지만, 장기적으로 보면 국가마다 생활 유형의 상이성으로 인해 균형임금은 상대적으로 고정적이어서 독립변수인 것처럼 작용한다.[25] 그리하여 엠마누엘에 의하면 부등가교환은 잉여가치율이 제도적으로 상이한 지역들 사이에서 이윤율의 균등화를 통해 형성된 균형가격 간의 비율이다.[26] 여기서 '제도적'이라는 용어는 이러한 잉여가치율이 어떤 이유에서든 요소 시장에서 경쟁적 균등화 작용으로부터 보호되어 상대가격과 독립적이라는 사실을 의미한다.

엠마누엘에 의하면 부등가교환은 불균등 발전에 대한 원인으로 작용한다. 이는 두 가지 방식으로 설명된다. 첫째, 자본은 수요에 의해 이끌리므로 부등가교환이 가져다준 높은 소득은 더 많은 투자를 끌어모으고 누적적 발전을 야기한다. 둘째, 고임금은 생산력의 증대와 발전의 촉진을 가져오는 자본집약적 생산방식의 채택을 촉진시킨다.[27] 즉, 임금의 증가는 경제발전의 한 요인이고 경제발전은 임금의 증가를 가능케 하는 누적적 효과를 수반한다. 또한 부유한 국가에서 임금의 증가가 있을 때 빈곤한 국가와의 교역에 있어서 부등가교환의 정도가 심화되고, 그 결과 빈곤한 국가에서 부유한 국가로 이전되는 가치도 증가한

24 위의 책, pp. 37-104.
25 위의 책, pp. 105-159.
26 위의 책, pp. 59-60.
27 위의 책, p. 130.

다. 부등가교환의 결과 부유한 국가의 경제발전은 촉진되고 이는 노동력의 가치를 증가시킴으로써 임금의 새로운 증가를 유발하며, 반대로 빈곤한 국가의 경제발전은 지속적으로 저지되고 이는 노동력 가치의 증가를 정지시킴으로써 임금을 최저수준에 위치시킨다.[28]

이와 같이 경제잉여의 개념에 의해 추상적으로 이해되었던 중심의 발전과 주변의 저개발이라는 프랑크의 명제는 엠마누엘의 부등가교환이론에 의해 보다 구체적으로 파악할 수 있게 된다. 즉, 엠마누엘에 있어서 부등가교환은 자본의 본원적 축적 및 세계체제의 양극적 발전을 야기하는 기축이 되고 있다. 그러나 그의 이론은 생산가격(생산가치가 아닌) 개념에 바탕을 두고 주변부에서의 자본주의적 생산관계가 지배적이라는 사실을 전제로 한다는 점에서, 자본주의가 하나 이상의 생산양식으로 이루어진다는 점을 간과한 채 상품경제로 인식하고 있다는 비판을 면치 못하고 있다.[29]

5) 주변부 자본주의론

아민(Amin)에 의하면 제3세계(특히 아프리카)의 후진성은 제3세계와 서구 사이의 불균등교환에 의한 결과다. 이러한 불균등교환을 통해 중심부 국가에서는 독점자본주의가 공고해지는 계기가 되었고, 주변부에 대해 대량의 자본을 수출하는 제도적 구조를 갖추게 되었다. 대자본의 도움으로 많은 기업이 주변부에 설치되어 값싼 노동력을 착취하여 엄청난 이윤을 획득할 수 있었다.[30]

28 위의 책, p. 131.

29 Laclau, 앞의 논문, pp. 19-38 참조.

30 S. Amin. 1974. *Accumulation on a World Scale*. NY: Monthly Review Press 및

자본주의의 기본적 모순에 의하면 이러한 이윤 추구는 필연적인 것이다. 왜냐하면 중심부에서 생산량의 증가는 소비량의 증가에 비해 훨씬 더 급격히 이루어지며, 그리고 노동조합의 압력으로 인해 노동자들의 임금을 올려 주어야 할 필요성에 직면하게 된다. 그러나 임금의 상승은 중심부에서 이윤 저하의 한 원인이 된다. 그러므로 중심부 국가들은 이윤율의 저하를 막기 위해 주변부에 진출한 기업으로부터 이윤을 획득하여 그 차이를 보전하려고 한다.

이처럼 세계체제 내에서의 국제적 불평등은 저임금국가와 고임금국가 간의 분화에 기인한 것이다. 이런 유형의 불평등은 일단 성립이 되면 영속되고 또 세계시장의 작동에 따라 강화되는 경향을 띤다. 세계시장 자체가 중심부의 요구에 의해 구조적으로 왜곡되기 때문이다. 즉, 중심부 국가는 주변부에 대해 환금작물과 수출을 위한 외향적이고 불균등한 전문화를 강요한다. 이처럼 전통적인 생산양식이 왜곡되기 시작하면 인구의 상당 부분은 토지에서 추방되어 고용기회를 갖지 못한 상태로 프롤레타리아가 되어 도시로 몰려든다. 유럽에서는 이와 유사한 상황이 벌어졌을 때 새로운 고용기회가 신규노동력에 주어질 수 있었다. 제3세계에서는 경제적인 왜곡이 퇴행적 효과를 미쳐, 상당 부분의 노동력을 생산과정에서 축출해 내었다. 그러므로 근대화론에서 주장하는 자립적 발전은 불가능하게 된다.

세계적 규모에서의 자본축적은 자본주의 세계경제가 동질적이지 않고 주변에 대규모의 비자본제적 영역이 존재한다는 사실에서 주어지는 것이다. 즉, 자본주의 세계경제는 두 가지로 구분되는 유형의 사회구성체, 즉 중심부 사회구성체와 주변부 사회구성체로 나뉘어 있다.

1976. *Unequal Development*. NY: Monthly Review Press 참조.

중심부에 있어서는 자본주의 생산양식이 다른 생산양식들을 배제시켜 고전적 마르크스주의자들이 분석했던 것과 똑같은 발전과정을 만들어 낸다. 그러나 주변부의 경우는 중심부의 더한층 앞선 공업과의 경쟁으로 인해 자본주의적 발전이 봉쇄당한다. 그에 따라 전(前) 자본주의 생산양식들이 오랫동안 지속되거나 경제적 · 사회적 구조가 중심부의 그것과 아주 다르게 된다. 아민은 전 자본제사회란 몇 개의 생산양식을 가지는, 그리고 그 결과 복합적인 계급구조를 지니는 사회구성체로서 분석되어야 한다고 강조한다. 그에 의하면 주변의 사회구성은 그 다양한 기원에도 불구하고 다음과 같은 일반적인 특징을 공통으로 가지고 있다.[31]

(1) 국민적 부문에서의 '농업자본주의의 우세'

(2) 제국주의적 자본의 지배와 그에 예속하는 지방적이며 상인적, 매판적인 자본의 창조

(3) 국가자본주의적 · 관료자본주의적 발전의 경향

(4) 불완전하고 특수한 성격의 프롤레타리아화 경향, 즉 주변화(marginalization)

주변부 사회구성체 내부에서 제국주의적 자본의 지배와 이들의 동맹관계에 있는 토착자본의 종속적 · 매판적 성격은 (신)식민지적 성격을 띠는 원인이 된다. 이는 민족자본과 대립하는 예속자본으로서 주로 매판적 무역에 종사하고 중심의 독점자본과 주변의 노동력을 매개하는 역할을 함으로써 제국주의적 계급동맹에 의해 직접 표현되는 것이다.[32] 한편 주변에는 전 자본제적 사회관계가 광범하게 존재하고 있어 주변부 사회구성체 안의 지배적 경제범주가 제국주의 자본인 이상

31 위의 책(1976), p. 333 참조.

32 S. Amin. 1979. *Imperialism and Unequal Development*. NY: Monthly Review Press. p. 234.

그 역사적 성격은 자본주의지만 구체적으로는 반봉건적 성격을 띤다. 그리하여 소농, 소상품 생산자를 비롯한 반프롤레타리아화한 농민대중 및 도시실업자군의 대량 증가라고 하는 주변화 현상이 나타난다. 이러한 과잉인구는 저임금노동력의 광대한 저수지일 뿐만 아니라 동시에 3차 부문의 이상비대를 가져오는 원천이 된다.[33] 그는 최근 한 논문에서 자신의 주장을 다음과 같은 명제로 압축하고 있다.[34]

(1) 현상적으로 국제적인 중심과 주변의 관계는 자본제적 생산양식과 그에 예속된 전 자본제적 생산양식과의 관계 맥락에서 분석되어야 한다.

(2) 지배와 종속의 구조는 잉여노동의 수탈을 수반하는 관계를 내포하고 있다. 즉, 그것은 상업적 교환에만 기초하고 있는 것이 아니라 노동과정과는 주의 깊게 구별되어야 하는 생산과정으로서의 자본개입을 전제하는 관계를 내포하고 있다.

(3) 잉여노동의 이전은 가치법칙의 순수한 기계적인 작용으로부터 비롯되는 것이 아니며, 이전되는 잉여의 가격은 오히려 상이한 자본가들 사이의 세력관계에 의존한다.

(4) 따라서 자본이 주변의 노동자 1명을 착취할 때 이는 동시에 이들 노동자 각자 노동력의 재생산에 필요한 농업잉여를 공급하는 10명의 농민도 함께 착취하는 것이다.

(5) 주변의 생산력 발전을 저해하고 있는 요인은 이와 같은 초과착취다.

아민은 주변부의 변화는 주변부 사회구성체 내부 생산양식들의 분

33 Amin, 앞의 책(1976), p. 239, pp. 451-464 참조.

34 S. Amin. 1980. "The Class Structure of Contemporary Imperialist System," *Monthly Review* 31: 25.

절적 접합과 세계체제와의 연계라는 두 가지 수준에서의 결합에 의해 규정되며, 이로써 저개발의 본질이 주변부 자본주의 사회구성체의 역사적 성격에 의해 나타난다는 점을 분명히 한다. 이러한 아민의 작업은 세계적 차원에서의 자본축적에 관한 분석에 있어서, 그리고 복잡한 구조를 지니는 주변부 사회구성체의 생성과 동태를 설명하는 과정에 있어서 최초의 종합적 시도였다. 생산양식, 주변부의 계급구조, 국제무역 및 특화의 유형, 국제가격의 형성, 주변부의 국가발전 문제점, 자본주의 발전의 시기 구분 등과 같이 광범한 주제를 서로 연결시키는 시도를 했다는 점에서 그의 이론적 의의를 찾을 수 있다.

6) 생산양식접합론

생산양식과 사회구성체의 개념을 저개발경제 분석에 도입하려는 노력은 기존의 연구방향에 대한 반성으로부터 이루어져 왔다. 저개발심화론이나 세계체제적 접근은 거시적인 분석시각의 제공이라는 점에서 그 의의가 높이 평가되지만, 이질적이고 다양한 저발전의 내용과 전개방식에 대한 해명이 취약하다는 비판을 면치 못하고 있다. 외적인 요인이 주는 영향을 기존의 일국자본주의론이 기초하고 있던 생산양식론의 토대 위에서 흡수하게 되는 지적 계기는 알튀세와 발리바(Althusser and Balibar)의 이론에서부터 시작된다.[35] 이들의 생산양식 개념은 구조주의적 인식론을 전제한 것으로 생산양식과 사회구성체를 구별하고 있다. 생산양식(자본주의, 봉건주의 등)이 추상적이고 무시간적인 개념인데 비해 사회구성체는 좀 더 구체적이고 시공적인 개념이라고 한다.

35 L. Althusser and E. Balibar. 1970. *Reading Capital*. London: New Left Books.

레이(Rey)에 의하면 한 사회구성체는 하나 이상의 생산양식을 포괄할 수 있다는 인식에서 출발한다.[36] 고전적인 마르크스주의자들은 생산양식을 서로 연속적인 발전단계로 여긴다. 그렇지만 하나의 생산양식이 단번에 대체되지는 않으므로 긴 이행과정이 존재해야 한다. 그러나 두 가지 양식이 과도기의 사회구성체 내에 나란히 존재하면서 서로 배타적으로 완전히 독립적으로 공존하는 것으로 볼 수는 없다. 각각 다른 것의 운동에 영향을 주는 상호작용이 이루어진다. 두 가지 양식은 하나가 다른 것을 대체할 것이라는 의미에서 대립하고 있지만, 동시에 이행 기간에도 각자는 재생산되어야 하므로 그들의 재생산 조건은 서로 양립할 수 있어야 한다. 이 과정을 레이는 두 생산양식의 '접합'이라고 부른다.

자본주의-봉건주의 접합의 구체적인 단계를 레이는 다음과 같이 설명한다. 자본주의의 발생기인 첫 번째 단계에서는 봉건적 양식이 지배적이며, 자본주의는 매뉴팩처 생산의 단계에 있다. 지주들은 농민을 축출하여 프롤레타리아트를 창출하고, 금납지대를 요구하며, 시장수요를 창출한다. 두 번째는 봉건주의와 자본주의의 접합 중 공업자본이 지배적인 단계로 공업자본가와 농민 간의 노동 분화가 이루어지고, 농민은 시장생산에 포섭되어 경쟁에 휘말리게 된다. 자본주의적 생산은 완전한 승리를 획득하지 못하여, 확대재생산을 위한 여분의 노동력을 획득하기 위해서는 경제외적 수단에 의존할 수밖에 없게 된다. 최종 단계인 세 번째 단계는 농업의 모든 부분에서 자본주의적 생산이 농민적 생산과 경쟁하게 될 때에 도달한다. 마침내 농민은 몰락하고 스스로 재건할 수 없게 된다.

36 이하 내용은 P. Rey. 1973. *Les Alliances de Classes*. Paris: Maspero 참조.

이처럼 저개발 경제구조는 유통관계가 아닌 생산관계 수준에서 분석되어야 한다는 점에서 레이는 이전의 프랑크(Frank)와 윌러스타인(Wallerstein)의 유통주의적 시각을 극복하고 있다. 봉건제를 직접생산자인 농민에 대한 경제외적 관계로, 그리고 자본제를 생산수단에서 분리된 직접생산자의 자유 임노동으로 특징지을 때 제3세계 대부분 국가는 봉건제와 자본제의 접합에 의해 여전히 반봉건적 상태에 있음을 알 수 있다. 저발전 경제분석은 개별 생산양식의 구명이 아닌 여러 가지 생산양식의 접합관계 해명, 즉 경제체제 수준에서 이루어져야 하는 것이다.

한편 테일러(Taylor)는 제3세계 사회구성체의 구조를 해명하는 데 유용한 개념인 불균등 포섭(uneven subsumption)과 전위(dislocation)를 제공하고 있다. 불균등 포섭이란 제국주의적 침입에 의해 자본주의적 생산관계가 기존의 생산력=사회적 분업을 불균등하게 포섭한 결과로서 산업구조의 파행성을 야기하는 것을 말한다. 이는 첫째, 식민지 시기에 있어 제국주의가 그 자신의 재생산을 위해 필수적인 부분들에만 침투하고 둘째, 제국주의도 전 자본제적 제양식을 해체시키는 것은 불가능하기 때문이다.[37]

자본주의가 기존 양식의 재생산을 지배, 제약하면서 나타날 때 선행하는 지배적 양식(봉건제)에 적합한 이데올로기와 국가 및 제도의 여러 형태는 새로 출현한 자본주주의 재생산 요구들에 부합되지 않는다. 그러나 식민주의는 그 재생산 요구를 달성하기 위해 종종 기존 상부구조를 이용하려는 경향이 있다. 따라서 테일러는 제국주의의 침입이 주변에 제약되고 불균등한 발전을 야기한다고 결론짓고 있다. 왜냐하면 자본주의의 침투는 반드시 제약되고, 따라서 그 생산력의 포섭이 불균

37 J. Taylor. 1979. *From Modernization to Modes of Production: A Critique of Sociologies of Development and Underdevelopment*. London: Macmillan. p. 216.

등하게 이루어지기 때문이다. 그에 따르면 제국주의의 침입에 따라 자본제적 생산관계는 다음의 경우에만 발생한다. 즉, ① 중심의 재생산을 위해 필수적인 부문, ② 수입품과 경쟁하지 않는 부문, 그리고 ③ 중심의 주변지배를 강화시킬 수 있는 수단을 제공하는 부문—수입대체 부문, 외자에 의해 지배되는 부문(소비재 생산 부문), 합작투자 부문, 대체로 수출을 위한 매판자본에 의해 수립된 부문 등—에 제한된다는 것이다.[38] 그리하여 제국주의 침략하에서 기존 산업구조의 가장 완전한 변형은 농산물 또는 불변자본의 제요소(중심의 생산과정에서 필요로 하는)를 제공하는 부문에서 일어나며, 여기에 가장 선진적인 자본집약적 기술이 수입된다. 또 이 부문들에 있어서 프롤레타리아화(직접생산자의 생산수단으로부터의 분리)는 총체적이다. 그다음은 수입대체산업 또는 사치품 생산부문이며, 마지막으로 중심으로부터의 수입품과 경쟁하지 않는 부문 등으로 확대되는 것이다. 따라서 발전은 불균등하다고 할 수 있다. 즉, 주변 사회구성체의 경제구조에 있어 자본제적 생산관계는 많은 부문에서 형식적으로 수립되지만, 이들 지역에 있어 사회적 분업은 상이한 정도로 변형되는 것이다.

제국주의가 침투한 결과 직업생산자를 그 생산수단으로부터 강제로 분리시킴으로써 비자본주의 양식의 주요 생산관계의 재생산을 가로막는다. 그리하여 전 자본제적 상태에서 특정계급의 정치지배를 위한 물적 기반을 형성했던 잉여노동의 추출과정이 점차 자본주의적 생산관계의 지배에 의해 침식된다. 자본주의적 생산은 지배계급들이 자본주의적 생산에서 실현된 잉여가치를 향유할 수 있게 하여 그들이 자본주의적 생산체계에 편입되는 것을 돕고, 물적 근거를 마련해 준다.[39]

38 위의 책, p. 220.

39 위의 책, pp. 237-250.

한편 제국주의 침투의 국면이 변화하면 제3세계 사회구성체 내에서 제한적이고 불균등한 발전에 의한 상이한 형태의 노동 분화가 일어나 프롤레타리아의 분화를 낳는다. 한편으로는 소규모의 전문화된 숙련노동력을 노동귀족으로 위치시켜 주며, 다른 한편으로는 전 자본제적 장인노동을 형식적으로 포섭하여 지배, 조종한다. 그 외에도 독특한 생산양식의 결합과 노동 분화는 필연적으로 도시에 많은 반(反)프롤레타리아트화한 노동자를 만들어 낸다. 이들은 생산구조의 주변에 위치하면서 다양한 정치적 태도를 보인다.[40] 이처럼 생산양식접합론은 비자본주의 생산양식의 구조, 재생산 동력, 그리고 제3세계 구성체들에서 이전에 지배적이었던 비자본주의 양식에 대한 자본주의 침투의 상이한 형태의 일반적인 효과에 대한 분석 등을 가한다. 그럼으로써 제3세계 국가들의 내부 동학을 밝히는 데 중요한 이론적 기여를 한 것으로 평가되고 있다.

40 위의 책, pp. 259-268.

제3장 신제도주의와 조절이론

1. 발전에 대한 제도주의적 접근

과거 근대화이론과 종속이론, 세계체제론으로 대표되던 사회발전이론들은 발전문제에 관한 관심과 문제의식을 환기시키고, 다양한 후속 논쟁을 이끌어 냄으로써 발전이론의 성장과 확산에 큰 기여를 하였다. 그러나 대부분의 초기 이론들은 지나치게 구조적이고 일반화된 해석에만 경도되면서 실제 현실에서 나타나는 발전현상의 다양성과 가변성을 포착하는 데는 상당한 한계를 노정한 것도 사실이다. 실제로 1970년대 내내 여러 이론적 진영이 관여하면서 끊임없는 쟁점과 토론을 양산해 왔던 발전론 논쟁은 1980년대 이후 돌연 그 열기가 수그러들면서 발전이론의 '저발전(underdevelopment)'이나 교착상태(impasse)를 우려하는 논의가 제기되기도 하였다(Booth, 1985; Corbridge, 1990).

이러한 상황에서 구조와 행위를 연결시키고 사회발전의 다양성을 만들어 내는 핵심 매개변수로 '제도(institution)'에 대한 관심이 증대하게 되는데, 특히 경제사회학과 조직론, 행정학의 국가 및 정책연구 분야에서는 '신제도주의'라 불리는 이론적 조류가 등장하기도 하였다. 그러나 신제도주의의 이론적 정체성은 상당히 모호하며, 무엇보다 발전이론의 한 이론적 흐름으로 간주하기가 쉽지 않은 것이 현실이다. 그것은 신제도주의가 사회학, 경제학, 정치학, 행정학 등 다양한 학문분야에 걸쳐 있고, 분석대상과 분석수준이 시장행위, 조직 유형, 개인의 선호, 정책망(policy network) 등 천차만별이며, 제도의 중요성에 대한 합의를 제외한다면 공통적인 이론적 지향점을 도출하기도 쉽지 않기 때문이다. 통상적인 신제도주의로 분류되지 않으면서도 제도적 요인을 중심으로 자본주의의 발전과 변동에 대한 세련된 설명을 제시하고, 사회발전 및 경제성장에 대한 풍부한 연구의제를 만들어 내는 이론적 흐름이 있다. 하나는 일군의 프랑스 정치경제학자(Aglietta, 1994; Boyer, 1991)들에 의해 제시된 조절이론(regulation theory)이며, 다른 하나는 홀과 소스키스(Hall and Soskice, 2001)에서 비롯된 자본주의 다양성(varieties of capitalism)론이다. 본 연구에서는 이들 두 이론을 '신제도주의적 사회발전이론'으로 규정하면서, 이들 이론의 문제의식과 논리구조, 사회발전에 대한 해석을 살펴보고자 한다.

조절이론과 자본주의 다양성론은 기본적으로 자본주의 발전모델의 변동과 다양성을 규명하려는 이론적 지향성과 문제의식에서는 공통점을 지닌다. 하지만 연구대상과 연구관심, 분석수준과 관련해서는 상당한 차별성을 지니고 있기도 하다(김형기, 2007: 14-20).

첫째, 조절이론이 자본주의 발전에 대해 축적체제(regime of accumulation) 중심의 거시적 분석을 지향한다면, 자본주의 다양성론은 생산체제(production regime)를 기반으로 한 미시적 분석에 주력한다. 조절이론의 축적체제는 생산-분배-교환-소비가 결합된 거시적인 자본축적의 순환구조로 그 자체로 자본주의 경제 전체 또는 마르크스의 생산양식과 견줄 만한 거시수준의 개념이라고 할 수 있다. 반면 자본주의 다양성론은 자본주의 경제의 여러 경제행위자 중 기업이 결정적인 행위자라는 인식하에 기업이 생산체제를 유지하기 위해 다른 행위자들과 맺게 되는 관계의 조율방식(coordination)을 중심으로 자본주의 발전모델을 이해하고자 한다.

둘째, 조절이론은 제도의 변화에 따른 자본주의 발전모델의 시간적 가변성을 더 강조하는 데 비해 자본주의 다양성론은 국가 간 제도의 차이에 따른 발전모델의 공간적 다양성에 더 주목한다. 조절이론은 자본주의 경제가 왜 성장과 위기의 주기적인 교차를 경험하는가에 주된 문제의식을 두고 축적체제와 조절양식·제도형태 간의 조응과 불일치에 대한 역사적 분석을 통해 이 문제를 규명하려고 한다. 따라서 자본주의의 발전과정은 특정한 축적체제의 융성과 쇠퇴, 그리고 뒤이은 새로운 축적체제의 출현으로 인식된다. 반면에 자본주의 다양성론은 주어진 시점에서 생산체제를 구성하는 조율방식 및 제도형태에 대한 분석을 통해 '자유시장경제(liberal market economy: LME)' 및 '조율된 시장경제(coordinated market economy: CME)'와 같이 자본주의 모델의 유형화와 국가별 다양성을 부각시키는 데 주된 초점을 둔다.[1]

그러나 조절이론과 자본주의 다양성론의 이러한 분석적 차이점은 발전연구에서 상호보완적인 역할을 할 수도 있다고 생각된다. 거시와 미시, 시간적 동태성과 공간적 다양성을 아우르는 이들 접근방법이 분석적으로 결합된다면 자본주의의 발전과 변동에 대한 보다 풍부한 제

1 물론 조절이론도 시간적 다양성뿐만 아니라 공간적 다양성을, 반대로 자본주의 다양성론도 공간적 다양성뿐 아니라 시간적 가변성의 문제를 고려하고 있기는 하다. 전자의 경우에는 리피에츠(Lipietz, 1991)나 오미나미(Ominami, 1986)가 제3세계 주변부 축적체제의 여러 유형화를 제시한 것을 예로 들 수 있고, 후자의 경우에는 홀과 소스키스(Hall and Soskice, 2001: 42-43), 슈미트(Schmidt, 2002: 144) 등이 세계화(globalization) 전후로 자본주의 다양성 모델의 변화방향을 추적한 것을 예로 들 수 있다. 그럼에도 조절이론의 분석적 강점은 자본주의의 시간적 가변성에, 그리고 자본주의 다양성론은 자본주의 모델의 공간적 유형화에 대한 분석에서 각각 뚜렷한 강점을 보인다.

도적 설명을 가능하게 할 것이기 때문이다. 여기서는 이러한 점을 염두에 두면서, 조절이론과 자본주의 다양성론의 주요 이론적 내용과 쟁점을 살펴보고 이를 비판적으로 평가할 것이다.

본 장의 구성은 다음과 같다. 2절에서는 조절이론이 태동하게 된 문제의식과 연구목표를 소개하고, 조절이론의 기본개념인 축적체제와 조절양식을 중심으로 자본주의 변동에 대한 이들의 설명방식과 분석전략을 살펴볼 것이다. 더불어 자본주의 발전양식의 변천과정을 외연적 축적체제와 내포적 축적체제에 대한 통시적 분석을 통해 논의할 것이다. 3절에서는 홀과 소스키스의 논의를 중심으로 자본주의 다양성론의 문제의식과 분석 틀을 살펴보고, '자유시장경제'와 '조율된 시장경제'를 토대로 한 자본주의 모델의 유형화를 논의할 것이다. 또한 홀과 소스키스 이후 제기된 자본주의 다양성론의 후속 논의들과 확장된 유형화도 검토할 것이다. 4절에서는 조절이론 및 자본주의 다양성론이 가진 이론적 의의를 살펴보고, 더불어 이들 이론이 가진 한계와 문제점을 비판적으로 검토할 것이다.

2. 조절이론의 자본주의 변동 분석

1) 조절이론의 기본개념: 축적체제와 조절양식의 접합과 모순

1970년대 아글리에타(Aglietta)의 선구적 연구를 기점으로 형성된 프랑스 조절이론은 1980년대 이후 이론의 문제의식과 지향점, 이론체계가 학계와 대중들에게 널리 알려지고 다양한 후속 연구들이 이어지면서 독자적인 정치경제학 이론으로서의 위상을 구축하게 된다. 아글리에타에 따르면 조절이론이 출발하게 된 문제의식은 기존의 지배적인 경제이론이 지닌 다음의 두 가지 실패와 연관되어 있다. 그것은 첫째, 기존 경제이론들이 경제적 사실에 대한 역사적 설명을 제공할 수 없었다는 사실이며, 둘째, 경제관계의 사회적 내용을 고려하지 못함으로써 경제과정에서 작동하는 사회세력과 갈등들을 설명할 수 없었다는 점이다(Aglietta, 1994: 29). 아글리에타의 이러한 지적은 주류경제학과 맑스주의 경제학 모두에 대한 비판을 의미한다고 할 수 있다. 한편으로 조절이론은 신고전파 경제학의 일반균형이론(general equilibrium theory)을 현실과 유리된 추상적이고 정태적 이론으로 비판하면서 자본주의 경제를 본원적으로 갈등과 위기를 내포한 체제로 설명하고자 한다. 다른 한편으로 맑스주의 정치경제학 역시 그 보편적 지향성(이윤율 경향적 저하의 법칙, 자본주의의 필연적 붕괴)으로 인해 현실자본주의의 역사적이고 특수한 축적체제와 위기의 구조를 그 구체성에 입각하여 설명하지 못했다는 것이다(김진영, 1994: 283).

유사하게 브와예(Boyer) 역시 조절이론이 공유하는 핵심 문제의식을 다음과 같이 정리한 바 있다(Boyer, 1991: 48-50). 첫째, 주어진 경제구성체가 규칙적인 고성장으로부터 준스태그플레이션 및 경기불안정으로 이행하는 것은 왜인가? 둘째, 동일한 역사적 시대에 존재하면서도 성장과 위기가 각국마다 명확히 다른 형태를 취하는 것을 어떻게 설명할 것인가? 셋째, 위기가 시간의 경과에 따라 — 예컨대 19세기와 양차대전기, 현재 등 — 대조적인 양상을 띠고 각기 상이한 형태로 나타나는 것은 왜 그러한가?

따라서 이상의 문제의식으로부터 추론할 수 있는 조절이론의 지향점은 자본주의 경제의 역사적 동태성, 그리고 시간적 · 공간적 가변성을 규명하는 데 맞추어져 있으며, 더불어 이러한 동태성과 가변성을 만들어 내고 재생산하는 경제구조와 사회구조의 상호작용, 제도적 기제 및 사회관계의 변화를 핵심 연구대상으로 삼고 있다고 할 수 있다.

조절이론에 의하면 일정한 자본축적 양식의 안정적 지속은 특정한 제도적 틀 안에서 이루어지며, 역사적 축적체제의 변천은 제도의 변천으로 특징지어진다. 그리고 자본주의의 역사적 전개는 안정과 위기가 연속적으로 교체되는 과정으로 파악된다. 이는 추상적 차원에서 자본운동논리의 내적 모순으로 인해 자본주의가 궁극적으로 몰락하리라 예견하는 고전 맑스주의 경제학과는 대조적인 입장이라 할 수 있다(김진영, 1994: 283). 그럼에도 조절이론이 맑스주의를 거부하거나 배격하는 것은 결코 아니다. 오히려 이들은 맑스주의와 역사유물론의 토대하에서 '장기간의 역사를 대상으로 하여 자본주의 경제의 동태성에 관한 맑스주의의 직관을 풍부하게 하고 비판적으로 가공하는 것'을 주된 이론적 목표로 삼고 있다(Boyer, 1991: 53).

이를 위해 조절이론은 그 이론을 역사적 설명에 더 유용하게 적용시킬 수 있을 뿐만 아니라 역사적으로 더욱 구체적이며 또 실증할 수 있도록 하는 일련의 매개개념과 매개모델의 구축을 통해 그러한 연결고리를 제공하고자 한다(Brenner and Glick, 1992: 177). 이들은 자본-노동관계 자체가 불가피하게 적대, 모순, 위기를 생산함에도 불구하고 자본주의가 어떻게 안정적으로 재생산되고 생존할 수 있는가를 질문하면서, 이를 설명할 핵심 매개 개념으로 축적체제와 조절양식의 개념을 제기한다. '축적체제(regime of accumulation)'는 상대적으로 안정적인 경제발전의 특정한 유형을 표현하는 것으로서, 브와예는 이를 "자본축적의 진행이 광범위하고 상당 정도 일관된 형태로 진행되어 축적과정 자체에서 발생하는 왜곡이나 불균형을 흡수하거나 시간적으로 지연시킬 수 있는 규칙성의 총체"로 정의한다(Boyer, 1991: 59). 축적체제는 다음의 하위 구성요인들을 포함한다. ① 생산편성 및 생산조직의 유형(임금노동자와 생산수단 관계의 발전 유형), ② 자본 가치 증식의 시간적 범위(자본의 회전기간을 의미. 이를 기초로 경영원리가 도출됨), ③ 가치의 배분(임금-

이윤-세금 사이의 소득분배. 이를 통해 다양한 사회적 계급의 재생산이 가능), ④ 사회적 수요의 구성(유효수요의 크기와 구성요소), ⑤ 자본주의와 비자본주의적 생산양식의 접합이 그것이다.

그러면 축적체제의 하위요인들에 규칙성을 부여하고, 축적체제 자체의 안정적 재생산이 가능한 것은 무엇 때문인가? 이를 설명하는 핵심 개념이 '조절양식(mode of regulation)'인데, 이는 "기본적인 자본주의적 소유관계를 재생산하고, 지배적인 축적체제를 이끌어 가며, 개별 경제행위자들이 행하는 (때로 모순적이고 갈등적인) 수많은 분산적인 의사결정을 서로 양립할 수 있도록 도와주는, 역사적으로 발전되고 상대적으로 통합된 제도들의 네트워크"를 의미한다(Brenner and Glick, 1992: 179). 특히 조절양식은 생산조건(투하자본량, 부문들 간 분배 및 생산규범들)의 변화와 소비조건(임금노동자와 다른 사회적 계급의 소비규범 및 집합적 지출) 변화 사이의 일정한 조응이 이루어지도록 작용한다. 브와예에 따르면 조절양식은 축적과 관련된 기본적 사회관계를 규범화하는 여러 '제도형태들(institutional forms)'로 구성되는데, 조절양식을 구성하는 핵심 제도로 ① 화폐 및 신용관계의 특성, ② 자본-임노동관계의 구도, ③ 자본간 경쟁의 유형, ④ 세계경제에의 편입양태, ⑤ 경제에 대한 국가개입의 형태를 꼽고 있다(Boyer, 1991: 61-70).

축적체제와 조절양식 간의 결합은 해당 역사적 시기의 '발전양식(또는 발전모델)'[2]을 구성하는데, 축적체제와 조절양식 간의 접합과 모

2 조절이론의 개념과 이론체계를 포괄적으로 소개하고 있는 브와예의 저작(Boyer, 1991)에는 발전양식(mode of development)이라는 개념이 등장하지만, 축적체제나 조절양식의 개념과 달리 이에 대한 명확한 개념정의를 하지 않고 있다. 조절이론을 비판적으로 해설하는 제솝(Jessop, 1991: 300)의 논문에서는 발전양식(발전모델)을 '산업화의 지배적 패러다임 또는 축적체제와 조절양식에 기초한 발전패턴'으로 규정한다.

순, 상호작용은 특정한 자본주의 발전모델이 성장에서 위기로, 이후 다른 발전모델로의 교체로 나아가는 역사적 동태성을 이해할 수 있게 해준다. 이 맥락에서 이해할 수 있듯이 조절양식은 축적체제에 대해 항상 양면적으로 작용한다. 한편으로 조절양식은 축적체제에 안정적인 제도적 틀을 제공한다. 안정적인 축적체제에서는 제도의 정상화 효과가 지배적인데, 여기서는 다양한 집단이 거시 경제적 성장의 정형화된 형태 속에서 개별 전략과 그에 상응하는 제도형태를 발전시킬 수 있다. 다른 한편으로 조절양식 속에는 위기적 경향이 항상적으로 존재한다. 즉, 경제적 재생산 및 사회적 재생산 문제에 있어서 조절형태가 필연적인 긴장, 일탈, 갈등을 제어하지 못할 때 위기의 지점이 도래하게 되고, 새로운 조절양식이 정착할 때까지 투쟁의 시기가 계속된다(Jessop, 1991: 296-299). 특히 브와예는 여기서 더 나아가 자본주의의 위기에 대한 다음의 유형학을 제시한 바 있다.

첫째, 외적 교란으로서의 위기다. 이는 자연재해, 전쟁, 국제경제 붕괴 등으로 경제적 재생산이 난관에 봉착하는 것인데, 중요한 점은 일상적인 조절양식이나 축적체제 그 자체의 고갈에 기인한 것이 아니다. 둘째, 순환성 위기다. 이는 특정시기의 경제적·사회적 재생산 메커니즘 내에서, 즉 지배적인 조절양식의 범위 내에서 경기팽창기에 축적된 긴장과 부조화를 청산하려 할 때 나타난다. 순환성 위기에 대해 제도형태들은 완만하게 영향을 받으며 서서히 변화, 적응한다. 셋째, 조절양식 그 자체의 위기로서 이때부터는 구조적 위기에 해당한다. 이는 해당 조절양식 범위 내에서 새로운 유형의 외적 · 내적 교란을 진정시킬 수 없거나, 사회정치적 투쟁이 기존의 제도화된 타협을 무력화하고 조절양식의 구성 요인들을 파괴할 때다. 넷째, 발전양식(축적체제+조절양식)의 총제적 위기다. 이는 자본주의 재생산의 가장 중요한 규칙성(생산편성, 자본회전 기간, 가치배분, 유효수요 구성)이 파괴되는 것으로, 이윤과 축적이 자동적, 내생적으로 회복되지 않는 경우다(Boyer, 1991: 77-87).

이상에서 논의한 조절이론의 문제의식과 기본개념, 논리구조를 바탕으로 실제 자본주의의 역사적 변동을 조절이론이 어떻게 설명하는가를 다음에서 상세히 살펴보기로 한다.

2) 자본주의 발전의 역사적 분석: 외연적 축적체제와 내포적 축적체제

앞서 조절이론이 자본주의의 역사적 변동 및 시간적 가변성에 관한 관심뿐 아니라 공간적(국가별) 다양성에 대한 연구 질문도 이들의 문제의식에 포함되어 있다고 언급하였다. 하지만 실제 조절이론이 분석적 강점을 보이고 학계의 주목을 받았던 지점은 분명 전자의 영역이었다. 조절이론가들은 지난 150년 동안 서구 자본주의의 여러 역사적 발전단계에 대한 지속적인 연구를 통해 그들의 핵심 매개개념들을 실제 역사에 적용하면서 자본주의 발전에 대한 독창적이고 탁월한 설명을 제공하게 된다. 이 과정에서 조절이론가들은 두 개(외연적, 내포적)의 축적체제와 두 개(경쟁적, 독점적)의 조절양식을 제시한다.

외연적(extensive) 축적체제는 자본주의의 초기단계로 장인적 생산기술의 기초 위에서 생산설비의 기계화가 부분적으로만 진행되어 왔다. 따라서 생산성 증가는 완만하며, 자본제적 생산양식이 비자본주의 지역 및 영역으로의 확산을 통해 자본의 확대재생산을 형성한다. 임금과 소비수준의 증가는 생산성 상승보다 더 완만하며, 따라서 노동자의 소비가 축적에 기여하는 정도는 미미하다. 기계의 생산성 증가가 느리므로 자본가는 노동력 투입의 확대, 노동일 연장, 노동강도의 강화, 임금감소 등 절대적 잉여가치 생산에 기초하여 노동자를 착취한다. 이에 비해 내포적(intensive) 축적체제는 기술진보와 급속한 기계화, 고정자본에 대한 투자를 통해 성장이 이루어진다. 기계의 생산성 향상으로 생산재와 소비재 부문의 생산이 증대하고, 노동자는 증가한 소비재 부문의 소비주체로 등장하여 대중소비시대가 열린다. 생산재 부문과 소비재 부문의 생산은 조화가 이루어지고 상승 작용하여 축적을 가속화한다. 이 시기에 자본은 빠른 생산성 증가로 노동시간을 늘리지 않고 노동자의 기본임금을 보장하면서 착취를 효율화시키는 상대적 잉여가치의 생산에 기초한다(김진영, 1994: 288-289).

한편 조절양식과 관련해서는 우선 경쟁적(competitive) 조절양식을 들 수 있다. 여기서는 자본-노동 간, 자본가들 간, 그리고 노동자들 간의 경쟁이 시장 기제의 작용에 의해 결정된다. 이는 상품가격과 임금수준이 시장경쟁에 의해 결정되는 것을 의미한다. 또한 이는 자본주의 초기단계이기 때문에 비자본주의적인 부문으로부터 노동력의 지속적 유입이 이루어지며, 산업예비군은 임금수준을 낮게 유지하도록 해 준다. 반면 독점적(monopoly) 조절양식에서는 독점자본과 노동조합이 형성된 단계이므로 상품가격과 임금수준은 이들 간의 사전 협상에 의해 결정된다. 여기서는 높은 생산성 증가와 대량소비 규범의 결합이 가능해진다. 노조의 단체교섭을 통해 생산성 상승에 비례하여 임금상승이 이루어지며, 국가는 사회적 총수요관리를 통해 기본임금 및 복지혜택을 보장한다. 독점자본은 임금과 복지비용을 담당하는 대신 가격조정으로 독점이윤을 확보한다.

조절이론은 이러한 개념들의 상이한 조합에 기초하여 자본주의의 역사적 발전과정을 설명하고 있는데, 19세기 이래로 총 세 개의 발전양식이 순차적으로 존재했던 것으로 분석하고 있다(Brenner and Glick, 1992). 첫 번째는 19세기부터 20세기 초반까지 미국과 유럽에서 특징적이었던 외연적 축적체제와 경쟁적 조절양식이 결합된 발전양식이다. 외연적 축적에서는 장인노동이 생산의 기초를 이루고 있으며, 경영은 단기적인 시간적 지평에서 이루어졌다. 고정자본의 도입은 제한적이었다. 따라서 잉여가치 추출은 절대적 잉여가치에 기반을 두고 있었고, 성장은 노동일의 연장과 노동강화, 노동력의 급증, 그리고 자본주의 체제의 거대한 지리적·공간적 팽창에 의해 가능하였다. 외연적 축적체제를 유지 지배했던 경쟁적 조절양식은 제한된 자본투자와 제한된 생산성 발전의 원인인 경쟁적 형태의 자본-자본, 자본-노동관계의 제도화된 형태다.

경쟁적 조절이 자본축적에 족쇄가 되었던 것은 한편으로는 공급자 측의 요인과 관련된다. 기업 내부에서 직인노동자들이 노동과정에 대한 상당한 통제력을 행사함으로써 생산에서의 혁신을 도입할 수 있는 경영진의 자유를 제약하였다. 또 자본-자본 간, 기업 간 관계 역시 조절되지 않은 필사적인 생존경쟁을 보였고, 이에 투자환경은 높은 위험성과 통제 불가능성을 지니고 있었다. 단기수익 확보에 급급한 상황에서 경영진이 대규모 고정자본 도입이 필요한 기술혁신과 연구개발에 막대한 지출을 하는 것은 어려운 상황인 것이다. 다른 한편으로 경쟁적 조절은 대량소비에 엄격한 한계를 부과함으로써 수요 측면에서도 자본축적을 속박하였다. 초기 자본주의에서 노동계급은 상품생산 영역 외부에서, 즉 비자본주의적 농촌부문과의 관계를 통해 많은 부문의 재생산수단을 확보했는데, 이는 저임금-장시간 노동을 가능케 한 반면 소비재시장의 제한된 발전을 초래하였다. 또 전 자본주의 부문의 점차적 해체로 과잉노동력의 유입 역시 임금하락을 강제하고 소비자 수요를 제한하는 압력으로 작용하였다(Brenner and Glick, 1992: 181-182).

두 번째는 미국과 유럽에서 흔히 전간기(interwar period: 1차 세계대전과 2차 세계대전 사이의 시기)라 불리는 시기에 등장한 것으로 내포적 축적체제로의 진전이 이루어졌지만, 여전히 경쟁적인 조절양식에 의해 지배되는 발전양식이다. 변화된 축적체제의 특징은 대량생산에 의한 직인생산의 대체, 주요 기술진보를 구현하고 있는 고정자본에의 대량 투자, 생산성 상승의 새로운 수준으로의 질적 변화인데, 이는 상대적 잉여가치 추출에 기초한 자본축적과정을 의미한다. 그럼에도 조절양식은 과거와 같은 경쟁적인 형태로 유지되고 있었다. 그것은 자본-노동 임금관계가 본질적으로 여전히 조절되지 않고 자유 경쟁적 특징을 띠고 있어 노동계급의 소비양식에 변화가 없었고, 따라서 생산재 부문 생산물에 대한 수요를 창출할 수도 없었기 때문이다.

내포적 축적체제는 가장 직접적으로 과학적 관리의 발전, 테일러주의적 합리화의 산물이었다. 이후 컨베이어 벨트 및 에셈블리 라인의 도입에 의해 테일러주의는 노동과정의 포드주의적 통합으로 계승되었다. 노동과정에 대한 직인통제의 해체와 자본집적의 상승으로 인한 위험의 감소는 고정자본 투자 및 기술진보에 질적인 비약을 가져왔으며, 대량생산의 단초를 창출하였다. 그러나 새로운 내포적 축적체제가 여전히 자본-노동관계의 측면에서 경쟁적 조절양식에 의해 유도되어 이 발전양식은 내재적으로 불안정하였다.

20세기 이후 노동자들은 자신의 재생산에서 비상품적(비자본주의적) 원천을 이용할 수 없게 되었고, 이농과 이민 등으로 노동시장 경쟁은 여전히 치열해 임금하락의 압력으로 작용하였다. 더불어 1920년대에 노동자는 자본과의 대결에서 참패하였고, 기술변화가 직능조합의 구조를 잠식하여 이들의 교섭력을 약화시킴에 따라 노동자의 생활수준과 노동조건은 더욱 악화되었다. 그 결과 생산재 부문 및 소비재 부문 축적 사이의 불균형은 급속히 증가하였다. 결국 이 발전양식의 구조적 모순은 1930년대 대공황으로 폭발하게 된다. 이로써 내포적 축적체제와 경쟁적 조절양식의 결합은 적절한 유효수요를 유지하기에는 이윤율이 너무 높고 과소 소비의 문제를 안고 있어 매우 모순적이고 불안정하다는 점이 판명되었다(Brenner and Glick, 1992: 205-207).

세 번째는 1930년대 위기 이후 수립된 내포적 축적체제와 독점적 조절양식의 접합이다. 독점적 조절양식은 내포적 축적체제와 경쟁적 조절양식의 모순을 복잡한 제도의 총체를 수립함으로써 해결한 것이다. 이 제도의 총체는 자본간 경쟁을 규제할 뿐만 아니라 자본-노동 임금관계의 조절에 기여하였고, 나아가 내포적 축적체제에 적합한 노동자 대량소비의 증가를 낳았다. 이때 독점적 조절양식이 등장할 수 있었던 것은 1930년대에 심대했던 계급갈등에서 기인한다. 미국 노동총동맹 산업별회의(AFL-CIO)를 설립하고, 와그너법(Wagner Act)을 제정한 노동계급의 성공적 투쟁은 노동계급의 소비규범 형성을 보장하고, 그 발전을 조절하는 사회적 통제를 확립하는 데 필수적인 것이었다(Brenner and Glick, 1992: 215). 사실 대량생산이 만개하기 위한 필수적 전제조건은 대량소비의 발전이기도 하지만, 대량소비가 단순한 생산이나 노동과정의 변화에 의해 이루어질 수는 없다. 이는 결국 노동계급의 소비규범을 보장할 수 있는 제도들을 확립하기 위한 사회정치적 투쟁의 성공에 달린 문제인 것이다(Aglietta, 1979: 84-85).

브와예(Boyer, 1988: 79)에 따르면 독점적 조절양식하에서 소득분배는 일련의 타협을 통해 충분히 사회화된다. 이 타협은 자본과 노동 사이의 타협(인플레이션과 생산성을 반영한 포드주의적 임금 형성과 단체교섭), 기업 사이의 타협[가격경쟁을 완화시키는 마크업(mark-up) 가격 설정], 그리고 국가-자본-시민 사이의 타협(케인스주의적 복지국가, 공공지출과 조세체계의 유형)이다. 따라서 이 조절방식하에서는 시장경쟁이라는 가격조정 메커니즘이 사회적 수요와 생산을 조절하는 데 큰 역할을 수행하지 않았으며, 광범위한 제도, 전통 및 규칙의 복합적 총체가 유효수요를 생산 능력과 같은 비율로 증가시키는 것을 지속적인 목표로 하고 있었다. 결국 내포적 축적체제와 독점적 조절양식의 접합으로 과소 소비의 위기를 극복하고, 2차 세계대전 이후 엄청난 대호황의 토대가 제공되었던 것이다.

3. 자본주의 다양성론의 자본주의 유형 분석[3]

1) 자본주의 다양성론의 문제의식과 개념들

자본주의 다양성(varieties of capitalism)론은 2001년 홀과 소스키스의 논의(Hall and Soskice, 2001)를 기점으로 형성된 현대자본주의 및 비교정치경제학의 새로운 이론적 흐름이다. 이들은 1990년대 이후 세계화(globalization) 경향성이 심화하는 가운데 점차 강화되고 있는 자본주의 발전모델의 신자유주의적 수렴론에 반기를 들면서 다음과 같은 질문을 제기한다. "어떤 유형의 경제정책과 제도체계가 다른 국가들보다 더 나은 경제실적을 만들어 내는가? 서로 다른 국가들에 위치한 기업들은 기업구조, 전략, 혁신의 성격에서 체계적인 차이를 보이는가?"(Hall and Soskice, 2001: 1).

이에 대해 홀과 소스키스는 여러 차원의 비교제도분석을 통해 서구 자본주의의 대표적 유형화를 제시하였다. 이들 논의가 학계에 엄청난 반향을 불러일으키고 다양한 논쟁 및 후속 연구들을 창출하면서 '자본주의 다양성'은 하나의 고유명사적 의미를 획득하고 현대자본주의론을 대표하는 독립된 학파로 발전하게 된다(Pierson, 2001; Coates, 2005; Menz, 2005; Hancké et al., 2007).

홀과 소스키스의 자본주의 다양성론은 정치경제학적인 전통에 기

3 본 절의 내용은 윤상우(2010)의 논문에 상당 부분 의존했음을 밝혀 둔다.

반을 두고 있음에도 불구하고 구조적 접근이 아닌 행위자 중심 접근법을 지향한다는 점에서 독특함을 지닌다. 경제란 타인과의 전략적 상호작용 속에서 자신의 이익을 합리적인 방식으로 증진하려는 다중적 행위자들로 구성되는 영역이다. 주된 행위자로는 개인, 기업, 생산자집단, 정부 등을 들 수 있는데, 이들은 특히 기업이 자본주의 경제의 결정적 행위자라는 점에서 '기업중심적(firm-centered) 정치경제학'을 천명한다.

홀과 소스키스는 자본주의 모델의 다양성을 이해하기 위한 출발점으로 '기업에 대한 관계적 접근(relational view of firm)'을 채택한다(Hall and Soskice, 2001: 6-7). 기업은 이윤을 위해 재화와 서비스를 개발, 생산, 분배할 수 있는 핵심 역량과 역동적 능력을 발전시키는 행위자다. 이를 위해 기업은 내적으로는 피고용자와 외적으로는 부품공급자, 고객, 협력기업, 이해당사자, 노조(산별), 기업결사체, 정부 등과 관계를 맺게 되는데, 여기서 기업은 수많은 조율(coordination)의 문제에 직면하게 된다. 기업의 핵심 역량과 관계된 조율의 영역으로는 ① 노사관계, ② 직업훈련 및 교육, ③ 기업지배구조, ④ 기업 간 관계, ⑤ 기업 내 피고용인과의 관계를 들 수 있는데, 이러한 조율의 문제를 시장적으로 해결하는가 아니면 비(非)시장적으로 해결하느냐에 따라 자본주의의 다양한 모델이 출현하게 된다.

'자유시장경제'에서 기업은 위계조직(기업)과 경쟁적 시장제도, 공식적 계약을 통해 조율의 문제를 해결한다. 반면 '조율된 시장경제'에서 기업은 광범위한 관계적 계약, 내부자들 간의 정보교환에 기반을 둔 네트워크 감독, 협력적 관계구축 등 비시장적 방식을 통해 조율의 문제를 해결한다. 이런 과정에서 형성된 각 경제모델의 제도적 기반구조(institutional infrastructure)는 행위자들이 일반적으로 따르는 공식적·비공식적 규칙으로서 역할을 하며, 각 경제모델에 따라 각기 차별적인 기업전략을 유발시키는 배경으로 작용한다.[4] 또한 경제의 하위 제도영역들 사이에는 제도적 상호보완성(institutional complementarities)이 존재한다(Hall and Soskice, 2001: 17-18). 즉, 어떤 한 제도영역에서 특정한 유형의 조율방식을 가지고 있는 나라는 다른 영역에서 이를 보완하는 제도적 관행을 발전시키는 경향이 있다.

따라서 제도적 상호보완성이 존재할 경우, 다양한 유형의 제도들은 여러 나라에 무작위로 분포되어 있는 것이 아니라 상호보완적인 일련의 제도들이 나라에 따라 서로 다른 군집현상을 보이게 될 것이다. 이러한 상호보완적 제도들의 서로 다른 조합이 자본주의 발전모델에 다양성을 낳는 요인이 된다(김형기, 2007: 22). 홀과 소스키스는 자유시장경제의 대표적인 사례로 미국을, 조율된 시장경제의 대표적인 사례로 독일을 들고 있다. 각 모델의 제도적 기반구조의 특성을 요약한 것이 〈표 3-1〉이며, 그리고 〈그림 3-1〉은 제도적 상호보완성의 예를 보여 주고 있다. 즉, 노동시장에서의 장기고용제도는 금융시장에 단기수익성에 민감하지 않은 자본들이 지배하는 금융 시스템이 존재할 경우 성립할 가능성이 높다.

LME와 CME로 대표되는 자본주의 경제 모델은 각기 차별적인 비

4 예를 들어 환율변동 등의 외적 충격에 대해 영국의 기업들은 수익성을 유지하기 위해 고객에게 가격상승을 전가하는 방식을 쓴다. 자유시장경제의 자본시장구조에서 자금을 조달하기 위해서는 수익성이 중요하기 때문이다. 손쉬운 해고가 가능한 노동시장 유연성도 마찬가지 맥락이라 할 수 있다. 반면에 독일 기업들은 제품가격 상승 대신 시장점유율을 유지하기 위해 기존 가격을 유지하고 낮은 수익률을 감내한다. 조율된 시장경제의 금융체계는 현재의 수익성과 무관하게 장기자본에 대한 접근이 가능하기 때문이다(Hall and Soskice, 2001: 16).

〈표 3-1〉 자유시장경제와 조율된 시장경제의 제도적 기반구조

	자유시장경제(미국)	조율된 시장경제(독일)
금융체제	-기업에 상대적으로 단기적 시계를 부과하고 동시에 높은 위험부담을 감내케 하는 금융체계 -자본시장에서 공식적으로 접근가능한 정보제공 -벤처자본, 단기순이익에 민감	-기업의 장기적 자본조달을 가능케 하는 금융체계 -자본시장에서 공식적으로 접근가능한 정보(주식시장 공시)는 없음 -신뢰할 만한 이해당사자의 정보·협력 네트워크를 통해 장기자본 제공
기업지배구조	-최고경영진의 재량권을 폭넓게 인정하는 유인 제공 -주주 이외에는 경영진 간섭불가	-최고경영진은 주요 의사결정에서 이사회(주주, 은행, 노조), 여타 경영진, 협력업체의 동의를 확보해야 함
노사관계	-탈규제된 노동시장의 노사관계 -기업 내 노동자 대표성 및 노조의 취약성 -낮은 고용·해고 비용, 유연한 보상체계	-노조가 중요한 부분을 담당하는 노사관계체계 -기업 내에서 협력적 노사관계, 조정된 임금교섭을 가능케 함(과도한 임금인상 자제)
직업 훈련·교육	-일반교육(대학)을 강조하는 교육훈련체계 -초급 직업훈련은 부족하지만 대졸자들의 순차적인 숙련습득은 촉진됨	-젊은이를 대상으로 초급 직업훈련을 촉진하는 교육·훈련 체계 -직업훈련에는 산업단위의 기업결사체와 노동조합이 공적으로 보조되는 기업훈련체제를 감독
기업 간 관계	-강력한 경쟁정책, 경쟁을 통한 표준설정, 시장을 통한 기술이전	-협력, 표준설정, 기술이전을 용이하게 하는 긴밀한 기업 간 관계

출처: Soskice(1999: 106–110); Hall and Soskice(2001: 21–33)를 정리하여 작성.

교제도우위(comparative institutional advantage)로 이어진다. 이를 확인할 수 있는 영역으로는 '혁신(innovation)'을 들 수 있는데, 자유시장경제는 급진적 혁신에, 조율된 시장경제는 점진적 혁신에 각각 비교우위를 가진다(Soskice, 1999: 115-118; Hall and Soskice, 2001: 38-41). 급진적 혁신은 빠

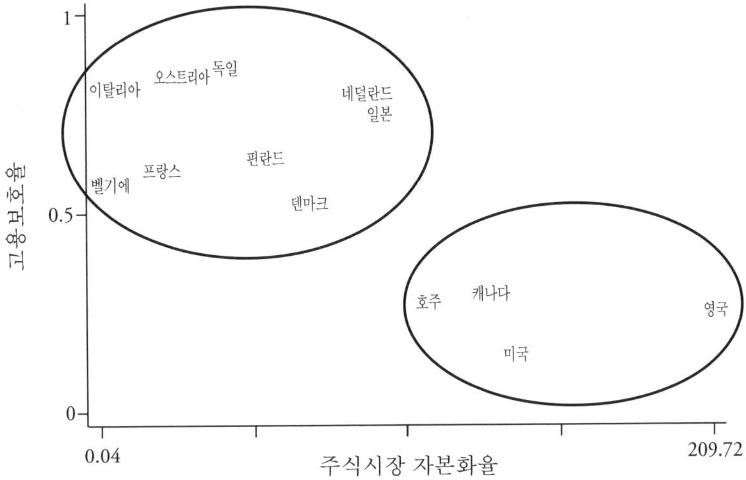

〈그림 3-1〉 제도적 상호보완성에 따른 군집화(단위: %)

출처: Hall and Soskice(2001: 19).

르게 변화하는 기술부문, R&D에 기반을 둔 신속한 제품 개발이 필요한 부문에서 특히 중요한데, 생명공학, 반도체, 소프트웨어, 통신, 군수, 항공, 광고, 금융, 엔터테인먼트 부문이 이에 해당한다.

이는 이윤에 바탕을 둔 금융제도, 유연한 노동시장, 기업 간 시장 경쟁적 관계의 제도 배열을 가진 자유시장경제에서 유리하다. 점진적 혁신은 생산과정의 지속적 개선과 제품의 경쟁력 강화, 다각화된 품질 생산방식과 관련이 있는데, 이것이 적용되는 것은 기계·공장 설비, 내구 소비재, 엔진, 전문화된 운송설비 분야를 들 수 있다. 조율된 시장경제가 지닌 노동자의 안정된 고용, 기업(또는 산업) 특수적 기술에 기초한 지속적인 숙련학습체계, 하청기업과의 긴밀한 생산협력과 같은 제도 배열은 점진적 혁신에 적합하다.

실제로 〈그림 3-2〉에 나와 있는 것처럼 산업별 특허전문화 지수를 보면 자유시장경제인 미국은 급진적 혁신의 산업군에, 조율된 시장

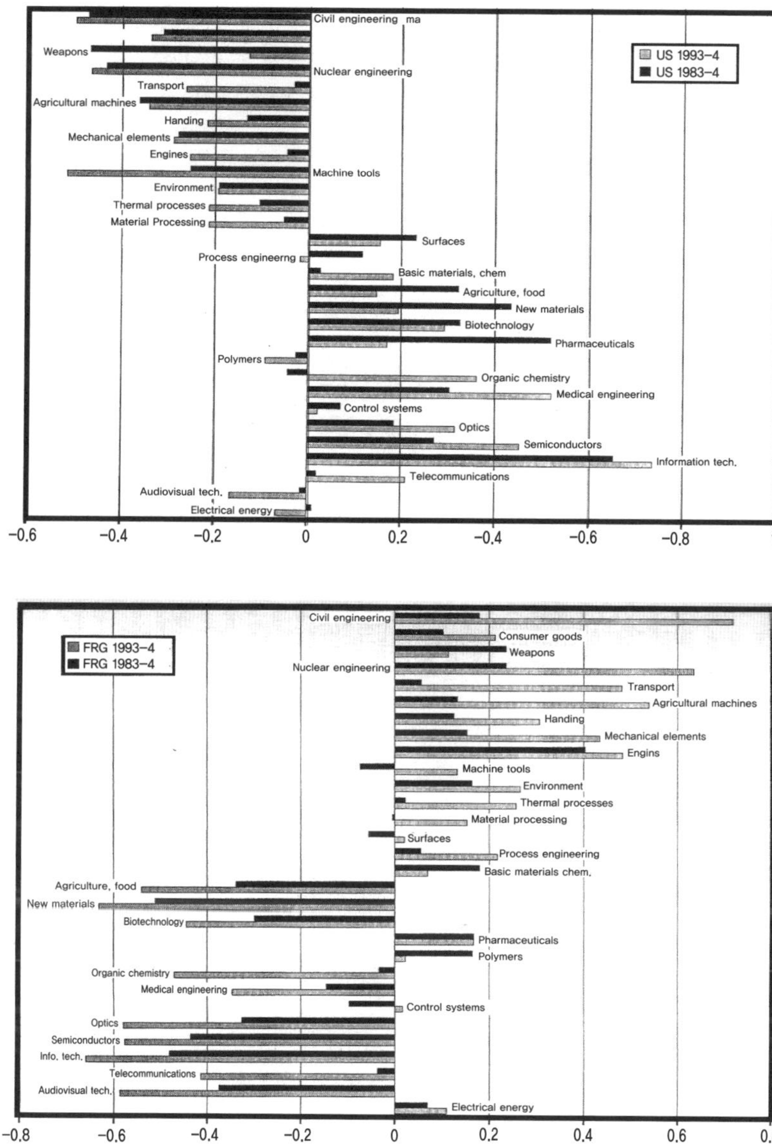

〈그림 3–2〉 미국과 독일의 특허 전문화(단위: %)

출처: Hall and Soskice(2001: 42–43).

경제인 독일은 점진적 혁신의 산업군에 전문화되어 있는 것을 확인할 수 있다. 또한 여기서 주목할 점은 시간의 변화에 따라 각 경제모델에서 특화산업의 전문성이 더욱 강화된다는 점이다. 독일의 경우 1980년대보다 1990년대에 비교우위산업의 지수가 더 상승했고, 반면 비교우위가 없는 산업의 지수는 더 하락하였다. 그리고 미국에서도 제약, 생명공학, 신소재 등 일부 산업을 제외한다면 비교우위산업의 상승과 비교열위산업의 하락이라는 동일한 추세가 확인된다. 이는 세계화가 수렴현상을 낳기보다는 각국의 특화된 비교우위를 더욱 강화하는 '경로의존적' 결과를 야기한다는 것을 시사한다.

2) 자본주의 모델의 유형화: '다양성론'의 다양성

홀과 소스키스가 자유시장경제와 조율된 시장경제모델을 제시한 이래 자본주의 경제 모델에는 어떠한 하위유형들이 존재하는가의 문제는 가장 많은 논란과 후속 논쟁을 유발했던 쟁점이었다. 홀과 소스키스와 유사하게 이분법적인 두 개의 자본주의 모델을 주장하는 논자들도 있었지만, 상당수의 후속 논의는 이들의 단순한 이분법적 유형화를 비판하면서 현실에서는 그 이상의 더 많은 자본주의 모델이 존재한다고 주장한다.[5] 달리 표현하면 자본주의 다양성론은 그 스스로 다양하게 분화되고 있는 실정이다. 다음에는 홀과 소스키스의 논의 이후 제기되어

5 사실 홀과 소스키스가 이분법적인 자본주의 모델만을 주장하는 것은 결코 아니다. 이들은 LME와 CME로 분류하기 어려운 '지중해 시장경제모델(기업금융은 비시장적 조율을, 노사관계에서는 시장적 조율형태를 지님—프랑스, 이탈리아, 스페인, 그리스)'이 존재한다는 것과 CME 유형이 산업부문별 조율 및 기업집단별 조율형태로 분화될 수 있음을 언급한 바 있다(Hall and Soskice, 2001: 21, 34).

온 자본주의 모델에 대한 대안적 유형화를 세부적으로 살펴보기로 한다. 스트릭(Streeck, 2001)은 홀과 소스키스의 유형화와 비슷하게 '자유주의적(liberal)' 자본주의와 '비자유주의적(non-liberal)' 자본주의라는 이분법적 유형을 제시한다. 자유주의적 자본주의는 자유시장, 자유방임 원리에 기반을 둔 영미형 자유시장경제의 경우를 의미하며, 비자유주의적 자본주의는 위계적·조직적 조율, 공권력 개입 등에 의존하는 독일과 일본의 경우가 해당된다. 스트릭은 '비자유주의적'이라는 개념이 '배태된(embedded)', '조직된(organized)', '제도화된(institutionalized)' 자본주의를 의미한다는 점을 분명히 밝히고 있다(Streeck, 2001: 6).

자본주의 모델에 대해 다분법적인 접근을 취하고 있는 대표적 학자로는 키첼트 등(Kitschelt et al., 1999), 슈미트(Schmidt, 2002), 아마블(Amable, 2003)을 들 수 있다. 키첼트 등은 기본적으로 홀과 소스키스의 자유시장경제와 조율된 시장경제의 유형화를 수용하면서 조율된 시장경제를 다시 세분화하여 네 가지 유형화를 제시한다(Kitschelt et al., 1999: 429-430). 그것은 ① 조율되지 않은 자유시장경제, ② 국가적(nationally)으로 조율된 시장경제, ③ 산업부문별로 조율된 시장경제, ④ 기업집단별로 조율된 시장경제다. 자유시장경제에 비해 국가적으로 조율된 시장경제는 노동과 자본의 전국적 정상조직에 의해 임금 교섭과 조율, 공공정책이 결정되는데 스웨덴, 노르웨이, 핀란드, 덴마크 등 노르딕 국가가 이에 해당된다. 산업부문별로 조율된 시장경제는 산별노조와 직능조직에 의한 교섭 및 조율, 숙련 획득의 전통이 강한 유럽대륙 국가(독일, 벨기에, 스위스로 대표되는 라인형 자본주의)가 해당되며, 기업집단별로 조율된 시장경제에는 케이레츠(계열)나 재벌과 같이 기업집단별로 조율이 이루어지는 일본과 한국의 유형이 해당된다. 이들은 이러한 다양성의 근원으로 정당체제의 특징이나 계급타협의 조직화 방식을 강조하는데, 그 각각의 특성을 요약한 것이 〈표 3-2〉다. 이들은

〈표 3-2〉 키첼트 등의 자본주의 유형화

자본주의 유형	정당체제	계급타협의 조직화
조율되지 않은 자유시장경제	양당체제; 경제적-분배적 균열에 따른 분화	잔여적 복지국가; 소득조사 공적 부조 프로그램이 다수
국가적으로 조율된 시장경제	헤게모니적 사회민주당과 분열된 나머지 정당들; 중도좌파와 보수우파 정당의 부상	포괄적·평등주의적·재분배적 복지국가; 높은 탈상품화; 직접적인 공공서비스
산업부문별로 조율된 시장경제	삼극 정당체제(자유, 가톨릭, 사민당); 강력한 중도좌파와 보수우파 정당의 출현	고용·소득 연계적 공적 이전 프로그램; 중간적 탈상품화; 낮은 공공서비스
기업집단별로 조율된 시장경제	헤게모니적 부르주아 정당; 비이데올로기적·후견주의적 정당경쟁체제	잔여적·가부장적 복지국가

출처: Kitschelt et al.(1999: 434).

자본주의 유형화에 있어 노사관계의 제도화 방식, 복지국가의 측면을 특히 중시한다는 점에서 에스핑-앤더슨(Esping-Andersen, 1990)의 복지국가 유형론과 유사한 점이 많다.

다음으로, 비비안 슈미트는 홀과 소스키스 논의의 한계를 지적하면서 서구 자본주의의 이념형적 유형으로 ① 시장자본주의(market capitalism), ② 관리자본주의(managed capitalism), ③ 국가자본주의(state capitalism)를 제시한다(Schmidt, 2002: 107-108). 시장자본주의는 경제행위자들이 자율적으로 활동하며, 그들 경제행위의 방향을 스스로 결정하도록 허용한다. 관리자본주의는 경제행위자들이 협력적으로 활동하고, 그들의 경제행위가 다른 행위자 및 국가와 조율될 수 있도록 촉진한다. 국가자본주의는 개입주의적 국가가 자율적 경제행위자들 사이의 협력을 조직하며 그들의 경제활동을 지시하는 특성을 가진다. 각각의 유형은 ① 기업관계(business relation: 기업 간 관계 및 기업-금융관계), ② 정

〈표 3-3〉 슈미트의 자본주의 유형화

	시장자본주의 (미국, 영국)	관리자본주의 (독일, 네덜란드, 스웨덴)	국가자본주의 (프랑스, 이탈리아)
기업관계 • 기업 간 관계 • 기업-금융관계 • 투자시계	시장추동적 -개별적, 경쟁적, 계약적 -소원함 -단기적 시야	비시장적 관리	국가가 조직 -국가중재, 경쟁적 -국가가 중재함 -중기적 시야
정부관계 • 국가특징	소원함 -'자유주의적' 중재자	협상적 -'유능한' 촉진자	국가지시적 -'개입주의적' 리더
노사관계 • 임금교섭 • 노동규제	적대적 -시장의존적 -방관자	협력적 -조정된 형태 -상호 동등 또는 방관자	적대적 -국가통제적 -국가가 부과

출처: Schmidt(2002: 113).

부관계(government relation: 정부-기업, 정부-노동 간 상호작용), ③ 노사관계(industrial relation: 임금협상, 경영진-노동관계, 노동규제에서의 정부 역할)라는 제도적 변수에 의해 구분된다. 세 가지 자본주의 유형의 제도적 특성을 요약한 것이 〈표 3-3〉이다.

'자본주의 다양성'을 주장하는 여타의 학자들과 마찬가지로 슈미트 역시 자본주의 모델들의 수렴가능성을 부정한다. 세계화와 신자유주의, 유럽통합의 압력이 서구 자본주의를 보다 경쟁적이고 시장지향적인 방향으로 이끌겠지만, 그것은 시장자본주의, 자유시장경제로의 잡종교배(hybridization)가 아니라 각각의 제도적 특성을 상당 부분 유지하는 경로의존적 형태를 보일 것으로 전망한다(Schmidt, 2002: 111).

마지막으로 살펴볼 자본주의 유형화는 부르노 아마블의 '다양성론'이다. 그는 프랑스 조절이론의 일원으로서(물론 그의 다양성론이 조절이론의 입장을 대표하는 것은 아니다), 홀과 소스키스가 자본주의 분석에서 근거했던 제도적 원리, 즉 기업중심적 접근법, 이해관계 조율 기제로서의 제도, 제도적 상호보완성, 제도와 정치사회적 블록 간의 연계성 등의 원리를 거의 그대로 수용하여 논의를 전개한다. 아마블은 자본주의 유형화의 제도적 변수로서 자본주의의 3대 시장이라 할 수 있는 상품시장, 노동시장, 금융시장을 설정하고, 여기에 이를 보완하는 제도영역인 사회적 보호(복지국가와 관련)와 교육부문(직업 훈련 및 숙련 형성과 관련)을 추가한다. 이를 정리하면, ① 상품시장 경쟁, ② 임노동관계 및 노동시장제도, ③ 금융부문과 기업지배구조, ④ 사회적 보호와 복지국가, ⑤ 교육부문이 그것이다(Amable, 2003: 14).

아마블의 분석에서 특징적인 것은 그가 다른 연구들과 달리 자본주의 모델의 유형을 선험적으로 전제하는 연역적 방식이 아닌 경험적 분석결과로 유형화를 제시하는 귀납적 방법을 사용한다는 점이다. 그는 OECD 21개국을 대상으로 5개 제도영역에 대한 지수를 추출하여 군집분석(cluster analysis)을 시도, 다섯 가지의 자본주의 유형을 추출하였다.[6] 그것은 ① 시장기반 모델, ② 사회민주주의 모델, ③ 유럽대륙형 모델, ④ 남부 유럽 모델(또는 메디테라네 모델), ⑤ 아시아 모델이다. 〈표 3-4〉는 이러한 자본주의 유형의 핵심 제도적 특성을 요약해서 보여 주고 있다.

사실 아마블의 유형화는 앞서의 여러 자본주의 유형화론과 구별되고 배치된다기보다는 기존 논의를 보다 세분화, 정교화한 것으로 평가할 수 있다. 즉, 여기서 시장기반경제는 홀과 소스키스의 자유시장경제(LME) 모델과 일치하며, 사회민주주의 경제와 유럽대륙 자본주의는 조율된 시장경제(CME) 모델에 부합한다. 남부 유럽 자본주의는 자

6 보다 자세한 분석방법 및 자료 유형에 대해서는 아마블(Amable, 2003: 16-23)을 참조할 수 있다.

〈표 3-4〉 자본주의 다양성 모델의 요약

제도영역	시장기반 경제	사회민주주의 경제	유럽대륙 자본주의	남부 유럽 (메디테라네) 자본주의	아시아 자본주의
생산시장 경쟁	탈규제된 제품시장	규제된 제품시장	경쟁적이며 온건하게 규제된 제품시장 경쟁	규제된 제품시장	규제되기 보다는 '관리된' 제품시장 경쟁
임금-노동 관계	노동시장 유연성	규제된 노동시장	조정된 노동시장	규제된 노동시장	규제된 노동시장
금융부문	시장기반 금융체계· 기업지배 구조	은행기반 금융체계	금융기관 기반 금융 체계	은행기반 금융체계	은행기반 금융체계
사회적 보호	자유주의적 복지국가 모델	보편주의적 모델	조합주의적 모델	제한적 복지국가	낮은 수준의 사회적 보호
교육	경쟁적 교육체계	공공교육 체계	공공교육 체계	취약한 교육체계	민간 3차 교육체계

출처: Amable(2003: 174–175)을 재구성하여 작성.

유시장경제와 조율된 시장경제의 중간형으로 평가할 수 있으며, 아시아 자본주의는 비비안 슈미트의 국가자본주의 모델에 해당한다고 볼 수 있다.

4. 비판적 평가와 최근의 이론적 발전

1) 조절이론

조절이론은 그 등장 이래 자본주의의 변동에 대한 독특하고도 참신한 해석으로 많은 주목을 받았다. 특히 2차 세계대전 이후 자본주의의 장기호황과 위기를 포드주의적 축적체제의 융성과 쇠퇴로 설명함으로써 현대자본주의론의 발전에 중요한 학술적 기여를 하였다. 조절이론가인 브와예 스스로 밝힌 조절이론의 학술적 성과와 실천적 의의를 정리하면 다음과 같다(Boyer, 1991: 100-113). 첫째, 자본주의의 장기 동태에서 제도들이 중요하다는 사실을 부각시킨 점, 둘째, 각 사회에는 그 구조에 조응하는 국면 상황과 위기가 존재한다는 사실을 밝힌 점, 셋째, 2차 세계대전 이후 자본주의의 성장과 위기에 존재하는 핵심관계가 포드주의적 임노동관계임을 입증한 점, 넷째, 발전양식의 위기와 관련하여 경제정책 및 국가개입은 현행 또는 출현 중인 조절양식을 목표대상으로 해야 한다고 한 점 등이다. 그러나 조절이론은 자본주의 분석과 관련된 호평과 찬사 못지않게 이론이 태동되고 체계화될 때부터 다양한 인식론적 · 이론적 · 분석적 비판의 대상이 되었다. 특히 신고전파 주류경제학, 정통 맑스주의 경제학, 그리고 조절이론과 유사한 입장을 가진 제도주의 및 급진파 경제학 등 거의 모든 이론적 진영으로부터 비판과 공격을 받았다는 점에서 흔치 않은 사례라고 할 수 있다. 조절이론에 대한 대표적인 이론적 · 경험적 비판을 요약하면 다음과 같다.

첫째, 주류경제학에서 제기된 비판으로서 조절이론은 '묘사'일 뿐 '이론'이 아니라는 것이다(Boyer, 1991: 114-118). 이는 조절이론이 일반균형이론이라는 이론구성을 거부하고 정교한 계량적 방법을 사용하지 않으며, 경제현상의 사회적 틀에 과도한 주의를 집중시킴으로써 극히 묘사적이고 사회학적인 색채가 짙은 학문적 방법을 따르고 있다는 의미다. 이에 대해 브와예는 조절이론이 저널리스틱한 묘사 따위가 아닌 '이론 형성의 노력'이며, 이론의 타당성에 이의를 제기할 수는 있어도 이론의 존재에 의심을 품어서는 안 된다고 반박한다.[7]

둘째, 정통 맑스주의 관점에서는 조절이론이 과학적 사회주의(맑스주의)와는 이질적이며, 역설적으로 부르주아 경제학, 주류경제학과 동일한 관점으로 자본주의를 파악한다고 비판한다(山田正隆, 1991: 195-196). 즉, 조절이론이 인식하는 자본주의의 변동은 '하나의 조절양식에서 다른 조절양식으로의 단순한 이행'에 불과하며, 이는 인구나 기술 등에 의한 변동을 인정하면서도 정상상태로의 균형을 가정하는 주류경제학의 일반균형이론과 기본적으로 같은 사고방식이라는 것이다. 또한 이들은 조절이론이 마르크스의 인식과 달리 소비과정의 문제를 축적체제의 관건으로 봄으로써 생산과 소비의 관계를 거꾸로 파악하고 있다고 비판하기도 한다.

셋째, 조절이론과 유사한 인식론을 가진 급진파 정치경제학자들도 조절이론에서 축적체제와 조절양식 간의 관계설정이 목적론적 또는 사후적 기능주의의 위험성을 지니고 있다고 비판한다(Jessop, 1991: 315-317). 즉, 조절양식의 특정한 내용과 형태는 특정한 축적체제의 불안정성을 조절하는 데 얼마나 적합한가의 측면에서 설명되거나, 적절한 조절양식이 발전했기 때문에 축적체제의 재생산이 보증되었다는

7 이와 관련하여 브와예는 다음과 같이 언급한 바 있다. "우리는 여러 가지 거시경제모델의 가능성을 명시하고 있으며, (왈라스 모델이나 케인스 모델처럼) 유일 가능한 모델을 제시하려는 것은 아니다. 그 이유는 우리의 경제모델이 해당 사회의 구조적 특수성에 대해 개방되어 있기 때문이다. … 따라서 우리의 가설은 경험적 연구들의 축적에 의해 검증되어야 할 문제일 뿐이다."(위의 책: 116)

식의 설명이 기능주의적이라는 것이다. 또한 조절양식 개념에서 국가의 역할, 헤게모니 구조의 변천, 계급적 · 정치적 투쟁의 자율성이 충분히 고려되지 않고 축적체제의 단계적 요구에 부응하여 기능하는 것으로 설명되는 경향도 존재한다.

넷째, 일군의 경제사적 연구들은 조절이론의 자본주의 변동에 대한 역사분석이 과연 실제 현실에 부합되는가의 문제를 제기한다. 특히 브레너와 글릭은 아글리에타(Aglietta, 1979)의 미국 자본주의 분석이 역사적 증거와 일치하지 않는다는 점을 날카롭게 비판한 바 있다(Brenner and Glick, 1992). 예를 들면 외연적 축적체제에 해당되어야 할 19세기 말 미국의 제조업 생산성과 실질임금 증가율이 1950년대 이후 최고치와 맞먹는 점, 1930년대 대공황이 구조적 과소 소비에 기인한다는 주장과 달리 1920년대에 제조업 임금은 상승세를 보이는 데 비해 이윤 몫은 감소한 점, 2차 세계대전 후 임금상승도 생산성 증가에 비례하지 않는다는 점 등이다. 또한 조절이론은 축적체제와 조절양식의 역사적 변천에서 계급투쟁이 핵심 역할을 하는 것으로 간주하지만, 실제 이론전개에서는 현실 자본주의의 구체적인 계급관계와 투쟁의 양상에 대한 분석이 부족하고 오히려 추상적인 축적논리로 계급관계 분석을 대체하고 있는 점도 문제점으로 지적된다(김진영, 1994: 293).

이러한 이론적 · 경험적 비판에 대해 조절이론가들은 나름대로의 반박과 반비판을 제기하기도 했지만, 몇몇 사안들은 조절이론의 분석적 취약성을 정확히 지적했다고 볼 수 있다. 그런데 이상의 비판들을 넘어서 현재의 시점에서 조절이론이 지닌 가장 큰 문제점은 현 단계, 특히 1980년대 이후 자본주의 축적체제를 어떻게 규정할 수 있는지, 조절양식 및 발전양식의 성격은 무엇인지를 분명하게 제시하고 있지 못한 점이 아닐까 생각된다. 물론 여기에는 조절이론의 신중한 접근과 비결정론적 태도가 작용한 탓도 있지만(Boyer, 1991: 120), 다른 관점에서 본다면 이론의 예측력에서 취약성과 한계를 드러내는 부분이기도 하기 때문이다. 조절이론에서는 포드주의 이후의 축적체제와 관련하여 두 개의 상이한 전망들이 제출된 바 있다.

하나는 1980년대 후반에 제기된 '포스트 포드주의(Post-Fordism)론'이다. 리피에츠는 포드주의의 위기탈출 방식이 단일한 경로만 존재하는 것은 아니며 단일한 발전모형이 전 세계적으로 지배적이 되어야 할 이유는 없다고 주장하면서 네오 테일러주의와 포스트 포드주의의 경로를 제시한다(Lipietz, 1991: 252-263).[8] 그러나 그는 스웨덴의 칼마리즘(Kalmarism)으로 대표되는 포스트 포드주의의 경로에 경제적 성공가능성과 대안적 축적체제의 가능성을 부여한다(Lipietz, 1993). 유사하게 브와예 역시 포드주의 이후의 다양한 경로를 전망하면서 다능공화(多能功化)에 의한 유연생산, 노동자 숙련 및 참여의 촉진을 바탕으로 한 유연전문화, 토요타주의(Toyotism), 우데발리즘(Uddevallism)[9]을 포스트 포드주의 유형으로 간주하고, 여기에 대안으로서의 무게중심을 두고 있다(山田鋭夫, 1993: 125-129).

또 다른 전망은 2000년을 전후하여 아글리에타와 브와예에 의해 제기된 '금융주도적 축적체제(finance-led regime of accumulation)론'이다. 금융주도적 축적체제는 1980년대 이후 금융시장 및 금융 부문의 급속한 팽창에 기반을 두고 금융자산의 수익성과 가격상승, 부의 효과(wealth

8 네오 테일러주의(또는 네오 포드주의)는 신기술(ME)을 도입해 테일러주의 원리를 재편, 강화하고 노동시장을 분단화, 양극화하여 비용절감을 추구하는 경로이며, 포스트 포드주의는 구상과 실행의 재통합에 기초한 작업조직 재편성과 노사교섭에 기초한 노동자 참여가 보장되는 경로를 의미한다.

9 칼마리즘과 우데발리즘은 스웨덴 볼보 자동차회사의 산하 공장에서 그 명칭이 유래하였다. 이 둘 모두는 구상과 실행의 통일, 재숙련화, 생산유연성, 노동자 참여 등 새로운 노동편성 원리를 상징한다.

effect)가 시장수요를 지탱해 주고, 축적의 재생산을 보증해 주는 축적체제를 의미한다(Boyer, 2000; 서익진, 2007: 384-387). 금융주도적 축적체제의 근본적 특징은 포드주의 축적체제의 노사 간 사회적 타협이라는 조절양식 대신에 금융지배적인 조절양식이 새롭게 자리 잡았다는 점이다. 아글리에타는 금융주도 축적체제의 안정성과 지속성을 기관투자자의 지배와 주식시장 원리라는 조절양식에서 찾고 있다.

그러나 포드주의 이후의 축적체제에 대한 조절이론의 전망은 나름대로 설명력 이상으로 보다 심각한 분석적 문제점을 지니고 있다고 판단된다. 첫째, 생산체제 중심의 포스트 포드주의론과 금융화에 기반을 둔 금융주도적 축적체제라는 완전히 상이한 성격의 전망을 제기함으로써 자본주의의 장기 동태와 변동을 분석함에 있어 일관된 분석 틀을 잃어버리고 현실을 추수하고 사후적인 설명으로 전락해 버린다는 점을 꼽을 수 있다. 둘째, 포스트 포드주의의 경우 단순히 생산체제의 혁신만을 포함하고 있을 뿐 축적체제의 혁신을 의미하지는 않는다. 이는 소비양식, 시장실현의 문제 등 축적체제의 재생산과 조절양식의 문제가 포스트 포드주의 논의에서는 부재하다는 것을 의미한다(윤상우, 2014: 141). 셋째, 금융주도적 축적체제의 현실성과 지속가능성에 대해서도 많은 비판이 이어졌다. 즉, 금융적 축적체제의 선순환구조(금융자산 및 주가 상승에 따른 소비증대)는 금융시장과 주가의 투기거품이 지속되는 동안만 가능하며, 2008년 미국 금융위기에서도 확인되듯이 장기간 지속가능한 것은 결코 아니기 때문이다. 또한 금융부문의 동력만으로 실물경제 및 생산체제를 포함한 경제 전반의 안정적 재생산이 가능한가에 대해서도 현실적으로 많은 의문이 제기된다(윤상우, 2013: 74-75).

2) 자본주의 다양성론

홀과 소스키스의 선도적 논의로부터 시작된 자본주의 다양성론도 조절이론과 마찬가지로 이후 서구 학계에서 수많은 논란과 반향을 불러일으켰다. 자본주의 다양성론의 가장 큰 공헌은 '자본주의'에 대한 정치경제학적 연구를 다시 활성화하는 데 기여했다는 점과 행위자와 구조를 매개하는 '제도'의 중요성, 제도주의 분석의 강점을 설득력 있고 효과적으로 입증했다는 점에 있다. 그러나 학문적으로 많은 관심과 주목의 대상이 되었다는 것은 동시에 그만큼 많은 비판과 논쟁의 대상이었음을 의미하는 것이기도 하다. 특히 홀과 소스키스의 연구 이후 등장한 후속 논쟁과 관련 연구들에서는 대체로 다음과 같은 비판이 제기된 바 있다(윤상우, 2010a: 20-21).

첫째, 홀과 소스키스가 그랬던 것처럼 선진 자본주의를 자유시장경제(LME)와 조율된 시장경제(CME)라는 이분법으로 이해하기에는 대단히 이질적이고 내적으로 다양하다는 점이 가장 많이 제기된 비판이다(Boyer, 2005; Hay, 2005; Crouch, 2005). 앞서 살펴보았듯이 자본주의 모델에 대한 다분법적 유형화는 대부분 이러한 문제의식에서 나온 산물이다. 슈미트가 LME, CME와 유사한 시장자본주의, 관리자본주의 유형 외에 국가자본주의를 설정한 것이나, 키첼트 등의 연구와 아마블의 연구에서 CME 내에서의 제도적 분화와 여러 차별적인 하위모델의 존재를 언급한 것은 그러한 비판과 맥락을 같이한다.

둘째, 자본주의 다양성론은 역사적으로 고정된 유형화를 강조한다는 점에서 정태적 분석모형의 한계를 지닌다. 어떤 점에서 각각의 경제모델들은 외부의 경제압력에 적응하는 일종의 '항상적 균형상태(homeostatic equilibrium)'를 유지하는 것으로 간주된다(Schmidt, 2002: 111). 또한 이들은 제도적 경로의존성을 지나치게 강조하여 주로 연속성만을 부각시키기 때문에 경제모델의 특성변화가 왜 나타나는지, 그러한 변화를 야기한 요인이 무엇인지를 설명하지 않는 경우가 많다(Crouch, 2005: 31).

셋째, 자본주의 다양성론은 경제모델 및 분석단위로 '국민국가'를 상정하고 그 내부에서의 제도적 완결성을 당연시하는 경향이 있다. 그러나 세계화 경향성은 이러한 국민국가의 위상을 위협하고 있다. 예를 들어 차별적인 경제모델을 가진 여러 국가에서 자원을 동원하고 생산을 조직하는 다국적 기업은 그 스스로를 어떤 유형의 자본주의에 속하는 것으로 규정할 것인가? 또한 생산, 금융의 세계화로 보다 복잡해지고 중층화되는 국제분업구조 속에서 자본주의의 국민국가적 모델은 제도적으로 '불완전한' 것으로 간주해야 하는 것 아닌가?(Crouch, 2005: 42). 기존의 자본주의 다양성론은 이에 대한 명확한 대답을 하지 않고 있다.

넷째, 서구 학자들의 평가에서는 잘 나타나지 않지만, 자본주의 다양성론은 지극히 서구 중심적 분석모델이라는 한계를 드러낸다. 분명 이들의 유형화는 서구 선진 자본주의 국가들만 대상으로 할 뿐 아시아, 남미, 아프리카의 수많은 제3세계 국가, 동구권의 이행경제 등 전 세계의 자본주의 모델 전반을 포괄하고 있지는 않다. 몇몇 학자는 일본과 한국 등 아시아 자본주의를 유형화에 포함시키고 있지만, 이는 어디까지나 CME 모델의 한 하위유형으로 간주될 뿐이다. 이들의 분석은 동아시아 경제권(예컨대 한국, 중국, 일본, 동남아) 내에서도 상당히 차별적인 경제모델이 존재할 수 있다는 사실 자체를 제대로 인식하지 못하고 있다. 이는 명백히 서구 중심적인 자본주의 인식에서 비롯되는 한계로 볼 수 있다.

이상이 자본주의 다양성론에 대해 일반적으로 제기되고 있는 비판의 내용이다. 그러나 현재의 자본주의 변동 추세와 특성 등을 면밀히 검토해 보면, 자본주의 다양성론은 기존의 통상적인 평가 이상으로 보다 심각한 근본적인 문제점을 지니고 있다고 볼 수도 있다. 특히 다음의 사항을 검토할 필요가 있다.

첫째, 1990년대 이후 세계화와 신자유주의 경향성이 심화되는 가운데 각국의 자본주의 모델은 진정 고유의 특수성과 다양성을 유지하고 있는가? 반대로 점차 신자유주의적인 형태로 수렴되고 진화하고 있는 것은 아닌가? 체르니 등은 신자유주의로의 수렴, 진화가 바람직하고 타당하다는 신자유주의자들의 규범적 주장을 거부하지만, 자본주의에 대한 현실분석에서는 실제로 신자유주의로의 점진적인 수렴현상이 나타난다고 주장한다. 이들의 주장에 따르면 "현재 우리가 목격하고 있는 것은 '자본주의 다양성'의 지속이라기보다는 '신자유주의 다양성(varieties of neoliberalism)'의 출현이다. 이는 결국 수렴 내에서의 다양성일 뿐이다. 우리가 검토한 선진국의 경험에서는 네오코포라티즘적 자본주의 모델, 조직(organized) 자본주의 또는 조율된 자본주의로 되돌아간 사례는 없었다. 다만 국가별로 복잡한 적응과정, 다양한 정책실험, 정치동맹의 붕괴, 재구축을 포함하는 신자유주의적 세계화의 내부화(internalization of neoliberal globalization) 과정이 있었을 뿐이다"(Cerny et al., 2005: 21).

둘째, 자본주의 다양성론은 자본주의 모델을 지나치게 생산레짐적 틀과 유럽 중심적 시각에서 접근함으로써, 현 단계 자본주의가 세계화, 정보화, 금융화를 포함한 다차원적 성격으로 진화, 변동하는 맥락을 제대로 파악하지 못하는 한계를 지닌다(윤상우, 2010a: 22-23). 자본주의 다양성론에서 고려하는 주요 제도적 변수들은 제품시장의 경쟁형태, 생산자본의 자금조달방식, 노사관계 및 계급타협의 방식, 직업훈련과 숙련형성, 복지국가 등 주로 전후 황금기의 포드주의적 축적체제를 토대로 추출된 것이다. 그러나 세계화·정보화 이후의 현대자본주의에서는 산업자본의 생산활동뿐만 아니라 금융자본의 투자·포트폴리오 활동, 그리고 IT · 인터넷 · 정보서비스 분야의 첨단 벤처 부문 및 지식 자본 등 축적의 이윤 원천은 다변화, 다원화되고 있는 것이 현실이다(김형기, 2007: 35-37; 윤상우, 2010b: 29). 따라서 생산체제론 중심의 자본주의 다양성론은 현대자본주의의 일부 특성만 분석대상으로 하고 있을 뿐이며, 자본주의의 총체적 성격과 변동과정을 이해하는 데는 명백한 인식론적 · 분석적 취약성을 지닌다고 판단된다.

경제발전의 문제, 특히 현대자본주의의 발전과 변동의 문제를 '제도'를 중심으로 설명하고자 하는 조절이론과 자본주의 다양성론의 문제의식과 접근방법, 이론적 의의와 한계를 살펴보았다. 이들 이론은 여러 차원의 이론적 · 분석적 문제점과 약점을 지니고 있지만, 과거 사회발전이론들(근대화이론, 종속이론, 세계체제론)의 몰역사적, 결정론적, 도그마적인 과잉이론화를 뛰어넘어 사회발전의 다양한 양상과 시간적 · 공간적 가변성, 자본주의 발전의 역동성을 규명하고자 한다는 점에서 분명한 이론사적 의의가 있으며, 학술적으로 기여했다고 판단된다. 특히 조절이론과 자본주의 다양성론은 '발전이론의 발전'에 다음과 같은 기여를 했다고 평가할 수 있다.

첫째, 과거의 사회발전이론과는 달리 조절이론과 자본주의 다양성론은 발전현상에 대한 과잉일반화나 예정된 단일 경로에 따른 사회발전의 분석을 거부하고, 사회발전의 차별적이고 다양한 유형을 인정하고 이를 규명하려 했다는 점에서 보다 현실적합성이 높은 이론적 · 경험적 설명을 제공한다. 둘째, 조절이론과 자본주의 다양성론 모두는 성장과 위기를 포함한 자본주의의 역사적 변동과정과 국가별로 상이한 자본주의 모델의 정립을 제도적 요인들을 매개로 설명 이해함으로써 사회발전의 구조적 요인과 행위적 요인 또는 거시적 접근과 미시적 접근을 결합시킨 중범위적인 분석을 제공할 수 있다. 셋째, 제도적 접근에 기반을 둔 사회발전이론은 역사적 비교분석 및 국가별 비교분석을 용이하게 함으로써 이론구축의 토대가 되는 다양한 현실사례의 수집과 축적을 가능하게 하며, 이를 통한 이론체계의 지속적 확장과 정교화를 모색할 수 있게 해 준다는 점이다.

그러나 앞서 살펴본 대로 조절이론과 자본주의 다양성론은 분석적 장점과 의의 못지않게 약점과 문제점도 아울러 지니고 있는 것이 사실이다. 무엇보다 두 이론 모두 이론 형성의 초기에는 활발한 문제설정 및 다양한 논쟁 지형을 창출했지만, 최근에 와서는 자본주의 발전에 대한 새로운 해석이나 주목할 만한 쟁점을 별다르게 제기하지 않음으로써 다소간 이론적 무기력과 정체 국면에 접어든 것이 아닌가 하는 우려를 자아내게 하고 있다. 이러한 상황에서 조절이론과 자본주의 다양성론의 이론적 통합과 상호 침투를 향후 이론의 발전을 위한 대안으로서 제시해 본다. 이들 두 이론이 가진 분석수준과 분석대상에서의 차별성은 오히려 발전연구에서 상호보완적인 역할을 할 수 있을 것이기 때문이다. 자본주의 발전에 대한 거시적 분석과 미시적 분석, 역사적·시간적 동태성과 국가별·공간적 다양성을 아우르는 이들 접근방법이 분석적으로 통합된다면 자본주의의 발전과 변동에 대한 보다 풍부한 제도적 설명이 가능하리라 전망할 수 있다.

제4장 세계체제론과 세계사회론

1. 세계화의 본질

세계화의 기본적 본질을 파악하기 위해서는 이에 대한 관점과 여러 해석을 알아볼 필요가 있다. 하비(Harvey)가 지적한 대로, 세계화란 시·공간 압축에 의해 지구가 한마당이 되면서 좋게는 평화, 인권, 환경 등 지구적 의식이 싹트기도 하고, 나쁘게는 증오, 갈등, 전쟁 등이 나타나기도 하는 현실을 말한다. 기든스(Giddens)가 주장한 대로 세계화를 근대성의 산물로 받아들이면, 세계화 자체가 서구적 프로젝트로서 그들의 사상, 문물, 제도의 확산이라는 의미를 지워 버리기 어렵다. 촘스키(Chomsky)가 미국 중심의 세계화 논리에 따른 제국주의적 현실을 통렬히 비판하는 것도 이 맥락에서 잘 이해될 수 있다. 제2의 냉전논리라는 헌팅턴(Huntington)의 문명충돌론이 서구적 관점에서 기독교 문명과 비(非)기독교 문명 간의 문화갈등을 그리고 있다는 점에서 부분적 타당성을 가질 수밖에 없는 이유이기도 하다. 전통과 탈근대가 근대성과 공존할 뿐만 아니라 반근대의 경향마저 지역적, 국가적으로 잠재되어 있는 현대 또한 매우 불안정하고 유동적인 세계화의 모습을 보여 준다. 토플러(Toffler)가 정보혁명으로 통칭되는 제3의 물결 아래 나타나는 전쟁과 반전쟁의 우려를 제기한 것도 그 점에서 전혀 무리가 아니다. 후쿠야마(Fukuyama)가 말한 역사의 종언이 비록 자유주의의 승리를 가져온 것은 사실이지만, 그렇다고 인종이나 이념 혹은 종교나 문화상의 마찰과 갈등이 극복되었다고 할 수는 없다. 이러한 여러 논의를 종합해 볼 때 벡(Beck)처럼 세계화를 제2의 근대성 출현으로 보면서, 다중적 세계화(multiple globalizations)라는 문맥에서 서구적 프로젝트를 뛰어넘는 우리 나름대로의 대안적 세계화 기획에 관한 노력이 필요하다고 하겠다.

인류가 자본주의 이후의 포스트모던이라고 상징화되는 정보사회, 지식사회, 녹색사회, 양자사회에 들어섰다고 해도 역시 그 실체는 자본주의라는 현실에는 변함이 없다. 결국 세계화란 자본주의가 전 지구적으로 재구조화되면서 강화(reglobalization)되고 동시에 해체(deglobalization)되는 양면적 성향을 가진다고 보아야 한다. 세계화라는 추세에 대한 반세계화(anti-globalization)의 저항, 나아가 두 가지를 극복하려는 대안세계화(alt-globalization) 운동이 좋은 보기가 될 수 있다. 세계화의 동인과 기제를 보는 이론적 입장에는 세계체제론, 지구문화론, 세계사회론, 지구자본주의론 등 크게 네 가시가 있다(Sklair, 1999). 세계체제론은 중심부, 반주변부, 주변부로 이루어진 자본주의 세계경제의 운동을 뒷받침하는 것으로서 국민국가의 자율성을 인정하지 않는다. 그러므로 세계화는 새로운 현상이 아니라 세계체제로서 자본주의 세계경제에 내재한 속성에 지나지 않는다. 다만 현재의 세계화는 자본주의 세계경제의 하강 국면에서 나타나는 중심부 국가들 사이의 헤게모니 투쟁으로서의 성격을 가진다(Wallerstein, 1991). 지구문화론은 초국적 기업(Transnational Corporations: TNCs), 국제비정부기구(International Non-Government Organizations: INGOs), 국제정부기관(Inter-Governmental Organizations: IGO), 그리고 매스 미디어의 전 지구적 확장에 따라 국민국가의 단위를 넘어서는 '제3의 문화'로서 초국적 문화의 등장을 예고한다. 그러나 이러한 초국적 문화는 문화적 동질성을 가져오면서도 문화적 무질서와 혼돈을 불러일으키기도 한다(Featherstone, 1991). 세계사회론은 세계적으로 통용되는 문화적, 제도적인 맥락에서 국민국가가 배태된다고 가정한다. 세계적인 수준에서 동의되는 교육, 인권, 발전에 대한 가치들이 모든 국민국가에 모두 똑같은 형태의 동질성(homogenization)이 아닌 동형화(isomorphism)를 가져온다는 것이다(Meyer et al., 1997). 지구자본주의론은 초국적 기업, 초국적 자본가계급, 소비주의의 문화와 이데올로기가 지구적 자본주의 각각의 정치, 경제, 문화, 이데올로기적 실천이라고 본다. 특히 초국적 자본가계급이 자신의 독자적 이해관계 아래 국가를 넘어 세계화를 주도하고 있다고 주장한다(Sklair, 1999).

2. 세계화 이론과 관점

1) 세계체제론

세계체제론은 자본주의 세계경제를 하나의 통합된 세계체제로 인식한다. 이러한 세계체제는 중심부, 반주변부, 주변부 등 단일한 분업구조를 이루어져 있으며, 국제적 국가체제는 그러한 자본주의 세계경제의 정치적 상부구조에 지나지 않는다. 그렇기 때문에 국가란 아무런 독자적 실체가 없는 분석의 단위일 뿐이며, 세계경제의 축적구조가 핵심을 이룬다. 월러스타인(Wallerstein)에 의하면 16세기에 지중해에서 출발한 세계경제는 유럽을 거쳐 19세기에 전 지구적으로 확산되었으며, 이러한 자본주의 세계경제의 이념적 기초는 명백히 자유주의다(Wallerstein, 1996). 500여 년에 걸친 자본주의 세계경제의 전개는 네덜란드의 헤게모니에서 출발하여 두 번에 걸친 영국 헤게모니의 시기, 그리고 2차 세계대전 이후의 미국 헤게모니의 시기를 지났다. 그러나 미국 헤게모니가 1960년대를 지나면서 쇠퇴하고, 자본주의 중심국들 사이에서 치열한 경쟁이 전개되고 있다.

세계화는 이러한 핵심부 사이의 투쟁에 다름 아니다. 세계체제론은 현재의 세계화 국면을 1970년대부터 본격적으로 대두하기 시작한 세계경제의 하강 국면과 이에 따른 미국 헤게모니의 쇠퇴로 인식한다. 결과적으로 일극 중심 체제에서 다극 중심 체제로 전환하는 과정에서 일어나고 있는 핵심부 국가들 사이의 새로운 헤게모니 쟁탈 국면이 세계화 현상인 셈이다(이수훈, 1994). 이는 세계경제가 장기 곡선상의 하강 지점에 서 있는 현실에서 세계체제 안에서의 국가들의 위치가 뒤바뀌고 있다는 사실을 가리킨다. 중심, 반주변, 주변으로 이루어진 세계체제의 3분할적 구조에서 세계체제의 장기 곡선상의 주기점이 바뀔 때 상승하는 나라도 있고 하강하는 나라도 있는 것이다.[1]

세계체제론은 국민국가들 안에서의 변혁운동에 부정적이다. 그것은 국민국가의 변화가 그 내부에서의 운동의 결과가 아니라 세계체제 자체의 운동에 의해 결정되기 때문이다. 그러므로 세계체제의 미래 변화는 자본의 성격과 운동을 따르게 되며, 이 점에서 향후 50년간의 대립과 갈등의 주요 축은 국민국가 내의 민족 및 노동운동보다 남의 빈국과 북의 부국 사이의 반목과 대립이라고 전망한다.[2] 이와 같은 관점에서 볼 때 사회주의 붕괴 이후 세계화의 전개는 '낙관적 미래'라기보

1 이러한 관점에서 한국은 지난 50여 년을 거치면서 주변부에서 반주변부로 성장한 대표적인 국가다.

2 월러스타인(Wallerstein, 1996)은 향후 50년간의 남과 북의 대립과 갈등이 주요한 모순이 되며, 이 시기를 경과하면서 새로운 사회주의적 세계질서가 만들어질 것으로 예상한다.

다는 '불안한 내일'인 것이다. 국제연합(UN)이나 기타 국제기구 등에서의 신자유주의적 우편향성이 더욱 강해질 것이고, 국가들 사이의 경제적인 불평등도 더욱 심화될 것이기 때문이다. 이는 이미 카르도소와 같은 종속이론가가 주장한 것처럼 앞으로의 세계는 중심부 국가들과 반주변부 국가들, 그리고 중국과 인도처럼 잠재적인 자원과 영향력을 가진 국가들을 제외하고는 지금의 제3세계는 더 이상 희망조차 없는 무관심의 지역으로 전락할 것이라는 예견과도 일치한다(Cardoso, 1993: 149-159). 착취할 것이 더는 존재하지 않는 제4세계의 등장이 바로 그것이다.

세계체제론에서 바라보는 세계화는 다분히 경제적 관점에 치우쳐 있으며, 정치나 문화, 이데올로기 기능에 대한 적극적인 관심을 보이지 않는다(Wallerstein, 1990: 31-55). 인종, 계급, 성에 따른 차별은 자본주의 잉여 확대를 위한 축적과정의 산물일 뿐이다. 오늘의 세계체제는 자본주의 중심부 국가들 사이의 헤게모니 쟁탈로 특징지어지며, 그 결과는 새로운 역사적 체제의 출현을 위한 자본주의 세계경제의 몰락으로 이어질 것이라고 예상한다.

2) 지구문화론

오늘의 세계체제를 말할 때 지구문화론(global culture)만큼 세계화 추세를 면밀히 살펴보는 입장도 드물다. 지구문화론은 세계화의 출발을 1960년대에 등장하기 시작한 새로운 패러다임에서 보고 있으며, 정보통신기술의 혁명적 변화에 따른 전 지구적 문화 확산이 그 요지를 형성한다. 페더스톤(Featherstone)은 세계화를 시간과 공간의 개념으로 접근하여 하비나 기든스가 말한 시 · 공간 압축(time-space compression)이나 응축(shrinkage)의 현상으로 세계화를 바라본다. 이러한 세계화를 주도하는 것은 초국적 기업이며, 이의 물질적 기초로서 정보통신기술의 발전을 강조한다. 코피토프(Igor Kopytoff)와 한네르츠(Ulf Hannerz)는 전 지구적 일치(global ecumene)를 이끄는 것으로 지구문화의 상호작용 확장과 지속적인 지역문화와의 상호교환을 중시한다(Featherstone, 1991: 2). 일련의 문화적 흐름은 문화적 동질성과 무질서를 동시에 불러일으키며, 국민국가 단위를 넘어서는 '제3의 문화'로서 초국적 문화(transnational culture)의 형성을 가져온다.

이러한 현상을 가능케 하는 것은 초국적 기업의 국경을 초월한 활동, 비정부기구들의 범국제적 활동과 정부간기구(Inter-Governmental Organization: IGO)의 확장, 매스 미디어의 전 지구적 확산 등이라고 할 수 있다. 아파두라이(Appadurai, 1991: 296-301)는 전 지구적 문화 현상의 요인으로 다음의 다섯 가지를 들고 있다. ① 관광객, 이민, 피난민, 외국인 노동자에 의해 이루어지는 민속적인 양상(ethnoscapes), ② 다국적 기업, 직접 투자, 기술의 흐름인 기술적 양상(technoscapes), ③ 통화시장과 주식거래에서 화폐가 급속하게 이동하는 금융의 양상(financescapes), ④ 신문, 잡지, 텔레비전, 영화에 의해 생산, 분배되는 이미지와 정보매체의 양상(mediascapes), ⑤ 민주주의, 자유, 복지, 인권과 같은 서구 계몽주의 세계관의 요소로 이루어진 국가나 반국가 운동 등 이념의 흐름인 이데올로기적 양상(ideoscapes) 등이 그것이다.

로버트슨은 지구화를 행위와 구조의 차원에서 자본주의의 확산과 제국주의 및 전 지구적 미디어 체제의 발전으로 분석할 것을 주장한다. 하나의 세계라는 세계화 현상은 결국 이를 구체화하는 행위와 구조의 복합작용에 의해 가능한 것이며, 바로 서구화, 제국주의, 문명화라는 과정으로 파악할 수 있다는 것이다(Robertson, 1991: 22). 그러나 이러한 현상이 단순히 세계체제의 통합이라는 일면만 지칭하지는 않는다. 페더스톤이 다양한 국민국가의 이질적인 문화가 단순히 통합되는 것으로 세계화를 이해해서는 안 된다고 지적한 것처럼 지구문화적 양상은 통합과 분화, 지방적인 것의 부활과 다양성의 혼재라는 특징을 띤다. 그러기에 세계화의 다른 일면은 세계지방화(glocalization)인 것이다.[3] 따라서 문화적 관점에서 볼 때 오늘의 세계체제는 하나로 통합된 지구문화(united glonal culture)라기보다 여러 가지 지구문화의 공존(global culture in the plural)으로 이해해야 할 것이다(Featherstone, 1991: 10-11).

결국 지구문화론은 세계체제의 문화적 단일성을 염두에 두지는 않는다. 이른바 3T현상[4]을 통해 전 지구인의 문화적 근접성을 가능케 하지만, 이것이 모든 사회를 동질적인 모양으로 만들어 내지는 않는다. 오히려 현재의 경향은 그간 소수자로서 억압받았던 영역의 부활이라는 포스트 모더니티의 현상과 다양한 문화적 교환 및 접촉을 통한 복수로의 문화(cultures) 현상을 만들어 내고 있다.[5] 지구문화는 단일한 세계와 다양한 문화적 현상, 지구적인 것과 지방적인 것의 결합으로서 세계체제를 상정한다. 물론 이러한 세계화의 배후에는 정보통신기술의 발전, 서구 가치관의 확산, 자본주의의 심화가 자리 잡고 있다는 것을 눈여겨보아야 한다.

3 이 점에서 지방으로부터 세계화에 영향을 미친다는 견지에서, 필자는 지방세계화(locabalization)라는 개념을 제시한 바 있다.

4 3T란 Transports, Telecommunication, Tourism을 의미한다.

5 스미스는 통합된 틀 내에서의 다양성(diversity within a unified framework) 혹은 다양성 속의 통합(unities in diversity)으로서 지구문화를 이해해서는 안 된다고 주장한다. 그는 이러한 통합은 단지 정치와 경제 영역에서 나오는 것이며, 이것들은 문화와 단지 부분적인 관계만 할 것이라고 주장한다. 자세한 것은 스미스(Smith, 1991: 171-191)를 참조할 수 있다.

3) 세계사회론

세계사회론은 현재 진행되는 세계화에 관한 문제를 지구문화론과는 다른 방향에서 접근한다. 세계사회론은 지구(global)보다는 세계(world)의 관점에서 자신들의 이론을 전개한다. 또한 세계체제론이나 지구문화론이 모두 자본주의 발전에 따른 세계화의 가능성을 논한다면, 세계사회론은 다분히 문화적이고 제도적인 관점에서 현재의 세계체제를 바라본다. 전술한 바와 같이 세계사회론의 핵심적인 요지는 세계체제의 동질화가 아닌 동형성(isomorphism)에 주목하고 있다는 점이다. 이 시각은 세계화에 대해서 국민국가의 상호의존과 교역망의 확대를 포함하는 미시현실주의(micro-realist)와 미시현상학(micro-phenomenology)에서 주장하는 민족적 문화와 해석체제로서 국민국가를 바라보는 관점을 거부하고, 사회학적인 제도주의 입장에서 문화적으로 구성 배태되는 것으로 바라본다. 이들은 문화를 하나의 전 세계적(worldwide)인 기초 위에서 조직되는 세계문화적 과정으로 본다(Meyer et al., 1997: 146-147). 이러한 논지는 자유주의나 현실주의의 입장에서 벗어나 구성주의적 시각에서 세계체제를 인식하는 것을 가리킨다. 세계문화의 형성은 국가라는 현실주의적 주체에 의한 것도 아니고, 국가 간 협상과 타협에 의한 환경에 따른 것도 아닌 역사적으로 구성되는 문화적 과정인 것이다.

세계사회론은 세계문화(world culture)라는 보편적인 세계모델이 존재하며, 개별 국민국가는 이러한 모델을 기초로 하여 문화적으로 구성된 것으로 바라본다. 이들이 주장하는 세계모델은 첫째, 현재 구성된 국민국가를 포함하는 행위자(actors)가 시민권, 사회경제적 발전, 그리고 합리화된 정의(justice) 등과 같은 보편적인 세계 가치의 견지에서 자신 스스로 조직하고 정당화한다. 둘째, 시민권, 인권, 자연세계와 과학적인 탐구, 사회경제적 발전과 교육 등에 대해 세계적인 수준(world level)에서 동의와 가치를 지닐 정도로 지배적이다. 셋째, 이러한 가치와 규범을 전 세계에 보편적으로 적용할 것을 요구한다(Meyer et al., 1997: 148). 따라서 각각의 국민국가들은 구체적인 가치관과 구조가 다르다고 할지라도 헌법, 대중교육체제, 합리적인 경제 및 인구 통계, 발전을 위한 인구억제정책, 남녀평등권, 일반적인 인권의 향상, 발전지향적인 경제정책, 보편적인 복지체제, 질병과 건강에 대한 표준화된 정의 등에서 거의 동일한 모습으로 존재하게 된다. 이는 세계화에 따른 세계체제의 동질성과는 분명히 다른 동형화된 제도가 개별 국민국가에 편재한다는 것이다. 그러므로 이들은 현재의 세계화를 단순히 국경을 허무는 초국가적 현상으로서 이해하는 것이 아니라 세계문화의 작용에 의해 국민국가가 하나의 주체로서 더욱 동형화된 제도와 조직을 갖추어 가는 것으로 파악한다.[6]

세계사회라는 보편적인 모델은 단순히 외부로부터 강요되는 것이 아니라 다양한 조직적 자원들, 예를 들어 국제적인 비정부기구들의 양적인 팽창과 질적인 활동의 결과로서 가능해진다. 따라서 이들은 현재 세계화의 전개를 정보통신기술혁명과 자본주의 발전의 산물이 아닌 근대 역사의 시작과 더불어 세계모델이 구조화되는 과정으로 이해한다. 세계사회론은 지금까지 중앙집권적인 관료 국가에 의한 것이 아닌 합리적인 문화적 요소와 협의체적인 구조들에 의해 구성되는 세계

6 이는 한 국가가 자신들의 제도를 갖추어 나갈 때, 전 세계적인 표준 혹은 전 세계적인 가치들에 기반을 두어 제도적인 장치들을 만들어 가는 것을 의미한다. 따라서 구체적인 형태와 모양새는 달라지더라도 제도적인 혹은 조직적인 형태는 모든 나라가 비슷한 모습을 띠게 된다. 이들은 이를 위해 새로 발견되는 미지의 지역 혹은 섬이 자신들의 국가를 건설할 때 어떤 과정을 거치게 될지에 대해 상상실험을 해 보는 것이 필요하다고 주장하고 있다.

사회의 근본적 구조화가 소홀히 다루어졌음을 비판한다. 볼라이와 토마스는 1875년부터 1970년대까지 INGO들의 증가와 이들의 영향력, 그에 따른 보편적 가치의 확산에서 이를 입증하고 있다(Boli and Thomas, 1997: 171-190). 그에 의하면 모든 다른 문화처럼 세계문화도 그 안에 전 지구적인 수준에서 작동하는 사회조직들이 자리 잡고 있으며, 오늘날 이러한 세계문화의 지배적인 행위자는 국가, 초국적 기업, 국제적인 비정부 기구다(Boli and Thomas, 1997: 172-173).

세계사회론은 보편적인 세계문화의 존재에 바탕을 두어 현재 국민국가들의 동형화 과정으로 세계체제를 바라보고 있다. 따라서 동질성보다는 동형화라는 국민국가 내의 다양성 속에서 발견되는 지구적 표준을 중시하고 있으며, 이러한 복잡한 과정을 거쳐 진행되는 세계화의 과정을 문화적, 제도적인 차원에서 조망하고 있는 것이다. 그럼에도 불구하고 이들의 주장에는 세계적인 문화를 구성하는 초국적 기업들 혹은 국제 NGOs의 활동을 가능케 해 준 국제적 요인들과 문화적 현상의 이면에서 분석되어야 하는 정치 및 경제적 변수들이 모호한 채로 남아 있다.

4) 지구자본주의론

지구자본주의론[7]은 역사적으로 전례 없는 수준의 세계화가 진행되고 있는 현실 이면에 그러한 변화를 이끌고 있는 지구적 세력이 존재한다

7 지구문화론과 세계사회론이 문화주의적 경향을 띤다면 세계체제론과 지구자본주의론은 경제주의적 경향을 띤다. 그런데 지구자본주의론은 세계체제론과는 달리 경제적 행위자나 제도에 초점을 맞추기보다 지구자본주의 체계 자체의 동학에 우선순위를 둔다.

고 주장한다. 그러나 세계체계론과는 달리 그 세력을 국민국가로 설정하지 않는다. 오히려 지구자본주의론은 현시대에 벌어지고 있는 세계화 현상을 이해하기 위해서는 국민국가 중심의 접근으로부터 탈피하는 것이 필수적이라고 강조한다. 즉, 세계화를 국민국가라는 행위자들 사이의 경쟁과 쟁투로 파악하면 국경을 가로질러 국민국가의 범주를 관통하는 오늘의 세계화라는 현상에 맹목적이 된다는 것이다.

세계화를 양적인 관점에서 접근해 보면, 19세기 말에서 20세기 말에 이르는 제1차 세계화 시기와 20세기 후반의 제2차 세계화 시기 사이에는 큰 차이가 보이지 않는다. 어떤 측면에서는 후자가 더 후퇴한 모습을 보이기도 한다(Hirst and Thompson, 1999). 그러나 국민국가들 사이의 교역 규모와 같은 양적인 기준이 아니라 질적인 기준에서 20세기 후반 세계화의 고유한 특수성이 드러난다. 이와 관련하여 로빈슨은 제2차 세계화의 고유한 특수성은 국민국가의 중요성과 자율성이 후퇴하고 자본의 초민족화(transnationalization)가 진행되면서 동반되는 구조변화에 있다고 주장한다(Robinson, 2007: 5-26). 20세기 중반까지만 해도 자본은 모두 개별 국민국가들에 뿌리를 내리고 있었다. 그런데 20세기 후반 세계화와 함께 닫힌 시장(closed market)으로서의 국민경제는 형해화되었고, 자본의 국적 또한 무의미해졌다는 것이다. 예컨대 오늘날 IBM은 더 이상 미국 기업으로 볼 수 없다. 정보통신기술과 교통운송 인프라의 발전을 바탕으로 IBM과 같은 기업들은 지구경제에 초민족화된 서비스 공급을 위한 하나의 플랫폼(platform)으로 전환되었다. 이 기업은 이제 다수의 국가에서 외주, 하청, 그리고 다른 기업들과의 초민족화된 협력을 통한 복잡한 네트워크를 형성하고 있는 것이다. 따라서 과거와 같이 특정한 지역에 정주하는 전통적인 기업이 아닌 전 세계에 걸친 네트워크라는 새로운 기업모델로 탈바꿈한 IBM과 같은 기업의 국적을 따지는 것은 무의미하게 되었다(Robinson, 2007: 10).

스클래어는 이러한 맥락에서 오늘날의 지구자본주의를 이해하기 위한 핵심적 개념으로 '초민족화된 실천(transnational practices)'을 제시한다. 이는 비(非)국가행위자에 의해 국경을 넘어서서 이루어지는 다양한 실천을 지칭하는 것으로서 세계화의 특징을 정확히 묘사하고 있다(Sklair, 1999: 143-163). 그에 따르면 초민족화된 실천은 크게 경제, 정치, 문화-이데올로기적 요소로 구분되는데, 각각은 다시 초민족기업(Transnatioanl Compan: TNC), 초민족적 자본가계급(Transnational Capitalist Class: TCC), 소비주의 이데올로기로 특정화될 수 있다. 스클래어가 주장하는 지구자본주의론의 이론적 목표는 이 세 가지 요소가 어떻게 그리고 어떤 과정을 통해 세계자본주의를 변형시키는가에 관한 설명과 그것의 경험적 증거를 제공하는 데 있다(Sklair, 1999: 157-158).

지구자본주의론은 세 가지 요소 가운데 초민족적 자본가계급에 중요성을 부여하는 경향이 있다. 앞서 설명했듯이 이들은 분석대상으로서 국민국가를 특권화하는 입장[8]을 기각하는 대신 국민국가적 틀과 그것의 이해관계(interest)에 구속되지 않은 새로운 행위자인 초민족적 자본가계급이 새로운 분석대상이 되어야 한다고 주장하고 있다.[9] 이제 계급이라는 단위를 특정 국민국가 내부의 행위자가 아닌 지구적인 행위자로 확장시킬 때 세계화라는 새로운 현상을 보다 정확하게 이해할 수 있다. 요컨대 세계화란 특정한 국민국가 내부의 자본가계급이 아니라 초민족화된 세계경제라는 조건 속에서 초민족적 자본가계급이

8 국제정치경제학(International Political Economy)에서 현실주의적 입장이 이에 속한다.

9 물론 이러한 주장이 국민국가의 소멸이나 해체라는 결론으로 이어지는 것은 아니다. 반대로 국민국가는 앞으로는 존속될 가능성이 크다. 다만 지구자본주의론자들이 강조하는 것은 다른 모든 제도와 마찬가지로 국민국가라는 역사적 제도 또한 세계화라는 환경 속에서 의미와 성격이 변형될 것이라는 사실이다.

자신의 이해를 관철시키는 기획이며, 따라서 오늘날의 세계는 국민국가의 경계를 넘어서는 초민족적 자본가계급의 축적 네트워크의 동학(dynamics)에 의해 작동된다. 따라서 지구자본주의론은 세계화를 단순히 헤게모니 국가인 미국의 세계지배기획으로 해석하는 비판적 국제정치경제학파나 그람시주의적 현실주의학파가 국가와 시장 혹은 정치와 경제를 도식적으로 이분화하는 이론주의적 편향에 근거하고 있다고 반박한다(Harvey, 2005). 세계화를 올바르게 비판하기 위해서는 국민국가들 사이의 경쟁이라는 분석 틀을 넘어서서 미국이라는 헤게모니적 국민국가를 자신들의 축적기획에 활용하는 초민족적 자본가계급과 전 세계에 걸쳐 있는 배제된 계급들이라는 '지구자본주의의 계급관계'라는 관점에서 접근해야 한다고 강조한다(Robinson, 2007: 23).

지구자본주의론은 세계화라는 현상을 새로운 관점에서 접근할 것을 제안한다는 점에서 경청할 만한 가치가 있다. 특히 오늘날의 자본가계급이 초민족화되고 있다는 주장 역시 설득력을 지닌다. 그럼에도 불구하고 여전히 지속되는 논쟁에는 세계화라는 현실과 국민국가의 역할과 관련된다. 오늘날 많은 자본이 전 세계에 걸친 축적 네트워크를 형성하고 있는 것은 사실이지만 이러한 사실이 곧 자본의 무국적화를 의미하지는 않기 때문이다. 세계화라는 오늘날의 조건은 통화 및 환율정책에서와 같이 개별 국가의 경제정책 등이 더 중시된다는 점에서 국민국가의 역할이 여전히 중요할 수 있다. 이러한 점들을 염두에 둔다면, 지구자본주의론은 기존의 분석 틀을 부분적으로 교정해 준다는 소극적(negative) 기여 외에 아직은 어떠한 확정적인(positive) 이론적 발전을 가져왔다고 평가하기에는 다소 이른 것 같다.

3. 모델과 담론

세계화를 옹호하건 반대하건 간에 그것이 일상생활에서 현실정치까지 전 범위에 걸쳐 커다란 영향력을 행사하고 있는 것은 틀림없다. 그러기에 세계화를 둘러싸고 여러 가지 입장이 국제학계에서 각축을 벌여왔다. 국내학계에서도 1990년대 이후 최근까지 세계화를 어떻게 이해하고 대처할 것인가에 대해 적지 않은 논의들이 이루어진 바 있다(김경원 · 임현진, 1995; 김병국, 1995; 김성한, 1995; 박길성, 1995, 1996; 임혁백, 1995, 2000; 임현진, 1995; 정진영, 1996; 한국사회경제학회, 2001; 박세일, 2010; 이숙종 · 장훈, 2010).[10] 이러한 세계화 논쟁은 학술적 담론과 정치적 실천이 서로 섞여 있어 매우 복잡하므로 대체적 윤곽을 파악하기가 쉽지 않다. 이미 지적한 것처럼 세계화를 옹호하거나 혹은 반대할 수 있다. 세계화를 옹호하는 입장은 정치 · 경제 · 사회 · 문화적 차원의 복합적인 변화로 세계화를 인식하고 있으며, 반대의 입장에서는 세계화를 자본주의 본래의 팽창적 현상으로 보고, 신자유주의를 구현하기 위한 이념적 · 담론적 구성물에 지나지 않는 것으로 본다(Marsh et al., 2005).

그러므로 세계화를 둘러싼 논쟁을 보다 포괄적인 틀에서 비교, 평가하기 위해서는 헬드와 맥그루가 제시한 대로 세계화를 하나의 '발견적 개념(heuristic concept)'으로 받아들여 그것에 대한 여러 가지 담론 지

10 세계화에 관한 국제학계의 논쟁은 기옌(Guillen, 2001)이 잘 정리하고 있다. 그는 세계화가 실제 일어나고 있는가, 세계화가 국민국가들의 수렴으로 이어지는가, 세계화가 국민국가의 권위를 침식하는가, 세계성은 근대성과 다른가, 그리고 지구문화는 형성되고 있는가 하는 다섯 가지 질문에 답하고 있다. 그에 따르면, 세계사회론자들은 예외로 하더라도 세계화가 진행되고 있는 것은 사실이나 제도나 문화에서 수렴으로 이어지지 않고 있을뿐더러 국민국가의 기능을 침식하지 않고 있고, 세계성은 근대성과 다르며, 지구문화가 형성되고 있다는 증거는 없다고 본다.

형을 살펴볼 필요가 있다. 헬드와 맥그루의 세계화 담론 분류는 크게 두 가지 축을 기준으로 접근한다. 첫째, 세계화가 개념적·논리적 차원에서 그것이 이론적으로 유의미한지 여부를 기준으로 세계화론자와 회의론자로 구분한다. 둘째, 세계화를 규범적 차원에서 동의하는지 또는 그렇지 않은지를 기준으로 세계주의자와 공동체주의자로 구분한다 (Held and McGrew, 2003). 그리고 이 두 가지 축을 기준으로 헬드와 맥그루는 세계화 담론의 구도를 〈그림 4-1〉에서 보는 바와 같이 여섯 가지 범주로 분류한다.[11]

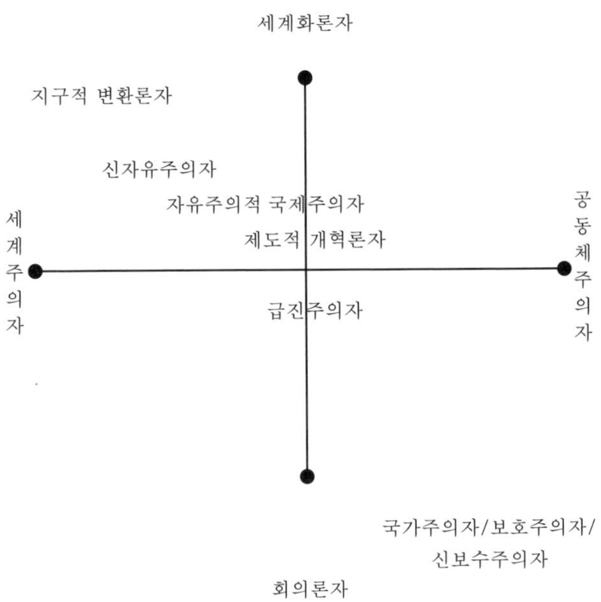

〈그림 4-1〉 세계화 담론의 구도

출처: Held and McGrew(2003: 187)에서 인용.

11 이하 여섯 가지 범주에 대한 설명은 헬드와 맥그루(Held and McGrew, 2003: 186-205)의 논의에 기반을 둔 것임을 밝힌다.

우선 이론적 · 규범적 차원에서 세계화 흐름을 대체로 수용하는—그래프에서 2사분면에 해당하는—입장들은 세계화를 정치 · 경제 · 사회 · 문화적 행위들이 기존의 국경의 장벽을 넘어 확장됨으로써 기존의 국민국가적 이질성이 해체되고, 그 결과 세계가 시 · 공간적으로 단일한 체계로 구축되는 것으로 이해한다. 이들은 과학기술과 정보통신의 발달로 기존의 사회질서가 시 · 공간 압축을 경험하게 되고 세계가 점점 좁아지게 되는 결과 정치적 · 경제적 · 사회적 · 문화적 활동들이 더 이상 엄격하게 영토적 논리를 따르지 않게 되었다고 본다(Dicken, 2003; Held et al., 1999). 이에 비해 이론적 규범적 차원에서 모두 세계화를 회의적으로 바라보는—그래프에서 4사분면에 해당하는—입장들은 세계화론자들이 제시하는 현상들이 역사적으로 전혀 선례가 없던 현상이 아닐뿐더러 세계화라는 개념 자체가 현재의 세계질서에 대한 어떤 합리적인 설명도 제시해 주지 못한다고 비판한다.

이들은 오늘날의 세계가 한 세기 전과 크게 다르지 않으며, 세계경제는 지금보다 1차 세계대전 이전이 더 개방적이고 통합적이었음을 지적한다. 또한 무역과 투자 유형을 보면 지구적이기보다는 북미, 유럽, 일본을 중심으로 하는 삼극체제에 더 가깝다고 지적한다(Hirst and Thompson, 1999; Hay and Marsh, 2000). 초국적 기업의 행동양식을 보아도 기업들이 영토적 기반을 완전히 탈각했다는 근거가 없으며, 오히려 분명한 영토적 근거를 바탕으로 움직인다는 점을 지적한다. 그러므로 국민국가가 축소 혹은 쇠퇴하고 있다는 세계화론자들의 주장 또한 현실적인 근거가 없다고 비판한다(Wade, 1996; Evans, 1997). 더 나아가 이들은 세계화를 자본주의 팽창 논리의 결과라고 하면 그것은 독립변수로서 독자적인 설명력을 갖기 어렵다는 점을 강조한다(Rosenberg, 2005). 이 관점이 세계화가 현실 설명력을 갖기 어려운 개념임에도 광범위하게 사용되고 있는 것은 그것이 이념적 · 담론적 차원에서 매우 중요하기 때문이라고 지적한다. 즉, 세계화란 정치·경제·사회·문화적 변화를 특정한 방식으로 의미를 부여하는 학술적 담론과 정치적 실천으로서 중요한 역할을 하고 있으며, 그것은 자기실현적 예언으로서 기능하고 있다고 설명한다(Hay and Marsh, 2000; Marsh et al., 2005).

세계화와 반세계화 논쟁을 둘러싼 여섯 가지 범주에 관한 이론적 함의를 정리하면 다음과 같다. 첫째, 신자유주의자들(neoliberals)은 워싱턴 컨센서스(Washington Consensus)를 통해 그들의 신자유주의 개혁 패러다임을 분명하게 제시한 바 있다. 워싱턴 컨센서스에 따르면 앞으로 세계질서는 자유무역과 자본시장 자유화, 변동환율제, 시장원리에 따른 이자율 결정 메커니즘, 민영화, 공공지출의 축소, 균형재정, 조세개혁, 재산권 보호 등의 원칙에 기반을 두고 전면 개혁될 필요가 있다고 주장한다. 이들은 현재의 변화를 인간 역사에서 유래 없던 일이라며 현재야말로 자유시장과 최소국가의 원칙을 기반으로 하여 단일한 세계시장을 구축할 수 있는 시기라고 본다(Ohmae, 1996).

둘째, 자유주의적 국제주의자들(liberal internationalists)이 존재한다. 이들은 신자유주의 패러다임에 동의하는 것은 아니지만, 세계적 차원의 상호 연계성이 증가하는 상황에서는 더욱 협조적인 세계질서를 형성하기 위해 정치적 노력이 필요하다고 주장한다. 이들은 1차 세계대전과 2차 세계대전 이후에도 국제연맹이나 국제연합의 창설에 주도적인 역할을 하였다. 이들의 주된 관심사는 세계적 차원에서 민주적 거버넌스를 어떻게 구축할 것인가에 놓여 있다. 그러나 이들이 말하는 민주적 거버넌스는 세계정부나 세계연방주의와는 거리가 멀고, 오히려 국가와 국제기구, NGO, 시민운동, 시장기구 등이 어떻게 서로 협조하여 세계적 사안들을 관리하고 통치할 것인가에 보다 많은 관심을 둔다.

셋째, 제도적 개혁론자들(institutional reformers)이 존재한다. 이들은 현재의 세계화 과정이 정치·경제·사회·문화적 차원에서 다양한 탈

구현상을 초래하고 있다고 보고, 이를 어떻게 관리할 것인가에 관심을 둔다. 대표적인 사례인 국제연합개발계획(United Nations Development Programme)은 세계적 차원에서 공공재를 공급하기 위한 노력들을 기울여 왔다. 이들은 국가와 국제기구를 통해 공공재를 공급할 수 있다고 본다는 점에서 신자유주의자들과는 구분된다.

넷째, 지구적 변환주의자들(global transformers)이 존재한다. 이들은 자유주의적 국제주의자들이나 제도적 개혁론자들과 원칙 및 목표에서 공유하는 점이 많다고 할 수 있다. 세계화는 하나의 과정으로 특별히 새로운 현상도 아니며 그렇다고 본질적으로 불평등하거나 비민주적인 과정도 아니다. 세계화 과정이 더욱 잘 관리되고 규제될 수 있다고 보며, 이러한 점에서 대안세계화론자들과는 구분된다. 세계화에 대한 찬·반을 넘어 세계화의 핵심적인 조직의 원리와 제도형성에 관심을 두고 국민국가와 시민사회 차원에서는 더 많은 민주주의를 요구해야 하며, 세계적 차원에서는 더 많은 투명성과 책임감이 요구된다고 지적한다(Dicken, 2003; Scholte, 2000; Held et al., 1999; Held and McGrew, 2003; Marsh et al., 2005). 이들은 세계주의적 정치프로젝트로서 UN 시스템 개혁과 새로운 국제법, 국제협정 양식의 도입을 강조하며, 세계주의 프로젝트가 성공하기 위해서는 토빈세 등을 통해 안정적이고 독자적인 재정 확보가 필요하다고 주장한다.

다섯째, 국가주의자/보호주의자, 신보수주의자(statists/protectionists/neo-conservatives) 집단이 존재한다. 이들은 세계화에 대해 매우 강력한 회의론을 피력하는데, 국민국가가 절대 해체되거나 축소되었다고 보지 않으며, 국민의 안전과 복지를 위해 국가 역량을 더욱 강화해야 한다고 본다. 국민경제의 유지를 위해 보호주의를 펴는 것도 같은 맥락이다. 또한 국민국가를 강조하는 것이 반드시 세계질서에 대한 부정을 의미하는 것은 아니며, 세계질서에 능동적으로 참여하기 위해서는 강한

국가가 필요하다고 본다. 이와 같은 견해 중 미국 신보수주의자들의 경우는 민주적 자본주의를 고수하기 위해서는 미국이 일방주의를 채택해야 한다고 보며, 또한 비(非)서구지역에서 비자유주의 세력의 준동을 억제하기 위해서는 미국이 힘을 행사해야 한다고 본다.

여섯째, 급진주의자들(radicals)이 존재한다. 이들은 책임 있고 자치가 가능한 공동체 건설에 기초하여 세계적 차원의 거버넌스 메커니즘을 만들어야 한다고 주장한다. 이들은 지난 수십 년 동안 환경운동, 여성운동, 반세계화운동 등을 바탕으로 지구시민사회가 성장하고 있다고 보며, 이러한 흐름은 개인들의 더 많은 자율성과 자기조직원리에 대한 요구를 반영한다고 본다(Kaldor, 2003). 개인들의 목소리를 지구적 차원에서 표출하는 네트워크와 운동, 그리고 이러한 집단들의 상호교류를 지구시민사회로 규정할 수 있다고 본다. 이는 국가를 개방하라는 신자유주의의 주장과는 달리 세계질서를 시민화하려는 아래로부터의 관점에 더욱 가깝다고 할 수 있다. 또한 최근 급진주의자들은 저항의 차원에만 머무는 것이 아니라 구체적인 제도개혁 프로그램을 제시하기도 한다. 세계사회포럼이 기업지배구조, 국제적 자본이동, 노동규준 도출, 환경보호 등에 대한 구체적인 개혁방안을 제시하고 있는 것이 대표적인 보기라고 할 수 있다.

세계화를 둘러싼 옹호론과 회의론 사이의 논쟁은 그 자체로 세계화에 대한 이해의 폭을 넓히는 매우 생산적인 기능을 해 왔다고 할 수 있다. 그러나 어느 하나의 입장이 세계화와 관련된 현상을 완벽하게 설명하지 못했다는 것을 반증하기도 한다. 이는 어떻게 보면 사회과학에서 발생하는 다양한 자가당착적 문제일 수도 있다. 가령 사회구조와 인간행위에 관한 논쟁은 '닭과 달걀'의 문제처럼 서로 얽히고설킨 가장 대표적인 이율배반적 문제 중의 하나라고 할 수 있는데, 세계화 논쟁도 이와 마찬가지인 것처럼 보인다. 왜냐하면 세계화와 관련된 변화들이

〈표 4-1〉 세계화의 모델들: 요약과 비교

	신자유주의	자유주의적 국제주의	제도적 개혁론
윤리원칙	-개인적 자유	-인권과 공유된 책임들	-투명성, 책임성: 협동 윤리(collaborative ethos)
누가 지배해야 하는가?	-개인 -시장교환과 최소국가	-인민 -정부와 국제체제/조직	-인민 -시민사회, 정부, 국제제도
주요 개혁	-국가기구의 해체와 시장의 탈규제	-자유무역과 국제 거버넌스	-정치참여의 확대 -국가 · NGO · IGO 공공재
세계화 형태	-자유시장과 법치안전망	-자유무역과 상호의존 -정부 간 협력	-민주적 거버넌스 -세계화 조절기능
정치양식	-정치적 리더십 -관료규제의 최소화 -자유무역 질서	-인권체제의 강화 -국제 거버넌스 -환경규제	-집합행동의 확장 -국가와 사회의 역할 -거버넌스 개혁

	지구적 변환론	국가주의/보호주의/신보수주의	급진주의
윤리원칙	-정치적 평등 -사회정의와 책임	-사회문화적 정체성 -정치윤리	-평등, 공익, 환경 -지속가능성
누가 지배해야 하는가?	-인민 -다층적 거버넌스 협의	-국가, 인민, 시장	-인민 -자치공동체
주요 개혁	-정치공동체 멤버십 -숙의 포럼의 발전 -국제법의 역할	-국가능력 -국제정치협력	-자율 관리적 공동체 -민주적 거버넌스
세계화 형태	-민주적 코스모폴리탄 -평등한 자율성	-민족국가의 능력 -효율적인 지정학	-지방화 및 지역화 -탈세계화
정치양식	-국제 거버넌스 -제도적 민주화	-국가개혁과 지정학	-사회운동과 NGOs -상향식 변화

출처: 필자 작성.

정치·경제·사회·문화적 영역에서 전방위적으로 진행되고 있으며, 또한 그것이 과학기술과 정보통신의 혁신과 밀접하게 연관되어 있는 상황에서 세계화를 어떤 하나의 논리로 묶어 설명하는 것은 불가능한 일일지도 모르기 때문이다.

앞의 〈표 4-1〉에 나타나듯이 헬드와 맥그루가 제시하는 여섯 가지 범주의 세계화 담론은 학술적인 차원뿐만 아니라 정치적이고 이데올로기적인 차원까지 아우르는 매우 포괄적인 분류다. 이를 통해 우리는 세계화 과정을 구성하는 다양한 스펙트럼과 행위자들을 조망해 볼 수 있다. 다시 한 번 강조하지만 세계화라는 것이 어느 하나의 관점으로 재단해서 평가할 수 있는 성질의 것이 아니라면 우리는 세계화의 다양한 층위를 더욱 철저하게 포괄적으로 고려할 필요가 있다.

에반스(Evans, 2008)가 이른바 '자기조정적 시장'과 '자기보호적 운동'이라는 폴라니(Polanyi)의 '이중운동'의 분석 틀을 빌려 와서 오늘의 세계화 과정을 헤게모니적 세계화와 대항 헤게모니적 세계화라는 이중운동의 변증법으로 보는 것처럼, 세계화에 대한 다양한 입장은 이론적·실천적으로 구분할 수 있다. 그러므로 세계화에 관해 어떤 하나의 입장을 취하기보다는 이를 하나의 발견적 개념으로 취급하여 세계화에 대한 이해의 폭을 넓히는 것이 보다 합리적이고 타당한 방식일 수 있다. 특히 한국과 같이 반(半)주변부의 위치에서 대외의존 정도가 심한 경우는 세계화의 흐름으로부터 결코 자유로울 수 없다. 따라서 이러한 변화를 긍정 혹은 부정하는 극단적인 입장에서 벗어나 이를 어떻게 수용, 관리, 대처할 것인가 하는 실사구시적인 시각에서 접근할 필요가 있다.

제2부

발전의 정치경제

세계화의 구조와 역학

제5장 현대자본주의 위기와 재구조화

1. 자본주의 발전과 제도주의적 접근

칼레츠키의 지적대로 그동안 자본주의는 기술과 경제 분야에서의 거대한 변동, 정치혁명, 세계전쟁 등 온갖 충격과 혼란을 겪으면서도 이러한 환경에 성공적으로 적응해 왔으며, 변화하는 환경에서 살아남기 위해 끊임없이 새로운 형태의 자본주의로 진화해 왔다(Kaletsky, 2011: 35). 오늘날 존재하는 21세기 자본주의의 모습은 다면적이다. 현재의 자본주의는 자본·생산·금융 활동의 전 세계적 이동과 확장에 기초한 글로벌 자본주의(global capitalism)이며(Gilpin, 2000; Frieden, 2006), 정보부문과 IT 기술, 인터넷 등 지식경제와 혁신이 경제성장을 주도하는 정보자본주의(informational capitalism)이기도 하다(Castells, 2003). 또한 금융시장과 금융부문이 산업자본과 모든 경제행위자에게 금융화의 논리를 강요하는 금융자본주의(financial capitalism)이기도 하고(Epstein, 2005; Krippner, 2011), 시장의 절대적 우선성과 모든 경제관계의 상품화를 지향하는 시장근본주의 이데올로기가 행위규범이 되고 있는 신자유주의적 자본주의(neoliberal capitalism)이기도 하다(Harvey, 2007; Saad-Filho and Johnston, 2009).

그렇다면 오늘날의 현대자본주의는 왜 이러한 모습으로 진화해 왔는가? 자본주의 발전과정에서 어떠한 요인들이 이러한 형태의 적응과 진화를 이끌어 내었는가? 본 장에서는 2차 세계대전 이후 자본주의 체제의 위기와 재구조화(crisis and restructuring)에 대한 분석을 통해 현 단계의 자본주의가 세계화, 정보화, 금융화, 신자유주의 성격을 포괄하는 다면적 자본주의로 변모하게 된 역사적 맥락을 추적 이해하고자 한다. 물론 그동안 정치경제학 분야에서는 자본주의의 역사적 변동과 발전과정에 대한 체계적이고 정교한 분석들이 다수 제기되어 왔으며(Armstrong et al., 1993; Brenner, 2002; Glyn, 2008), 본 연구도 그간의 연구 성과를 기반으로 하여 그 연장선상에 있다는 것이 사실이다. 하지만 본 연구는 다음과 같은 측면에서 나름대로의 차별성과 그 의미를 가진다고 생각한다.

첫째, 자본주의의 발전 동학을 '호황-위기-재구조화'라는 장기파동(long wave)의 순환주기로 파악함으로써, 2차 세계대전 이후 자본주의 체제의 변동과정을 우연한 역사적 사건들의 결과물이 아닌 자본주의에 내재된 체계적 경향성과 제도적 요인의 산물임을 보여 줄 것이다.

둘째, 세계화, 정보화, 금융화, 신자유주의와 같은 현대자본주의의 다면적 특성들이 1980년대 이후 자본주의의 위기탈출을 위한 재구조화의 순차적인 전략으로 등장하고, 상호 긴밀하게 연결되어 있으며, 축적체제의 재구축을 위한 기능적 보완관계에 있음을 밝힐 것이다.

본 장의 구성은 다음과 같다. 먼저 2절에서는 자본주의의 발전과정을 이해하기 위한 분석적 프레임으로서 장기파동의 관점에서 '호황-위기-재구조화'의 사이클을 살펴보고, 경제위기와 재구조화의 구성요인들을 검토할 것이다. 3절에서는 2차 세계대전 이후 서구 자본주의를 중심으로 자본주의의 대호황이 가능했던 경제적 · 정치적 · 국제적 요인들을 살펴볼 것이다. 4절에서는 1970년대부터 가시화된 자본주의 체제의 위기를 대호황의 동일한 제도적 요인들이 붕괴되는 과정을 통해 설명할 것이다. 5절에서는 위기에 대한 대응으로서 1980년대 이후 재구조화의 과정을 살펴볼 것이며, 생산의 유연성과 합리화, 생산, 금융의 세계화, 정보부문의 선도 산업화, 재구조화의 정치사회적 조절방식(신자유주의)을 차례로 검토할 것이다.

2. 자본주의의 발전 동학: '호황-위기-재구조화'의 순환주기

자본주의에 대한 개념정의는 신고전주의 경제학과 맑스주의 정치경제학 등 어떤 이론적 관점에 서는가에 따라 달라진다. 하지만 이념형적인 차원에서 자본주의 이전의 경제와 자본주의 경제를 구분한다면 다음의 요인들을 자본주의 경제의 기본 요소로 꼽을 수 있다. 그것은 ① 상품생산, ② 시장교환, ③ 이윤극대화, ④ 자본간 경쟁, ⑤ 자본-노동 간 갈등이다.[1]

상품생산과 시장교환, 이윤극대화는 자본주의 경제의 기본적 작동원리에 해당하며, 특히 자본간 경쟁 및 자본-노동 간 갈등은 성장과 위기, 경기상승과 경기하강 등 자본주의의 역동성을 규정하는 핵심 변수가 된다(Mandel, 1985; Gordon et al., 1982). 자본간 경쟁은 신기술과 제도혁신, 생산성 상승의 토대가 되어 자본주의의 성장동력이 될 수 있

1 생산수단의 사적소유라는 사적재산권(private property)도 자본주의 경제의 근간을 이루는 제도적 요인임이 분명하다. 그러나 과거 고대 노예제와 중세 봉건제도 생산수단의 사적소유에 기초하고 있으며, 자본주의의 사적재산권은 이를 법적, 제도적으로 체계화, 정교화한 데 불과하다는 점에서 자본주의만의 고유한 특성으로 간주하기는 어렵다.

으며, 반대로 과도한 시장경쟁으로 과잉생산과 대공황 등 위기요인이 될 수도 있다. 자본-노동 간 갈등 역시 어떠한 역학관계인가에 따라 임금-생산성-이윤율에 영향을 미쳐 호황과 불황을 야기하는 원인이 된다.

따라서 이 점을 고려하면 자본주의 경제의 발전은 선형적이고 누적적인 과정이 아니라 호황과 불황, 성장과 위기가 주기적으로 교차 반복되는 파동의 형태를 띤다고 할 수 있다. 이러한 관점에서 자본주의의 발전 동학을 이해하는 이론적 접근법으로는 '장기파동론(theory of long wave)'을 들 수 있는데,[2] 여기서는 장기파동론과 정치경제학적 접근을 토대로 자본주의의 발전 동학에 대한 개괄적인 밑그림을 그려 보기로 한다.

첫째, 자본주의 경제는 경기의 상승 국면과 하강 국면을 포함한 약 40~60년의 순환주기에 의해 움직인다. 이는 상품생산, 이윤율, 자본축적률에 있어서 팽창, 수축의 순환운동을 의미하며, 구체적으로는 '가속화된 자본축적-과잉축적-감속화된 자본축적-과소투자'의 순환주기로 구성된다(Mandel, 1985: 107-108). 슘페터의 경우 장기파동이 '호황(prosperity)-침체(recession)-불황(depression)-회복(recovery)'이라는 네 개의 국면으로 이루어져 있다고 보았다(Schumpeter, 1978; 이영희, 1990: 508에서 재인용). 장기파동 이론가들(Kondratieff, Schumpeter, Mandel 등)은 파동의 원인을 둘러싸고 있는 이론적 관점의 차이에도 불구하고 자본주의 장기파동의 시기적 구분에 대해서는 대략 의견의 일치를 보이고 있다. 1차 파동은 1780년대부터 1847년 공황까지, 2차 파동은 1847년 공

2 콘트라티에프(N. Kondratieff), 트로츠키(L. Trotsky), 슘페터(J. Schumpeter) 등을 지적 기원으로 하는 장기파동론은 기술혁신의 중요성을 강조하는 제도경제학의 전통과 축적체제의 내재적 모순과 계급투쟁 요인을 강조하는 맑스주의 전통으로 구분된다. 장기파동의 제이론에 대한 개괄적인 소개는 이영희(1990)를 참고할 수 있다.

황부터 1890년대 중반까지, 3차 파동은 1890년대 후반부터 2차 세계 대전까지, 4차 파동은 1950년대 이후의 시기로 보고 있다(Mandel, 1985: 118; Gordon et al., 1982: 12). 자본주의 발전의 장기파동은 〈그림 5-1〉에서도 대체적으로 확인할 수 있다.

둘째, 따라서 자본주의 경제는 경기상승-경기하강의 장기파동 속에서 주기적인 경제위기를 경험하며, 이러한 점에서 '위기'는 자본주의 발전과정에 내재한 항상적이고 편재적인 과정이라고 할 수 있다. 자본주의 출현 이래 경제위기는 단순한 경기후퇴, 생산성 정체 등 완만한 형태를 취하기도 하지만, 때로는 과잉축적, 계급투쟁의 첨예화, 대공황과 같이 극단적이고 폭력적인 형태로 나타나기도 한다(Foster, 1989). 위기의 촉발요인은 앞서 언급한 자본간 경쟁 및 자본-노동 간 갈등에서 연유한다. 자본간 경쟁은 시장의 포화, 기존 제품의 수익체감, 과잉생산, 과잉

〈그림 5-1〉 자본생산성의 장기 추세: 미국

출처: Duménil and Lévy(2006: 194).

축적 등을 야기하며, 자본-노동 간 갈등은 호황 말기의 완전고용 상황에서 노동계급의 성장에 따른 '임금인상-이윤압박'으로 위기를 가중시킨다(Armstrong et al., 1993).[3] 결국 이 두 요인에 의해 자본주의 경제는 '한계기업 도산 → 실업증대 → 소비감소 → 투자감소'를 경험하면서 축적체제의 불균형과 모순을 수반하는 경제위기의 국면에 접어들게 된다.

셋째, 경제위기에 대한 자본주의의 주요한 대응은 새로운 잉여원천 및 축적기회의 모색을 향한 시도로 나타나게 된다. 이는 통칭 '재구조화(restructuring)'로 집약되는 일련의 과정인데, 일반적으로 재구조화의 내용은 다음을 포괄한다(Foster, 1989: 281). ① 생산비용을 줄임으로써 산업의 손익균형점을 낮추는 것, ② 기술혁신 및 신기술개발을 통해 생산성과 경쟁력을 강화하는 것, ③ 원자재의 조달과 상품의 효율적 처리를 위한 시장을 확대하는 것 등이다. 재구조화의 이러한 내용들은 위기 때와 마찬가지로 자본간 경쟁 및 자본-노동 간 갈등의 측면과 관련되어 있다. 즉, 혁신을 선점하기 위한 자본간 경쟁은 기술혁신의 군집(cluster)을 창출하고, 신제품개발, 새로운 생산방식, 시장창출, 조직개편 등을 포함하는 창조적 파괴과정을 불러일으킨다(서문기, 2003: 37). 그리고 자본-노동관계의 측면에서는 노동계급의 패배와 원자화에 따른 임금하락과 노동강도 증가, 잉여가치율의 상승이 재구조화의 주요 내용이 되며, 노동자의 저항을 분쇄하고 노동과정에 대한 자본의 통제력을 재확립하기 위한 계급투쟁적 목

3 만델에 따르면 경제성장 주기와 계급투쟁 주기는 거의 같은 궤적을 보인다(Mandel, 1980: 49-50). 즉, 통상적인 인식과는 달리 노동계급의 전투성과 계급투쟁이 첨예화되는 시점은 불황기나 경제위기 때가 아니라 경기상승이 정점에 달하는 호황기인 것이다. 따라서 경기하강기에는 계급투쟁도 하락한다.

적의 기술혁신과 신자본재 창안도 이루어진다(Mandel, 1980: 37-49).

넷째, 종합해 보면 자본주의 경제의 발전과정은 자본간 경쟁 및 자본-노동관계에 기인한 '경기상승-경기하강'의 장기파동 또는 '호황-위기-재구조화'의 순환주기를 통해 이루어진다고 할 수 있다. 이 점에서 자본주의의 위기 국면은 체제의 광범위한 재편을 수반한 재구조화의 시기와 맞물리게 되는데, 그 결과 재구조화의 방향, 범위, 성격에 의해 자본주의는 새로운 형태로 진화한다(윤상우, 1996: 265). 넓게 본다면 자본주의의 장기파동에 의해 자본주의 발전의 제반 단계가 출현한다고 볼 수 있다. 만델이 자본주의 발전단계를 '경쟁 자본주의-고전적 제국주의-후기(late) 자본주의'로 유형화한 것이나, 조절이론(Lipietz, 1991)이 '외연적 축적체제-내포적 축적체제-포스트 포드주의적(Post-Fordist) 축적체제'로 단계 구분한 것, 래쉬와 어리(Lash and Urry, 1987), 오페(Offe, 1985) 등이 '경쟁 자본주의-조직(organized) 자본주의-탈조직

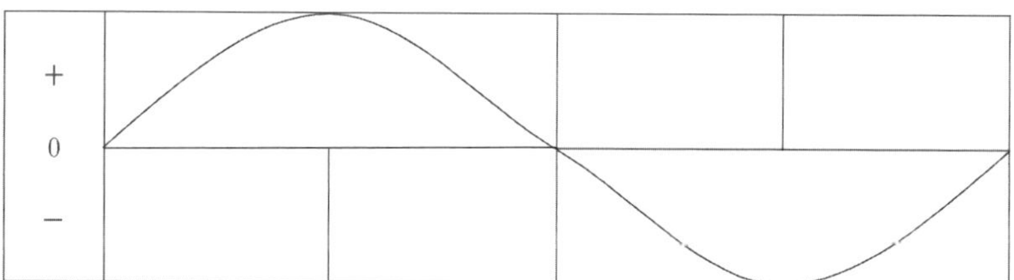

국면	호황 (prosperity)	침체 (recession)	불황 (depression)	회복 (recovery)
주요 원인	기본혁신의 군집, 투자증가, 고용증가, 소비증가(선순환)	-시장포화, 기존제품 수익체감, 과잉생산, 과잉축적 -완전고용, 임금인상, 이윤압박	한계기업 도산, 실업증가, 소비감소, 투자감소(악순환)	재구조화: -생산비용 감축 -기술혁신·생산성 -시장확대

〈그림 5-2〉 자본주의의 장기파동과 발전 동학

출처: 필자 작성.

(disorganized) 자본주의'의 단계를 제시한 것은 자본주의 장기파동의 각 국면과 조응한다.

〈그림 5-2〉는 자본주의의 발전 동학에 대한 이상의 내용을 요약하여 보여 주고 있다.

3. 전후(戰後) 자본주의의 축적구조: 황금시대의 정치경제학

2차 세계대전 이후의 자본주의는 고도성장과 장기호황이 이어진 자본주의의 '황금시대(golden age)'였다(Marglin, 1990: 1). 이 시기에 서구 자본주의 국가들은 생산성과 소득의 동반성장 결과로 인해 전반적으로 이윤율이 안정되었고, 전례 없는 투자붐이 일어났으며, 상대적으로 완만한 인플레이션이 유지되었다. 그리고 생산품의 수요증가율과 잠재생산능력성장률이 균형을 이루는 거시경제구조를 지니고 있었다(Glyn et al., 1990: 56).

그러면 어떤 요인들이 이러한 장기호황과 황금시대를 가능하게 했는가? 이 문제를 다룬 많은 연구는 거의 공통적으로 ① 포드주의적 축적체제의 융성(경제적 요인), ② 케인스주의적 국가개입주의(정치적 요인), ③ 미국 헤게모니(국제적 요인) 등을 황금시대의 핵심 원인으로 꼽는다. 포드주의가 생산체제를 포함한 자본주의 경제의 축적방식이라고 한다면, 케인스주의적 국가개입주의와 미국 헤게모니 각각은 포드주의적 축적체제의 원활한 작동과 재생산을 지원하는 국내적 · 국제적 제도편제에 해당한다고 할 수 있다. 다음에서는 이 내용을 구체적으로 설명하기로 한다.

먼저 전후의 자본주의 황금시대는 경제적으로 포드주의적 축적체제에 기초해 있었다. 포드주의적 축적체제는 두 가지 측면을 포괄한다. 하나는 생산체제(system of production)로서의 포드주의인데, 이는 구상과 실행의 분리, 작업의 세분화·파편화, 노동의 탈숙련화를 핵심으로 하는 테일러주의(Taylorism) 노동과정 원리에 컨베이어 벨트 및 일괄조립생산(assembly-line)이라는 반자동 기계화 원리를 결합시킨 생산방식을 의미한다(Aglietta, 1979: 116-122). 다른 하나는 축적체제(regime of accumulation)로서의 포드주의인데, 이는 앞의 생산체제를 대량생산과 대량소비의 접합, 노동력 재생산 및 소비영역의 축적체제로의 포섭, 자본-노동 간 계급타협을 골자로 하는 독점적 조절양식(mode of regulation)으로 조율함으로써 생산, 이윤의 팽창과 안정적 재생산을 확보한 자본축적방식을 의미한다(Lipietz, 1991: 59-60).

사실 테일러주의와 기계화를 결합시킨 포드주의적 생산체제는 이미 2차 세계대전 이전에 확립되어 표준화된 대량생산과 함께 급격한 생산성 향상을 이루었다. 그러나 이때는 시장에 기초한 임금결정으로 저임금이 강요되었고, 자본-노동 간 계급타협도 제도화되지 못함으로써(경쟁적 조절양식) 안정적인 축적체제를 확보하지는 못하였다. 그 결과 포드주의적 생산체제는 비약적인 생산성 상승과 엄청난 대량생산을 창출했지만, 총수요의 증가가 이를 따라 주지 못해 전례 없는 과잉생산과 대공황의 위기로 귀결되게 된다.

전후의 포드주의적 생산체제가 안정적인 축적체제로 발전할 수 있었던 것은 노동자에 대한 물질적 양보가 축적체제의 확대재생산을 보장하는 핵심 열쇠가 되었기 때문이다. 포드주의 생산방식은 과거와는 차원이 다른 노동통제와 노동강도의 강화를 포함하고 있어 당연히 노동자의 격렬한 저항과 반발을 불러일으켰다. 따라서 노동자들이 포드주의적 생산체제를 수용하도록 하기 위해서는 물질적 양보가 필요했으며, 양보의 핵심은 생산성 향상에 상응하는 임금의 인상이었다(임혁백, 1993: 194). 임금의 인상은 생산성 향상이 소비자 구매력의 확대로 이어지게 하고, 이는 다시 기업가들로 하여금 생산시설의 확대를 위한 투자에 나서게 하였다(Glyn et al., 1990: 58). 이를 통해 포드주의 생산체제는 비로소 대량생산-대량소비의 접합과 소비영역의 축적체제로의 포섭, 그리고 자본-노동 간 계급타협을 포괄하는 포드주의적 축적체제로 확립된다.

포드주의적 축적체제는 대량소비로 인해 제I부문(생산재)과 제II부문(소비재) 사이의 불균등 발전이 상쇄되고, 외연적 축적체제와 같은 지리적 확대에 의해 축적체제를 재생산하는 것이 아니라 자기중심적인 축적의 내포적 축적체제이다(Lipietz, 1991: 57-60). 다시 말하면 시장 실현의 문제가 제국주의적 팽창에 의해 해결되는 것이 아니라 자국 내에서 사적 재화의 대량소비에 의해 해결되는 것이다. 나아가 그 과정은 지속적인 성장과 더불어 완전고용이 동반되는 선순환 과정이기도 하였다.

다음으로 자본주의 황금시대의 또 다른 제도적 토대는 케인스주의적 국가개입주의와 복지국가였다. 이는 포드주의적 축적체제의 안정적 재생산을 지원하는 국내적 조절양식의 한 부분이다. 전후의 장기 호황에서 케인스주의적 국가개입의 역할은 크게 두 가지 측면으로 구성된다. 하나는 국가의 적극적인 시장개입으로서 팽창적인 재정지출로 생산과 투자를 자극하는 총수요관리(aggregate demand management) 정책이다. 전전 대공황의 경험은 시장의 실패(과잉생산, 대량실업)에 대해 국가가 적극적인 역할을 해야 한다는 필요성에 관한 인식과 합의를 만들어 내었다. 케인스주의 국가는 '완전고용 → 노동자의 소득증대 → 소비증대 → 경제성장'이라는 인식하에 대규모 공공사업과 사회간접자본 투자, 사회서비스에 대한 재정지출을 통해 완전고용의 실현과 시장의 유효수요 창출을 지향하였다. 이는 경기순환에 대한 대응과 포드주의적 축적체제로 커버되지 않는 경제영역을 국가가 책임진다는 것을 의미한다. 실제로 OECD 국가의 GDP 대비 공공지출은 1950년대 중반 28%에서 1970년대 중반 41%로 급격하게 팽창하였다(Glyn et al., 1990: 61).

전후 장기호황에 대한 케인스주의 국가개입의 또 다른 역할은 복지국가를 통해 자본-노동 간 계급타협을 제도화하고 대량소비규범을 일반화한 것이다. 케인스주의 복지국가는 노동자에게 다양한 사회보장 및 복지수혜와 같은 사회적 임금(social wage)을 제공함으로써 시장에 의한 임금결정을 시정하고 자본가와 노동자 모두가 만족할 수 있는 임금결정의 공식을 도출할 수 있었다(임혁백, 1993: 197-198). 자본가는 간접적인 소득이전을 통해 사회적 임금을 지불한 대가로 노동자들로부터 산업평화와 포드주의적 생산체제의 안정적 유지를 보장받는다. 또한 복지국가에 의한 소득이전, 사회적 임금은 대중의 구매력 향상에 기여함으로써 대량소비를 더욱 강화하는 동력이 된다.

마지막으로 자본주의 황금시대를 가능케 했던 국제적인 제도요인으로 미국 헤게모니를 꼽을 수 있다. 2차 세계대전 이후 브레턴우즈(Bretton Woods) 협정에 의해 선도적인 국제통화로 보증된 달러와 마셜플랜(Marshall Plan)을 통한 유럽의 재건, 비동구권에서 압도적인 군사력의 우위를 바탕으로 성립된 미국 헤게모니는 냉전시대의 대서양 블록(Atlantic Bloc)으로 지칭되는 세계 자본주의 체제를 안정화하고 전후의 대호황을 가능하게 한 중요한 지주였다(Friedmann, 1991: 22-27). 미국 헤게모니는 다음의 측면에서 전후의 장기호황에 결정적인 기여를 하였다.

첫째, 마셜 플랜을 통해 전후 유럽과 일본의 재건을 지원함으로써 세계 자본주의 체제의 재구축을 직접 주도하였다. 이는 전후 좌파정당과 노동운동이 급성장하고 있던 유럽 국가들을 자본주의 블록 안에 묶어 두기 위한 수단이었다(Armstrong et al., 1993: 116-122). 미국이 단기적 비용과 장기적 손해(유럽, 일본의 회복에 따른 미국의 지위 약화)에도 불구하고 자본주의 재건에 직접 뛰어든 것은 세계자본주의의 팽창과 번영으로 가장 많은 이득을 보는 국가는 헤게모니 국가인 미국 자신이기 때문이다(Marglin, 1990: 11-12).

둘째, 미국은 마셜 플랜을 통해 포드주의적 노동과정 원리에 기반을 둔 미국식 생산모델을 유럽에 이식하였다. 포드주의적 생산방식은 이미 전전에 유럽에 소개되었지만 포드주의가 본격적으로 확산 보편화된 것은 전쟁 이후였다. 포드주의의 확산은 유럽 각국이 미국의 번영을 따라잡으려는 자발적 노력과 연관되어 있다(임혁백, 1993: 193-194). 이제 테일러주의, 포드주의에 대한 의구심은 사라지고 미국의 생산방식은 유럽인들이 필수적으로 배워야 할 덕목이 되었다.

셋째, 미국은 세계경제 및 세계무역의 원활한 작동을 위해 달러를 국제통화로 공급하고 국제환율체제를 안정화했으며, 국제통화기금(IMF)과 세계은행 등 자본주의를 지원하는 국제기구를 설립하였다. '관세와 무역에 관한 일반협정(GATT)'을 구축해 서구 자본주의 국가들이 무역에서 강한 경쟁압력을 받지 않고 성장할 수 있는 길을 열어 놓았다.

4. 1970년대 자본주의 체제의 위기

전후 다양한 경제적 · 정치적 · 제도적 · 국제적 요인의 절묘한 배합과 균형에 의해 가능했던 자본주의 황금시대는 약 20년간 거침없는 성장과 번영을 구가하는데, 끝나지 않을 것 같던 장기호황은 1970년대 접어들면서 돌연 침체와 위기의 국면에 빠져들게 된다. 더욱 아이러니컬한 것은 전후의 황금시대를 이끌었던 그 요인들이 뒤이은 위기 국면을 배태한 원인이자 계기가 되었다는 점이다. 이는 황금시대의 성공이 그 자신의 기반을 스스로 무너뜨렸다는 일종의 '성공의 역설'과도 같다(Glyn, 2008: 18). 다음에서는 1970년대 이후 자본주의 체제의 위기를 포드주의적 축적체제의 붕괴, 케인스주의적 복지국가의 한계, 미국 헤게모니의 쇠퇴를 중심으로 살펴보기로 한다.

먼저 경제적 차원에서 1970년대 자본주의의 위기요인은 전후 황금시대의 핵심적인 경제적 토대였던 포드주의적 축적체제의 붕괴를 들 수 있다. 포드주의 축적체제의 붕괴는 자본간 경쟁 및 자본-노동 간 갈등과 관련된 다음의 요인들에서 기인한다.

첫째, 포드주의적 생산체제는 생산을 거대공장에 집중시킴에 따라 스스로 창출한 대량노동자(mass worker)에 취약하였다. 포드주의 생산방식은 공정의 특성상 조립라인에 배치된 노동자 중 단 한 명이라도 작업을 거부하면 전체 생산라인이 마비되는 약점을 지니고 있었다. 테일러주의와 마찬가지로 숙련의 제거, 작업의 파편화·단순 반복화, 정신노동과 육체노동의 경직된 분업이라는 노동원리에 기초하고 있었으므로 점차 노동자들의 극심한 스트레스와 저항을 불러일으키게 된다(이영희, 1990: 524; Murray, 1993: 94). 호황기에는 물질적 보상으로 이 문제를 어느 정도 상쇄했으나 1960년대 후반부터는 통제할 수 없는 수준의 높은 이직률과 작업장에서의 저항, 파업이 일어났으며, 이와 함께 불량품과 공정상의 과실이 속출하는 등 생산체제의 효율성이 급감하게 된다.

둘째, 포드주의적 축적체제가 호황의 정점에 달할 무렵에는 과잉축적과 완전고용의 상황이 만들어졌는데, 이는 '임금인상 → 이윤압박'의 족쇄로 작용하게 된다(Armstrong et al., 1993: 258-264; Glyn, 2008: 22-25). 고축적과 노동공급 사이의 불균형으로 극심한 노동력 부족이 나타났고, 자본가들은 새로운 기계를 조작할 노동력을 얻기 위해 격렬하게 경쟁한다. 여기에 조직노동자의 저항과 파업이 결합되면서 명목임금의 급속한 증가가 발생했으며, 결국 이윤압박과 함께 이윤율의 저하를 가져오게 된다.

셋째, 포드주의적 축적체제는 시장수요의 한계에 직면하였다. 포드주의적 축적체제는 대량생산과 더불어 대량소비를 필요조건으로 하는데, 표준화된 제품의 대량생산은 시장수요의 하락과 변동에 취약하였다. 피오르와 세이블(Piore and Sabel, 1984: 184)은 전후의 팽창을 이끌어 온 국내상품소비가 1960년대 말에 이르러 점차 한계에 다다르게 되었고, 선진국의 국내 산업시장은 포화상태에 직면하게 되었다고 주장한다.[4] 분명한 것은 서구의 거대 기업들이 자국 내 대량상품수요 수준을 더는 통제할 수 없게 되었다는 점과 선진 경제권에서 경제집중도의 감소(유럽 · 일본 기업의 성장) 및 수입품의 침투 증가로 모든 국가가 높은 시장경쟁 압력에 직면하게 되었다는 점이다(Lash and Urry, 1987: 196-197). 또한 1973년 이후 수요증가율의 하락은 뚜렷하게 나타난다(Glyn, 2008: 36).

다음으로 정치적 측면에서 1970년대 자본주의의 위기요인은 호황기의 포드주의적 축적체제를 뒷받침했던 케인스주의적 복지국가의 한계다. 첫째, 전후 황금기에 각종 공공사업과 유효수요관리 정책을 통해 완전고용과 시장구매력, 대량소비를 지원했던 케인스주의적 국가개입은 생산성 상승이 둔화되는 경기의 하강 국면에서는 심각한 경제적 부담으로 작용하였다. 서구에서 GDP의 40% 수준으로 팽창한 재정지출은 이를 충당하기 위해 민간부문의 이윤과 임금에 부과되는 조세부담이 더욱 가중되는 것을 의미했고, 총취업자의 20%에 달하는 정부부

4 하이만은 피오르와 세이블의 이러한 주장을 의심스럽다고 비판한다(Hyman, 1993: 188). 경제활동을 이끌었던 대량소비재시장이 현재 포화상태와 분절화를 경험하고 있다는 생각은 기껏해야 인상에 지나지 않는다는 것이다.

문 고용은 경제에서 이윤을 추구하는 민간부문이 축소되는 것을 의미하였다(Glyn, 2008: 40-41). 결국 케인스주의 국가의 방대한 재정지출 그 자체에 세금증가를 상쇄하기 위한 노동자의 임금인상과 자본가의 제품가격인상이 경쟁적으로 결합되면서 인플레이션의 악순환이 더욱 가속화하게 된다.

둘째, 케인스주의 복지국가가 노동자에게 제공했던 사회적 임금은 점차 '사회적 임금에 기초한 이윤율 저하'를 초래하였다(임혁백, 1993: 202). 사회적 임금으로 지급된 실업급여와 여타의 복지급부의 제공은 노동자들에게 실업의 위협에 대한 방패막이 역할을 해 주었는데, 실업의 위협이 노동자들을 다스리는 채찍 역할을 수행하지 못하게 되자 생산성이 하락하고 임금인상 압력을 증대하게 된다. 결국, 복지국가의 사회적 임금은 자본에 대한 노동의 협상능력을 높여 줌으로써 자본의 이윤율을 잠식하는 요인으로 작용하게 된다.

마지막으로 1970년대 자본주의의 위기를 초래한 국제적 요인으로 미국 헤게모니의 쇠퇴를 들 수 있다. 전후 세계 자본주의 체제를 안정화하고 대호황을 가능케 했던 국제적인 제도 요인이었던 미국 헤게모니는 1960년대 후반에 이르러 미국 자신의 경제적 쇠퇴와 자본주의 블록 방위에 지출되는 군사비의 과다로 점차 쇠락을 길을 걷게 된다(윤상우, 1996: 265-266). 미국 헤게모니의 쇠퇴는 세계경제의 운영에 대한 미국의 통제력 상실과 더불어 국제무역의 제도적 안전장치였던 브레턴우즈 체제의 붕괴를 초래하였다. 다음에서는 미국 헤게모니의 쇠퇴원인을 보다 세부적으로 살펴본다.

첫째, 미국 자체의 경제적 쇠퇴다. 미국 헤게모니가 정립되던 초반 시기에 미국이 향유하고 있던 강력한 산업독점력과 축적수준은 이후 장기호황을 거치면서 미국 기업들에 경쟁압력을 결여시키는 결과를 가져왔다. 이는 호황 말기에 미국 기업의 상대적 힘의 쇠퇴, 미국 내에서의 낮은 축적률로 나타나게 된다(Armstrong et al., 1993: 236-241). 반면에 유럽과 일본의 경쟁자들은 미국보다 훨씬 더 빠른 속도로 자본축적을 진행했고, 또한 이 축적은 훨씬 낮은 임금비용의 토대 위에서 이루어졌다.

둘째, 자본주의 블록을 방위하는 데 지출되는 미국의 군사비용은 점차 미국의 금융능력의 한계점 이상으로 치닫게 된다. 1960~1970년대에 걸친 베트남전쟁에는 막대한 비용이 투입되었으며, 이때의 재원은 더 많은 달러를 찍어 냄으로써 조달되었다. 이는 자본주의 동맹국들에 더 많은 강제를 안겨 주었고, 동시에 범세계적인 인플레이션을 유발하게 된다(Friedmann, 1991: 27).

셋째, 앞의 두 요인은 미국의 무역 · 재정 적자와 유동성 위기를 가중시킴으로써 1971년 달러의 금태환 정지와 브레턴우즈 체제의 붕괴를 가져오게 된다. 자본주의의 황금기에 각국은 달러를 기축통화로 하여 고정환율제를 유지했고, 고정환율제하에서 각국은 국제수지의 제약에 크게 신경 쓰지 않으면서 자국의 유효수요를 관리할 수 있었다. 그러나 달러의 태환 정지로 고정환율제가 변동환율제로 바뀌게 됨에 따라 일국적 수준에서 수요와 공급을 관리하던 케인스주의적 조절방식은 비효율적인 것으로 전락하게 된다(Hirst and Thompson, 1992: 370-371). 또한 브레턴우즈 체제의 해체는 미국이 더 이상 세계자본주의의 유효수요 창출자로서의 역할을 포기한다는 것을 의미하였다. 그 결과 각국은 국제시장에서의 점유율을 높이기 위한 경쟁에 돌입하게 되었고, 전후 미국 헤게모니하에서 모두에게 이득을 주던 포지티브섬(positive-sum)의 세계경제질서는 제로섬(zero-sum)의 질서로 변모하게 된다(임혁백, 1993: 199-200).

5. 위기에 대한 대응방식: 1980년대 이후 재구조화의 다차원성

앞서 살펴본 대로 1970년대에 가시화된 자본주의의 위기는 미국 헤게모니가 쇠퇴하고 케인스주의적 국가개입이 한계에 직면함에 따라 자본주의 경제를 조절할 수 있는 국제적·국내적 제도 장치들이 해체되어 간 것과 전후 고도성장을 견인했던 포드주의적 축적체제의 내적 성장동력이 점차 소진된 데에 그 원인이 있었다. 위기의 이러한 내용은 이후 자본주의 경제의 재구조화의 성격과 방향을 암시해 준다. 이것은 ① 기존의 경직된 포드주의적 생산체제로부터 탈피하여 불확실한 시장 상황과 경제환경에 적절하게 대처할 수 있는 생산체제의 유연성과 합리화의 모색, ② 새로운 축적기회의 모색과 국제경쟁력을 강화하기 위한 글로벌 옵션, 즉 생산, 금융의 세계화(globalization) 전략, ③ 정보부문 및 IT 산업의 독자적인 선도 산업으로의 재편, ④ 재구조화의 정치사회적 조절 기제로서 신자유주의적 국가와 신자유주의적 세계질서의 등장으로 요약할 수 있다.

1) 생산의 유연성과 합리화: 포스트 포드주의?

기존 포드주의 생산체제의 취약성(시장수요의 다변화, 노동자 저항) 극복을 위한 재구조화 시도는 생산방식의 혁신과 재편에서 시작되었는데, 그 핵심은 생산체제의 유연성(flexibility)과 합리화를 강화하는 것이었다. 1980년대 이후 생산방식의 혁신과 재편이 가능했던 것은 기술적으로는 극소전자(ME) 기술, 자동화, 컴퓨터 제어 기술 등 1970년대 과학기술혁명(STR)의 성과들이 생산조직에 급격하게 적용 확산되었고, 노사관계의 측면에서는 경제위기를 거치면서 생산과정에 대한 자본 측의 통제력이 회복되었기 때문이다. 특히 생산의 유연성과 경쟁력을 강화하기 위해 제조업 부문에 광범위한 컴퓨터 기술과 IT 기술이 접목되었다는 점에서 '산업(제조업)의 정보화'라고 부를 수도 있다. 자본 측이 확립하고자 하는 유연성은 다음의 세 가지 측면을 포함한다.

첫째, 생산조직과 생산방식에서의 유연성이다. 기존 포드주의는 컨베이어 벨트에 의한 경직된 분업구조와 파편화된 노동과정, 노동의 탈숙련화를 기본원리로 하므로 노동자의 저항과 노동의욕의 저하를 가져오는 단점이 있었다. 이에 반해 재구조화가 추구하는 유연적 생산체제는 극소전자자동화로 대표되는 기술혁신을 토대로 하여 직무확충, 직무순환, 팀작업, 다능공화(multi-skilling)와 같은 '기능적 유연성'을 통해 노동자에게 일정한 자율성과 책임감을 부여함으로써 생산성과 직무헌신성을 향상시키고자 한 것이다.

둘째, 소비시장에서의 유연성이다. 소비시장에서의 수요가 다양화, 고차화됨에 따라 표준화된 상품의 소품종 대량 생산방식에 기초한 포드주의는 점차 설득력을 잃게 된다. 따라서 소비패턴의 변화는 다품종 소량 생산, 주문자 생산을 지향하게끔 하며, 시장에서의 수요변화에 신속하게 대응할 수 있는 유연적 생산체제가 부각되는 것이다.

셋째, 노동시장에서의 유연성이다. 더욱 자동화된 생산방식이 도입됨에 따라 작업은 상시고용이 아닌 파트타임이나 변형시간 근로, 임시직 노동자로도 생산이 가능하게 된다. 따라서 '수량적 유연성'이라 할 수 있는 노동력 이용의 유연성이 적극 추진된다. 이는 임금 및 생산비용의 감축에 기여할 뿐만 아니라 노동계급의 조직화를 저지하고 임금, 고용과 관련해 노동자를 통제할 수 있는 기제를 제공한다.

그간 노동과정론과 조절이론 등에서는 이러한 생산방식의 재편에 대한 '유연전문화'(Piore and Sabel, 1984), '네오 포드주의와 포스트 포드주의'(Lipietz, 1991), '토요타주의'(Womack and Johns, 1992) 등의 개념과 주장이 제기되어 왔다. 하지만 이들 논의는 과거 생산방식과의 차별성만 지나치게 부각시키며 실제 현실과는 부합되지 않는 한계를 지닌다.

첫째, 포스트 포드주의와 유연전문화가 기존의 포드주의적 대량 생산방식을 대체했다는 증거는 없다. 토요타주의가 1980년대에 전성기를 누린 것은 사실이지만, 포스트 포드주의를 대표하는 스웨덴 볼보(Volvo)사의 칼마리즘(Kalmarism)은 사실상 실패했기 때문이다. 실제의 현실은 포스트 포드주의가 포드주의를 대체한 것이 아니라 포드주의 생산체제를 다소 유연하게 부분적으로 보완했다고 보아야 한다.

둘째, 포스트 포드주의는 단순히 생산체제의 혁신일 뿐 축적체제의 혁신을 의미하지는 않는다. 이는 대량소비와 같은 시장실현의 문제, 축적의 재생산 문제가 포스트 포드주의 논의에서는 부재하다는 것을 의미한다. 따라서 자본주의의 재구조화는 생산의 유연성, 합리화를 넘어 다른 차원으로 확장되어야만 했고, 그것은 세계화 전략으로 이어지게 된다.

2) 생산, 금융의 세계화

1980년대 중반부터 본격화된 생산, 금융의 세계화는 현대자본주의의 성격변화에 결정적 영향을 미친 재구조화의 맥락이라 할 수 있다. 세계화 전략은 전 세계적으로 최적의 생산입지 구축을 통한 생산비용 절감의 측면과 국외로의 새로운 시장수요 개척이라는 차원에서 재구조화의 핵심 내용을 구성한다. 선진국 기업들이 세계화 전략을 추진하게 된 것은 앞서 지적한 1970년대의 자본주의 위기로 자국 내 시장수요가 한계에 봉착하고, 국제무역과 세계시장을 둘러싼 경쟁이 첨예화되었기 때문이다. 그러나 이러한 경제적 필요성만으로 세계화가 가능했던 것은 아니다. 다른 촉발요인들도 필요했는데(Chesnais, 1993: 13-14) 첫째,

장기호황기 동안 축적된 풍부한 유동자산과 자본축적은 기업들의 해외진출 및 금융세계화의 자금원이 되었고, 둘째, IT 및 컴퓨팅 기술, 원거리 통신, 네트워크 기술의 발전이 세계화를 가능케 해 주는 기술적 토대가 되었다.

현 시기의 세계화는 생산과 금융이라는 두 가지 영역에서 진행된다. 먼저 생산의 세계화는 선진국 초국적 기업들에 의해 주도되는 해외직접투자(FDI)를 통해 시작되었다. 1986~1994년 해외직접투자 증가율은 연평균 19%에 달했는데, 이는 세계생산증가율의 2.5배, 세계무역증가율의 2배에 달하는 수치였다(Magdoff, 1992: 10-11). 최근 들어 기업들의 해외생산에서 FDI의 비중은 25%대로 하락하였다. 인수합병, 해외 현지 기업의 지분취득, 해외 자회사의 현지 자금조달, 초국적 기업간 네트워크(아웃소싱, 전략적 제휴) 구축 등 다양한 방식이 등장하는 추세이다(Held and McGrew, 2003: 383). 분명한 것은 선진국, 개발도상국을 막론한 모든 기업이 적극 세계화에 뛰어들고 있으며, 거의 모든 산업분야와 제품생산에서 글로벌 생산 네트워크가 구축되고 있다는 점이다.

다음으로는 세계금융시장의 급성장에 기반을 둔 금융의 세계화를 꼽을 수 있다. 글로벌 금융자산의 총액(주식, 정부·민간 채권, 은행예금)은 1980년 12조 달러였으나 2005년에는 140조 달러로 급증했으며, 글로벌 금융자산은 2005년 세계 GDP의 338%에 달하는 규모로 성장하였다(Orhangazi, 2008: 11). 금융세계화는 1980년대에는 다국적 은행을 통한 국제대부가 그 추세를 선도하였다. 이는 다국적 기업에 의한 국가간 교차투자와 신국제분업의 구축, 제3세계의 산업화를 지원하기 위한 것으로서 초기의 금융세계화는 생산의 세계화와 밀접한 연관성을 지니며 출발했다고 볼 수 있다(Lash and Urry, 1987: 202-203). 그러나 1990년대 이후 국제자본시장(주식, 채권, 외환, 파생 금융상품)이 금융세계화의 핵심 추동 요인으로 부상하면서 금융의 세계화는 점차 생산의 세계화와 분리된 독립적인 영역을 구축해 가고 있다.

오히려 현재의 금융부문에서 산업자본, 정부부문, 가계 등 모든 경제행위자는 '금융화(financialization)'의 논리에 포섭되어 상품생산보다는 금융채널을 통한 축적방식과 '금융시장 그 자체를 위한 금융시장의 성장'을 일반화시키고 있다(윤상우, 2013: 58-59). 이와 관련하여 조절이론에서는 금융화 경향성을 자본주의의 새로운 발전단계 또는 독자적인 축적체제로 간주하여 '금융주도적 축적체제(finance-led regime of accumulation)'라는 개념을 제기하기도 하였다(Boyer, 2000; Chesnais, 1998). 금융화를 자본주의의 독자적인 발전단계나 축적체제로 인정할 수 있는지는 논란의 여지가 있지만(Foster, 2007), 금융화는 분명 새로운 축적기회 및 이윤 원천을 제공한다는 점에서 자본주의 재구조화의 주요 영역으로 평가할 수 있다.

3) 정보부문의 선도 산업화

자본주의 재구조화의 또 다른 차원은 IT 기술 및 정보 부문의 독자적인 선도 산업화를 근간으로 하는 '정보화' 또는 정보적 발전양식의 구축이다. 사실 재구조화의 초기단계에 컴퓨터 및 정보통신 기술은 기존 제조업에 적용되어 생산의 유연성·합리화, 생산 및 금융의 세계화를 지원하는 기술적 토대로서 역할을 했지만,[5] 1990년대 이후에는 기존

5 특히 세계화와 정보화는 상호 긴밀하게 연결되어 있는 상호 강화적 현상이라 할 수 있다. 생산 및 금융의 세계화는 컴퓨터, IT 기술이라는 기술적 토대가 없으면 불가능하다. 또한 정보화는 네트워크가 세계적 규모로 확장될 때 투입 비용 대비 최고의 편익과 효율성을 확보할 수 있기 때문이다. 이 점에서 카스텔은 "글로벌 경제는 그 구조와 논리 면에서 기본적으로 정보화 경제이기도 하다"(Castells, 1998: 34-35)고 평가한다.

산업의 생산성과 경쟁력을 지원하는 차원을 넘어 스스로 자본주의 경제를 이끌어 가는 선도 산업으로 자리 잡아 가고 있다. 이는 '산업의 정보화'에 뒤이은 '정보의 산업화'로 불릴 만하다.

1971년 마이크로프로세서(Intel 4004)의 개발과 더불어 꾸준히 축적되어 온 정보기술의 혁신과 진보는 1981년 IBM의 PC(personal computer) 개발로 컴퓨터 및 정보통신산업의 상업화와 대중화의 길을 개척하였다. 이후 1994년 인터넷이 민영화되면서 범세계적 네트워크를 통한 정보화의 전면적인 전개를 촉발시킨다. 이제 컴퓨터 및 정보통신산업은 자본주의의 생산성 상승을 선도함으로써 최고의 고부가가치산업 및 시장수요창출 산업으로 성장했으며, 컴퓨터, IT의 하드웨어, 소프트웨어뿐 아니라 인터넷을 매개로 제품과 서비스를 무한 창출하는 핵심 경제영역이 되었다. 1972년부터 1995년까지 미국의 생산성증가율은 제조업 전체가 2.58%였으며, 제조업 중 비컴퓨터 부문이 1.88%에 그쳤다. 하지만 컴퓨터산업은 17.83%에 달함으로써 자본주의 경제성장을 선도한다(Castells, 2003: 132-133). 또한 1995년부터 1999년까지 컴퓨터산업의 생산성증가율은 무려 41.7%로 급증하여 미국의 '신경제(new economy)'를 창출한 원동력으로 평가되기도 한다. 컴퓨터, IT와 같은 전자산업과 첨단기술산업은 혁신집약적인 산업이자 동시에 생산공정의 기술적 분할을 통해 전 세계적 생산네트워크에 기반을 두어 제품생산이 이루어지는 특징이 있다. 따라서 생산의 세계화와 신국제분업을 강화하고 제3세계의 산업화를 촉진시키는 효과를 가진다(Henderson, 1989: 5).

4) 재구조화의 정치사회적 조절방식

앞서 살펴본 것처럼 1980년대 자본주의 재구조화는 상호 긴밀하게 연결되어 있는 세계화, 정보화, 금융화, 생산 유연성의 차원들을 포괄한다. 이러한 재구조화의 전략들이 실제로 자본주의 경제의 회복과 축적의 안정적 재생산을 구축하기 위해서는 자본주의 축적체제의 재편을 지원하는 정치사회적 조절방식이 필요하다. 1980년대 이후 일국적·세계적 수준에서 재구조화의 조절방식으로 역할을 한 것은 '신자유주의(neoliberalism)'에 입각한 국가형태와 국제질서였다.

신자유주의는 시장 기제에 대한 절대적 신념을 전제로 시장이 모든 경제·사회 문제에 대해 최선의 대안이라는 시장만능주의, 시장근본주의 이데올로기다. 이는 이전의 국가개입을 후퇴시키고 자유시장을 안착시키기 위해 '워싱턴 컨센서스(Washington Consensus)'로 집약되는 정책패키지(규제완화, 대외개방, 민영화, 통화주의, 노동시장 유연성, 복지축소)를 추구한다(Williamson, 1999). 그런데 현실의 신자유주의 국가는 탈규제만을 추구하는 자유방임형 국가가 결코 아니며, 오히려 경쟁력과 시장화를 명분으로 친시장적 규제에 기반을 둔 국가개입 및 국가조절의 팽창을 특징으로 한다. 이러한 신자유주의 국가는 '경쟁국가'(Cerny et al., 2005), '슘페터주의적 근로국가'(Jessop, 1993)로 지칭된다. 이는 세계화와 개방경제하에서 공급중심의 개입을 통해 자본의 구조적 경쟁력을 강화하고자 하며, 궁극적으로 자본축적 조건을 재건하고, 자본권력을 회복하기 위해 자본주의를 재조직화하는 국가성격을 가진다. 1980년대 초반 대처와 레이건으로 상징되던 신자유주의 국가는 이후 상당수의 선진국과 제3세계로 확산되었고, 사민주의적 복지국가의 영향력이 남아 있는 유럽 국가들도 심대한 영향을 받고 있다.

그리고 신자유주의적 조절방식은 개별 국가에만 국한되지 않는다. 1990년대 이후 세계경제질서도 신자유주의적 규범을 축으로 재편되어 갔다. 구체적으로 시장경쟁의 강화, 국가 간 장벽 제거, 국가개입의 최소화를 세계경제의 게임 규칙으로 정립하려는 초국적 기구(WTO, IMF, World Bank)의 역할이 증대하고 있으며, 폭발적으로 늘어나고 있는 다양한 형태의 다자간무역협정과 FTA, 지역경제통합이 신자유주의적 경제질서의 확대재생산을 지원하고 있다.

본 장에서는 오늘날의 현대자본주의가 '호황-위기-재구조화'의 순환주기를 통해 세계화, 정보화, 금융화, 유연성, 신자유주의라는 다차원적인 특성과 복합적인 성격을 지닌 자본주의로 진화해 가는 과정을 살펴보았다. 앞서 살펴본 대로 자본주의의 발전 동학을 규정하는 자본간 경쟁 및 자본-노동관계는 전후 자본주의 황금시대의 조건들을 만들어 내었을 뿐만 아니라 1970년대 자본주의를 경제 위기 및 침체의 국면으로 몰아넣은 핵심 요인이 되기도 하였다. 그리고 1980년대 이후의 재구조화 과정이 세계화, 정보화, 금융화, 유연성 등의 차원을 배태하게 된 것도 전 세계적 규모에서 축적기회와 이윤율을 회복하려는 치열한 자본간 경쟁의 산물에서 비롯되었으며, 동시에 자본-노동관계에서 노동계급의 패배와 파편화·원자화, 자본진영의 헤게모니 회복이라는 계급역학관계를 반영하는 것이기도 하다.

그러면 1980년대 이후 진행된 일련의 재구조화 결과 현 단계의 자본주의는 또 다른 상승 국면과 호황을 향해 가고 있는가? 1990년대 말의 동아시아 외환위기와 미국의 IT 버블 붕괴 등 몇몇 국면인 위기 요인과 불안정성에도 불구하고 1990대 이후의 자본주의는 완연한 회복세와 경기상승의 추세를 이어가고 있는 것으로 보인다. 2008년 미국의 금융위기가 다시금 자본주의 위기론과 비관론에 불을 지폈지만 (Kaletsky, 2011), 이는 재구조화의 여러 전략 중 금융화의 차원만이 한계에 부딪힌 것을 의미하며, 실물경제를 포함한 자본주의 축적체제 전체의 붕괴를 가져온 것은 아니라고 보아야 한다. 그럼에도 자본주의가 역사적으로 상승과 하강, 성장과 위기의 순환주기를 끊임없이 반복해 왔다는 점을 감안할 때 '정상을 향한 등정'이 언젠가는 '바닥을 향한 경주'로 반전되리라는 점은 충분히 예견할 수 있다. 물론 과거와는 다른 형태겠지만, 자본간 경쟁 및 자본-노동관계의 동학은 또 다른 위기요인을 만들어 낼 것이다.

마지막으로 재구조화의 결과로 나타난 21세기 자본주의의 세계화, 정보화, 금융화, 유연화의 특성이 개별 자본주의 국가의 발전모델에 대해 갖는 함의를 지적하는 것으로 논의를 마무리하고자 한다. 세계화, 정보화, 금융화, 유연화는 전체 자본주의 체제의 수준에서 제기되어 왔던 재구조화의 전략들 전반을 망라한 것으로서, 모든 개별 자본주의 국가와 개별 자본이 동일한 수준으로 채택 적용할 수 있는 성질의 것은 분명 아니다. 따라서 자본주의 재구조화가 모든 국가의 축적전략을 수렴(convergence)으로 이끌 것이라고 볼 수는 없다. 오히려 세계화, 정보화, 금융화, 유연화 전략은 국가별, 지역별, 산업별, 기업별로 다양하며, 불균등한 방식으로 결합 적용됨으로써 자본주의 발전모델의 다양성을 창출, 강화하는 데 기여할 것으로 전망된다.

제6장 세계화 시대의 신자유주의 패러다임

1. 메가트렌드로서 세계화

1) 세계화의 의미와 기제

21세기의 화두는 세계화다. 그러나 그 첫 10년이 지나면서 세계화는 매력과 권위를 잃어 가고 있다(Ferguson, 2005; Wolf, 2006; Rosenberg, 2005; Milanovic, 2006). 세계화의 시대가 지나가고 있다는 생각도 든다. 작금의 미국발 금융위기, 유럽발 재정위기, 신흥국발 외환위기가 가져오는 전 지구적 경제불안은 고삐 풀린 시장의 질주에 대한 해결을 위해 정부의 역할을 다시금 들먹이고 있다. 그러므로 과연 세계화가 앞으로도 존속할 수 있는가 하는 회의를 가질 만하다(Wolf, 2006). 이는 오늘의 세계는 인류의 화합과 공존보다 갈등과 분열의 모습을 보여 주고 있기 때문이다. 특히 2001년의 9.11테러를 계기로 하여 '국제주의'에 대한 기대가 쇠퇴하고 '제국주의'가 다시금 도래하고 있다는 우려에서 세계화에 대한 기대도 깨어지고 있다. '지구촌(global village)'이 '약탈로 가득 찬 지구(global pillage)'에 다름 아니라는 비판이 나온 지는 이미 오래전이다(Brecher and Costello, 1994). 실상 세계는 곳곳에서는 문화충돌, 민족갈등,

인종분쟁의 상황하에 전쟁, 폭력, 테러가 끊이지 않고 있으며, 빈곤과 기아, 압제에 시달리고 있다.

세계질서를 보더라도 미국 중심의 단극체제는 무너지고 있다. 이러한 견지를 바탕으로 무극(無極) 혹은 비극(非極)의 관점에서, G0 형태로서 세계 무(無)질서의 미래가 운위되기도 한다. 동시에 중국이 부상하고 유럽이 쇠퇴하면서 헤게모니의 변화를 읽을 수 있다. G2의 대열에 중국이 유럽을 대신하여 미국과 어깨를 나란히 하고 있으며, 문명사적으로 아시아가 서구적 근대성에 대한 대안으로까지 언급되고 있기도 하다. 그럼에도 불구하고 오늘의 세계는 국민국가들 사이의 상호 연관과 작용의 정도가 그 어느 때보다 심화되고 있으며, 범지구적 차원에서 좁아지고 있는 것은 부인하기 어렵다. 이러한 세계화의 추세는 한편으로 EU, NAFTA, APEC, MERCOSUR 등과 같은 지역주의 형태의 초(超)국가주의의 대두와 다른 한편으로 구소련, 구유고, 캐나다, 스페인, 멕시코 등에서 인종, 종교, 언어에 입각한 분리주의의 의미를 가진 소(小)민족주의의 등장이라는 통합과 분화의 모순적 동태를 보이고 있다. 이렇듯 세계는 그 구성단위 사이에 상호의존이 늘어나면서 생존경쟁이 심해지는 양면적인 모습을 보인다. 즉, 세계는 통합적일 뿐만 아니라 분열적인 이중적 역학 아래 협력 및 갈등과 타협 및 반목을 나타내고 있다. 국민국가를 중심으로 볼 때 세계화의 와중에서 구심력과 원심력이 동시에 작용하고 있는 셈이다(임현진, 1998: 1).

오래전 냉전체제의 해체와 함께 사회주의권의 붕괴 이후 자본주의는 문자 그대로 지구 위의 5대양 6대륙을 석권하였다. 그리고 국민국가를 바탕으로 경제활동, 주권행위, 사회교섭 및 문화교류가 이루어진 국제화(internationalization) 단계를 넘어 현재 국경선을 가로질러 다국화(multinationalization) 단계와 초국화(transnationalization) 단계를 거쳐 기능적으로 완전 통합하고 있는 세계화(globalization)의 와중에 들어와 있다.[1] 세계화에 관해서는 이해보다 오해가 더 많다. 흔히 세계화를 좋은 것으로 생각하지만 나쁜 면도 있다. 이는 인류에 득이 될 수도 있지만 손실을 가져다줄 수도 있다. 일반적으로 세계화란 자본, 노동, 상품, 서비스 등이 국경을 넘어 교류하는 과정을 의미하며, 국경을 초월하여 경제·정치·사회·문화 관계의 심화를 가져온다(Holm and Sørensen, 1995: 4). 정치적으로 정부들 사이의 협력과 갈등의 혼효, 국제정부 및 비정부조직의 증대; 경제적으로 국제적 무역 및 생산의 확대, 자본이동의 심화; 사회적으로 국제이주 및 관광객 증가와 외국인 노동자의 출현; 문화적으로 지구의식(global consciousness)의 등장과 세계의 압축(compression of world) 등이 그것이다(Robertson, 1993). 이러한 전 지구적 상호의존은 세계 곳곳으로 뻗어 나가는 확장(stretching)과 많은 영향을 주는 심화(deepening)의 성격을 지닌다(Giddens, 1991: 187). 이 와중에서 세계화는 지역, 국가, 지방, 기업, 개인이란 하위체계의 변화를 초래하고 있으며, 그 무엇도 세계화라는 대세로부터 자유로울 수 없다.

세계화란 세계 전체가 국경이라는 벽을 넘어 하나의 단위가 되는 것을 일컫는다. 이 가운데 과거 국가는 물론 그것의 품안에 있던 개인, 기업, 지방이 그 테두리를 벗어나 세계와 직접 맞상대한다. 또한 여러 형태의 민간조직들이 국경을 넘어 국가의 간섭에서 벗어나 활동한다.

1 한국에서 globalization은 보통 '세계화'로 번역된다. 그런데 동양권에서 중국은 globalization을 '전구화(全球化)'로 일본은 '글로발라이제이숀'으로 사용하고 있다. globalization에 들어 있는 '세계가 통째로 하나의 결정체가 된다'는 뜻을 헤아려 보면 중국이나 일본의 용법이 보다 정확하다 볼 수 있다. 본 장에서는 세계화라는 용어를 사용한다. 서구 학자들이 '하나의 지구촌'이라는 의미에서 'globalization'을 선호하는 이유는 세계(world)가 종교적(현세·내세)·문화적(선진·후진)·정치적(제1세계·제2세계·제3세계)으로 나누어져 있다는 함의가 크기 때문이다. 이 맥락에서 영·미권에서는 1960년대 초반부터 global을 동명사화시켜, globalization이란 용어를 일반화해 왔다.

〈그림 6-1〉에서 볼 수 있듯이 세계화는 국제적(international)인 단계를 넘어 다국적(multinational)이고, 초국가적(transnational)인 차원을 거쳐 전 지구적(global)인 단계로 가는 것으로 이해할 수 있다. 그러므로 세계화는 국제화와는 달리 전 지구적 현상으로 지금까지의 생활공간으로 국민국가의 독자성을 침식하게 마련이다. 케네디(Kennedy, 1993)가 적절히 간파한 것처럼 국민국가는 세계와 지방이라는 위 · 아래로부터 권위의 재분배(relocation of authority) 압력을 받고 있는 것이다.

세계화의 역사적 기원에 대해서는 여러 의견이 마주치고 있지만, 일반적으로 역사지향적 사회과학자들은 세계화가 이미 수천 년 전에 시작되었다고 한다(Held et al., 1999: 16). 세계화는 역사적으로 11세기경 중동과 중국에 의해 이끌려 왔으며, 당시 유럽의 역할은 미미했다고 추측된다. 아부-룩호드는 동·서양의 교역관계에서 중동의 위상과 중국의 역할에 관해 언급한 바 있다(Abu-Lughod, 1991). 그러나 유럽은 16세기 자본주의의 출현과 함께 19세기 지리상의 발

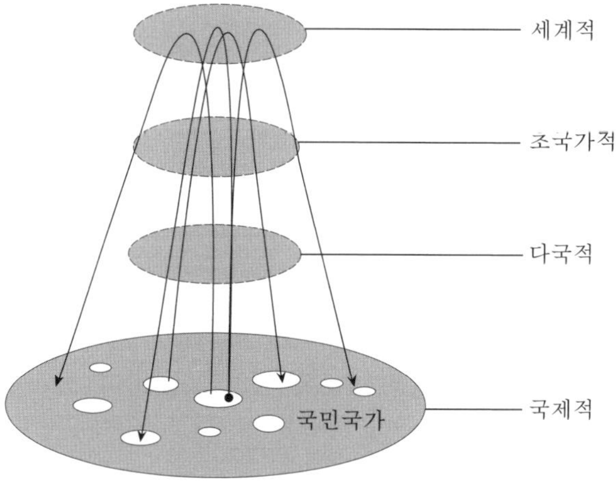

〈그림 6-1〉 세계화의 전개: 국제적 · 다국적 · 초국가적 · 세계적(전 지구적)

출처: 필자 작성.

견을 통해 서세동점(西勢東漸)에서 알 수 있듯이 세계화를 주도하게 되었으며, 2차 세계대전 종료 이후 미국이 유럽을 대신하여 주도권을 행사해 왔다고 볼 수 있다(Wallerstein, 1974; Schäfer and Lim, 2010: xiii-xiv).

물론 세계화는 작금의 현상이 아니다. 통시적으로 볼 때 본격적인 세계화는 15세기 이래 다음과 같이 다섯 단계를 통해 진전되어 왔다.

(1) 태동기: 유럽에서 18세기 중반까지 이루어진 중세체제의 해체와 국가사회의 배태로 특징지어지는 시기다. 태양중심설과 그레고리안 달력이 통용되었으며, 인본주의 사상이 나타난 시기이기도 하다. (2) 시발기: 비서구지역에 대한 유럽의 제국주의적 침탈이 절정에 달한 1870년까지의 시기다. 민족주의와 국제주의 사이의 논쟁이 나타나며, 보다 동질적인 단일 국가관이 자리 잡는다. 초국가적 규제와 통신에 관한 기구가 나타나며 행사도 이루어진다. (3) 도약기: 1920년대 중반에 이르는 시기로 개인, 인류, 국가, 국제사회에 대한 개념이 구체화된다. 올림픽과 노벨상 같은 국제경쟁이 전개되었으며, 세계전쟁이 일어난다. (4) 헤게모니 투쟁기: 신생독립국의 출현에 따라 제3세계가 형성되고 동서갈등과 남북문제가 심각해지는 1960년대 후반기까지의 시기다. UN이 출범하지만 국제분쟁이 격화되며, 특히 미국과 소련 사이의 냉전과 열전이 교차한다. (5) 불확정기: 인권, 환경, 평화에 대한 국제적 관심이 고조되며 미·소 양극체제의 쇠퇴에 따라 세계질서가 다극화한다. 극소 전자기술의 발달에 힘입어 세계적 규모의 통신망이 구성된다. 또한 1990년대 초반에 이르는 이 시기에는 노동운동이 약화되고 신사회운동이 활성화된다(Robertson, 1993: 58-59).

흔히 세계화는 경제적인 것으로 이해된다. 이미 그레이더(Greider, 1997)나 로드릭(Rodrick, 2002)이 지적한 대로 세계화는 자본의 초국가적 흐름을 중심으로 한 세계시장과 자유무역의 확대를 의미한다. 그러므로 세계화는 자본주의를 모태로 기능하면서 산업적 축적에서 금융적 축적의 방향으로 나아가고 있다. 세계화와 관련하여 국민경제가 사라지고 있으며, 국가의 수호자로서 기업의 국적도 사라지게 된다는 주장이 있으며(Reich, 1991), 이와 달리 세계화는 무역, 금융, 거시경제정책에서 국민경제 사이에 상호의존이 증가하는 것에 지나지 않는다는 반론도 있다(Gilpin, 2001). 어쨌든 세계화의 와중에서 국민국가의 정책적 자유도가 약화되고 있는 것은 사실이며, 따라서 어느 나라의 국민이건 복수의 국적을 가질 수 있으며, 나아가 지구시민으로 행세할 수도 있다.

세계화의 동인은 이윤실현을 확대하려는 자본의 논리와 함께 전 지구적 연결망을 가능케 하는 과학기술과 정보통신의 혁신 등을 포함하여 다원적이다. 그중 초국적 기업은 세계화의 주역이라고 볼 수 있다. 구미 자본주의의 장기불황에 대처하기 위해 나타난 포드주의 이후 다품종 소량 생산으로 특징되는 축적체제에서 초국적 기업은, 과학기술과 정보통신의 혁명에 따른 전 세계적 연결망을 토대로 네트워크 전략을 통해 생산과 유통, 소비 과정을 총괄하면서 자본주의의 전 지구적 확산을 가져오고 있다.

세계가 좁아지고 있으며, 어느 지역에서 일어나는 사건이나 현상일지라도 그 시·공간적 독립성을 넘어 다른 지역에 영향을 미친다. 기든스의 시·공간 원격화(time/space distantiation)의 개념에 의하면, 오늘의 세계에서 개인이나 제도는 현재의 장소에 구애받지 않고 공간적으로 멀리 떨어져 '여기 없는(absent)' 상대방과 연결과 소통이 가능하다(Giddens, 1990: 18). 세계화는 '지방적인 것(the local)'과 '세계적인 것(the global)' 사이의 체계적 상호 연결과 소통을 통해 이른바 세계지방화(glocalization)와 지방세계화(locabilization)를 이끌고 있다. 이제 인류는 내가 어디 있는가 하는 절대적 위치에 대해 생각할 필요가 없게 되었다. 하비는 이것을 시·공간 압축(time-space compression)으로 표현한다(Harvey, 1989: 240). 세계의 모든 사건과 현상은 시간과 공간을 초월하여 동시간대 사람들에게 공유될 수 있음을 강조한다.

세계화의 진전에 따라 지구상의 주요 행위자들이 서로 연결되어 있다는 점에서 네트워크 개념에 의해 세계화에 접근할 수 있다. 정보통신의 발달에 따른 공간조정기술의 등장이 공간이라는 물리적 거리의 장벽을 허무는 데 기여하고 있으며, 이는 전 세계에 걸친 인적·물적 자원의 배분을 둘러싼 시간적, 공간적인 제약을 줄어들게 하고 있다. 카스텔(Castells, 1996)은 정보기술혁명에 따른 국민국가 수준에서 네트워크 사회의 도래를 지적한 바 있으며, 그루왈(Grewal, 2008)은 국제적으로 자유로운 선택과 강요된 선택에 의해 지배적 표준이 만들어지는 역학관계를 통해 나타나는 네트워크 권력을 중시한다. 이를 통해 사회문화적 다양성 아래 공통적으로 통용되는 표준이 마련되는 것을 세계화로 이해한다. 그러나 조정적 표준에 의한 네트워크로 세계화에 접근하는 그의 입장은 오늘날의 세계에서 볼 수 있는 위계에 의한 권력의 작용을 경시하고, 분배적 거버넌스의 문제를 주변화시키는 한계를 지니고 있다. 그럼에도 여전히 정치·경제·사회·문화 영역의 상호관계 역학에서 세계화를 살펴볼 수 있는 네트워크의 중요성은 유효하다고 하겠다.

2) 초세계화론·회의론·변형론

세계화에 대해서는 기본적으로 초세계화론, 회의론, 변형론의 세 가지 서로 다른 시각이 존재한다. 초세계화론자들은 세계화를 인류 역사의 새로운 기원으로 보고 세계시장의 논리에 의해 국민국가의 적실성과 권위가 약화되고 있다고 주장한다. 그러나 세계화의 결과에 대해 신자유주의자들은 모든 국가가 세계경제 안에서 한 가지 이상의 비교우위를 가지므로 일부 국가는 손해를 본다 해도 전체적으로는 부의 증진이 이루어질 것으로 본다. 이에 반해 신마르크스주의자들은 자본주의 세계경제는 국가 간 또는 국가 내 불평등을 악화시키는 것으로 파악하며, 초국가적 거버넌스가 중요해지면서 국가의 사회복지와 같은 정책적 능력은 줄어들 것이라고 반박한다. 회의론자들은 세계화를 전혀 새로운 현상이 아니며, 이미 수 세기 동안 이루어져 온 것으로 보고 있다. 세계화의 황금기는 19세기 말에 있었으며, 오히려 현재는 지역주의에서 볼 수 있듯이 세계화보다 블록화가 진행되고 있는 것으로 이해한다. 세계화는 하나의 신화에 불과하며, 소수 선진국과 이에 모태를 둔 초국적 기업이 자본주의 세계경제를 통제함으로써 제3세계는 더욱 주변화될 뿐이다. 글로벌 거버넌스라는 것은 신자유주의적 세계화의 숨겨진 전략에 불과한 것이다. 변형론자들은 초세계화론자들처럼 국가의 권력이 약화되고 있는 것도 아니며 회의론자들과 같이 국가의 권력이 강화되고 있는 것도 아니라는 점에서 국가의 본질이 바뀌고 있다고 보고 있다. 그러나 이들은 새로운 세계질서가 도래하고 있지만 그 미래는 불확실하다는 유연한 견해를 피력하고 있다(Held et al., 1999: 2-10). 이와 같이 세계화를 보는 기본 시각의 비교분석은 〈표 6-1〉에 잘 나타나고 있다.

오늘날 한국은 메가트렌드로서 세계화를 따르고 있다. 이러한 세계화는 지난날 서세동점 시기의 문제의식에 따라 개화와 척사의 대립구조로 파악할 성질의 일이 아니다. 물론 신토불이(身土不二)의 정신으로 세계화를 거부하거나 아니면 코스모폴리탄주의(cosmopolitanism)의 기치 아래 세계화를 고취하는 것은 그 나름대로의 타당성을 갖는다. 여기서 유념해야 할 사실은 세계화가 역설적이게도 한편으로는 민족주의의 팽창, 다른 한편으로는 국제주의의 형성이라는 두 가지 상충적인 역학에 의해 진전되어 왔다는 역사의 경험이다(임현진, 1998: 5). 바꾸어 말하면 세계화의 추세 속에는 국가라는 틀에 기반을 둔 인종,

〈표 6-1〉 세계화를 보는 세 가지 시각

	초세계화론	회의론	변형론
새로운 것	지구적 시대	무역 블록, 이전보다 약화된 지역 거버넌스	역사적으로 전례 없는 수준의 상호연관성
지배적 특징	지구적 자본주의, 지구적 거버넌스, 지구시민사회	보다 약화된 상호의존적 세계	외연적, 내포적으로 강화된 세계화
정부의 권한	쇠퇴 혹은 침식	재강화 혹은 증가	재구성 혹은 재구조화
세계화의 추동력	자본주의와 기술	국가와 시장	근대성의 결합력
위계화의 패턴	구(舊) 위계의 침식	남반구 주변화의 증대	새로운 세계질서의 구축
주요 동기	다국적 이해	국가적 이해	정치공동체의 변형
세계화의 개념화	인간행동구조의 재구성	국제화와 지역화	지역 간 관계와 행위의 재구성
역사적 경로	지구적 문명화	지역의 블록화, 문명의 충돌	불확정적: 지구적 통합과 파편화
주요한 주장	국민국가의 종말	국가의 승인과 지원에 의존하는 국제화	국가권력과 세계정치를 변형시키는 세계화

출처: Held et al.(1999: 10)에서 인용.

종교, 문화, 이념의 차이에 따른 갈등과 통합이라는 이율배반적인 양상이 자리 잡고 있는 것이다. 세계화는 최첨단을 상징하는 렉서스와 전통을 중시하는 올리브나무 사이의 갈등 아래, 맥도날드와 지하드 사이의 첨예한 대립을 보여 주고 있는 것이다.

따라서 세계화를 국가발전을 위한 하나의 수단일 뿐 그 자체가 목적이 아니라는 점을 냉철히 인식해야 한다. 국제무대에 참여하지 않고서는 번영은커녕 생존조차 할 수 없는 것이 작금 세계사의 거역할 수 없는 조류이기 때문이다. 예를 들어 오늘날 개방, 개혁을 적극 추진한 중국의 발전과 그렇지 않은 북한의 저발전은 과거 외부로부터의 도전에 대한 내부 응전이 가진 차이를 극명하게 보여 주는 것이다. 1890년대 개항, 1910년 식민지화, 1945년 해방, 1997년 외환위기 등 당시의 역사적 과오를 되풀이하지 않기 위해서는 우리도 현재 이루어지고 있는 세계화라는 거대한 지구인류적 변환에 대한 선제와 전향적인 대처가 필요하다.

2. 신자유주의 패러다임

1) 자본주의 전개과정

신자유주의의 기원을 정확히 이해하기 위해서는 그 모태로서 자본주의의 전개과정에 대해 알아볼 필요가 있다. 자본주의는 불균등·복합적 발전이라는 특징을 가진다. 자본주의의 불균등 발전은 국가 간 국제체제뿐만 아니라 한 국가 안에서도 지역, 계층, 산업 간 불균등 발전으로 나타난다. 지금까지 자본주의의 불균등 발전의 원인을 해명하고 이를 극복하기 위한 여러 가지 시도가 있어 왔는데, 자본주의의 불균등 발전에 대한 고전적인 논의는 제국주의론에서 찾아볼 수 있다.[2] 제국주의론은 자본주의의 불균등 발전의 원인을 지배와 종속의 문제로 진단하고 있으며, 제국주의 국가들의 식민지 개척과 경영 등의 팽창주의적 본질에 대한 비판의 무기로 제국주의론을 발전시켜 왔다. 레닌(Lenin,

2 물론 이전의 맑스주의 정치경제학이나 여타 발전이론에 대한 논의도 있으나, 본격적인 의미에서 지배와 종속의 문제를 제기하고, 이를 자본주의 발전의 구조적 특성으로부터 도출한 것은 제국주의론이라고 할 수 있다. 그러나 갈퉁(Galtung, 1971)은 제국주의가 자본주의 발생 이전부터 나타난 현상으로 그 기원이 로마제국에까지 거슬러 올라갈 수 있다는 정치학적 견해를 밝힌 바 있다.

1988)에 이르러 제국주의론은 혁명의 대상으로서 제국주의와 그에 따른 사회주의 혁명과 제3세계 민족해방 혁명에 자양분을 공급하는 혁명이론으로 자리매김하게 되었다.

제국주의의 논의는 홉슨에서부터 시작되었다고 할 수 있다(Hobson, 1902). 홉슨의 영국 자본주의 분석은 힐퍼딩(Hilferding)의 금융자본의 팽창주의적 정책에 대한 설명을 거쳐 레닌에 이르렀으며, 그리고 이에 이르러 마침내 제국주의는 자본주의 최후의 단계로 규정 정식화되었다. 당시의 상황은 영국 자본주의를 비롯한 서구 열강의 내부 모순과 갈등, 그리고 이에 따른 해외 식민지 개척이 절정에 이르는 시기였으며, 또한 그들 간의 갈등이 내재하던 시기였으며, 이 시기 레닌의 의해 정의된 제국주의는 사회주의 운동의 기본적인 반(反)자본주의 투쟁의 지침이었으며, 이후 수많은 좌파 발전이론에 기본적인 동력을 제공하였다. 그러나 레닌이 예상한 자본주의 최후의 단계로서 제국주의는 혁명의 시대를 거치며 소멸의 길을 걷기보다는 새로운 제국주의 혹은 후기 자본주의나 수정자본주의로의 탈바꿈을 통해 위기를 극복해왔다. 1930년대 공황기를 거치면서, 그리고 두 차례의 세계대전을 경험하면서 자본주의는 새로운 모습으로 자체 변신을 통해 위기에서 탈출해 왔던 것이다. 후기 자본주의는 대공황의 위기를 멋지게 구원한 케인스의 적절한 국가개입을 통한 통화 및 소비의 확장을 통해 성공할 수 있었다. 사회주의가 추구하던 국가에 의한 복지의 강화도 자본주의가 시장의 무한경쟁을 극복하는 데 도움이 되었다.

탈제국주의 시기에 들어와 자본주의 아래 지배와 종속의 관계는 변화를 가졌다. 즉, 직접적인 식민지 종속으로부터 새로운 형태의 간접적 종속으로 이행하면서 주변부에 대한 간접적인 지배를 통해 전 지구적 차원에서의 불균등 발전을 이어갔다. 2차 세계대전 종료 이후 냉전체제 아래 미국과 구소련은 독립한 신생 저개발 국가들을 각기 자신의 우방으로 끌어들이기 위해 경쟁적인 지원을 아끼지 않았다. 당시 미국을 비롯한 서방 세계의 발전이론의 주류는 근대화론이었다. 서구의 근대화 경험에 입각하여 '전통'과 '근대'의 이분법적 구분을 바탕으로 탈(脫)전통을 통해 근대로 나아가는 접근방식이었다. 구소련과 동구 국가들은 반자본주의적 입장에서 국가계획에 따른 발전을 추구했으나 생산력의 증대를 통해 서방진영을 따라잡으려 근대화론과 타협하게 되었다.

이러한 근대화론에 따른 발전과정에서는 제3세계 국가들의 신식민지적 종속의 결과를 낳기도 하였다. 구미 자본주의 국가들의 중심부 전략에 따라 개발도상국들에서는 발전이 아닌 저(低)발전이 나타났다. 저발전의 문제는 곧 종속이론의 중요한 주제가 되었다. 종속이론은 선진 자본주의 국가의 발전과 후진 자본주의 국가의 저발전이 마치 동전의 양면과 같이 밀접히 연관되어 있다는 중심과 주변 관계로부터 출발한다. 종속이론은 구미 중심부 국가와의 단절을 통한 발전을 암묵적으로 가정하고 있다. 프랑크(Frank)의 '불균등 발전', 도스 산토스(Dos Santos)의 '신종속론', 엠마누엘(Emmanuel)의 '부등가교환론', 아민(Amin)의 '주변부 자본주의론', 테일러(Taylor)의 '생산양식 접합론', 월러스타인(Wallerstein)의 '세계체제론' 등이 대표적인 보기다.[3] 종속이론은 제3세계의 발전이 중심부에 대한 종속관계로 인해 잘못된 저발전으로 귀결될 수밖에 없다고 주장한다. 특히 세계체제론은 세계를 하나의 자본주의 세계경제로 상정하고, 그 위계를 중심부, 반(半)주변부, 주변부로 구분한다(Wallerstein, 1974). 결국 자본주의의 전 지구적 확산이 가져온 불균등 발전의 결과로서 중심과 반주변과 주변 사이의 구조적 위

3 관련 논의는 Frank(1967; 1970), Dos Santos(1970), Emmanuel(1972), Amin(1986), Taylor(1979), Wallerstein(1974), 임현진(1987)의 글을 참조할 수 있다.

치가 결정되는 것이다.

그러나 초기의 종속이론이 단절적 발전전략을 추진하면서 비(非)자본주의의 길을 강조하는 데 반해 후기의 종속이론은 새로운 이론적 지향을 추구하였다. 여기에는 아시아 신흥공업국(NICs)의 등장이 중요한 영향력을 미쳤으며, 이들의 등장은 종속이론에 대한 재조명으로 이어졌다.[4] 에반스와 카르도소로 대표되는 후기 종속이론가들은 초기 종속이론의 영구적인 저발전 테제를 부인하고, 종속하에서도 발전이 가능하다는 '연관종속적 발전론(associated-dependent development)' 혹은 '종속적 발전'의 가능성을 지적하고 있다(Cardoso, 1973, 1993; Evans, 1975-1976, 1979; Cardodo and Faletto, 1979). 이러한 후기 종속이론은 초기 종속이론이 주장했던 '단절전략'을 통한 발전보다는 선택적 '연합전략'을 강조하고, 사회주의적 발전노선 이상을 전망한다는 점에서 서로 다르다(Amin, 1986; 1987).

현존 세계화는 사회주의 붕괴 이후 전 자본주의적 맥락에서 새로운 변화를 가져오고 있다. 과거 산업사회의 상품과 자본의 흐름에 따랐던 종속이 정보사회로의 진입에 의해 정보와 지식의 생산, 유통, 소비라는 흐름에 따라 이루어지고 있기 때문이다(Castells, 1993). 새로운 지식정보산업의 출현으로 인해 중심부 자본과 생산기지의 재배치를 통한 새로운 국제분업 속에서 생산, 유통, 소비의 과정이 이루어지고 있다. 세계가 하나의 공장이 되면서 지난날과 같은 산업 간 분업이 아닌 산업 내 분업이 위계적 생산, 유통, 소비의 과정을 강화하고 있다. 발전국가론의 측면에서 국가중심의 발전전략은 신자유주의 세계화의 확

4 일본을 출발로 한국, 대만, 홍콩, 싱가포르 등의 발전경험을 기초로 하여 등장한 발전국가론(developmental state)은 시장보다 정부, 특히 제도와 문화의 중요성을 아시아적 맥락에서 접근하고 있다.

산으로 더는 쉽지 않게 되었다. 신자유주의가 요구하는 시장의 확대와 국가의 축소는 발전국가론이 근거했던 신중상주의적 전략의 후퇴 내지는 폐지를 요구하고 있는 것이다. 이는 '단절발전'이나 '연합발전'의 전략이 이제는 유효하지 않다는 것을 의미한다.[5]

2) 배태된 자유주의로부터 신자유주의로

세계화는 유럽 문명의 발흥을 통한 자본주의 전개과정에서 자리를 잡게 된다(Waters, 1995). 폴라니(Polanyi, 1944)는 유럽에서 발생한 자본주의의 전 지구적 확장을 통해 시장이라는 경제제도가 정치와 사회에 미친 영향을 예리하게 설명하고 있다. 그에 의하면 유럽은 1815년 빈회의부터 1914년 1차 세계대전 발발에 이르기까지 100년간의 평화를 구가한다. 이렇듯 역사상 유례없는 평화는 안으로 산업화와 자유주의의 바탕 아래 바깥으로는 식민지 개척을 통해 세계를 지배할 수 있었기에 가능하였다. 자본주의적 근대체제는 네 가지 제도적 기반에 의지하였다. 첫째, 100년 동안의 열강들 사이의 조화를 이끌어 온 세력균형체제,[6] 둘째, 영국과 유럽 중심의 세계경제를 황금의 망으로 엮어 낸 국제금본위

5 아민은 단절전략을 주장하고 카르도소는 연합전략을 강조하는 데 비해 젱하스는 선택적 연합발전전략을 주장하며, '자기중심적 발전'을 강조한다(Senghaas, 1990).

6 폴라니는 세력균형체제의 뒤를 받쳐 준 큰손 금융(haute finance)이라는 거대한 금융조직이 독자적인 연결망을 통해 전쟁이 아닌 평화를 가져오는 역할을 했다고 지적한다(Polanyi, 1944). 예를 들어 당시 로스차일드 가문은 일종의 글로벌 금융 네트워크로서 금융활동에 종사하면서 국가들 사이의 분쟁을 조정하고 막후 교섭의 역할을 담당하였다. 이들은 돈벌이의 사적 이익에 매달려 도덕적 문제에는 무감각하였다. 이는 오늘의 국제투자 혹은 투기자본의 비도덕적 행태에 대한 설명을 이끌어 낼 수 있다.

제, 셋째, 전대미문의 물질적 풍요를 가져다준 자기조정적 시장, 넷째, 시장경제를 원활하게 움직여 주고 국제평화를 지탱해 준 자유주의 국가 체제가 그것이다. 이 중 국제금본위제와 자기조정적 시장은 경제제도이고, 세력균형체제와 자유주의 국가 체제는 정치제도였다. 그리고 자기조정적 시장과 자유주의 국가는 국가내부적 제도였고, 세력균형체제와 국제금본위제는 국가외부적 제도였다.

19세기 유럽 자본주의의 원천은 자기조정적 시장이었다. 자기조정적 시장이 국제적으로 확장된 것이 국제금본위제였다면, 이를 받쳐주는 세력균형체제는 국제금본위제에 기반을 둔 정치적 상부구조로 기능하였다. 자기조정적 시장은 자유주의 국가의 산물이지만, 이를 보호막으로 하여 국제적으로 국제금본위제를 수립하였고 그 결과로 세력균형체제가 작동할 수 있었던 것이다. 그러나 폴라니는 자기조정적 시장은 유토피아에 불과했다고 지적한다. 왜냐하면 시장은 절제되지 않은 이윤 추구 경향으로 공황을 낳을 수 있으며, 잘못하면 이러한 시장의 횡포가 사회 전체를 붕괴시킬 수 있기 때문이다(Polanyi, 1944).[7]

일반적으로 시장은 교환의 장소이자 이윤을 창출하는 곳이다. 이러한 시장은 본래 외부의 간섭 없이 오직 내부의 시장가격에 의해 지배되는 자기조정적 성격을 가진다. 역사적으로 인류는 시장경제 아래 사회를 규정하는 자본주의와 계획경제 아래 시장을 통제하는 사회주의의 두 가지 유형 체제를 경험해 왔다. 이러한 자본주의와 사회주의 체제 사이의 본질적 차이에도 불구하고 시장은 일종의 강력한 사회통제의 속성을 갖는다. 특히 자기조정적 시장은 다른 모든 정치나 사

7 시장의 자기조정기능이 무너지면서 국제 정치경제체제가 무너졌다. 2차 세계대전이 좋은 보기다. 이에 대한 반작용으로서 유럽의 파시즘, 러시아의 사회주의, 미국의 뉴딜 등 새로운 정치경제제도가 도입된다.

회 제도를 자체의 필요에 맞게 변형하는 경향이 있다. 자기조정적 시장이 작동하는 곳에서 경제체제는 정치제도나 사회관계 안에 존재하는 것이 아니라 오히려 정치제도나 사회관계를 경제체제 안에 위치시킨다. 시장이 정부를 제약하는 것을 넘어 사회를 파괴시킬 수 있는 것이다. 폴라니는 이러한 시장의 본연적 확대를 막고, 그로 인한 파괴적 결과로부터 인간을 보호하기 위해 사회를 방어하려는 운동이 입법을 통해 나타날 수밖에 없다고 주장한다(Polanyi, 1944). 이는 '이중운동(double movement)'을 말하며, 세계화가 자기조정적 시장의 전 지구적 확산이라면 반세계화운동은 그에 대한 대응이라고 할 수 있다.[8]

세계화의 흐름은 크게 보아 인류역사상 세 번 있었다고 볼 수 있다. 허스트와 그래햄에 의하면 세계경제 안의 상호의존, 금융과 재정의 통합, 국민경제의 개방도라는 측면에서 볼 때 세계화는 이미 1900년대 초반에 광범하게 이루어졌다고 한다(Hirst and Thompson, 1992). 〈그림 6-2〉가 보여 주듯이 제1차 세계화는 1870년부터 1914년까지의 흐름이고, 제2차 세계화는 1950년부터 1980년까지이며, 제3차 세계화는 1980년부터 현재에 이르고 있다. 제1차 세계화는 자유주의가 중상주의를 대체함으로써 국가들 사이의 무역장벽이 점차 줄어들게 됨에 따라 이루어졌다. 그 당시 증기 기차와 선박의 등장은 교통 비용을 획기적으로 줄여 줌으로써 상품과 자본의 국제간 이동의 폭을 넓혀 주는 배경이 되었다. 서부 유럽 국가들은 고전적 자유무역에 기반을 둔 비교우위를 통해 국가발전을 추구하였다. 제1차 세계화는 1차 세계대전의 발발로 인해 1914년 중단되고 말았다.

고전적 자유무역의 이상은 1차 세계대전 종료 이후에는 살아남지

8 이중운동은 영국의 스핀함랜드법(Speenhamland Act)처럼 빈민들에 대한 최소 소득보장과 같은 보호입법으로 나타났다.

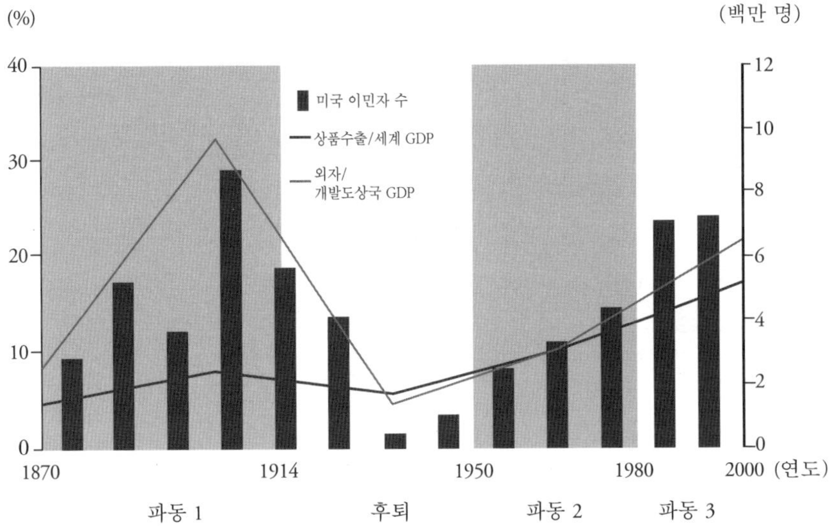

〈그림 6-2〉 세계화 물결

출처: World Bank(2002: 23).

못하였다. 독과점적 대기업의 등장과 함께 노동조합과 농민단체의 세력화는 자국의 상품보호와 임금유지를 위해 자유무역을 보호무역으로 대체하였다. 2차 세계대전 이후 나타난 무역 및 관세에 관한 일반협정(General Agreement on Trade and Tariff: GATT)과 국제통화기금(International Monetary Fund: IMF)으로 특징지어지는 브레턴우즈 체제에서는 이른바 러기(Ruggie, 1982)가 지적하는 '배태된 자유주의(embedded liberalism)'라는 정부의 개입 아래 상품과 자본의 이동을 일정한 정도 허용하는 범위에서 자유무역이 다시금 복원되었다. 1930년대의 대공황을 방지하기 위해서는 노·사 간 사회적 타협을 통한 경제성장과 함께 완전고용이 필요하였다. 따라서 자유무역은 1950년대 이후 허용되었으나 정부가 계급타협에 의해 노동자를 보호하는 케인스적 복지체제에 기반을 두어 산업정책에 개입한다는 점에서 국가 배태적인 의미가 있다고 볼 수 있다. 이는 제2차 세계화가 이루어질 수 있는 배경이 되었다(Harvey, 2005: 10).

그러나 배태된 자유주의도 1970년대 중반부터 개방과 경쟁을 강조하는 신자유주의의 물결에 따라 붕괴되기 시작했으며, 미국의 달러와 미국이 보유하는 금의 가치를 연계하는 금태환본위제가 미국 경제력의 쇠퇴에 따라 약화됨으로써 급기야 고정환율제가 무너지게 되었다. 유럽과 일본의 도전과 개발도상국들의 반발하에 미국 중심의 브레턴우즈 체제는 무너졌으며, 이에 GATT는 WTO로 개편되고 IMF는 금태환본위제 대신 달러를 기축통화로 하는 변동환율제를 채택하게 되었다. 결국 2차 세계대전 이후 금융질서를 이끌어 온 고정환율제가 붕괴되었고, 그 후 자본의 국제적 이동이 가속화됨으로써 세계경제의 금융화가 1980년 전후부터 급격하게 이루어졌다. 미국의 레이건과 영국의 대처 등 신보수주의 정부의 등장은 정부 역할의 축소와 시장 기제의 확대를 가져오는 신자유주의 정착으로 이어졌다. 특히 1989년 베를린장벽의 붕괴 이후 공산권의 해체는 정부개입 대신 자유시장을 중시하는 신자유주의를 확내하는 전기가 되었다.[9] 전일화된 자본주의 아래 제3차 세계화가 시작되었던 것이다.

자본, 노동, 상품, 서비스는 세계화된 자본주의에서 자유롭게 움직이며, 생산 · 유통 · 판매 과정에서 지구적 연결망에 의한 인수합병이나 전략적 제휴에 의한 유연적 축적이 이루어진다. 유연적 축적은 생산이 지구적 연결망에 의해 국가의 경계를 넘어 이루어지는 이른바 '세

9 원래 자유주의도 엘리트적인 것과 공동체적인 것으로 구분이 가능하다. 전자가 자유방임을 중시한다면, 후자는 사회적 자유주의에 바탕을 두었다. 이 점에서 사회-자유주의적 계급연합(social-liberal coalition)에 의해 복지국가의 출현이 가능했다고 볼 수 있다(Richardson, 2001).

계공장(world factory)'을 등장시켜 과거의 상품간 교역(inter-product trade)이 상품내 교역(intra-product trade)으로 전환되면서 지구적 수준에서 경쟁이 가열되고, 세계무역은 약탈적 내지 적대적이 된다(Drucker, 1989; Hoogvelt, 1997). 종래의 생산요소에 따른 비교우위의 성격이 바뀌고 있는 것이다.

여기서 눈여겨봐야 할 것이 바로 금융의 전 지구적 심화(global financial deepening)다. 금융거래가 실물거래를 압도하는 자본의 국제화가 진행되면서 연금기금, 뮤추얼펀드, 헤지펀드 형태의 투자 내지 투기자본이 자본주의의 성격을 바꿔 놓고 있는 것이다. 금융자본에 의한 산업자본의 대체는 금융거래의 놀라운 증가에 의해 예증된다. 2000년대 초반을 기준으로 1년간 전 세계 수출입 거래량은 대략 4조 달러에 달한다. 반면 하루 국제금융시장 거래량은 3조 달러 이상으로 금융거래 규모가 실물거래에 비해 약 250배 이상 큰 것을 알 수 있다. '종이 기업가 정신'이 자본주의를 이끄는 카지노화가 나타나고 있다.[10] 자본의 유동성 증가는 채권국이 동시에 채무국이 되는 교차 침투 또한 낳고 있다.[11] 이제 기업이나 국가의 정확한 자산과 부채를 따지기에는 돈을 빌려 주고 빌리는 행위가 너무나 복잡하게 얽혀 있다. 이 와중에 선진국과 후진국을 불문하고 어느 나라든 세계금융시장에 깊숙이 통합됨으로써 한 나라의 외환·재정·외채 위기가 다른 나라로 쉽게 전이될 뿐

10 카지노 자본주의에 대해서는 스트레인지(Strange, 1986)의 글을 참조할 수 있다.

11 금융위기 빈도와 강도가 커지고 있는 배경과 관련하여 아이켄그린과 보르도(Eichengreen and Bordo, 2002)는 금융의 세계화로 인해 1945~1971년에 세계 여러 국가에서 금융위기가 38회 있었고, 이 중 7회는 금융위기와 통화위기가 합쳐진 쌍둥이 위기였다고 지적한다. 1973~1997년에는 금융위기가 139회 있었고, 이 중 27회가 쌍둥이 위기였다. 금융위기 중 선진국에서의 44회 중 쌍둥이 위기는 6회 일어났고, 개발도상국에서의 95회 위기 가운데 쌍둥이 위기는 21회 발생하였다.

만 아니라 국제화되는 감염상태에 놓여 있게 되는 것이다. 세계금융시장의 주도권은 국제 공공조직에서 사(私)기금이나 사(私)기관으로 넘어가고 있다.[12]

3) 구조조정 프로그램

신자유주의는 한 나라의 발전을 보는 데 정부의 역할보다 시장의 기능을 중시함으로써 시장중심적 이데올로기를 지니고 있다. "국가를 개방하고 시장에 의존하라. 그러면 천년왕국이 도래할 것이다." 오래전부터 선진국과 후진국을 불문하고 신자유주의가 선호되고 있는 것도 생산과 투자를 국가개입이 아니라 시장 기제에 맡기려는 시도에서 나온 것이다. 윌리엄슨(Williamson)의 주도로 미국 행정부와 국제통화기금 및 세계은행이 모여 있는 워싱턴에서 정책결정자들이 이 같은 합의를 이루었다는 의미에서 '워싱턴 컨센서스(Washington Consensus)'로 명명되기도 하였다.

신자유주의는 1990년대 미국이 중·남미 국가들에 제시했던 미국식 경제체제의 대외 확산 전략이다. 자율적인 시장경제체제를 바탕으로 한 무역 및 자본의 자유화, 탈규제를 통한 무한경쟁과 정부의 긴축재성, 사회 인프라에 대한 공공지출 삭감, 정부개입 축소와 시장자율금리, 국가 기간산업의 민영화, 재산권 보호 등을 골자로 한다. 이 용어는 국제통화기금·세계은행·미국 재무부 등 워싱턴의 3대 기관이 받드

12 2007년 10월 4일 자 『파이낸셜 타임스』 기사를 보면 2006년 기준 헤지펀드의 규모는 1.4조 달러, 사모펀드의 규모는 0.8조 달러로 추정되는 반면, 아시아 중앙은행이 보유한 외화 규모는 3.1조 달러에 이르고 있다. 즉, 사모펀드와 헤지펀드를 합한 규모가 아시아 중앙은행이 보유한 외화 규모의 약 60~70%에 달한다.

는 이데올로기가 되었다. 또한 개발도상국의 경제정책으로 강요되었을 뿐만 아니라 선진국에서도 경제정책의 기준이 되었으며, 신자유주의 정책의 대명사로 자리매김하였다.

제3세계 국가들이 IMF의 권고를 수용하지 않을 때 미국 정부가 나서 집권세력의 부패와 비리를 폭로함으로써 구조조정을 따르게 한다는 문제가 나타나기도 하였다. 즉, 구조조정이라는 미명하에 영·미식 주주자본주의의 자유시장 경제체제를 강요한다는 점에서 국제금융자본의 음모라는 비판을 받기도 하였다. 하비에 따르면 신자유주의는 국가로 하여금 노조를 배제하면서 개인의 자유를 기치로 하는 노동시장의 유연성을 중시한다(Harvey, 2005). 또한 복지를 철회하고 개인적 책임을 강조함으로써 결국 사회적 안전망을 최소수준으로 축소시킨다.

그러나 국가가 왜곡된 자원배분을 시정하는 데 주저할 때 그 결과는 과도한 경쟁원리에 의한 분배구조의 공정성과 형평성의 악화로 나타난다. 최근 세계화에 따른 국가들 사이나 국가 내부의 사회경제적 양극화 문제도 신자유주의의 모순에 기인하고 있다. 이에 자본주의의 보호막으로서 민주주의가 참여와 평등보다 경쟁과 축적의 이념으로 변색하고 있는 역사의 아이러니를 볼 수 있다. 지구시대의 민주주의는 다원주의와 시장경제의 의미로 협애화되고 있다. 후쿠야마(Fukuyama)가 말한 역사의 종언도 시장권위주의의 속살을 드러내지 않은 자유민주주의의 허상에 바탕을 둔 잘못된 수사일 수 있다. 결국 권력과 지식의 지구적 결합으로서 신자유주의가 오늘의 세계화 기조를 형성하고 있는 것이다. 따라서 이러한 신자유주의 세계화는 서구적 의미의 제2근대화를 위해 정보지식사회에 기반을 둔 과학기술적 해결책이라는 비판이 나오는 배경이라고 할 수 있다.

라틴아메리카와 아프리카 국가들이 외채위기를 해결하기 위해 1980년대에 광범하게 추진했던 구조조정은 사실상 새로운 자금공여를 대가로[13] IMF가 제시한 대로 지구화된 세계금융체제의 규범과 기준을 받아들인 것이었다. 이는 개방과 경쟁을 원리로 한 자유화, 민영화, 탈규제를 중시하는 구조조정의 방향에서 파악할 수 있다. IMF의 이행각서(conditionality)에 의하면 대체로 구조조정의 과정에서는 초국적 기업이나 은행 혹은 기관 등의 입김이 강화되고, 그 결과 개별 국민국가의 정책은 세계경제의 논리에 따라 움직이게 된다. 이는 국가를 이용한 IMF의 개입이 끝내는 국가의 정책적 기능의 약화로 이어지는 역설이라 할 수 있다. 구조조정의 과정에서 국가는 초기에는 상당한 정도의 개입주의 성향을 보이지만, 후기로 가면 그 기능적 역할을 잠식당하게 마련인 것이다.[14] 세계화의 주요 요소로서 구조조정은 지난날의 국가중심적인 발전주의를 해체시키는 경향이 있다.

흥미로운 사실은 지금까지 IMF식 구조조정을 한 세계 100여 개 나라 중 실패한 사례가 성공한 사례보다 많다는 점이며, 다소 극단적이지만 실제로 개발도상국들 중에는 성공한 나라가 거의 없다고 하는 것이 정확한 평가일 수 있다. 그나마 아프리카보다는 라틴아메리카가 낫고, 아시아가 라틴아메리카보다 형편이 좋다고 할 수 있다. 이 지역의

13 제1단계(1982~1984)는 긴급금융과 협조융자를 통해 유동성 위기를 일시적으로 해소함; 베이커 플랜(Baker Plan)의 제2단계(1985~1988)는 장기적으로 외환부족을 해결하기 위해 정책개혁을 시도함; 브래디 플랜(Brady Plan)으로 알려진 제3단계(1989~)는 부채삭감을 위해 보다 광범한 구조조정을 적용하는 것 등으로 진행되어 왔다.

14 세계화의 과정에서 국민국가는 사라지지 않지만, 종래의 영토적 국가는 기능적 국가로 바뀐다고 전망할 수 있다. 국민국가의 미래에 관해서는 쇠퇴론과 존속론을 참조하되, 전자의 보기에는 더닝(Dunning, 1993) 및 바넷과 카바나(Barnet and Cavanagh, 1994), 후자의 보기에는 허스트와 톰슨(Hirst and Thomson, 1999), 에반스(Evans, 1997)가 포함된다. 그러나 필자는 세계화의 불균등 축적 모순을 극복하려면 오히려 국가의 적극적 역할이 필요하다는 입장에 서 있으며, 이것이 바로 지구시대 국민국가의 미묘한 위상이다.

나라들은 신흥시장으로서 무역과 투자를 개방했으나 그 결과는 자본 축적의 탈국가화(denationalization)로 귀결되었다. 세계은행과 IMF의 전문가들이 조사한 바에 의해서도 구조조정 프로그램이 잘 작동했다는 증거는 많지 않다.

우리는 다음과 같은 평가에 귀를 기울일 필요가 있다.

> "애초 긴급응급수술로 계획되었던 구조조정은 환자들의 특수 여건과 무관하게 반복적인 치료만을 하고 있다. 일단 IMF-세계은행 병원에 입원하면 평생 환자가 되어 버린다. 지난 세월 국제기구에 의한 일련의 정책을 검증하기에 충분한 시간이다. 구조조정은 실패한 것이라는 데 의심의 여지가 없다."(Dasgupta, 1998: 136)

결과적으로 구조조정은 약 주고 병 주는 것이다. 극단적인 관점일지는 모르겠지만 IMF는 소방수가 아니라 오히려 방화범이라는 역설도 눈여겨볼 필요가 있다(Payer, 1991). 왜냐하면 IMF의 구제정책은 부채국보다 주로 선진국 그것도 채권자인 민간금융기관의 이해를 대변하고 있기 때문이다. 구조조정은 부채탕감을 구실로 채무국을 더욱 외자 의존적으로 만들어 왔으며, 따라서 채무국은 선진국에 의해 국내시장을 열어 줌으로써 합법적으로 재산을 갈취당하고 있다는 경고에 주의를 기울여야 하는 것이다(Hahnel, 1999).

제7장 세계화와 반세계화

1. 복합위기의 시대

오늘날 우리는 세계화의 격랑 아래 복합위기의 시대에 살고 있다. 경제위기, 자원위기, 환경위기가 그것이다. 이러한 복합위기하에서 실업과 빈곤으로부터의 안전, 자연재해와 환경파괴로부터의 안전, 식량부족과 에너지 고갈로부터의 안전에 대한 욕구는 더욱 커지고 있다. 이 세 가지 위기는 서로 밀접히 연관되어 있으며, 때로는 상호작용을 일으켜 위험의 정도를 늘려 주고 있다. 실상 전 세계, 아시아, 한국 사회는 이 '세 가지 복합위기(trilemma)'로부터 헤어나지 못하고 있다.

첫째, 전 지구적 차원에서 진행되고 있는 경제위기는 미국, 유럽 등 선진국은 물론 아시아, 아프리카, 라틴아메리카의 개발도상국을 위협하고 있다. 먹고 살기 위해 일자리를 구하려 국경을 넘는 이주민이 늘어나고 있으며, 이들은 경제난민이라는 인권 차원뿐만 아니라 외국인 노동자로서 본인과 그 가족이 겪는 차별과 빈곤의 문제에서 경제위기의 최전선에 위치해 있다. 나라마다 사정은 다르지만, 고용 없는 성장으로 실업과 빈곤은 더 늘어나고 있으며, 도시와 농촌, 대기업과 중소기업, 정규직과 비정규직 간의 양극화가 심화되고 있다. 이른바 '20

대 80'의 사회가 두 개의 국민을 만들 수 있다는 불안감을 주고 있다.

둘째, 자연자원의 위기가 빠른 속도로 밀려오고 있다. 가뭄으로 인해 북미, 남미, 아프리카, 동남아 지역이 식량생산에 어려움을 겪고 있으며, 거대 곡물기업의 등장으로 식량과점이 일어나고 있다. 이로 인해 식량가격이 폭등하고 있으며, 일부 나라에 있어 식량주권 위기가 나타나고 있다. 또한 지나친 화석연료 의존도와 일상화된 에너지 낭비로 에너지 고갈이 심해지고 있다. 설상가상으로 신자유주의 세계화는 식량, 에너지, 물과 같은 공공재를 민영화 방식으로 해결하려 하므로 자원위기는 계층, 지역, 인종 등에 따라 차별적으로 나타나고 있다.

셋째, 환경위기는 기후변화에 따른 지구온난화에서 알 수 있듯이 심각성이 높아지고 있다. 하지만 이를 해결하기 위한 정책공조와 실천행동이 제대로 따라가지 못하고 있다. 이산화탄소 증가로 야기된 기후변화와 함께 골프장 건설 및 난개발로 삼림이 사라지고, 무분별한 해안 및 연안 개발로 갯벌과 습지도 사라지고 있으며, 해양오염도 심해지고 있다. 지역주민의 필요와 이해와는 무관하게 진행되고 있는 도로건설, 개발주의의 신화 아래 추진되고 있는 간척사업과 하천의 정비는 아름다운 자연자원은 물론 소중한 생물다양성까지 파괴하고 있다.

이러한 경제, 자원, 환경의 복합위기는 비단 생태계에 대한 위협을 넘어 사회경제적으로 낙후한 지역에 차별적으로 집중됨으로써 인류의 생존이라는 차원에서 시사하는 바가 적지 않다. 오늘의 복합위기 시대를 맞이하여 우리는 당면한 현실에 대한 정확하고 면밀한 진단과 이를 극복할 수 있는 실행가능한 처방을 내놓아야 하는 중차대한 과제를 안고 있다. 오늘의 복합위기는 과거 민주화 요구처럼 사안이 더는 단순하지 않으며 빈곤, 실업, 자원, 식량, 환경, 복지, 고용, 문화, 지역, 평화, 인종, 약자 등 여러 가지 차원에서 서로 얽혀 있다는 특징을 가진다. 특히 이주노동자와 국제결혼, 그리고 다문화의 문제는 한국이라는 하나의 국가를 넘어 초국적 차원에서 서로 맞물려 있다. 따라서 이에 대한 대안을 마련은 예전과 같이 짧은 기간을 통해서는 해결하기 어려운 상황이다.

다시 말하자면 대안의 준비는 과거와 같이 단기간에 걸친 사회운동으로는 해결할 수 없으며, 장기적인 안목에서 시민사회의 운동역량을 강화하는 방법에서 그 실마리를 찾아야 한다. 세계화의 모순을 극복하기 위해서는 기존의 헤게모니에 대한 대항 헤게모니가 필요하다. 이것은 위로는 일국의 경계를 넘어서는 초국적 활동을 강화하는 것이어야 하며, 동시에 아래로는 지역의 구체적 사안과 연결되는 풀뿌리 활동을 결합하는 방식이어야 한다. 지방적 뿌리와 지구적 연대를 연결하는 이른바 '풀뿌리에 기반을 둔 세계시민주의(rooted cosmopolitanism)'다(Evans, 2005b).[1]

세계화에 대한 대항 헤게모니의 시도는 여러 측면에서 이루어져 왔다고 볼 수 있다. 세계화를 단순히 반대하는 입장(anti-globalization)으로부터 대안을 찾으려는 대안세계화(alt-globalization)론에 이르기까지 다양하다. 반(反)세계화, 역(逆)세계화(rollingback globalization), 대안세계화 등이 그것이다. 개념적인 수준에서 세계화를 전면적으로 부정한다는 점에서 반세계화에 접근할 수 있다면, 역세계화는 작금의 세계화를 주로 경제적인 측면에서 되돌리자는 관점이며, 대안세계화는 경제적 세계화의 흐름을 바꿀 수 있는 실행가능한 대안을 찾고자 한다. 따라서 세계화를 넘어서고자 한다는 점에서 서로 간의 차이점보다 공유점이

1 에반스는 대항 헤게모니적 세계화를 위해 제도건설, 동맹형성, 이데올로기 혁신, 재프레임화 등을 제안한다. 다소 앞서 나가는 얘기지만, 일종의 '세계정당(World Party)'은 지구시민사회를 끌고 갈 초국적 형태의 조직으로서 전혀 의미가 없는 것은 아니라고 본다.

많다고 할 수 있다.

친세계화론자들은 세계화가 자유로운 교역과 거래를 통해 지구 전체의 부를 늘림으로써 개발도상국들이 후진의 멍에에서 벗어날 수 있다고 본다. 그러나 현실은 국가들 사이에서뿐만 아니라 국가 안에서도 개인, 집단, 계층 사이 의 불평등이 늘어나고 있다(Rapley, 2004). 이 점에서 반세계화론자들은 초국적 자본에 의해 주도되는 세계화가 이른바 '20대 80'이라는 빈부격차를 가져온다고 비판한다. 따라서 세계화를 반대하는 것을 넘어 그 근원으로 제국주의의 전 세계적 확장을 막아야 한다는 논의에서 출발하며 탈세계화로부터 재세계화에 이르기까지 다양한 입장이 존재한다(Veltmeyer, 2004). 이들은 세계경제의 운영에서 패권국이 모든 것을 좌지우지하는 것을 넘어 보다 다원적인 거버넌스 체제를 갖추거나(Bello, 2000)[2] 지역수준에서 주민의 경제적 · 사회적 권리를 강화하거나 혹은 집합적인 재산권의 확보를 통해 세계화를 저지(global backlash)해야 한다는 지방주의를 강조한다(Broad, 2002). 역세계화론자들은 세계화 자체를 송두리째 부정하기보다 그것이 경제적인 측면에서 지니는 모순을 직시한다. 이를 극복하기 위한 인간적 세계화를 위해 풀뿌리 시민의 역능화와 국가, 지역, 국제 수준의 민주적 거버넌스 구축을 강조하는 점에서 대안세계화와 다르지 않다고 할 수 있다(Evans, 2008).[3]

2 벨로의 입장은 탈세계화(deglobalization)로 불리기도 한다. 그는 시장의 논리에 따른 효율성보다 사회의 안전(security), 형평(equity), 연대의 가치를 위해 외부 자본에 의존하지 않고 자가 충전적으로 재정능력을 키우고, 수출보다는 국내의 지역시장을 위한 생산을 하도록 하며, 소득과 토지의 재분배가 필요하다고 주장한다.

3 본 장에서는 논의의 편의상 반세계화론, 역세계화론, 대안세계화론을 모두 포괄하여 이후 논의할 민주주의 세계화 네트워크에 넣고 있다.

그러므로 오늘의 인류가 처한 복합위기를 극복하기 위해서는 서로 다른 경쟁체제 안에서 갈등하는 세계화의 라이벌 구도를 신자유주의 세계화 네트워크와 민주주의 세계화 네트워크라는 관점에서 살펴보아야 할 것이다. 이를 통해 대안세계화를 모색하는 데 필요한 이론적 · 경험적 토대를 알아보는 것이 중요하다.

2. 세계화의 명암

이미 지적한 대로 세계화는 한마디로 시 · 공간에 대한 기존 개념의 변화, 즉 세계의 압축, 시 · 공간 원격화(time-space distantiation)로 요약할 수 있다. 과학기술, 정보통신, 교통운송의 혁신으로 정보, 지식, 자본, 상품은 빠르게 국경을 넘나들고 있으며, 사람과 문화의 교류 역시 규모, 범위, 속도 면에서 몇십 년 전만 해도 전혀 상상할 수 없는 수준으로 급증하고 있다. 무엇보다 자본주의 세계경제체제의 확대로 인해 생산과 유통, 소비가 전 지구적으로 서로 연결되어 의존하는 인적 · 물적 네트워크를 이루고 있으며, 그 중심에 강력한 초국적 자본과 조직들이 자리를 잡으면서 세계화의 열매를 가장 많이 선점하고 있다. 세계화는 우리 삶의 모든 영역으로도 확산되어 세계는 하나라는 단일 공간개념으로 통합되고 있다. 특히 이주자, 여행자, 대중매체, 전문직 종사자는 국경을 초월한 활동을 확산하는 촉매제 역할을 담당하고 있다. 이러한 초국적 활동의 증가는 자연스럽게 우리의 인식을 변화시키고 있으며, 세계 여러 나라의 다양한 문화와 생활을 접하면서 한 나라의 경계를 넘어선 문화의 다양성과 초국적 의식을 형성하기도 한다.

그러나 산업화, 근대화, 서구화의 모습으로 확산되는 지구문화에 대한 선택과 적응 과정에서 지역공동체가 사라지는 문제도 동시에 나타나고 있다. 이에 대한 반응으로 사회과학계에서는 전 지구적 차원에서의 성찰적 근대화 를 논의하고 있으며, 현실사회에서는 토착원주민의 저항운동(indigenous movements)이 나타나고 있다. 20세기 후반 들어 시장주도의 자본주의 세계경제체제로의 급속적인 통합과정은 인간다운 삶의 질 보장, 자연환경보호, 불평등 해소 등 많은 사회적 목표를 달성하기보다는 전 지구적 차원에서 볼 때 그것들을 악화시키고 있다는 비판도 있다.

국제적 지평에서 보면 동서갈등의 해소에도 불구하고 북의 부국과 남의 빈국 사이의 간격은 더욱 벌어지고 있다. 특히 제3세계권은 개발도상국의 테두리를 벗어난 한국, 대만, 싱가포르 등 동아시아 국가들과 중국, 인도, 브라질, 러시아, 인도네시아, 남아프리카 등 대륙 규모의 경제를 가진 신흥국가를 제외하고는 더욱 주변화되어 착취의 가치조차 없는 '제4세계'로 전락하고 있다. 제3세계권의 상당 부분은 구조적 착취관계로부터 무의미한 관계로 들어가고 있는 것이다. 실제로 세계화의 추세에서 각국은 무관계라는 최악의 관계에 들어가지 않기 위해 외국 국가나 기관으로부터 투자를 유치하는 데 전력을 쏟고 있다. 노동력, 교통 및 통신 등의 하부구조, 시장의 규모 면에서 초국적 기업에 제공할 자원이 마땅치 않은 국가일수록 직접투자에 대한 규제완화나 기타 투자유치를 위한 인센티브를 더 많이 제공하고자 노력하고 있다. 이는 이 같은 조치가 주어진 사회구성원의 민주적 권리와 복지를 심각하게 제약하고 있다는 사실을 유의할 필요가 있다.

카르도소는 세계화 시대의 신(新)종속이 구(舊)종속과 다른 점으로 경제적인 것 이상의 전체 사회에 커다란 파장을 가진다는 사실을 강조하고 있다. 국민경제의 기능적 불완전성을 보완하는 정도로 극복될 수 없는 것이 신종속이라고 본다면, 그것은 사회해체, 문화훼손, 정치균열 현상을 수반하는 특징이 있다(Cardoso, 1993: 156-157). 이 와중에서 한국과 같은 나라는 2010년 G20 회의를 통해 선진국과 개발도상국 사이의 지구적 불균형을 시정하기 위한 중간자 역할을 시도했지만, 국제발전을 위해 세계화를 유도할 수 있는 지도적 위치는 물론 역량을 갖지 못한 것이 현실이기도 하다.

국내적 차원에서 보면 세계화의 기류를 탈 수 있는 능력을 가진 개인, 집단, 계층, 직종이 주된 수혜자가 되면서 나머지 부문과의 생활 격차는 더욱 벌어지고 있다. 가장 큰 수혜자라 할 대기업은 해외사업을 통해 국가의 간섭과 규제로부터 벗어나 이윤을 극대화하려고 할 것이다. 이와 달리 일부 대기업은 국제자본의 인수합병 대상으로 경영권 위협에 노출될 수도 있다. 이렇게 볼 때 국제적 능률을 내세우는 초국적 기업과 이와 연계되거나 독립적인 대기업 내지 중소기업, 그리고 이와 무관한 토착적인 중소기업 등이 경제활동의 기본축을 이루게 된다. 자본과 노동도 각기 국지 · 역내 · 세계시장과의 다양한 접합관계에 따라 산업부문 간 차별성을 심화시키게 된다. 초국가적 계층이 일등시민으로 행세하는 역설 속에서 단순 노동력을 가진 내국인이나 외국인은 주변화된 집단으로 국내 · 외 산업부문에 의해 이중적으로 수탈당하게 된다. 한국 사회는 국제화의 선도적인 부문을 정점으로 하여 복합적으로 재계층화되면서 양극화의 심화가 나타나고 있다(임현진, 2005: 160-170).

개발도상국에 관한 한 세계화는 경제성장과 민주주의에 대해 긍정과 부정의 양면적인 영향을 미치고 있는 것으로 판명되고 있다. 세계화가 국제무역의 확대를 통해 부의 확대를 가져오고는 있지만, 지역 · 국가 · 지방 수준에서 격심한 빈부격차를 초래하고 있다는 것은 잘 알려져 있다. 대체로 세계화의 수혜자는 기존의 중심부 국가들로서 대부분의 개발도상국들은 일부 중진국들을 제외하고는 피해자로 전락하고 있다. 경제성장은 물론 분배도 잘 되지 않는 형편에서 대부분의 개발도상국들은 민주주의를 정착시키려 안간힘을 쏟고 있지만, 지극히 절차적 수준을 넘어서지는 못하고 있다. 세계화는 국가 간 경계를 넘어 세계적 규모의 자본축적을 가능케 하는 자본, 노동, 상품, 서비스의 자유로운 소통을 위한 경쟁의 민주주의이지 평등의 민주주의가 아니다(Wood, 1997). 게다가 세계화 과정에서 경제성장의 혜택을 보는 개발도상국의 경우 그러한 민주주의조차 분배의 불균등으로 인한 사회갈등과 정치균열이 늘어나면서 중대한 도전에 직면하고 있다.

세계화와 관련된 우울한 현실로 인해 신자유주의에 바탕을 둔 자본주의 세계경제체제의 무한질주에 대한 우려의 목소리가 내·외에서 거세게 나온 바 있는데, 그 비판의 핵심은 자본주의 세계경제체제 운영에서 민주주의가 실종되고 있다는 점이다. 이는 시장중심의 자본주의 세계경제체제를 주도하고 있는 국제금융조직들의 책임이며, 그 핵심에는 그 조직들의 '민주적 운영원리의 결손(democratic deficit)' 문제가 자리하고 있다.[4] 오늘날 지구라는 단일 공간 안으로 포섭된 국가는 정치·경제·환경·군사·사회·문화 부문의 세계화 현상으로 인해 일국의 정책결정을 자국의 의사와는 상관없이 독자적으로 전개되는 초국적 정책들로부터 큰 영향을 받고 있다. 특히 신자유주의 세계화 과정은 소수 금융전문가 엘리트들이 비공개 방식으로 기획 결정한 탈(脫)정치화 과정의 산물일 수 있다. 이 과정은 리더십과 경제적 효율성만 강조하는 기업중심의 지배구조를 낳았고, 그 결과 정치적 자유, 사회 정의 및 평등이라는 대의가 사라지는 지구 민주주의 위기를 야기하고 있다

4 이에 관한 삼변회(The Trilateral Commission)와 글로벌거버넌스위원회(Global Governance Committee)의 보고서가 있다. 전자는 시민의 정치참여가 늘어날수록 정치과정에 대한 불신을 가져온다고 설명한다. 반면 후자는 전 지구적으로 시민이 민주주의의 영향력을 더 행사할 수 있어야 한다고 주장한다. 특히 후자는 시민사회의 역할을 중시함에도 불구하고 정부의 행위에 부가하여 초국적 기업의 역할이 확산되어야 한다고 보고 있다(Smith et al., 2007).

는 것이다.

그렇다면 왜 세계화의 어두운 그림자의 핵심을 민주주의의 결손에서 찾는가? 그것은 빈곤, 환경파괴, 소수자 인권 침해, 지역·세대·젠더에 따른 차별이 국제조직의 운영에서 비롯되기 때문이다. 유엔개발계획(UNDP)에 따르면 정부관료들 사이에서 가장 우려되고 있는 부분이 국제금융조직—WTO, IMF, World Bank—에 대한 정당성의 쇠퇴다. 이러한 정당성 위기를 극복하기 위해서는 국제금융조직 내부에 존재하는 비민주성, 불투명성, 무책임성 문제를 해결해야 한다. 또한 다원주의를 복원하고, 비정부조직(Non-Governmental Organizations: NGOs)을 비롯한 비국가행위자(non-state actors)가 전 지구적 정치과정에 참여할 수 있는 공공영역(public sphere)을 확장하여 정책결정자들이 책임 있는 정책을 추진하도록 지속적으로 감시 견제하는 활동을 할 수 있어야 한다는 주장이 제기되고 있다.

그러나 현실은 어떠한가? 전 지구적 맥락에서 정책의 입안, 결정, 실행과 정치과정이 민주적으로 운영되기 위해서는 동등한 목소리를 내고 모든 과정이 투명하게 공개되는 것이 전제되어야 함에도 현실적으로는 힘의 논리, '1국가 1표' 원칙이 아닌 '1달러 1표' 원칙으로 정책결정이 이루어지고 있다. 이러한 메커니즘 속에서 NGOs는 매우 제한적인 방식으로 자신의 목소리를 내고 있으며, 형식적인 참여 이상의 역할은 담보하지 못하고 있다(임현진·공석기, 2011: 24-25; 공석기, 2007: 136-137). 이러한 견지에서 시민사회는 WB, IMF, WTO의 세계금융기구 3대 기구를 중심으로 구축된 '신자유주의 세계화 네트워크(Neoliberal Globalization Networks)'에 대항하여 '민주주의 세계화 네트워크(Democratic Globalization Networks)'를 형성함으로써 소위 '세계화 라이벌(contested globalization)'로서 때로는 서로 협력과 경쟁을 하며, 때로는 갈등과 저항을 한다.

〈표 7-1〉에서 볼 수 있듯이 신자유주의 세계화 네트워크는 자본에 의한 '위로부터의 세계화(globalization from above)'를 역설하며, 민주주의 세계화 네트워크는 풀뿌리에 기반을 둔 '아래로부터의 세계화(globalization from below)'를 주장함으로써 경쟁적인 관계에 있다고 하겠다. 세계화를 적극적으로 옹호하는 『뉴욕 타임스』 칼럼니스트 프리드먼(Friedman)은 경제중심의 세계화를 반대하는 세력을 세계를 보다 평평하게 만들 수 있는 과정에 역행하는 시위군으로 낙인찍고 있다. 이미 앞에서 세계화는 시·공간의 물리적 개념을 뛰어넘는 혁명적 변화를 가져온 긍정적인 측면이 있음을 지적한 바 있다.

〈표 7-1〉 신자유주의·민주주의 세계화 네트워크

행위자	주장/요구	정책제안
신자유주의 세계화 네트워크		
-정부기관(미국, 유럽)[5] -다국적 기업 -통화 투기꾼 -상업적 언론매체 -세계금융기구	-경제적 세계화: 최선책 -경제모델: 필연적 -세계경제통합: 현재 방식 유지	-지속적 경제성장 -세계무역과 투자개방 강화 -경제에 대한 국가 역할 감소 -소비자중심주의 이데올로기 장려
민주주의 세계화 네트워크		
-시민사회단체 -지방, 국가, 초국적 사회운동단체 -독립적인 (비영리) 언론기관 -인터넷 웹사이트	-경제적 세계화: 노동과 환경규제 제한 -지구경제: 권력 편중과 민주제도 왜곡 -경제적 세계화: 소수 한정 그룹만 혜택 -세계경제통합: 이윤 추구 우선	-세계금융기구의 기능 약화 -국제금융이동에 토빈세[6] 부과 -가난한 국가들의 채무 경감 -국가의 경제주권 강화 -지방통치와 탈세계화 -인권의 문화 이데올로기 증진

출처: Smith(2008: 6).

그러나 세계화는 결코 경제라는 단일 차원의 과정이 아니며 정치, 경제, 사회, 문화를 포함하기에 모든 것을 동일한 기준과 규범, 체제로 묶고자 하는 노력은 강력한 저항을 불러올 수밖에 없다. 오늘날 대부분의 NGOs는 세계화 자체를 반대하지 않으며, 대신에 자본의 이해만 중시하는 신자유주의 세계화를 비판하고 있다. 이는 신자유주의 세계화의 와중에서 지역 커뮤니티, 민주주의, 환경, 자원 등이 파괴되고 있기 때문이다. 국제 NGOs(International NGOs)는 세계화의 어두운 그림자를 끊임없이 파헤치고, 피해를 본 지역주민을 옹호 지원하며, 정책적으로 대안을 제시해 준다. 심지어 현장 속으로 들어가 공동의 캠페인을 전개하는 등 조직적인 연계를 통해 지방, 국가, 지역 수준에서 초국적 차원의 파트너 관계를 맺어 주기도 한다.

1) 신자유주의 세계화 네트워크

오늘의 세계화를 지배하고 있는 논리는 신자유주의다. 세계화는 위로부터 이루어질 수도 있고, 아래로부터 이루어질 수도 있다. 위로부터의 세계화를 이끄는 신자유주의는 민영화(privatization), 자유화(liberalization), 탈규제(de-regulation)라는 3대 정책을 자본주의 세계경제 체제의 핵심으로 본다. '워싱턴 컨센서스(Washington Consensus)'라고 불

5 일반적으로 각국의 재정통상부는 신자유주의 세계화를 지지하지만, 공공보건, 농업, 교육 등을 다루는 다른 정부기관들은 상대적으로 덜 지지한다. 다른 많은 지방정부 또한 신자유주의 세계화가 그들의 권한을 감소시킨다는 이유로 비판적인 자세를 취한다.

6 토빈세(Tobin tax)는 국가 간 통화투기를 제한하고, 가난한 국가들에 경제발전을 위한 자금을 제공하기 위해 국제금융거래에 소액의 세금을 부과하는 것을 말한다.

리는 신자유주의는 미국의 레이건과 영국의 대처에 의해 추진된 바 있다. 신자유주의는 한 나라의 경제성장을 위해서는 자본의 이해관계가 가장 중요하다고 여긴다. 정부는 개입을 줄이고 시장의 기제에 맡겨야 하며, 이를 위해 자유로운 자본의 이동을 허용해야 한다. 신자유주의는 자본주의에 의한 경제발전이 모든 사회문제를 해결해 줄 수 있다는 신념 아래 지속적인 경제발전을 달성하는 것이 중요하다고 하며, 그 근간은 시장경제원리에 따른 자유무역과 해외투자라는 점을 강조한다. 물론 부의 편재와 권력의 집중과 같은 분배의 문제가 존재하지만, 이는 경제발전을 통해 차후에 해결될 수 있는 것으로 본다(임현진 · 공석기, 2006: 6).

신자유주의적 세계화를 반대하는 초국적 사회운동이 전 지구적으로 확산되어 왔다. 초국적 사회운동은 초기에는 선진국 중심의 위로부터의 연대활동을 중심으로 이루어졌지만, 점차 주변부 시민사회운동이 자국의 국민경제 보호와 사회복지를 확대하기 위해 목소리를 높이고 있다. 현실적으로 신자유주의적 세계화 논리는 전 지구적 불평등구조를 더욱 확대시키고 있다. 그러므로 초국적 운동은 기본적으로 신자유주의를 반대하며, 이를 주도하는 선진국 중심의 자본주의 세계경제체제의 운영방식을 원천적으로 바꾸자는 입장을 견지하고 있다. 특히 신자유주의적 세계화의 3대 기구에 대한 개혁을 통해 더욱 민주적인 국제경제에 관한 정책결정이 이루어질 것을 강조한다. 이러한 시민사회의 저항을 완화 혹은 방지하고자 세계은행은 일찍이 저개발국가의 '시민사회 역량강화 프로젝트'를 진행하였다. 또한 국제통화기금 및 세계무역기구도 의제 설정 및 기업 감시활동 과정에 NGOs의 참여를 제도적으로 보장하는 공간을 만들었다. 그러나 시민사회는 국제금융조직의 이와 같은 대응과 변화가 전 지구적 불평등구조를 해결할 수 있을지에 대해서는 여전히 회의적이다.

여기서 주목해야 할 부분은 '초국적 자본가계급(Transnational Capitalist Class: TCC)'의 부상과 그들의 전략이다. TCC 구성원은 정치, 경제, 사회, 문화 등 모든 영역에서 국가에 바탕을 둔 내부지향적 정책보다는 전 지구적 차원의 정책 수립을 지향하며, 이러한 정책을 동원하여 작업장은 물론 국내·외 정책과정, 더 나아가 일상적인 삶의 영역까지 조정하고자 한다(Sklair, 2001). 초국적 자본가계급은 비슷한 생활유형, 교육수준, 소비패턴을 유지하면서 궁극적으로 자신을 배출한 국가의 시민은 물론 세계시민으로 자신의 이미지를 확장하고, 자본주의의 전 지구적 확산이라는 공통의 이해관계를 달성하기 위해 서로 협력하고 있다. 바꾸어 말하면 초국적 자본가계급은 신자유주의 세계화 네트워크의 핵심 구성원이 되며, 여기에는 국가, 기술 및 문화 영역의 관료와 전문직 종사자들이 함께 포함된다.

신자유주의 세계화 네트워크를 더욱 안정적으로 유지시키며, 쟁점에 대한 새로운 프레임을 제공해 주는 기능의 양대 기둥은 G8과 국제상업회의소(International Chamber of Commerce)다. 특히 후자의 회원구성은 세계경제포럼과 많은 부분에서 실질적으로 중첩되고 있다. 신자유주의 세계화 네트워크의 핵심적인 전략은 세계 정치경제의 조직과 운영에 관한 정책을 주도하는 데 있다. 개별 국가의 거시경제적 역할을 제한하는 것, 사회복지 확대를 꾀하는 국제기구의 활동을 주변화시키는 것, 신자유주의 경제정책을 지원하는 국제조직을 강화하는 것, 동형화된 소비패턴과 자유로운 기업활동을 전 지구적으로 확산시킬 수 있는 문화 이데올로기를 양산하는 것 등이다. 신자유주의 세계화 네트워크가 강화될수록 개별 국가의 규제 및 정책 개입 능력은 제한되며, 매스미디어는 초국적 자본가계급의 강력한 로비활동에 의해 그에 종속되는 문제가 야기될 수 있다. TCC를 뒷받침하는 프레임과 이데올로기, 정책대안 등을 지속적으로 제공해 주는 대표적인 비정부기구는 세계경제포럼이라 할 수 있다.

2) 민주주의 세계화 네트워크

NGOs의 초국적 확장은 세계화로 야기된 문제점을 극복하기 위한 시민사회의 자연스러운 대응과정의 산물로 볼 수 있다. INGOs는 신자유주의적 세계화의 어두운 그림자 속에서 시름하는 주변부 시민사회의 문제를 전 지구적 이슈로 끌어올려 서로 힘을 합쳐 해결하려는 옹호자요 대변자라고 할 수 있다. INGOs는 다양한 유형으로 설명할 수 있지만, 대체로 국제규범 입안자(enactor), 초국적 옹호자(advocate), 초국적 운동가(campaigner), 초국적 매개자(broker) 등 4개 유형으로 그 활동을 구분할 수 있다. INGOs는 위로부터의 세계화를 위한 '신자유주의 세계화 네트워크'의 공세와 압박을 수동적인 자세로 감수하기보다는 아래로부터의 세계화를 주창하며, 지역운동의 전 지구화를 지향하고자 '민주주의 세계화 네트워크'를 강화해 왔다(Smith, 2008: 25-28).

환경부문은 환경정의와 기후정의, 인권부문은 시민의 정치적 권리에서 사회경제적 권리구현으로 확대되는 사회정의, 그리고 반신자유주의 부문은 전 지구적 불평등과 불균등 발전을 극복하기 위해 외채탕감 및 금융세계화와 국제금융기구의 개혁을 주장하고 있다. 여성부문은 신자유주의 세계화를 통해 일어나는 여성에 대한 이중 삼중의 착취와 차별을 극복하고자 하며, 농민부문은 거대 곡물기업에 의한 지역농업의 잠식에 맞서 식량주권의 수호를 강조하고 있다. 이러한 여러 운동 부문이 '지구정의'라는 마스터 프레임 아래 국제금융기구, 초국적기업, G8과 같은 구미 선진국 등을 초국적 운동의 대상으로 삼고 있다(공석기 · 임현진, 2010: 345-346).

이와 같은 INGOs에 의한 여러 부문 사이의 협력과 연대는 초국적 공공영역의 증대로 더욱 강화되고 있다. 그중 하나가 1990년대 초반부터 UN이 조직한 일련의 국제회의였다. 이는 환경, 인권, 인구, 사회발전, 여성 관련 쟁점을 다루는 정부간 회의였는데, 그럼에도 여러 나라의 사회운동단체들은 자국 시민사회의 목소리를 강화하기 위해 NGOs 포럼을 동시에 개최하여 독자적인 대안을 준비하였고, 이를 정부간 회의에서 제안하는 제도적 전술을 펼쳐 나갔다. 그러나 구미 선진국 NGOs가 종종 주요 의제를 독점하게 되면서 제3세계 시민사회의 목소리가 주변화되는 이른바 '남북 격차'의 문제를 다시금 확인하는 기회가 되었다.

이러한 한계를 극복하기 위해 기획한 것이 '아래로부터의 세계화'를 추구하는 세계사회포럼이다. 지구시민사회는 2001년부터 시작된 세계사회포럼을 초국적 동원의 학습장으로 적극 활용하는 동시에 신자유주의 세계화에 대한 초국적 저항운동을 조직하기 시작하였다. 국제금융기구의 정기 총회 장소와 이 조직을 좌지우지하는 G8 정상회의가 열리는 자리가 지구정의 운동을 위한 초국적 공공영역의 활동공간이 되었다. 활동가들은 국제금융기구의 비민주성, 무책임성, 불투명성을 고발하는 각종 시위와 퍼포먼스 등 초국적 시위를 전개하며, 동시에 정부간 회의와 병렬적으로 시민사회 포럼이나 워크숍을 통해 지구시민사회의 대안을 모색하고 있는 것이다. 이러한 지구정의, 즉 민주주의 세계화 네트워크의 강화를 촉발시킨 것이 1999년 11월 30일 시애틀 3차 WTO 각료회의 반대시위였다. 이후 초국적 저항운동은 방콕, 워싱턴, 뉴욕, 멜버른, 프라하, 퀘벡, 괴텐베르그, 제노아, 바르셀로나, 캔쿤, 에비앙, 제네바, 홍콩 등으로 이어졌으며, 이 저항운동을 통해 다양한 운동 부문이 지구정의 운동으로 수렴되는 유의미한 경험을 공유하게 되었다(Juris, 2008: 47-58; Moghadam, 2008: 93).

오늘날 세계화라는 대세 아래 그 명암을 놓고 대립하는 라이벌에 대한 이해는 '신자유주의 세계화 네트워크'의 강화라는 새로운 시대적 변화와 도전을 맞이하여 다양한 층위의 NGOs가 어떻게 '민주주의 세계화 네트워크'의 형성을 통해 연대하여 그에 대항하고 있는가를 비교 분석함으로써 가능하다. 예를 들어 신자유주의 세계화 네트워크는 보다 구체적이고 분명한 목적을 중심으로 잘 조직되어 있는 반면, 민주주의 세계화 네트워크는 덜 조직적이고 분산적이다. 또한 열려 있는 네트워크이므로 지속적, 안정적으로 활동을 전개하기가 훨씬 어렵다는 차이점을 지니고 있다. 이 특성을 라이벌 구도로 표현하면 〈그림 7-1〉과 같다.

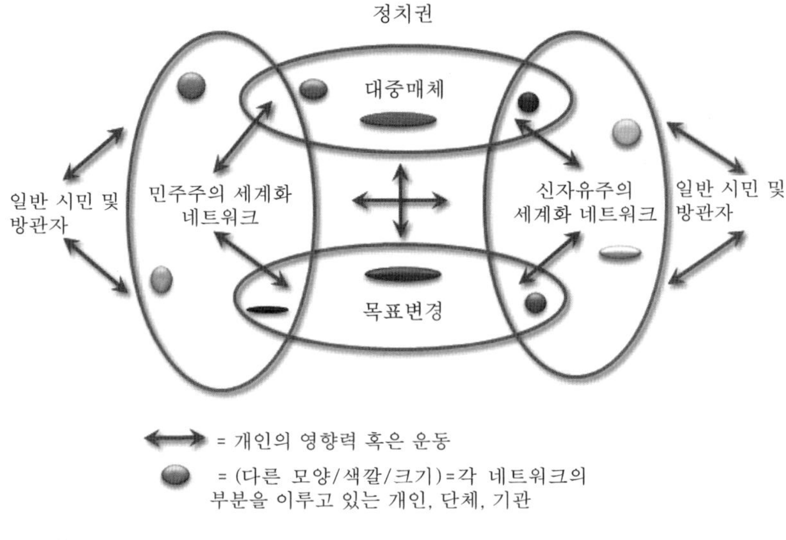

〈그림 7-1〉 세계화의 라이벌

출처: Smith(2008: 21)에서 재인용.

3. 대안세계화

'대안은 없다'는 신자유주의 세계화 네트워크를 주도하는 세계경제포럼에 저항하며 '또 다른 세계는 가능하다'는 대안세계화를 지향하는 다양한 운동세력들이 세계사회포럼에 참여하였다. 대안세계화 운동부문의 공통테마는 위로부터의 세계화에 대한 아래로부터의 세계화이며, 이를 위해 풀뿌리 시민들은 소위 '인간적인 세계화'를 지향하는 국제적 차원의 정책을 도모하기 위한 초국적 공공영역을 지속해서 확장하고 있다.

대표적인 대안세계화 운동으로는 초국적 자본의 생태계 파괴와 에너지 위기 극복을 꾀한 환경정의운동, 미국의 이라크와의 전쟁을 반대하는 반전평화운동, 여성 · 원주민 · 불가촉천민 · 이주민 · 장애인 · 아동 · 동성애자 등의 사회적 소수자 및 약자를 보호하고 그들의 동등한 권리를 보장하는 소수자 권리보호 운동, 그리고 투기성 금융거래에 대한 토빈세를 부과하여 자본의 횡포를 막는 동시에 거기서 얻은 수익금을 저개발 국가의 빈곤문제를 타파하는 데 활용하자는 반(反)금융세계화 운동 등을 들 수 있다.

앞서 살펴본 것처럼 환경, 인권, 반(反)투기자본, 여성 등의 쟁점은 세계사회포럼에서도 신자유주의 세계화에 대한 대안 모색에서 핵심적인 현안들이다. 대안세계화 운동은 풀뿌리 시민의 참여 부족이라는 비판을 받기도 한다. 대부분의 대안 모색과정과 연대활동이 초국적 차원에 걸쳐 다양한 형태로 전개되는 경우에는 종종 세계사회포럼의 운영원리인 수평적 열린 과정을 견지하기 어렵기 때문이다. 다시 말하면 투명하고 민주적으로 누구에게나 열려 있는 개방성과 동등한 참여를 보장하는 수평적 네트워크, 그리고 풀뿌리 시민의 다양한 목소리와 요구가 지속적으로 반영될 수 있는 아래로부터의 참여가 보장되어야 한다는 세계사회포럼 정신이 담보되어야 한다는 것이다. 이 과정과 관련하여 조급한 마음으로 포럼의 효율성만 주장하고, 쉽게 운동의 조직화만 지향하게 된다면, 대안세계화 모색은 어느 순간 선진국 중심의 논의와 주장으로 귀결된다. 따라서 이러한 사실에 유념하면서 지구시민사회는 대안 경쟁체제 속으로 들어가야 할 것이다.

그러나 세계사회포럼이 세계경제포럼을 뛰어넘기에는 현실적 한계가 분명히 존재한다. 한계를 극복하기 위해서는 국민국가의 경계를 넘어 남북 격차를 줄여야 하며, 초국적 운동은 단일한 쟁점과 특정 지지층에 얽매이지 말고, 세계와 지방을 연결하고 남남협력을 이끌 수 있는 논의구조를 통해 집합적 상상력을 갖고 소통할 수 있는 능력이 필요하다고 지적하고 있다(Evans, 2008: 287, 288-297). 스미스와 동료 연구자들은 다양한 지역시민사회를 연결시켜 주는 매개자로서 국제 NGOs의 역할을 강조한다(Smith et al., 1997). 지속적인 네트워크에 기초한 초국적 사회운동은 지역의 경계를 넘어 초국적 공공영역에서 다층적인 연결망을 형성하며, 나아가 지구적 규범을 지역에 효과적으로 적용함으로써 풀뿌리 시민사회가 전 지구적으로 공유할 수 있는 정체성을 형성하는 데 기여할 수 있다는 것이다.

과거에는 그 연대의 모습이 선진국 중심의 국제 NGOs가 후진국 시민사회의 성장과 민주화를 위해 물적 자원을 지원하는 위로부터의 일(一)방향적 연대활동이 대부분이었다. 그러나 이러한 개발지원 프로젝트는 지역운동조직을 강화시키기보다는 오히려 그들이 외부에 의존하게 되는 부작용을 야기하였다. 그 이유로 인해 NGOs는 국제기구의 열린 공간을 통해 더 많은 참여기회와 동원구조를 확보하고자 하며, 이를 쌍방향으로 활용하려는 노력을 다양하게 전개하고 있다. 국제 NGOs의 초국적 활동은 지구시민사회가 건강하게 살아 있다는 증거 중의 하나이며, 이러한 건강성을 유지하기 위해서는 국제 NGOs가 지역시민사회의 힘을 키울 수 있는 지역운동과의 지속적인 연대활동이 필요하다고 할 수 있다.

제3부
아시아 자본주의 가능성과 한계

제8장 자본주의 다양성과 동북아 공동체

1. 아시아의 부상

21세기에 들어와 아시아 지역은 세계 문명의 중심권으로 그 의미가 새롭게 부각되고 있다. 일본의 근대화 성공, 한국 · 대만 · 홍콩 · 싱가포르를 일컫는 '네 마리 용'의 등장, 대륙 규모의 경제를 가진 중국과 인도의 부상, 인도네시아 · 말레이시아 · 태국 · 필리핀 · 베트남을 일컫는 '다섯 마리 호랑이'의 출현 등에서 볼 수 있듯이 아시아는 유럽, 아메리카 대륙과 더불어 근대 산업세계의 3대 지주 중 하나로 손꼽힌다. 토플러는 이를 두고 유럽에서 아시아로의 '부의 이동'이 이루어지고 있다고 한다(Toffler, 2006). 오리엔탈리즘(Orientalism)에 의해 타자화되었던 아시아가 다시금 주목받고 있는 것이다(Frank, 1998).

사실상 세계사적 전환기를 맞이해 아시아 대륙이 지니는 지정학적(geo-political), 지경학적(geo-economical), 그리고 지문화적(geo-cultural) 중요성은 날로 증대되고 있다. 아시아 지역에서 서구에 이은 제2의 근대(the second modernity) 가능성을 예상하기도 한다(Berger, 1988; Tiriyakian, 1990). 바야흐로 일찍이 『이코노미스트』에서 언급한 대로 영국의 세기(1775~1875)를 지나 미국의 세기(1875~1975)를 거쳐 태평양의 세기

(pacific century)에 들어선 것이다(Macrae, 1975). 태평양 시대의 도래에 대해서는 나이스비트(Naisbitt), 후쿠야마(Fukuyama)와 같은 확신론자와 헌팅턴(Huntington), 크루그먼(Krugman)과 같은 회의론자의 견해가 서로 엇갈리고 있다. 그러나 서구의 또 다른 천년 기획을 위해 지나온 동아시아 역정에서 교훈을 찾으려는 이들의 공통적인 노력을 읽을 수 있다. 역설적이게도 여기서 오리엔탈리즘의 연장선에서 옥시덴탈리즘을 발견하게 된다. 왜냐하면 태평양의 세기라는 유행어의 배후에 동양의 도전을 극화시켜 서양의 재건을 도모하려는 서양문명중심주의가 보이지 않게 자리 잡고 있기 때문이다.

태평양의 세기가 가지는 하나의 특성은 아시아가 유럽과 아메리카라는 두 대륙의 연결고리가 되고 있다는 사실이다. 더욱이 아시아 대륙에서도 가장 역동적인 곳으로 한국, 중국, 일본을 포함하는 동북아시아 지역이 태평양 세기의 중심축으로 자리 잡고 있다는 데 주목할 필요가 있다. 그러므로 동북아시아에 대한 미국과 유럽의 관심이 헤게모니 다툼으로 이어지고 있다. 또한 이 지역 질서의 맹주 자리를 놓고 중국과 일본 사이에 보이지 않는 암투가 벌어지고 있는 가운데 분단국 한국은 미국과 중국 사이에서 국익 유지를 위해 고투하고 있다.

근래에 들어 한국, 중국, 일본은 역사 갈등과 영토분쟁으로 껄끄러운 관계에 놓여 있다. 일본은 교과서 왜곡에서 볼 수 있듯이 중국과 한국에 대한 과거 잘못을 반성하지 않고 있으며, 중국은 동북공정에서 알 수 있듯이 한국의 고구려사를 자국의 역사로 편입시키려 하고 있다. 한국과 일본이 독도 영유권을 다투고 있다면 중국과 일본은 조어도(釣魚島)의 소유권을 주장하고 있는데, 특기할 만한 것은 중국과 일본에 비해 한국은 패권주의적인 입장에서 벗어나 있다는 것이다. 여전히 세 나라가 내셔널리즘 형태로 국가주의와 민족주의 성향을 띠는 것은 부인할 수 없다. 오랜 민족국가의 전통 위에서 일본이 팽창적 민족주의를 나타내어 왔다면, 한국은 일본의 식민지배에 대해 저항적 민족주의를 길러 왔다. 중국은 한국과 마찬가지로 일본의 제국주의적 침탈의 피해자이기도 했지만, 현재 56개 민족의 다원일체 아래 중화민족이라는 통합적 민족주의를 지향하고 있다. 분단국 한국을 제외하고 중국과 일본 두 나라는 아시아 지역을 포함한 전 세계를 향한 패권주의 경향을 보이고 있다 해도 지나친 것은 아닐 것이다.

최근 EU(유럽연합)가 흔들리면서 아시아 지역에서의 공동체 건설에 회의적인 시각이 나타나고 있다. 지역공동체의 모범으로 간주하고 있는 EU는 유로존 가입 국가들과 그렇지 않은 국가들로 나누어져 있으며, 유로존 국가들 가운데 이른바 PIGS라고 불리는 포르투갈, 이탈리아, 그리스, 스페인 등에서의 재정위기는 EU의 미래에 불안한 징조가 되고 있다. 과연 EU가 연방주의를 공고히 함으로써 오늘의 분열위기를 극복할 수 있을지는 두고 볼 일이다. 다만 유럽중앙은행(ECB)과 국제통화기금(IMF)은 그리스와 스페인이 긴축 프로그램을 도입한다는 조건 아래 구제금융을 준비하고 있다. EU의 고민은 잘사는 북부지역과 못 사는 남부지역 사이의 불균형에도 불구하고 단일 화폐를 서두르는 데 있다. 단일 화폐 아래 서로 다른 사회경제정책을 펴면서 재정의 통합을 시도하다 보니 불균형이 심화될 수밖에 없다. 그럼에도 유럽은 지난 천여 년 동안의 얼룩진 상호간의 전쟁을 넘어 평화를 구가하고 있으며, 이를 주의 깊게 살펴볼 필요가 있다. 돌이켜 보면 경제통합에서 정치통합으로 나아가고 있는 EU가 가능했던 이유 중 하나는 프랑스와 독일, 그리고 영국과 프랑스 사이의 화해를 들 수 있다. 따라서 동북아 지역의 상생을 위해서는 한국, 중국, 일본이 서로 이해하고 포용하는 자세를 가져야 할 것이다.

이와 같은 맥락에서 본 장은 아시아 지역, 나아가 세계의 평화와 번영을 위해 동북아시아 지역에서의 한국 · 중국 · 일본 사이의 조화 방안을 탐색적으로 모색하고 있다. 이를 위해 먼저 세계 속의 아시아 위상을 살펴보고, 다음으로 동북아시아 지역에서의 지역공동체 필요성에도 불구하고 나타나고 있는 장애물을 생각해 본다. 마지막으로 한국, 중국, 일본의 국가주의적 갈등의 극복 방안으로 사회문화적 교류와 협력에 대해 논의할 것이다.

2. 세계 속의 아시아

아시아는 하나가 아니다. 중앙·북부·동부·서부·남부 등 여러 지역으로 이루어져 있다. 최근 아시아의 부상과 함께 이 지역에서의 공동체 건설에 관한 논의가 활발하며, 아시아태평양경제협력체(APEC)는 아직 느슨한 협의 기구에 불과하지만 지역공동체로서 전환을 시도하고 있다. 〈그림 8-1〉에서 나타나듯이 세계에서 가장 큰 지역공동체로 EU, APEC, NAFTA를 들 수 있다.

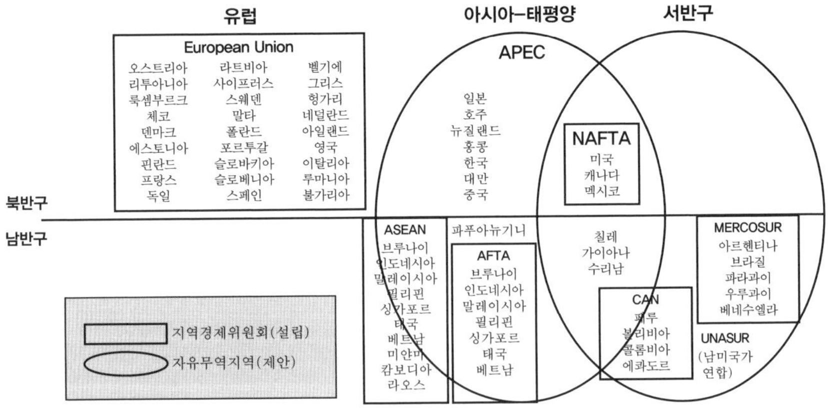

〈그림 8-1〉 지역공동체의 현황

출처: 필자 작성.

〈표 8-1〉 APEC, EU, NAFTA의 비교

	아시아태평양경제협력체 (APEC)	유럽연합(EU)	북미자유무역협정 (NAFTA)
설립 연도	1989년	1993년	1994년
회원국가 수	21개국	27개국	3개국
본부	싱가포르	룩셈부르크, 브뤼셀	-
전체 면적	62,647,000km²	4,324,782km²	21,783,850km²
인구*	2,716,782(40.10)	498,643(7.36)	457,285(6.75)**
GNP*	31,740,310(54.51)	16,376,781(28.13)	16,329,878(28.04)
일인당 GDP(PPP)	14,352달러	30,388달러	35,491달러
상품 수출*	31,740,310(54.51)	16,376,781(28.13)	1,602,479(12.86)
상품 수입*	5,483,280(43.36)	1,681,118(17.41)	2,176,716(17.21)
서비스 수출*	1,232,300(37.21)	653,690(26.06)	548,875(16.57)
서비스 수입*	1,185,000(38.05)	565,441(23.55)	433,291(13.91)

* 단위: 천 명, 백만 달러

** 괄호 안은 세계 총량 대비 비중(%)

출처: WTO 및 APEC 통계시스템 자료(2009) 재구성.

APEC을 EU, NAFTA와 비교해 보면 〈표 8-1〉과 같다. APEC은 전 세계 인구의 40%, 지표 면적의 32%, 세계 총생산의 54%, 에너지 소비의 49%, 국제교역의 43%를 차지하고 있다. 기실 EU와 NAFTA에 비견할 수 없을 정도로 큰 지역공동체의 가능성을 가진 것이 APEC이다. APEC이 지역공동체로 거듭난다면 세계경제와 국제관계에서의 비중으로 볼 때 EU와 NAFTA보다 영향력이 훨씬 클 수 있다. 미국이 APEC에서 주도권 장악을 시도하고 있는 것이나 유럽이 ASEM을 통해 아시아에서의 입지를 강화하려는 것도 향후 세계경제와 국제관계에서 아시아 대륙이 가지는 커다란 위상과 역할에서 기인한 것이다. 아시아 대륙은 자본투자, 기술이전, 시장규모, 인력충원, 지식생산에서 세계 여타 지역보다 좋은 조건을 갖추고 있기에 미국이나 유럽 못지않게 세계 여러 나라에 강한 매력을 보여 주는 것이다.

아시아는 하나의 동일한 문명지대(civilization zone)를 구성하는 것이 아니다. 아시아 지역에는 다양한 언어, 인종, 종교가 혼재하고 있으며, 거의 모든 나라가 서로 다른 인종의 배경 아래 독자적인 언어를 사용하고 있다. 또 세계 주요 종교의 발상지로서 유교, 불교, 힌두교, 이슬람교, 가톨릭교가 뒤섞여 있는데, 한국, 중국, 일본, 베트남, 대만, 싱가포르의 유교, 인도의 힌두교, 태국의 불교, 인도네시아, 말레이시아의 이슬람교, 필리핀의 가톨릭 등이 공존한다.

이 지역의 나라들은 정치체제, 경제제도, 사회구조, 문화가치 등에서 내부적으로 서로 많은 편차를 드러내고 있다. 그 대부분은 자본주의 체제이지만, 북한처럼 사회주의 국가와 사회주의로부터 자본주의로 이행하는 중국과 베트남과 같은 체제전환국들이 서로 섞여 있다. 자본주의 체제 아래서도 국가개입(일본, 한국, 대만, 말레이시아)에서부터 자유시장(싱가포르, 홍콩)에 이르기까지 다양한 형태가 공존하고 있는 것이다. 민주주의와 시민사회, 그리고 경제발전의 측면에서도 다양한 모습을 보이고 있는데, 실제로 이 지역의 나라들은 발전 수준에서 선진국, 중진국, 개발도상국으로 구분된다. 과발전의 비만형 국가군과 저발전의 빈곤형 국가군에 덧붙여 후자에서 전자로 가고 있는 이행형 국가군으로 구분이 가능하다. 최근에는 중국, 인도, 인도네시아를 신흥국이라 부르기도 한다.

이러한 다양성에도 불구하고 아시아 지역의 국가들은 인접국들과의 끊임없는 접촉, 교류, 교역, 전쟁 등을 통해 역사적으로 오래된 문화와 제도적 연관성을 유지해 왔다. 이 연관성이 서로의 차이에도 불구하고 아시아라는 기표 속으로 수렴된다는 점은 아시아 지역의 특징이자 유럽을 비롯한 다른 지역과의 변별점이라고 할 수 있다. 과거 인도에서 발원한 불교가 중국을 거쳐 한국과 일본으로 전파되었고, 중국에서 생성된 유교가 아래로는 베트남으로, 위로는 한국과 일본으로 보급된 바 있다. 그리고 2차 세계대전 이후 일본의 산업화 모델을 기반으로 하여 아시아의 후발 국가들이 선발 국가들의 발전경험을 배우면서 각기 나름대로 독특한 경제발전을 이끌어 가고 있기도 하다.

동아시아에는 유럽의 팽창이 아시아 대륙으로 향하던 서세동점의 시기에 이른바 삼걸(三傑)이 있었다. 한국의 이하응(李昰應), 중국의 이홍장(李鴻章), 일본의 이토 히로부미(伊藤博文)가 그들이다. 메이지유신 이후 이와쿠라사절단(岩倉使節団)의 일원으로 유럽과 미국을 둘러본 이토 히로부미는 새로운 문물과 제도에 감동을 받았다. 이는 일본으로 하여금 탈아입구(脫亞入歐)를 통해 근대화를 달성하고 아시아 지역을 신동아공영권의 질서에 편입시키는 야욕으로 이어졌다. 상해 앞바다에서 영국 함대의 막강한 무력시위를 본 이홍장은 청의 군사력을 선진화시켜야겠다는 결심에 이르렀다. 그러나 중국의 동도서기(東道西器)를 통한 근대화는 유럽의 제국주의와 일본의 아(亞)제국주의(sub-imperialism)를 당해 낼 수 없었다. 유럽이나 인접 중국, 일본의 변화에 둔감했던 한국(조선)의 이하응은 쇄국주의를 통한 개혁을 시도하였으나 기득권의 바탕에 선 법고창신(法鼓創新)이 조선의 주권을 지켜내기에는 힘에 부치었다. 결국 한국과 중국은 일본의 식민지와 반(半)식민지로 각각 전락하였다.

2차 세계대전 이후 한국, 중국, 일본은 제각기 서로 다른 발전의 길을 밟아 왔다. 일본은 경제와 사회를 재조직하면서 정부지도 아래 기업을 매개로 대외지향적인 발전전략을 추구하였다. 한국도 일본의 발전주의 국가(developmental state) 모델을 수용하여 급속한 경제성장을 추진하였으며, 개혁 · 개방 이후 중국의 지속적인 경제성장도 그 연장선상에 있다고 볼 수 있다. '네 마리의 용'이나 '다섯 마리의 호랑이'도

결국 국가주도하에 수출증진을 통한 산업화라는 방식을 좇고 있다는 사실에 주목할 수 있다. 발전주의 국가 모델의 일반적인 특징으로는 정부의 개입과 지도, 장기적 경제개발계획의 수립, 급속하고 지속적인 경제성장, 훌륭한 교육제도, 값싸고 풍부한 양질의 노동력, 전략적인 산업 및 금융 정책 등을 들 수 있다. 발전주의 국가는 전후 1950년대 일본의 경제 회복과 부흥을 가져왔고, 1970년대부터 1990년대에 이르기까지 한국의 급속한 경제발전에 기여했으며, 1990년대부터 지금까지 중국의 산업화를 통해 지속으로 성장을 이끌어 왔다고 평가할 수 있다. 세계화 시대와 신자유주의 아래 정부의 역할 축소와 시장의 기능 확대가 일어나고 있는 가운데 사회복지의 제공, 이해갈등의 조정, 인프라 구조의 건설 등을 위해 국가가 적절한 수준에서 나서야 할 필요성이 늘어나고 있다. 이 점에서 발전주의 국가는 사라지고 있는 것이 아니라 새로운 형태—후기발전주의 국가(post-developmental state)—로 다시 태어나고 있다고 지적할 수 있다.

특히 동북아시아 지역인 한국, 중국, 일본의 국제적 위상은 괄목할 만한데, 흥미롭게도 2011년 현재 중국 3조 달러, 일본 2조 달러, 한국 3천억 달러라는 엄청난 외환을 보유하고 있다. 외환보유 세계 10개국 중 아시아 지역에서는 중국, 일본, 러시아, 대만, 인도, 한국, 홍콩, 싱가포르 등 8개국이 차지하고 있으며, 나머지 두 나라는 브라질과 스위스다. 역사적으로 산업화의 성패는 공업의 쌀이라 비유되는 철(鐵)의 사용량에 따라 갈라지곤 하였다. 후발 발전국이 조강능력의 제고를 통해 선발 발전국을 따라잡으려 했던 지난날의 산업화 경험이 이를 잘 웅변해주는데, 독일이 영국, 미국이 유럽, 그리고 일본이 유럽과 미국을 좇아가기 위해 철강산업을 키우려고 노력하였다. 한국도 1968년 포항제철의 출범과 함께 본격적인 산업화의 도정에 들어섰다고 할 수 있다. 〈표 8-2〉가 보여 주듯이 중국의 조강능력은 세계 최대이고, 그 뒤를 일본,

〈표 8-2〉 세계 조강생산량 순위(단위: 백만 톤)

순위	국가	조강생산량	순위	국가	조강생산량
1	중국	626,654	6	한국	58,453
2	일본	109,600	7	독일	43,815
3	미국	80,594	8	우크라이나	33,559
4	러시아	67,021	9	브라질	32,820
5	인도	66,848	10	터키	29,002

출처: World Steel Association. 2010. 'Crude Steel Statistics Total'.

미국, 러시아, 인도, 한국이 따르고 있다.

마찬가지로 21세기 공업의 쌀이라고 할 반도체(semi-conductors) 생산량을 살펴보면, 한국과 일본이 세계의 선두를 달리고 있다. 〈표 8-3〉은 세계 10대 기업체 중에서 한국과 일본이 5개를 차지하고 있다는 것을 보여 준다. 오늘날 G2로 간주되는 중국은 이제 더는 잠자는 사자가 아니다. 2001년 WTO 가입을 계기로 유인 우주선 신주(神舟)를 성공시킨 중국은 2008년 베이징올림픽, 2010년 엑스포를 통해 세계 강국의 위상을 굳히려 노력하고 있다. 중국은 빠른 시간에 50여 개 기업을 세계 500대 기업으로 키우려는 야심 찬 계획을 세우고 있으며, 최근에는 항공모함을 건소하여 태평양은 물론 인도양으로의 진출을 도모함으로써 아시아 지역은 말할 것도 없이 전 세계를 겨냥한 패권 국가로 나아가려 하고 있다.

2010년 중국의 경제는 일본을 따라잡고 국내총생산(GDP)에서 세계 제2위로 올라섰다. 일본이 GDP에서 2위 자리를 내어 준 것은 1968년 서독을 제치고 세계 2위의 경제대국으로 부상한 이후 처음이다. 국제통화기금(IMF)은 이러한 추세라면 빠르면 향후 5년 내에 중국이 미국을 GDP에서 따라잡을 것으로 예상하고 있다.

〈표 8-3〉 세계 10대 반도체 생산 기업체

순위		회사명	소속 국가	전체 판매량 (billion $)	2010/2009 변동률(%)	시장 점유율 (%)
2010	2009					
1	1	Intel Corporation	미국	40,020	+24.3	13.2
2	2	Samsung Electronics	한국	28,137	+60.8	9.3
3	3	Toshiba Semiconductor	일본	13,081	+26.8	4.3
4	4	Texas Instruments	미국	12,966	+34.1	4.3
5	9	Renesas Electronics	일본	11,840	+129.8	3.9
6	7	Hynix	한국	10,577	+69.3	3.5
7	5	STMicroelectronics	프랑스/ 이탈리아	10,290	+20.9	3.4
8	13	Micron Technology	미국	8,853	+106.2	2.9
9	6	Qualcomm	미국	7,200	+12.3	2.4
10	15	Elpida Memory	일본	6,678	+74.2	2.3

출처: 위키피디아, '연도별 반도체 기업 순위'(2009-2010).

그러나 중국은 GDP가 세계 2위라 해도 일인당 GDP는 여전히 세계 100위권 밖에 있는 빈국이다. 2010년 중국의 GDP(5조 8,786억 달러)가 일본의 GDP(5조 4,742억 달러)를 제쳐 세계 2위로 발돋움하긴 했으나, 중국의 일인당 GDP(4,412달러)는 일본의 일인당 GDP(42,431달러)의 약 1/10 수준에 머물고 있는 실정으로, 전 세계 213개국 중 124위를 차지하였다(중앙일보, 2011. 2. 16). 이는 나라는 부유한데 국민은 가난하다는 것을 단적으로 보여 주는 것이다. 사회적 양극화는 도시와 농촌 사이를 넘어 도시와 농촌 안에서도 심각하게 나타나 계층적 위화감이 늘어나고 있다. 중국 정부가 온포(溫飽)에서 시작하여 소강(小康)과 화해(和諧)를 거쳐 민부(民富)로 정책적 방향을 바꾸고 있는 까닭이다. 또한 시진핑(習近平) 시대를 맞아 공산당 일당독재에 대한 민주화 요구와 부정부패의 척결이 우선 과제로 등장하고 있다. 그럼에도 2011년 중국은 브릭스 포럼 정상회의와 보아오 포럼 연차 총회를 통해 아시아적 가치하에 역내 국가들의 다양성을 서로 존중하면서 각국 실정에 맞는 포용적 발전(inclusive development)을 주장하고 있다. 워싱턴 컨센서스를 대체하기에 베이징 컨센서스는 가야 할 길이 멀지만, 이를 위해 전 세계적으로 포석을 놓고 있는 것이다. 특히 아시아에 관한 한 중국은 미국과 함께 규칙제정자(rule maker)로서 공동관리에 나설 것으로 보인다.

일본은 경제적으로는 거인이지만 정치적으로는 난쟁이에 가깝다. 일본은 유사 법제를 통한 재무장을 발판으로 기존의 경제적 능력에 보태어 외교적·군사적 입지를 넓히려 해 왔다. 그러나 일본은 더 이상 떠오르는 태양이 아니다. 최근 6년 동안 6명의 총리가 바뀌었듯이 정치적 리더십이 취약하며, 여전히 이익집단이 국회를 지배하고 있는 상황에서 국가쇄신을 위한 개혁의 추진은 어렵다고 본다. 후쿠시마 원전 사고 직후 위기관리를 위해 민주당이 연합정부를 제의했지만, 자민당과 공명당의 반응은 냉담하였다. 이 재해로 인해 일본이 재도약하기까지는 적어도 10여 년은 걸릴 것으로 예상하고 있다. 그럼에도 이 위기를 일본이 자랑하는 기술과 자본으로 극복할 수만 있다면, 일본은 다시 세계경제의 중심부를 향해 나아갈 수 있을 것이다.

한국은 2011년을 기준으로 세계 7위의 수출 국가이자 세계 9위의 무역 국가로서 GNP에서 세계 15위의 위치를 차지하고 있다. 하지만 세계 총생산에서 한국의 GNP가 차지하는 비중은 겨우 1.6%에 지나지 않는다. 또 한국은 산업화와 민주화를 동시에 이루어 냄으로써 국제적 위상을 높여 왔지만, 여전히 분단국가로서의 한계를 지니고 있다. 그럼에도 한국은 팽창주의를 지향하는 중국이나 일본과는 다르며, 중견국

(middle power)이지만 분단국가로서 한국은 중국과 일본에 비해 상대적으로 열세다. 동북아시아 지역에서 상생과 조화를 위한 균형추의 역할 이상을 발휘하기 어려운 것이 오늘의 한국이다. 그럼에도 한국은 2010년 G20 회의 주최국으로서 선진국과 개발도상국 사이의 교량적 역할을 시도한 것처럼, 국제관계와 세계경제에서 일정한 위상을 가진다고 하겠다.

3. 동북아 공동체를 향하여

동북아시아는 아시아의 동부와 북부가 합쳐진 지역을 아우른다. 대륙국 중국, 해양국 일본, 반도국 한국이 동북아시아의 중심을 이루고 있지만, 몽골은 물론 러시아, 미국도 포함할 수 있다. 자연지리적으로 미국은 알래스카를 지님으로써 북부 아시아와 이어지며, 러시아는 유라시아 국가로서 북부 아시아와 맞닿는다. 여기에 미국과 러시아는 동북아시아 국가들과 각기 체결한 여러 조약 및 협정 등을 통해 지정학적으로 연결되고 있다. 두 나라는 태평양이라는 해양을 두고 아시아와 북미 대륙을 연결하는 거대한 지정학적 사고를 하고 있다. 이 중 한국, 중국, 일본은 비교적 강한 국가주의와 민족주의의 전통을 지니고 있다. 그러므로 동북아 공동체로 나아가기 위해서는 구동존이(求同存異)와 화이부동(和而不同)의 방향에서 서로의 차이를 인정하면서 공통분모를 찾아야 한다. 한국, 중국, 일본은 서로 공동체 의식을 함양하여 지역 안에 협조와 공존을 위한 문화와 경제 교류의 확대를 통해 세 나라 국민들 사이의 이해와 신뢰를 높여야 할 것이다(임현진, 2010).

지난날 한국과 중국과 일본은 유교 문화를 기반으로 중화질서 아래 놓여 있었다고 할 수 있다. 그러나 이러한 문화적 공통성이 지역적 통합성을 담보하는 것은 아니다. 한국, 중국, 일본은 서로 인접해 있으면서도 고대로부터 근대에 이르기까지 생각하는 것만큼 서로 활발하게 인적·물적 접촉과 교류 등을 이루어 왔다고 보기는 어렵다. 고대 당의 중국, 신라의 한국, 나라·헤이안 시대의 일본은 내왕과 교역에서 가장 활발했던 예외적인 시기다. 근세에 들어와 중국의 명은 14세기부터, 조선의 한국(동래의 왜관은 예외)은 15세기 초반부터, 그리고 도쿠가와 시대의 일본(나가사키는 예외)은 17세기 전반부터 역외 국가들에 대한 쇄국정책을 펼치면서 3국 사이의 교역은 물론 왕래조차 제한적으로 이루어졌다. 한국, 중국, 일본이 서로 본격적인 통교를 시작한 것은 19세기 후반 이후로 서구에 대한 개항에 따른 결과라고 할 수 있다(고병익, 1955).

돌이켜 볼 때 한국이 고구려 패망 이후 중국의 그늘에서 벗어나지 못하고 있었다면, 일본은 도요토미 히데요시 이래 중국 정복의 의지를 지니고 있었다. 중국이 중화주의 아래 동북아시아를 자국의 생활 영역으로 여겼다면, 일본은 아시아주의를 통해 대륙 전체로의 진출을 끊임없이 추구하였다. 반면 한국은 중국이나 일본과 달리 일국중심의 대국적 팽창주의로부터 자유로웠다는 특징을 가진다. 동북아시아 3국 중 서구 제국주의 침탈로부터 가장 먼저 피해를 본 것이 중국이다. 이의 극복을 위해 일본은 아시아 대륙에 식민지를 건설하는 후발 제국주의를 추구하였다. 한국의 식민화 이후 중일전쟁에서 승리한 일본은 대만을 전리품으로 획득하고, 이후 중국 대륙으로 진출을 꾀함으로써 대동아공영권 건설에 박차를 가하게 되었다. 이러한 일본의 대동아공영권이라는 오도된 실험이 현재 동북아시아에 역사의 하중으로 남아 있다.

동북아시아 지역에 대한 미국과 구소련의 대외 정책적 이해관계는 이미 19세기 초반으로 거슬러 올라간다. 미국과 일본은 가쓰라-태프트 밀약(The Katsura-Taft Agreement, 1905)에 의해 미국이 필리핀을 식민지화하는 조건으로 일본의 한국 식민지화를 용인하였다. 러시아 또한 동북아시아에서의 주도권을 행사하기 위해 치른 노일전쟁(1904)에서 패퇴할 때까지 한반도에 대해 일정한 영향력을 행사해 왔다. 한국전쟁을 전기로 하여 미국과 소련은 동북아시아 지역과 군사, 외교, 경제 측면에서 긴밀한 관계를 지속해 왔다. 미국은 미일안보조약(1951), 한미상호방위조약(1953), 대만방위공약(1980), APEC 참여 및 FTA 체결 등을 통해 한국, 일본, 대만과 관계를 맺고 있다. 러시아는 조중우호협조 및 호상원조에 관한 조약(1961), 조소우호협조 및 호상원조조약(1961), 조러우호친선 및 협력에 관한 조약(2000) 등을 통해 북한, 중국과 관계를 맺고 있다. 조소우호조약은 1995년 9월 러시아가 북한에 폐기를 통보하고 1996년 9월 북한으로부터의 연장 요청을 거부함으로써 폐기되었으며, 이를 대체한 것이 조러우호친선 및 협력에 관한 조약이다.

미국은 일본, 한국과 함께, 러시아는 중국과 함께 서로를 가상의 적으로 삼고 각기 합동군사훈련을 하고 있다. 한국, 중국, 일본 세 나라 모두 군비를 축소하기는커녕 강화하고 있음으로써 동북아시아 세 나라 사이의 상호협력을 해치고 있다. 2000년대 초반 한국이 동북아시아 균형자를 자처하였는데, 이는 미국과 러시아를 배경으로 한 북방동맹과 남방동맹이라는 대립적 구도 아래서는 동북아시아의 평화와 번영이 어렵다는 인식이 깔려 있었다. 동북아시아 균형자로서 한국의 역량 유무는 차치하고, 갈등으로부터 협력으로의 동북아시아 지역 질서를 만들어 나가겠다는 한국의 선도적 의지는 읽을 수 있다. 여기서 관심을 끄는 사실은 이 가운데 일본이 미국과의 동맹을 강화함으로써 한국을 밀어내고 동북아시아에서 미국의 대리인이 되려고 하는 것이다. 오히려 한국은 동북아균형론으로 인해 미국과의 남방동맹으로부터 이탈을 통한 친중 노선으로의 전환으로 오해를 받았다. 최근 한국은 한미동맹의 복원을 통해 다시금 중국과 일본의 군사주의적 대국화에 대응하고 있다.

현재 동북아시아의 상호협력을 가로막는 원인은 일본이 중국과 한국에 대해 과거 식민지 시대의 과오와 관련하여 반성을 제대로 하지 않고 있다는 데 있다. 일본은 '일본군' 위안부에 대한 보상에 앞서 그 존재 자체를 부정하려는 입장을 취하고 있으며, 난징대학살(南京大虐殺)에 대해서도 마찬가지다. 일본 수상들의 신사참배가 계속되고 있는 가운데 역사교과서에서는 중국과 한국의 식민지화를 미화하는 왜곡을 불사하고 있다. 일본 제국주의의 피해자인 중국은 일본의 반성을 촉구하면서도 서남공정과 서북공정에 이은 동북공정에서 나타나듯이 한국의 고유 역사를 부정하는 패권주의적 경향을 보이고 있다. 영토분쟁 역시 동북아시아의 상호협력을 저해하는 또 다른 원인을 제공한다. 북방 4도의 소유를 둘러싼 러시아와 일본 사이의 갈등은 아직 해결의 실마리를 풀지 못하고 있다. 한국의 영토인 독도에 대한 일본의 영유권 주장이나 일본이 점유하고 있는 조어도(釣魚島)에 대한 중국의 반환 요청이 한국, 중국, 일본 사이의 분쟁을 뜨겁게 하고 있는 실정이다. 동북아시아는 현재 역사 갈등과 분쟁이라는 중층적 갈등 아래 놓여 있다.

또한 북한의 핵무기 개발이 동북아시아에 긴장을 조성하고 있다. 핵보유국인 미국, 러시아, 중국에 이은 북한의 핵무기 소유 의욕은 일본과 한국을 자극하고 있다. 특히 일본은 북한 핵개발을 명분으로 유사법제를 통한 재무장을 정당화하려 하고 있다. 이러한 일본의 국가주의적 우경화에 대해 중국과 한국이 긴장하고 있는 것은 당연한 일이다. 중국과 일본 사이에 지역 패권을 향한 과도한 군비경쟁이 일어나고 있으며, 북한의 핵문제를 포함한 동북아시아의 군사주의는 이 지역이 여전히 냉전질서 아래 놓여 있다는 표증이기도 하다. 그러므로 동북아시아의 미래는 기회와 위협으로 둘러싸여 있다. 가장 큰 도전은 현재 한국·중국·일본 사이에서 벌어지고 있는 복합적인 역사 갈등과 영토분쟁이다. 이를 슬기롭게 극복할 수 있다면 한국, 중국, 일본은 평화와 번영을 위한 새로운 동북아시아 지역 질서를 만들어 낼 수 있는 기회를 가질 수 있다. 유럽의 경험은 지역공동체의 형성이 쉽지 않다는 사실을 알려주고 있다.

1957년 로마조약 체결 이후 반세기를 지나면서 EU는 경제통합을 넘어 정치통합으로 나아가고 있다. 최근 유로존의 위기로 인해 EU의 경제통합 자체가 흔들리고 있는 것도 눈여겨볼 필요가 있다. 주목할 점은 정치통합이 흔들리면서 사회통합이 어려워지고 있다는 것이다. 반세기에 걸친 경제공동체의 역사에도 불구하고 국익을 넘어설 수 있는 범유럽적인 법과 규범, 그리고 제도상의 합의가 이루어져야만 국가연합 형태의 정치공동체가 가능할 것이다. 기독교 문명 지대로서 유럽은 오랜 분열과 통합의 역사 아래 지역공동체의 수립을 위해 적지 않은 체험과 학습을 필요로 했다는 사실을 알 수 있다. 고래로부터 동북아시아에서 경제적 교류와 군사적 충돌이 있어 왔던 것은 EU와 다를 바 없지만, 강력한 국가주의 전통 아래 종교적으로나 정치적으로 통합의 역사를 경험하지 못했다는 점에서 동북아시아는 유럽과 현격한 차이를 보인다.

한국, 중국, 일본은 발전, 에너지, 금융, 환경, 테러 등 일련의 문제에서 공통의 협력 틀이 필요하다. 지역공동체라는 먼 미래를 위해 한국·중국·일본 세 나라는 문화와 경제 교류의 확대를 통해 국민들 사이의 이해와 신뢰를 높여야 하며, 인적·물적 소통과 교섭을 통해서만 지역공동체를 향한 합의의 기반으로 나아갈 수 있다. 흥미롭게도 아시아에는 통합유럽의 지도자라는 야심을 품고 있었던 모네(Jean Monet), 슈만(Robert Schuman), 처칠(Winston Churchill), 드골(Charles de Gaulle)과 같은 인물이 없다. 마오쩌둥(毛澤東), 호찌민(胡志明), 수카르노(Achmed Sukarno), 박정희(朴正熙), 리콴유(李珖曜) 등 국익수호를 위한 민족해방적 정치인 혹은 개발독재형 정치인은 있었으나 아시아라는 지역적 공통분모 아래 동주공제(同舟共濟)를 위한 예언자적 풍모를 지닌 걸출한 지도자는 아직 나타나지 않고 있다. 그러므로 일본의 '대동아공영권'과 중국의 '중화경제권'이라는 자국중심의 패권주의적 구상을 넘어설 수 있어야 한다. 따라서 동북아 공동체를 향한 선취와 진취적인 자세를 가져야 할 것이다.

오늘날 아시아 지역에는 APEC, ASEAN, ASEAN+3, ASEAN+6 등의 국제기구가 있다. 21개 회원국으로 구성되어 있는 APEC은 느슨한 경제협력체다. 1994년 보고르(Bogor) 정상회의에서 선진국은 2010년, 개발도상국은 2020년에 역내 무역자유화의 추진 일정이 합의되었지만, APEC이 실질적인 경제적 지역 블록으로서 기능하기 위해서는 많은 난관이 가로 놓여 있다. 아시아 지역의 경제적 주도권을 장악하려는 미국과 중국의 입장으로 인해 APEC의 발전적인 제도화가 지체되고 있다.

10개 회원국으로 구성되어 있는 ASEAN(Association for South East Asian Nations)은 경제협력을 강조하지만 회원국들 사이의 경쟁으로 인해 소기의 성과를 거두지 못하고 있다. ASEAN은 미국으로부터의 안보적 이해와 중국으로부터의 경제적 이해로 구심력이 이완되고 있으며, 경제약소국인 자신들의 입지를 약화시킬 것을 인식하여 미국의 영향력 아래 있는 APEC에 대해 유보적이다.

ASEAN+3은 아시아 금융위기에 대처하기 위해 ASEAN에 한국, 중국, 일본이 가담하는 형식으로 출범했으나, 세 나라는 의사결정권이 없어 의견을 교환하는 정도의 포럼에 그치고 있다. 다만 향후 아시아 지역에는 〈그림 8-2〉와 같이 ASEAN+3, ASEAN+6(호주, 뉴질랜드, 인도 포함), ARF(Asian Regional Forum), EAS(East Asia Summit) 등이 APEC과 병존할 가능성이 크다.

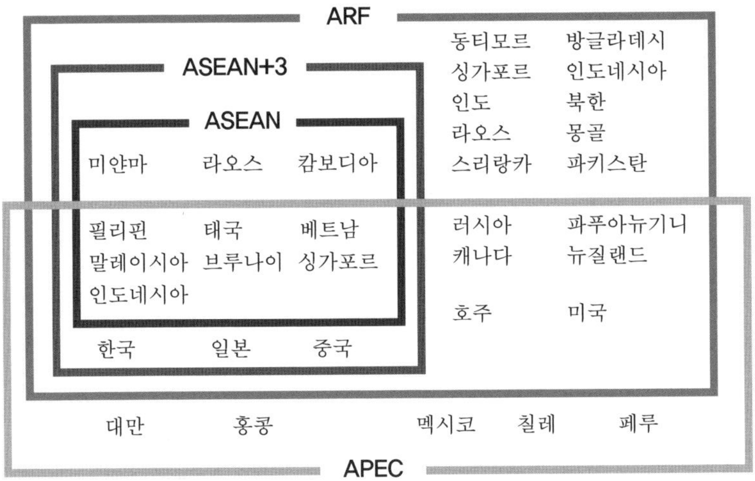

〈그림 8-2〉 아시아의 지역공동체

출처: 필자 작성.

동북아시아에서의 긴장과 갈등을 협력과 상생으로 이끌어 가기 위해서는 지역공동체의 건설이 중요하다. 그러나 지나친 국가주의와 민족주의의 경향 아래 패권경쟁은 이 지역에서 지역공동체의 건설을 어렵게 하고 있다. 따라서 한국, 중국, 일본은 동북아시아에서의 지역공동체 건설을 경제적으로뿐만 아니라 문화적으로 접근하는 것이 유용할 수 있다. APEC과 같은 경제공동체를 이끌어 내는 데 조급해하기보다는 세 나라가 일대일로 협상하는 쌍무주의를 통해 화해와 협력을 도모하고, 나아가 세 나라가 모두 참여하는 다자주의적 상생의 길을 모색하는 것이 순서일 것으로 보인다. 동북아시아의 경제력은 동남아시아의 10배에 이르며, 특히 한국·중국·일본 세 나라의 경제력은 동아시아 지역경제의 90%를 차지한다.

동북아시아에서의 긴장과 갈등을 협력과 상생으로 이끌어 가기 위해서는 지역공동체의 건설이 중요하다. 이 점에서 동북아시아에서의 지역공동체 건설을 경제적으로뿐만 아니라 문화적으로 접근하는 것이 유용할 수 있으며, 경제공동체보다 문화공동체의 구축이 더 적실하다고 할 수 있다. 고래로부터 동북아시아에서 경제적 교류와 군사적 충돌이 있어 왔던 것은 EU와 다를 바 없지만, 강력한 국가주의의 전통 아래 종교적, 정치적으로 통합의 역사를 경험하지 못했다는 점에서 동북아시아는 유럽과는 현격한 차이를 보인다(Lim et al., 2004). 동북아시아는 중국 문명권 아래 한국 · 중국 · 일본 나름의 문화를 개화시켜 왔다. 고대로부터 한국, 중국, 일본이 문화적 교류와 접변을 통해 각기 나름대로 독자성을 가진 문명을 만들어 왔으나 그 본류는 역시 중국이라고 할 수 있다. 문화적 교류와 접변의 과정에서 한국이 중국과 일본 사이의 교량 역할을 한 것은 잘 알려진 사실이며, 과거 한국 · 중국 · 일본 세 나라를 이어 주었던 불교의 전파가 좋은 보기다.

이 점에서 한국 · 중국 · 일본 사이의 ANEAN(Association for North East Asian Nations)을 모색하는 것도 하나의 방법이다. 지역공동체의 모색과정에서 한국의 역할을 강조한 것은 한국이 중국이나 일본과 달리 예전이나 지금이나 대국주의와는 거리가 멀다는 것이다. 오히려 한국은 중국과 일본의 대국적 팽창주의의 피해자일 수 있다. 여기서 오늘날 동북아시아에서 강하게 불고 있는 국가주의와 민족주의의 재등장을 극복하기 위한 한국의 시대적 소명이 도출될 수 있다. 물론 한국은 중국과 일본의 국가주의와 민속주의를 견제하기 위해서는 국력 면에서 역부족인 것이 사실이다. 그럼에도 한국의 비(非)팽창주의적 입장이 도덕적 차원에서 중국과 일본에 대해 헤게모니적 우위를 가질 수 있다는 사실에 주목하고 싶다.

동북아시아에서의 문화공동체는 정부와 민간 차원의 교류와 협력을 통해 대화와 소통을 늘리는 것과 다르지 않다. 따라서 이를 위해 필자는 두 가지 제안을 하고자 한다. 하나는 정부 차원의 '한 · 중 · 일 역사문화회의'(가칭)의 구성이고, 다른 하나는 민간 차원의 '한 · 중 · 일

시민사회포럼'(가칭)의 결성이다. 먼저 한·중·일 역사문화회의에서는 세 나라 정부의 각료급을 포함한 실무자들 간 정기적 회의를 통해 한·중·일 사이의 현안이라 할 수 있는 역사 왜곡 및 영토분쟁은 물론 환경협력과 문화교류 등을 논의할 수 있다. 이 과정에서는 외국의 경험을 참고할 수 있으며, 공통의 역사교과서 개발이나 환경보호를 위한 의정서 도출도 가능할 것이다. 다음으로 한·중·일 시민사회포럼에는 세 나라 시민사회의 주요한 NGO들이 정기적인 회의 외에 필요한 경우 수시로 만남을 가져 과거와 미래를 현재의 시점에서 연결할 수 있는 정치·외교·경제·사회·문화·환경 현안 등에 관한 의견을 개진할 수 있을 것이다. 결과적으로 정부와 민간 차원의 네트워크 강화를 위한 대화와 소통의 통로로서 문화공동체의 역할에 기대를 걸 수 있다.

제9장 신자유주의 시대의 대만 발전국가

1. 동아시아 발전국가의 최근 동향

한국과 대만은 지난 수십 년 동안 발전국가(developmental state)와 국가주도적 산업화에 기반을 두어 고도성장을 달성한 동아시아 발전모델의 성공적인 사례로 꼽힌다. 한국과 대만의 발전국가는 경제성장에 국가의 존립 근거와 국가행위의 최우선권을 부여하는 국가형태로서, 고도의 자율성과 능력성을 확보한 국가관료기구가 전략적인 시장개입과 다양한 산업정책을 통해 민간기업을 지도, 규율, 조정함으로써 후발 산업화와 고도성장을 견인하는 발전모델을 의미한다(Johnson, 1982; Amsden, 1989; Wade, 1990; Evans, 1995). 그러나 1990년대 이후 한국과 대만의 발전국가는 세계체제적 조건의 변화, 민주화 이행과 시민사회의 성장, 국가-기업관계의 변화 등으로 발전국가 운용의 전제조건이던 국가자율성과 국가능력성이 현저히 약화되면서 점차 쇠퇴와 전환의 국면에 접어들게 된다.

그런데 한국과 대만에서 발전국가의 재편 · 전환 과정은 그것의 범위 · 강도 · 성격 면에서 동일하지 않았으며, 보다 결정적으로 전환의 결과에서 뚜렷하게 대비되는 양상을 보인다. 단적으로 1997년 동아시아 외환위기는 한국과 대만의 명암이 분명하게 갈리는 계기가 되었다. 신자유주의적 세계화의 경향성이 심화되는 가운데 한국은 김영삼 정부 이후 무분별한 금융·자본 자유화와 발전국가적 기제의 해체를 골자로 하는 '탈발전국가(post-developmental state)'의 경로로 나아갔다. 이는 거시경제 전반에 대한 국가의 통제력 상실로 이어지면서 결국 외환위기를 초래하게 되었다. 반면 대만은 선별적, 제한적인 자유화 정책으로 발전국가의 전환을 최대한 억제하는 '연성발전국가(soft-developmental state)'의 경로를 걸음으로써 경제·금융 부문에 대한 국가의 통제력을 유지할 수 있었으며, 외부의 금융적 충격으로부터 경제를 방어할 수 있었다(윤상우, 2005: 128-137). 이렇게 상반된 전환의 결과 속에서 외환위기 이후의 한국은 IMF 구제금융 프로그램과 김대중 정부의 구조조정 정책을 통해 본격적인 신자유주의 체제, 심층적인(deep) 신자유주의 단계로 이행하게 되었다(지주형, 2011).

그렇다면 1997년 동아시아 외환위기 이후 대만의 발전모델은 어떠한가? 여전히 발전국가적인 성장방식을 지속하고 있는가? 아니면 신자유주의의 대세적 흐름과 대내외적 변동 속에서 또 다른 변화가 나타나고 있는가? 비록 동아시아 외환위기의 파고를 비켜 가긴 했지만, 대만 역시 2000년대 이후에는 다양한 정치경제적 도전에 직면하고 있어 발전모델과 국가성격에 상당한 변화가 불가피할 것으로 생각된다. 우선 2000년 총통선거에서 대만 발전국가의 정치적 토대였던 국민당 일당지배가 막을 내리고 야당인 민주진보당으로의 정권교체가 이루어진 점을 들 수 있다. 과거 국민당과는 완전히 다른 정치노선과 정책지향성을 가진 천수이벤(陳水扁) 정부는 이후 연임에 성공하여 2008년까지 집권한 바 있다. 그리고 동아시아 위기에서도 견실한 성장을 보였던 대만 경제는 2001년 사상 최초로 마이너스 성장을 경험했고, 이후에도 저성장-저투자가 계속되어 경제전반의 활력이 점차 쇠퇴하고 있다는 점을 지적할 수 있다. 또한 1990년대부터 지속되어 온 대만 기업들의 대중국 진출이 계속 확대되어 대만 경제가 공동화(空洞化)되는 현상과 2002년 WTO 정식 가입 이후 신자유주의적 세계화와 지역경제통합에 대한 대응전략 등도 현재의 대만이 안고 있는 숙제라고 할 수 있다.

본 연구는 이상의 문제의식을 토대로 2000년대 이후 대만 발전모델이 경험하고 있는 변화의 방향과 특징을 고찰하고, 대만 발전모델의 현재적 성격과 좌표를 검토하고자 한다. 사실 발전론의 영역에서는 2000년대 이후 대만 발전모델을 둘러싼 다양한 해석이 제기되어 왔는다. 초기의 논의는 몇몇 개방과 자유화, 신자유주의적 정책에도 불구하고 대만이 여전히 국가의 경제개입 능력과 통제력에 기반을 둔 발전국가 모델을 유지하고 있거나(Tasi, 2001; Chu, 2002), 생명공학 등 첨단산업과 R&D 부문으로 산업정책을 전환함으로써 유연한 발전국가로 재편되고 있다는 논의가 지배적이었다(Amsden and Chu, 2003; Wong, 2004, 2005). 그러나 최근에는 대만이 발전국가 모델의 성공적 재편에 실패했다거나 신자유주의적 경쟁국가(competition state)로 이행하고 있다는 보다 과감한 주장들이 제기되기도 한다(Lin, 2010; 瞿宛文, 2011). 본 연구는 이러한 모든 가능성을 염두에 두면서 대만 국가의 정책 기조와 정책지향성, 경제 · 산업 · 사회정책의 구체적 내용, 정책결과 및 사회경제적 파급효과 등을 체계적으로 분석함으로써 대만 발전모델의 현재 모습과 성격을 진단 규정하고자 한다.

본 장의 구성은 다음과 같다. 2절에서는 대만 발전모델의 변동을 가늠하기 위한 논의의 전제로서 초기 산업화 단계에서 성립된 대만 발전국가 체제의 성격과 특성을 고찰하고, 1980년대 이후 국가-사회-세계체제 관계의 변화로 야기된 발전국가 체제의 연성화 과정을 살펴볼 것이다. 3절에서는 2000년대 이후 대만 발전모델의 변동을 다양한 정책실험과 시행착오, 변화와 연속성이 공존하는 '잡종적 진화'의 관점에서 검토할 것이다. 또한 세부적으로 복지국가적 전환과 제한적 신자유주의화라는 변화의 측면과 발전국가의 조직적·정책적 관성이 유지되는 연속성의 측면을 논의한다. 4절에서는 신자유주의적 세계화 시기에 대만 발전국가의 재편과 대응이 어떠한 사회경제적인 성과를 가져왔는가를 평가하고, 이를 토대로 대만 발전모델의 현재적 성격을 진단하고자 한다. 마지막으로 결론에서는 대만 발전모델의 향후 전망을 토의한다.

2. 대만 발전국가의 역사적 변천과정

1) 고도성장기 대만 발전국가의 성립과 특징

1949년 국공내전(國共內戰)에서의 패배로 대만에 진주한 장제스(蔣介石)의 국민당 정권은 독특한 역사적 조건으로 인해 이미 초기부터 발전국가의 성립 조건 중 하나인 국가자율성을 상당 부분 확보할 수 있었다. 일종의 '외삽국가'였던 대만의 국민당 정권은 중국 대륙 전체를 관할할 수 있는 수준으로 성장한 거대한 당·관료 조직과 막강한 물리력(60만 군대)을 이끌고 대만에 진주하였다. 그 자체로 압도적인 '국가우위(overdeveloped state)'의 특성을 보인 것이다(Alavi, 1972). 또한 토지개혁을 실시해 지주계급의 영향력을 제거하고, 일제의 적산(敵產)을 철저히 국유화하여 관영부문으로 편성했으며, 민간기업의 활동영역을 선별적으로 통제 허용함으로써 강력한 국가자율성을 구축하게 된다. 그리고 본토에서의 실패를 거울삼아 1950년대 내내 당내 개혁에 착수하여 실용적인 기술관료를 중용했으며, 경제정책을 관장하기 위한 일련의 국가기구 개혁을 단행함으로써 상당한 수준의 국가능력성도 확보할 수 있었다(윤상우, 2005: 91-92). 그러나 이러한 조건에도 불구하고 1950년대의 국민당 정권이 곧 발전국가였던 것은 아니었다. 그것은 무엇보다 당시의 국민당 정권이 '본토수복'에 국가지향성과 정당성의 근거를 두는 '전쟁동원체제'로서의 성격을 지녔기 때문이다.

이후 1960년대 초반에 이르러 경제발전을 국가정당성의 근거로 삼는 발전국가의 이념적 토대가 구축됨에 따라 대만의 국민당 정권은 발전국가로 전환하게 된다. 이는 현실적으로 무력에 의한 즉각적인 본토수복이 불가능하고 대만에서의 정치사회적 기반과 정당성이 대단히 취약한 상황에서, 대만 주민들을 체제 내로 통합하고 자신의 정치적 목표에 동원하기 위해서는 대만에서의 경제적 번영을 보증할 필요가 있었기 때문이다(Castells, 1992: 59). 따라서 대만의 발전국가는 체제생존 및 정권유지라는 전략적 고려하에 '경제발전을 통한 국가형성'이라는 정치적 프로젝트의 일환으로 출현하게 되었다.

이 같은 역사적 · 정치경제적 상황에서 등장한 대만의 발전국가는 1960년대부터 본격적으로 국가주도적 성장체제를 가동하기 시작하였다. 대만 발전국가가 추진한 산업화 전략에서는 특히 두 가지 점을 주목할 필요가 있다. 첫째, 경제발전에 정책의 최우선권을 두었지만, 한국과 같은 '성장일변도'가 아닌 '안정 기조하의 경제성장'을 핵심적 정책 기조로 설정했다는 점이다(Cheng, 1993: 122-123).[1] 이는 물가안정이

1 대만의 국민당 정권이 '안정 기조하의 경제성장'을 추구하게 된 것은 다음의 이유에서다. 첫째, 국민당의 창당 이념인 쑨원(孫文)의 삼민주의(三民主義)에서 그 기틀이 마련되었다. 쑨원은 중국의 경제발전모형으로 토지의 균등분배를 통한 국민생활의 안정과 평등(安定, 均富, 富民)을 강조하는 민생주의를 천명한 바 있다. 둘째, 본토에서의 패배 원인이 인플레이션 재앙(국공내전시 통화 남발)에 따른 민심이반에 있었다는 스스로의 성찰과 관련이 있다(Wade, 1990: 260). 이후 국민당 정권은 과도하리만치 반(反)인플레이션 정책에 집착하게 된다.

지속적인 경제성장의 전제조건으로 간주되는 것을 의미하는데, 대만이 신용할당과 같은 팽창적인 산업정책보다는 주로 조세감면 등의 물가중립적인 온건한 정책수단들을 활용해 산업화를 추진하게 된 배경이 된다. 둘째, 수출지향적 산업화로의 경로 수정인데 이는 한편으로는 1950년대 수입대체산업화의 경제적 한계(시장포화와 저성장) 및 미국 원조의 감소로 인한 외환 부족과 무역수지 악화와 같은 경제적 요인과, 다른 한편으로는 미국 측의 집요한 설득과 압력, 대만 국가 내 실용적인 기술관료의 정책주도권 확립과 같은 정치적 요인이 결합되어 나타난 결과였다(Cheng, 1990: 155; Haggard, 1994: 141-144).

이러한 경제정책 기조의 구축과 더불어 대만의 발전국가는 경제개발계획을 통해 중장기적인 산업화 전략을 설정하였다. 또 경제성장과 수출목표를 달성하기 위해 조세감면, 정책금융, 각종 수출지원책과 같은 다양한 산업정책, 금융정책, 재정정책 등의 수단을 체계적으로 동원하였다. 대만 발전국가의 대표적인 정책수단들을 간략히 제시하면 다음과 같다.

첫째, 수출지향적 산업화로의 전환 초기에 대만 산업정책의 초석을 놓은 것은 1960년에 발표 시행된 「19항 재정경제개혁안(19項 財政經濟改革案)」과 「장려투자조례(獎勵投資條例)」였다(Haggard, 1994). 「19항 재정경제개혁안」은 수출촉진을 위해 대만 원(元)화의 평가절하와 단일변동환율제로의 이행, 수입규제의 완화 등 대외지향적 산업화를 위한 제도적 기반을 정비 개혁한 것이다. 특히 재정정책의 일환인 「장려투자조례」는 투자 촉진과 수출 확대를 위해 기업활동 전반에 걸쳐 조세감면과 금융적 우대조치를 설정함으로써 향후 대만 산업정책의 중추적인 수단으로 자리매김하게 되었으며, 나아가 선별적인 전략산업 육성을 위한 정책수단으로도 기능하였다. 예컨대 1960년대에는 제조업을 중심으로 한 '생산사업(生産事業)'에 광범위한 조세감면이 이루어졌고, 1970년대는 중화학공업(철강, 석유화학, 기계산업)을 주요 대상으로 하는 '중요산업(重要産業)'에 집중적인 조세감면이 적용되었으며, 1980년대에는 기술집약적, 에너지절약적인 산업을 '전략산업(策略性産業)'으로 지정하여 집중 지원한 바 있다.

둘째, 금융정책과 관련하여 대만 발전국가는 전략산업을 육성하기 위해 국가통제하에 있던 금융자산을 직접적으로 동원했으며, 수출 확대를 위한 정책금융과 금융적 유인 정책도 활용하였다. 특히 1970년대 들어 중화학공업의 육성에 따라 대만 정부는 특정업무를 전담하는 특수은행(중소기업은행, 수출입은행, 개발은행 등)을 설립하고, 전략산업에 중장기 자금을 공급하는 각종 개발기금을 구축했으며, 주요 개발사업에 대한 정부 출자도 크게 강화하였다(한국경제연구원, 1984: 67-68). 그러나 대만은 '안정 기조하의 성장'을 지향했으므로 팽창적 금융정책이나 정책금융에 대한 의존도가 한국만큼 심하지는 않았다.[2]

셋째, 수출 촉진과 국내시장 보호를 위한 무역정책도 적극적으로 시행되었다. 대만은 세계에서 처음으로 1960년대 중반 '수출가공구(輸出加工區)'를 설치하여 해외투자를 유도하고 수출산업 부문을 지원하는 조치를 취하였다. 수출가공구는 1965년 「수출가공지역설치관리조례(輸出加工地域設置管理條例)」가 제정 공포됨에 따라 1966년 2월 최초로 가오슝(高雄)에 설치되었고, 1971년과 1972년에는 타이중(臺中)과 난쯔(楠梓)에 각각 추가로 설치되었다(한국경제연구원, 1984: 85-86). 더불어 국내 산업을 보호하기 위해 강력하고 유연한 수입정책이 실시되었

2 단적으로 대만에서 단기수출금융, 중소기업금융 등 정책금융의 대출 총액이 금융기관 대출 총액에서 차지하는 비중은 1971~1981년 평균 7~9% 수준에 불과하였다(Chou, 1992: 71). 반면 한국의 경우 전체 은행대출에서 정책금융의 비중은 1977년 70.1%, 1978년 82.5%라는 기록적인 수치를 보인다(김종웅, 1986: 54).

는데, 수입규제와 관세장벽, 그리고 복수환율제도 등을 배합한 것이었다. 1960년대 이후 표면적으로는 수입자유화가 점차 시도되었으나 다양한 비관세장벽으로 국내 산업을 보호하였다. 특히 1970년대에는 관세정책이 국내 산업보호의 중추적 역할을 담당했는데, 대만의 관세율은 1980년대 초반까지도 일본이나 한국과 비교하여 월등히 높은 수준이었다.

대만의 발전국가가 주도한 수출지향적 산업화는 이미 잘 알려져 있듯이 대단히 성공적인 결과를 낳았고, 이후 고도성장의 초석을 놓는 출발점이 되었다. 대만은 1960년대 동안 연평균 9.4%의 경제성장률을 기록했으며, 수출은 같은 기간에 12.6배의 성장을 거두었다. 또한 1970년대의 중화학공업화 전략도 괄목할 만한 성과를 거두었다. 1970년대 대만의 연평균 경제성장률은 10.2%에 달했는데, 이는 개발도상국 평균(5.4%)의 2배, 세계평균(3.8%)의 3배에 달하는 고속성장이었다(한국은행, 1993: 52). 또 1970년대의 연평균 수출성장률은 31.4%에 이르렀고, 1971년 최초로 2억 달러 흑자를 기록한 이후 완전한 무역수지 흑자 기조를 정착시키게 되었다.

2) 1980년대 이후 대만 발전국가의 재편과 연성화

한국이 그랬던 것처럼 대만에서도 1980년대는 다양한 정치적·경제적·사회적 변화가 급격하게 분출되던 '전환의 시기'였다. 특히 1960년대부터 고속성장을 견인해 왔던 발전국가 체제는 대내외적 조건의 변화로 국가자율성 및 국가능력성이 하락하면서 점차 쇠퇴와 위기의 국면으로 접어들게 되었다. 1980년대부터 가시화된 대만 발전국가의 위기를 '국가-세계체제의 변화', '국가-시민사회의 변화', '국가-자본 관계의 변화' 등 세 가지 측면에서 살펴보면 다음과 같다.

첫째, 과거 대만 발전국가의 고도성장을 지원했던 세계체제적 조건은 1980년대 이후 점차 압박구조로 전환되었다. 그것은 수십 년간의 수출지향적 산업화로 인해 국제무역과 세계시장 의존도가 급격하게 상승하여 세계경제의 변동에 취약성이 증대된 점과 급성장한 대만에 대한 선진국의 견제와 보호무역주의의 대두, 동남아시아 후발 개발도상국의 유사한 산업화 전략 모방 등이 포함된다(윤상우, 2005: 114-117). 특히 1979년 미국의 대만 승인 취소로 상징되는 국제정치적 고립의 충격과 함께 1980년대 내내 미국의 시장개방 및 경제자유화 압력이 전방위적으로 가해졌다. 이는 미국시장에 대한 높은 수출의존도와 미국에서 연유하는 지속적인 무역흑자 등에서 연유한 것이다. 결국 대만 정부는 1980년대 중반부터 무역자유화, 평가절상 및 환율정책 개혁, 자본시장 개방 등 순차적인 경제자유화 조치를 취함으로써 미국 측의 요구를 수용하게 된다(行政院經濟建設委員會, 1989: 188-189).

둘째, 국가-시민사회의 지형과 관련하여 대만에서도 1987년 민주화 이행이 이루어졌다. 대만 최초의 야당인 '민주진보당' 창당이 일정한 계기가 되긴 했지만, 대만의 민주화 이행은 국민당 정권의 선제적인 민주화 조치를 통해 이루어진 '위로부터의 개혁' 또는 '수동혁명적 민주화'의 성격을 지닌다(김준, 1993: 38). 결국 이를 통해 2000년까지 국민당의 정치적 헤게모니가 유지될 수 있었지만, 민주화 이행은 발전국가의 정책 자율성에 상당한 영향을 미치게 되었다. 이는 경제성장에 대한 맹목적인 추구보다는 환경문제, 불평등 문제, 부동산 문제, 공기업 민영화 등 경제민주화 관련 과제들이 주요 정책 이슈로 부상하는 계기가 되었으며, 또한 정책 수립 및 결정 과정에서 자본가와 이익집단의 영향력이 강화되는 경향이 나타나게 되었다(Cheng and Haggard, 1992: 22; Chu, 1994: 125-126).

셋째, 국가-자본관계에서도 변화의 조짐이 나타났는데, 이는 수십 년간의 경제성장 결과 민간기업의 경제력과 영향력이 증대함으로써 상대적으로 발전국가의 정책 자율성이 약화되는 점과 관련이 있다. 산업화 초기에 대기업은 모두 국영·준국영 기업 등 공영기업이었고, 민간기업은 대개 대만 출신들이 운영하는 중소기업이었다. 그러나 1970년대 중반 이후 기업집단 내지 계열기업화된 민간 대기업이 출현하여 이 중 일부는 국영 대기업과 대등한 위치에까지 성장한다(隅谷三喜男·劉進慶·凃照彦, 1992: 143). 특히 대만 경제의 활력과 역동성의 원천인 중소기업들은 민주화 이후 국민당 정권에 대항하는 도전연합의 중심인 민진당의 가장 중요한 정치적 기반이었다. 대만 중소기업들은 확장된 경제력을 바탕으로 본토인(外省人)의 정치 및 대기업 독점에 불만을 품고 야당 성립에 자금과 지원을 계속한 바 있다(Cheng, 1990: 7). 또한 민간기업들은 1990년대 이후 대중국 투자와 해외진출을 확대함으로써 국민당의 경제정책을 친기업적 방향으로 전환시키는 정책압력을 행사하기도 하였다(蕭素菁, 1997).

1980년대부터 가시화된 이러한 발전국가의 위기요인들은 발전국가의 자율성과 능력성을 점차 약화시켰으며, 이는 곧바로 국가의 경제정책 전반에 반영되었다. 첫째, 경제정책의 핵심 기조의 하나로 '경제자유화'가 공식적으로 천명되었고, 이것의 구체적인 내용으로 무역자유화 정책(수입규제 해제, 관세율 감축), 산업자유화 정책(공기업 민영화), 금융자유화 정책(금리·환율 자유화, 외환통제 해제, 외국인 투자 자유화) 등이 본격적으로 추진되었다(行政院經濟建設委員會, 1989: 184). 이는 과거에 경제성장을 견인했던 발전국가의 정책수단이 점차 약화되고 신자유주의적 정책으로 전환됨을 의미한다. 둘째, 민주화 이후 대만의 경제정책 수립과 그 집행 과정이 정치 논리 및 선거 지형에 영향을 받게 됨에 따라 경제계획의 수정이나 교체 등 경제개발계획의 위상과 중요성이 약화되는 징후가 발견된다. 대만이 1953년부터 꾸준하게 추진해 왔던

'경제건설4개년계획'과 관련하여, 1990년 제10차 계획이 시행 1년 만에 중단되고, 그것이 '국가건설6개년계획'으로 대체된 것은 그러한 일단을 잘 보여 주는 것이다(윤상우, 2002: 252).

그러나 대만에서 발전국가의 위기가 곧바로 발전국가의 후퇴 또는 해체로 이어진 것은 아니었다. 이는 추윈한(朱雲漢)의 지적대로 "대만에서 1980년대 후반 이후 상당히 중요한 정치경제적 변화가 있었던 것은 사실이지만, 연속성의 요인이 불연속성의 요인을 압도하고 있다" (Chu, 1994: 114)는 말로 요약할 수 있다. 1980년대 내내 발전국가의 위기 경향으로 인해 국가개입의 범위와 강도가 이전보다 약화되기는 했지만, 대만의 국가는 적어도 1990년대 후반까지는 여전히 발전국가의 성격과 특성을 유지하고 있었던 것으로 보인다. 다만 고도의 위기관리 전략의 일환으로 보이는 선제적인 정책대응으로 일부의 개입주의적 정책수단이 철회 약화되었으며, 국가의 경제개입이 간접적인 방식으로 전환되었다. 이러한 점에서 대만 발전국가의 전환 경로는 산업화 초기의 '고전적 발전국가'에서 보다 완화된 형태로 선택적으로 재편된 '연성발전국가'로 규정할 수 있을 것이다. 그 이유는 다음의 요인들에서 기인한다.

첫째, 대만의 국가는 경제자유화로 인한 발전국가의 쇠퇴를 최대한 억제 지연시키려는 전략을 구가해 왔다. 구체적으로 산업정책수단의 축소는 대외무역정책에만 국한되도록 했으며, 공기업 민영화와 은행민영화는 공식적인 정책 천명에도 불구하고 정책추진에 별다른 열의를 보이지 않았다. 따라서 실제의 민영화 실적은 1990년대 내내 지지부진한 상황이었다(McBeath, 1997: 1150-1152). 더욱 엄밀하게 말하면 대외적인 개방화와 자유화의 압력이 직접적으로 가해졌던 무역자유화를 제외한다면 사실상 애초의 목표를 완전하게 달성한 경제자유화정책은 거의 없었다.

둘째, 대만의 국가는 경제자유화로 비록 몇몇 정책수단을 상실하기는 했지만, 1990년대 이후에도 여전히 민간기업들을 국가의 정책방향으로 유도 견인하는 산업정책수단들을 활용하고 있다. 1991년 「장려투자조례」를 대체하는 「산업고도화촉진조례(促進產業升級條例)」를 제정하여 전략산업 육성을 위한 국가개입을 지속한 것과 기술집약적인 산업이나 연구개발분야를 대상으로 한 선별적 정책금융의 강화 등이 그 전형적인 예라고 할 수 있다(윤상우, 2005: 257-259). 무엇보다 경제건설위원회와 경제부 공업국과 같은 발전국가의 조직적 자원도 큰 변화 없이 유지되고 있다.

셋째, 대만의 국가는 경제성장을 지도하는 '경제 조타수'일 뿐만 아니라 1990년대 이후로도 대만 경제에서 가장 방대하고 중요한 비중을 점하는 핵심적인 '경제행위자'이기도 하다. 1958년 전체 산업생산의 절반에 달하던 국가부문(정부+공영기업)의 비중은 이후 점차 하락하긴 했지만 1990년에도 대만 산업생산의 19.0%를 차지하고 있었다. 총투자에서의 국가비중도 1990년 49.5%라는 자본주의 국가에서는 상상하기 어려운 막대한 비중을 차지하고 있다(윤상우, 2002: 285-286).[3] 따라서 대만 경제에서 국가가 차지하는 경제적 비중은 대만의 국가가 결코 '경제개입'과 '발전국가'를 포기할 수 없도록 만드는 결정적인 경제적 근거로 작용한다.

그러면 발전국가의 위기에도 불구하고 대만은 어떻게 '연성발전국가'라는 완만한 전환 경로로 갈 수 있었는가? 그에 대한 답은 대만 발전국가의 정치적 실체라고 할 수 있는 국민당 정권의 정치경제적 위

3 이와는 대조적으로 한국의 경우 1990년 전체 산업생산에서 국가부문의 비중은 7.4%, 국내총투자에서 국가부문의 비중은 4.5%에 불과하다(통계청, 1999: 237, 249).

상과 특성에 있다. 국민당 체제는 '의사전체주의'(鄭陸霖, 1988)라고 불릴 만큼 압도적인 물리력과 통제력을 보유하고 있었다. 그러므로 1980년대의 대외적 정당성 위기(외교적 고립)와 민주화 이행, 민간자본 성장, 국민당의 내부 분열에도 불구하고 정치경제적으로 막강한 존재였으며, 사회구조적 변화에도 대처할 수 있는 고도의 능력을 보유하고 있었다. 정치적으로는 선거 지형의 개방에도 불구하고 2000년 총통선거 전까지 집권정당으로서의 헤게모니적 지위를 잃지 않았으며, 경제적으로는 다른 어떤 자본주의 국가에서도 볼 수 없는 막대한 국영기업과 당영(黨營)기업을 소유함으로써 민간기업으로부터의 재정적 자율성까지 확보하고 있다(박윤철, 2009: 345-349). 따라서 이러한 국민당 정권의 정치경제적 헤게모니는 대만 발전국가의 변화를 최소화하는 결정적인 동인이 되었다.

3. 신자유주의 시대의 발전국가: 잡종적 진화?

앞서 언급했듯이 대만은 1997년 동아시아 외환위기의 파고를 무사히 비켜 갔지만, 그 이후에 다양한 대내외적 도전과 정치경제적 변화의 흐름에 직면하게 되었다. 대외적으로는 점점 더 강력해지는 신자유주의적 세계화와 지역경제통합의 흐름에 대만 경제 역시 적응하지 않을 수 없었었다. 더불어 양안관계의 정치적 줄다리기와 2008년 세계금융위기 같은 세계경제의 불확실성도 대만에 상당한 부담으로 작용하였다. 대내적으로는 민진당으로의 사상 최초의 정권교체와 2008년 국민당의 재집권, 대만 독립 및 양안관계를 둘러싼 정치적 혼란, 장기간의 저성장·저투자 국면, 시민사회의 복지욕구 증대 등도 대만 사회의 정치경제적 변화와 대응을 강제하는 요인이었다.

이러한 상황에서 2000년대 이후 대만의 발전모델은 일정 정도 '변화와 연속성(continuity and change)'을 동시에 내포하는 '잡종적 진화(hybrid evolution)'의 과정으로 규정할 수 있다. 변화의 내용은 민주화 이후 변화된 정치 지형에 따라 복지국가적 시도가 확장되는 것과 신자유주의적 세계화의 대세적 흐름 및 국내 민간기업의 투자 유인을 위해 신자유주의적 전환의 시도가 나타나고 있다는 것이다. 반면 연속성의 측면은 민주화와 세계화 등 다양한 압력에도 불구하고 대만 발전국가의 제도적·정책적 특성과 관성이 일정 부분 유지되고 있다는 것이다. 이하에서는 2000년대 대만 발전모델의 잡종적 진화의 과정을 ① 복지국가적 시도, ② 제한적 신자유주의화, ③ 발전국가적 관성 유지라는 세 가지 측면에서 살펴보기로 한다.

1) 복지국가적 시도

1945년부터 1980년대 후반까지 국민당 정권은 성장우선주의 정책 및 후분배전략에 근거하여 최소한의 복지정책과 낮은 수준의 복지지출을 특징으로 하는 잔여적(residual) 복지전략을 취한 것으로 평가된다(Chen and Chen, 2003). 국가의 복지공급보다는 가족이나 지역사회를 통한 비공식적 공급이 강조되었고, 노동시장을 통한 자립의 원칙이 선호되었다. 사회정책의 이러한 특성은 대만만의 현상은 아니었으며, 한국과 일본 등 동아시아 국가 전반에서 유사하게 발견되는 현상이기도 하였다. 몇몇 학자는 이를 '생산주의적(productivist) 복지자본주의'(Holliday, 2000: 709) 또는 '발전주의적(developmental) 복지국가'(Kwon, 2009)로 규정하기도 하는데, 그 핵심적인 특성을 요약하면 다음과 같다(Huang and Ku, 2011: 737). ① 동아시아 국가들은 경제성장이 소득증대를 가져오고 또 그 혜택이 전 국민에게 확산될 것이라는 절대적인 신념을 갖고 있다. ② 따라서 정부는 본질적으로 발전을 추구하는 성장지향적 국가이며, 낮은 사회지출 및 재정적자, 노동시장 유연성의 특징을 포함한다. ③ 사회보장은 정치적으로 중요한 사회이익집단(군인, 공무원 등)을 우선적 대상으로 하며, 이는 결과적으로 복지분배의 불평등을 가져온다. ④ 동아시아 국가들은 일반적으로 위기가 발생해야만 사회복지 프로그램을 확장하는 경향이 있다.

대만에서 민주화 이행 이후 야당인 민진당의 부상은 국민당의 잔여적 복지전략의 수정에 크게 공헌하였다. 민진당은 국민당의 복지정책 부재에 대한 강한 비판과 함께 복지공약을 들고 선거에 임했는데, 특히 1993년에 『사회복지백서』를 발간하고 지방자치단체 선거에서 65세 이상 노인에게 수당 성격의 급여를 공약으로 제시하기도 하였다(이수행 외, 2007: 67-68). 국민당은 이를 선심성 공약이라고 비판했지만 대응적 복지정책을 강구하지 않을 수 없게 되었다. 그 결과 1995년 리덩후이(李登輝) 총통의 적극적인 주도하에 전 국민을 대상으로 하는 국가건강보험(National Health Insurance)이 실시되었고, 같은 해 국민당과 민진당의 합의하에 노령농민에 대한 복지수당제도가 도입되었나(Ku and Chen, 2001; Aspalter, 2006: 294). 그리고 동아시아 외환위기 직후인 1999년에는 실업보험이 고용촉진계획과 더불어 도입되었다.

대만의 학자들은 1990년대의 이러한 추세를 '복지정책의 주류화(main streaming welfare policy)'로 평가하기도 한다(Chen and Chen, 2003). 그러나 대만의 사회정책 확장은 민주화 이후 국민들의 민주의식 고취와 복지욕구 확대와 같은 자발적인 요구의 산물이라기보다는 양분된 정치권의 권력획득과정에서 표를 의식한 정책경쟁의 일환으로 대두한 경향이 강하다(지은주, 2012: 463). 다른 관점에서 본다면 수십 년간 정치권력을 독점해 온 국민당 정권이 민주화 국면에서 정당성 쇠퇴를 상쇄하기 위한 부산물로 파악될 수도 있다(Tang, 2000). 이는 곧 대만에서 사회정책의 확장이 그 자체로 복지국가적 전환의 경로로 확대 발전하는 데는 한계가 있을 수 있음을 시사한다.

실제로 2000년 민진당의 집권 이후 이러한 우려는 어느 정도 현실이 되어 갔다. 민진당은 1986년 창당 이래 양안관계에서는 대만의 독립을, 사회정책에서는 복지국가를 이념으로 내세우며 국민당과의 차별화를 추구하였다. 민진당은 당 강령에서 공정하고 안정적인 사회보험제도의 수립, 보편적인 사회보장제도의 확립, 노동자 보호 기준의 향상, 완전고용 실시 등을 표방했으며, 2000년 총통선거에서 집권에 성공하였다(권순미, 2008: 110-111). 그러나 친복지정당을 자임했던 민진당은 집권 초기부터 경제위기라는 난관에 봉착했으며, 국가경쟁력 강화와 사회개혁 사이에서 딜레마에 처하게 된다. 결국 천수이볜 총통은 취임 100일을 맞은 2000년 9월 16일 경제개발이 현 정부의 새로운 최우선 과제가 될 것이며, 사회복지 프로그램은 유보한다고 선언하였다(Ku, 2012: 16). 이후로도 천 총통은 사회정책보다는 양안관계를 통해 자신의 정치적 기반을 강화하고자 했는데, 단적으로 대만 독립을 주장하면서 무력충돌을 포함한 중국과의 극단적 대립과 긴장관계를 조성해 왔다. 민주화 이후, 특히 민진당의 집권 후 양안관계가 정당정치의 핵심의제로 부상하고, 국정선거 때마다 이를 중심으로 정당 간 유권자 경쟁이 가열되면서 자연스럽게 사회정책에 대한 유권자의 이해가 정치적으로 표출될 수 있는 기회는 감소하게 되었다(권순미, 2008: 123).

물론 2000년대에 대만의 사회복지정책이 전혀 발전하지 않은 것은 아니었다. 점진적이긴 하지만 분명히 의미 있는 진전도 발견되는데, 대표적인 예를 들면 다음과 같다. 첫째, 노동보험과 실업보험(1999) 등으로 파편화된 실업급여체계를 재구성하여 실업급여, 직업훈련, 고용서비스를 통합한 '고용보험법(就業保險法)'이 2003년부터 시행되었다(권순미, 2008: 120; Kwon, 2009: S17). 둘째, 전 국민을 대상으로 한 공적연금을 확충하기 위해 2009년부터 국민연금제도를 시행하였다(김성숙 외, 2011: 132). 대만의 공적연금에는 특수직역(군인, 공무원)연금과 1960년부터 시행된 노동보험이 있었다. 이는 해당 직역과 기업취업자만 대상으로 한 것이었고 농어민이나 자영업자 등 상당수 국민이 공적연금에서 배제된 상태였다. 2009년 국민연금 도입으로 연금 사각지대를 해소하여 비로소 대만은 전 국민 공적연금시대를 열게 된다. 셋째, 민진당의 집권 이후 전체 정부예산 중 복지예산이 차지하는 비중은 확실히 증대되었다. 중앙정부 총예산 중 사회복지예산의 비중은 1995년 12.1%에서 민진당이 집권한 2000년 16.9%로 늘었으며, 2005년 15.6%, 2010년 16.2%의 비중을 유지하고 있다(行政院主計處, 2012: 147).

그러나 대만의 사회정책에서 일정한 제도적 진전과 개혁이 있었음에도 앞서 언급한 정도의 내용으로 '복지국가적 전환'을 언급하는 것은 분명 무리가 있는 것이다. 동아시아의 생산주의적·발전주의적 복지 레짐인 점을 감안하더라도 대만의 복지현실은 너무 초라하고 낮은 수준이기 때문이다. 첫째, 대만의 복지지출은 OECD 국가는 물론이고 같은 동아시아 국가인 한국, 일본과 비교해도 열악한 수준이다. 2010년 대만 복지지출의 총정부예산 대비 비중은 16.2%, GDP 대비 비중은 3.0%에 불과하지만, 2007년 한국 복지지출의 정부예산 비중은 25.9%, GDP 대비 비중은 7.6%였고, 일본 복지지출의 GDP 대비 비중은 18.7%에 달한다(통계청, 2012: 517). 둘째, 대만의 낮은 복지지출은 당연히 빈곤과 불평등을 완화하는 데 덜 효율적일 수밖에 없다. 예컨대 대만의 사회복지체계는 시장소득빈곤율을 12% 감소시키는 데 비해 미국은 19%, OECD 국가는 23%(폴란드)에서 85%(덴마크)의 빈곤감소효과를 보였다(Huang and Ku, 2011: 738). 셋째, 2008년 금융위기 시기에 집권한 국민당의 마잉주(馬英九) 정부는 단기적인 위기처방(공공건설투자, 소비채권, 공공취업)에만 주력함으로써 빈곤과 불평등 해소를 위한 완전한 사회안전망 구축으로 나아가지 못하고 있다. 그 결과 대만의 소득5분위배율은 2008년 6.05배였지만, 마 총통이 취임한 지 1년 후인 2009년에는 6.34배로 악화되고 있어 그의 사회정책이 상황을 통제하지 못하고 있음을 보여 준다(Ku, 2012: 20).

2) 제한적 신자유주의화

대만은 1990년대에 최소한의 경제자유화와 발전국가의 통제력 유지로 동아시아 외환위기에 감염되는 것을 피할 수 있었지만, 2000년대 이후로는 상황이 다소 반전된다. 외환위기에서 생존했음에도 불구하고, 정작 대만의 공공담론은 IMF와 미국이 적극적으로 주도하고 금융위기를 겪은 많은 동아시아 국가들이 채택한 신자유주의 정책처방에 의해 상당히 동요되고 있었던 것이다(Chu, 2013: 659). 대만에서 많은 외국금융기관, 국내기업가, 신자유주의적 경제학자는 대만 기술관료들의 자기만족을 비판하고, 정부가 포괄적인 자유화와 규제완화 수단들을 도입할 것을 점차 강력하게 요구한다. 그리고 2000년 이후 대만이 WTO 가입에 총력을 기울이면서, 금융부문의 남아 있는 규제철폐, 국제자본의 자유로운 이동보장, 외국금융자본에 대한 국내시장 개방 등 가입조건을 이행해야 하는 것도 신자유주의적 전환의 한 계기가 되었다(Wu, 2007: 990).

이러한 상황에서 대만은 민진당 정부 이후 신자유주의적 전환을 확대 심화하게 된다. 그러나 대만의 신자유주의화는 한국의 IMF 프로그램 이행과 같은 집중적, 체계적인 방식으로 이루어진 것은 아니었다. 이미 1990년대부터 정부가 그 추진을 예고했던 민영화 정책 등의 사례를 제외한다면, 그때그때 상황에 의한 필요에 따라 부분적, 점진적인 정책도입이 이루어지는 제한적 신자유주의화의 특징을 보인다. 2000

년대의 천수이볜 정부와 마잉주 정부를 통틀어 확인할 수 있는 대만의 신자유주의 정책은 다음과 같다.

첫째, 금융부문 및 독점산업(통신 및 석유)에 대한 규제완화다. 천수이볜 정부의 집권 초기인 2000~2001년에 외국투자자의 대만 주식시장 투자 상한선과 각종 제한이 해제되었고, 2003년에는 외국기관 투자자를 평가, 선별하는 적격 외국기관투자자(QFII) 제도가 완전히 폐지되었다(Chu, 2013: 662). 더불어 금융개혁을 위해 2001년 금융지주회사법을 제정하여 은행 및 금융기관 간 인수합병을 통한 대형화를 유도하였다. 또한 통신산업과 관련해서는 과거 중화텔레콤(CHT)의 독점체제를 시장복수경쟁체제로 전환하여 2000년 대만픽스(TFN) 등 민간기업 3사에 신규면허를 부여했으며, 2002년에도 주파수 경매를 통해 5개사에 면허를 부여한 바 있다(이재호 · 박경돈, 2011: 392). 특히 금융부문과 자본시장에 대한 광범위한 규제완화의 결과 대만 경제는 이제 외부의 금융적 충격으로부터 고립되어 있지 않다. 2008~2009년 동안 대만 총 자본시장에서 외국기관투자자의 비중은 약 1/4에 달하는 것으로 평가된다(Chu, 2013: 663).

둘째, 국영은행 및 국영기업의 민영화다. 과거 고도성장기에 대만의 국영기업은 다른 자본주의 국가들과 비교하면 비정상적이라 할 만큼 압도적인 비중을 점하고 있었다. 그러므로 국영기업의 민영화는 신자유주의의 맥락이라기보다는 '대만 경제의 정상화'를 의미한다고 할 수 있다. 그러나 1990년대 민영화 정책의 공식 추진에도 불구하고 정부 스스로 별다른 열의를 보이지 않음으로써 실제 민영화 실적은 지지부진하였다. 그런데 이러한 상황은 민진당의 집권 이후 점차 달라지게 된다. 민진당 정부는 2006년까지 지분매각, 자산매각, 기업인 수 등을 통해 총 18개의 제조업 · 금융업 · 교통 부문의 공기업을 민영화로 완료했으며(이수행 외, 2007: 105-106), 특히 2005년에는 정부가 소유 통제하고 있는 12개의 은행 중에서 6개를 지분매각으로 민영화한다(Taiwan Journal, 2005. 8. 12). 그 결과 대만 경제에서 국영기업의 비중은 1981년 GDP의 12.1%에서 2005년 7.6%로 감소했으며, 총 고정자본에서의 비중도 1981년 30.1%에서 2005년 10.2%로 하락하게 된다(Pao et al., 2008: 326).

셋째, 경기활성화와 기업의 투자유인을 위한 감세정책도 자주 사용되었다. 특히 민진당 정부의 집권 이래 소득세, 토지세, 부동산, 화물 등에 감세정책이 시행되었고, 연구개발과 인재양성에 대한 지원책으로 관련 투자에 대해서도 감세가 실시되었다. 그리고 금융부문의 구조조정과 인수합병을 촉진하기 위해서도 세금감면이 활용되었다(經濟日報, 2003. 7. 23). 그 결과 대만 정부는 매년 500억 NT$에 달하는 세수손실을 입어 정부의 재정 건정성이 지속적으로 악화되었다. 단적으로 2008년 중앙정부의 세수는 GDP의 14%에도 못 미쳤으며, 재정부(財政部)는 은행대출, 수수료 및 벌금 수입, 국가소유자산 매각 등으로 GDP의 9%에 상당하는 추가 재원을 확보해야 하였다(Chu, 2013: 663-664). 감세정책은 2008년 금융위기 이후 집권한 마잉주 국민당 정부에서도 활용하였다. 마잉주 정부는 해외로 유출되는 자본을 다시 유입시키기 위해 부동산 및 증여세의 상한선을 50%에서 10%로 획기적으로 감축한 바 있다.

넷째, 2002년 WTO 가입을 전후로 대만은 FTA 정책과 지역경제통합에의 참여를 본격적으로 추진하고 있다. 이미 1990년대부터 '남향정책(南向政策: 동남아진출정책)'과 '아태운영중심(亞太運營中心: APROC)' 등 나름대로 국제화 전략을 표방했던 대만은 WTO 가입 직후 싱가포르, 뉴질랜드, 필리핀, ASEAN 등을 대상으로 FTA 협상을 적극적으로 제안해 왔다. 그러나 민진당 정부와 첨예한 정치적 갈등을 겪고 있던 중국의 개입과 대만고립정책으로 모든 FTA 시도는 좌절되었고, 대만과 수교관계를 맺고 있던 파나마(2004), 과테말라(2006) 등 중남미 소국과의 FTA로 선택지가 극히 제한될 수밖에 없었다(윤상우, 2010b: 117-118).[4] 이후 양안관계의 회복을 지향하는 마잉주 정부에서 2010년 6월 중국-대만판 FTA라고 할 수 있는 '양안경제협력기본협정(ECFA)'을 체결하면서 '중국을 통한 세계화' 및 지역경제통합 전략을 추진하였다.

그러나 2000년대 이후 대만이 시도한 다양한 신자유주의 정책에도 불구하고 대만을 '신자유주의적 경쟁국가(neoliberal competition-state)'로 범주화하거나 신자유주의적 전환을 달성했다고 평가하기는 어려울 듯하다. 이는 한편으로는 다음에서 살펴보는 것처럼 발전국가적 관성이 여전히 강하게 잔존해 있다는 점에서 그러하며, 다른 한편으로는 대만의 신자유주의 정책이 지극히 부분적, 제한적인 수준에 머물러 있다는 점에서 연유한다. 대만의 제한적 신자유주의화는 다음의 측면에서 확인할 수 있다.

첫째, 대만은 신자유주의적 정책 패키지에서 중요한 축인 노동시장 유연성을 채택하지 않고 있다. 대만 행정원노동위원회(行政院勞工委員會)는 「취업복무법」과 「대량해고노동지보호법」을 통해 정리해고 및 노동자 대량 해고를 막고 있으며, 이를 무급휴직, 작업시간단축, 임금조정 등의 방법으로 억제하고 있다(첸잉팡·뤼지엔더, 2011: 94). 그 결과 신자유주의적 전환을 경험한 한국 등 다른 국가들과는 달리 전체 노동력에서 파트타임과 비정규직(파견직)의 비중이 각각 6%, 3.6%로 매우 낮은 수준이다.

4 대만과 중남미 국가(파나마, 과테말라, 니카라과, 엘살바도르, 온두라스)의 FTA는 아무런 경제적 실익이 없는 정치적, 상징적인 협정에 불과하다. 대만 총수출의 88.7%가 아시아, 북미, 유럽에 집중되어 있는 데 비해 대만이 FTA를 체결한 이들 5개국에 대한 수출비중은 대만 전체 수출의 0.187%에 불과하기 때문이다(行政院經濟部, 2009: 2).

둘째, 2000년대 적극적으로 추진된 공기업 민영화에도 불구하고 대만 국가는 여러 방법을 통해 많은 국영기업을 통제하고 있다(Wang, 2012: 177). 예컨대 민영화된 중강공사(中鋼公司, China Steel Company)는 이사진 임명이나 공공사업 투자조정을 통해 국가가 여전히 통제력을 가지고 있다. 또한 민영화 추진이 한창이던 2006년에도 대만의 20대 상장기업 중 8개가 공영기업일 정도로 공영기업의 경제적 비중은 높은 상태이다(이수행 외, 2007: 100).

셋째, 대만의 FTA 추진계획이 중국의 개입으로 번번이 좌절되고 ECFA와 같은 제한된 선택지로 협소화되는 점도 대만의 전면적 신자유주의화를 제약하는 요인이라 할 수 있다.

3) 발전국가적 관성

2000년대의 대만 발전모델에는 변화의 측면만 존재했던 것은 아니었다. 분명 과거 발전모델과의 연속성도 발견할 수 있는데, 그것은 대만 발전국가의 제도적·정책적 관성이 계속 유지되고 있는 점과 관련이 있다. 일부 대만 학자들은 대만이 비록 신자유주의 처방에 부응하는 일련의 정책을 실시했지만 그로 인해 국가능력성이 약화된 것은 아니며, 대만의 발전국가는 여전히 자신의 제도를 유지, 조정하고 있으며, 다양한 전략에 자원을 동원하고 있다고 주장한다. 발전국가의 연속성을 보여 주는 몇 가지 근거를 들면 다음과 같다(Wang, 2012: 177-178).

첫째, 대만 발전국가의 제도적·조직적 자원은 1990년대 이후 민주화 이행과 정권교체를 거치면서도 별다른 변동 없이 과거의 형태와 권한, 기능을 그대로 유지하고 있다는 점이다. 한국에서 발전국가의 상징적 제도였던 경제기획원과 경제개발계획이 1990년대 중반 모두 폐기된 데 비해 대만에서는 선도기구인 경제건설위원회(經濟建設委員會,

CEPD)를 축으로 하는 경제관료기구가 건재하고, 이들은 경계개발계획을 입안하고 산업정책을 실행하고 있다. 또한 2004년에는 금융규제 완화에 따른 건전성 감독을 강화하기 위해 행정원 산하에 금융감독관리위원회(金融監督管理委員會, Financial Supervisory Commission)를 신설한 바 있다.

둘째, 대만의 경제관료기구는 다양한 신자유주의 정책(자유화, 규제완화, 민영화 등)을 시행할 때도 산업고도화와 산업구조조정, 국가경쟁력 강화를 위한 경제산업정책을 적극적으로 병행 추진해 왔다. 이는 발전주의적 제도에 구축된 경로의존성의 논리를 보여 준다. 이와 관련하여 많은 대만 학자는 2000년대 대만 정부의 신성장산업 발굴, R&D 투자 강화, 혁신 R&D 거점 구축 등에 주목하는데, 특히 차세대 전략산업으로 생명공학산업(biotechnology)의 집중적 육성 시도를 혁신된 산업정책의 사례로 언급한다(Wong, 2005; Wu, 2007).

셋째, 대만의 정치학자 추윈한(朱雲漢)은 대만 경제가 1997년 동아시아 외환위기와 2000년대 저성장 국면에서도 나름대로 경제적 활력을 유지할 수 있었던 발전국가의 핵심 기제로서 대만의 중앙은행(BOC)을 꼽는다(Chu, 2013: 662-663). 그는 대만 중앙은행이 민진당 집권 시기에도 제도적 능력성이 거의 손상되지 않았고, 경제적 위기상황에 대처할 수 있는 충분한 대응능력을 갖추고 있었다고 평가한다. 그 지표로는 대만의 전체 은행 부분에서 부실채권의 비율이 1% 이하로 유지되고 있으며, 대만 은행들이 그림자 금융(shadow banking)에서 자유롭다는 점을 꼽는다. 이러한 중앙은행의 통제력 덕분에 대만 경제가 금융위기에 휘말릴 가능성이 적다는 것이다.

넷째, 국영은행의 민영화에도 불구하고 대만의 국가가 시장을 조작하고 목표산업을 촉진시킬 수 있는 방대한 금융자원을 보유하고 있다는 점도 발전국가적 연속성의 하나로 꼽힌다. 대만 정부가 통제할 수 있는 기금에는 산업발전기금과 4대 연기금(우편기금, 국민연금기금, 노동보험기금, 고용보험기금)이 포함된다. 산업발전기금은 국가가 설정한 중요 산업(석유화학, 반도체)과 10대 첨단산업(정보통신, 생명공학, 항공우주)에 투자된다(Wang, 2012: 177).

그러나 2000년대에도 나타나는 대만 발전모델의 연속성과 발전국가적 관성이 과거 발전국가가 보여 주었던 고도성장과 엄청난 경제적 성과를 가져온 것은 분명 아니다. 이는 외형상 예전과 동일한 발전국가의 조직적 장치와 정책수단들이 건재함에도 정책의 결과와 정책수행의 효율성은 의도한 만큼 성과를 내지 못하고 있기 때문이다. 어떤 측면에서 대만의 발전국가적 관성은 대만 경제의 효율성을 잠식하는 취약점으로 나타나는 경향도 존재한다. 이와 관련하여 다음의 측면을 고려할 필요가 있다.

첫째, 민주화 이행과 정권교체 이후 정당 간 권력투쟁 및 선거정치의 영향으로 경제계획과 경제정책의 일관성은 점차 상실되고 있다. 특히 2000년 이후 대만 정부는 '지식경제발전방안(知識經濟發展方案)', '그린실리콘아일랜드(綠色矽島經濟發展藍島)', '8100대만행동(8100臺灣啓動)', '비전2008: 6년발전중점계획(挑戰2008: 六年發展重點計劃)', '신10대건설(新十代建設)' 등 일관성 없고 잡다하다 싶을 정도로 많은 장기발전계획을 발표한 바 있다(이수행 외, 2007: 73). 그러나 이들 경제계획은 모두 구호에 그치고 흐지부지되면서 경제계획의 성과와 정책수행의 효과성은 한계에 직면하게 된다.

둘째, 대만 경제관료기구의 계획합리성은 일부는 입법원 내 정치적 투쟁으로 인해, 또 다른 일부는 행정체계에 대한 총통의 과도한 권한으로 인해 빈번하게 침해되고 있다(Wang, 2012: 178). 단적으로 천수이볜 집권 8년 동안 6명의 행정원장(국무총리)이 임명되었고, 그때마다 경제관료기구는 재조직되어 경제정책이 급격하게 바뀌었고 효율성은 떨어졌다. 또한 입법원 내에서 민진당과 국민당 간의 정치투쟁으로 인해 많은 법안 및 정책이 적기에 실행되지 못하는 경우도 비일비재하였다. 일례로 2003년 입법원 제5차 3기회의에서는 행정원에서 발의한 경제 관련 우선심의법안 106개 중에 17개만 통과되었는데, 이를 잘 반증하는 것이다(이수행 외, 2007: 73).

셋째, 경제관료기구의 사기는 심각하게 손상되었다. 천수이벤 정부와 민진당 엘리트들은 오랜 기간 국민당의 당국자본주의(party-state capitalism) 관행을 경멸하던 이들로서 국민당의 본거지라 여겨지는 기존 국가관료기구에 대해 태생적인 불신을 지니고 있었다(Chu, 2012: 661). 그 여파로 민진당 집권 후 정부부처와 산하기관의 많은 고위 기술관료가 조기 퇴직을 당했고, 민진당의 정치적 지명자들이 비당파적 기술관료들이 맡아야 할 전략적 지위를 인수하였다. 또한 민영화된 국영기업과 국가통제 은행 및 금융기관의 최고위직 교체도 이어졌다.

넷째, 2000년대 대만 발전국가의 산업정책 성과로 언급되는 생명공학(biotechnology) 산업의 육성도 사실상 실패한 정책이라 할 수 있다(Wu, 2007: 999-1000). 국가가 과거에 전략산업으로 계획 추진했던 중화학공업과 달리 생명공학은 기초연구개발에 고도로 의존하는 혁신추동적이고 지식집약적인 산업으로서, 바이오제약의 경우 기초연구-임상실험-상품화를 거쳐 신약이 개발되는 데는 대략 12~15년이 소요된다. 이러한 높은 위험성과 불확실한 실현가능성에도 불구하고 대만 정부는 생명공학산업의 확장을 밀어붙였다. 하지만 정책결과는 대만 GDP 및 세계 생명공학 생산에서 미미한 비중만 점하는 1,000명 수준의 소규모 생명공학기업만 양산하는 것으로 귀결되었다. 2005년 대만의 생명공학산업은 1,156개 기업에 38,085명 고용, 16억 달러의 수출에 그치고 있다.

다섯째, 국영기업을 동원한 대규모 투자사업이나 건설프로젝트,

금융부문 개혁 등은 경제발전을 촉진한다는 명분으로 시행되었으나 정치인 및 그들 측근의 지대추구(地代追求) 대상으로 전락한 경우도 많았다. 고속철도공사 투자를 둘러싼 부패와 금감위 설립 및 금융개혁 과정에서 나타난 천수이볜 일가의 부정부패가 대표적이다.

4. 대만 발전모델의 성과와 한계

1) 경제성장과 사회발전의 측면

앞서 살펴본 것처럼 2000년대의 대만 발전모델은 어찌 보면 다양한 정책실험과 전환시도를 경험해 왔다고 볼 수도 있다. 또 달리 본다면 발전모델의 성격을 뚜렷하게 규정하기 어렵고 정체성이 모호한 잡종적 진화의 과정을 거쳐 왔다고도 볼 수 있다. 그러면 이러한 대만 발전모델의 경제적·사회적 성과는 어떠한가? 여전히 과거와 같은 고도성장과 공유된 성장(shared growth)을 달성하는 데 성공했는가? 〈표 9-1〉에서 보듯이 2000년 이후 대만의 주요 경제·사회 지표의 추이를 살펴보면 그 결과가 그리 긍정적이지만은 않은 것 같다.

첫째, 경제성장률과 관련하여 대만의 2000년대 실적은 상당히 저조한 편이다. 2001~2010년의 연평균 성장률은 3.8%로 고도성장기인 1970년대 9.7%의 1/3, 직전 시기인 1990년대 6.3%의 절반 수준에 불과하며, 2001년과 2009년에는 사상 초유의 마이너스 성장을 경험하였다. 이는 한국의 2000년대 연평균 성장률 4.2%보다 낮은 수치다. 무엇보다 한국은 마이너스 성장을 경험하지 않았다. 대만의 2001년 마이너스 성장은 미국의 IT 버블 붕괴에 따른 수출 부진에 기인하는 것으로 평가되고 있으며, 2009년의 경우에는 미국 금융위기의 여파에 따른 것으로 분석된다. 그러나 이러한 우발적 요인을 감안해도 전반적으로 대만 경제가 저성장의 국면에서 좀처럼 헤어 나오지 못하는 점은 분명하게 확인된다. 단적으로 대만의 일인당 GDP는 2000년대 전반기 내내 정체되어 있는데, 그 결과 한국보다 앞서 있던 대만의 일인당 GDP는 2004년 한국 15,038달러, 대만 15,012달러로 역전되었고, 2011년에는 한국 22,427달러, 대만 20,122달러로 그 격차가 더욱 확대된다(통계청, 2012: 374).

〈표 9-1〉 대만의 주요 경제·사회 지표

연도	경제 성장률 (%)	일인당 GDP ($)	수출 성장률 (%)	총 고정 자본 증가율 (%)	GDP 대비 R&D 지출 (%)	실업률 (%)	지니 계수*	소득 5분위 배율*
2000	5.8	14,704	22.8	9.0	1.97	3.0	0.326	5.55
2001	-2.2	13,147	-16.9	-19.9	2.08	4.6	0.350	6.39
2002	4.6	13,404	7.1	1.1	2.20	5.2	0.345	6.16
2003	3.7	13,773	11.3	1.7	2.27	5.0	0.343	6.07
2004	6.2	15,012	21.1	19.5	2.32	4.4	0.338	6.03
2005	4.7	16,051	8.8	2.7	2.39	4.1	0.340	6.04
2006	5.4	16,491	12.9	0.1	2.51	3.9	0.339	6.01
2007	6.0	17,154	10.1	0.6	2.57	3.9	0.340	5.98
2008	0.7	17,399	3.6	-12.4	2.78	4.1	0.341	6.05
2009	-1.8	16,359	-20.3	-11.2	2.94	5.9	0.345	6.34
2010	10.7	18,588	34.8	24.0	2.90	5.2	0.342	6.19
2011	4.0	20,122	12.3	-3.9	-	4.4	0.342	6.17

* 전 가구 가처분소득 기준.

출처: Council for Economic Planning and Development(2007; 2012).

둘째, 수출성장률은 2~3년 주기로 성장과 정체를 반복하는 기복이 심한 모습을 보여 준다. 특히 우려되는 점은 총 고정자본 형성 증가율이 2004년을 제외한다면 2000년대 내내 마이너스 성장 또는 사실상 정체된 극심한 '저투자'의 양상을 보인다는 점이다. 이는 대만 기업의 대중국 투자나 해외진출에서 상당 부분 연유한 것으로 판단되며, 특히 민진당 집권 시기에 양안 관계의 경색과 삼통(三通) 억제 등의 정책에 민간기업들이 반발한 결과가 투자 침체로 나타난 것이 아닌가 하는 생각이 든다(이수행 외, 2007). 따라서 2000년대 대만의 저조한 경제성장률은 일차적으로 민간기업들의 투자 침체에서 기인한다고 할 수 있으며, 여기에 세계금융위기 및 IT 버블 붕괴 등에 따른 수출부문의 기복과 부침도 일정한 영향을 미쳤다고 볼 수 있다. 다만 2010년에는 성장률, 수출, 투자 모두에서 급격한 상승 추세를 보이고 있는데, 이는 2010년 6월 체결된 중국과의 ECFA 효과가 작용한 것으로 판단된다.

셋째, 일부 대만 학자들이 대만 발전국가의 능력성 유지의 근거로 들고 있는 혁신된 산업정책의 결과도 거시지표상으로는 그다지 뚜렷하게 부각되지 않는다. 분명 대만은 1990년대 이후 국가적 차원의 정책지원으로 반도체 및 IT 부문에서 세계적인 경쟁력을 지닌 민간기업들을 배출했고, 첨단 IT 산업에서 상당히 중요한 생산 비중을 점하고 있는 것이 사실이다. 그러나 R&D 지출로 확인할 수 있는 대만의 혁신역량과 기술력은 그리 나쁜 결과를 가져오진 않았지만, 그렇다고 인상적인 성과를 거두었다고 보기도 어렵다. 대만에서 R&D 지출액의 내 GDP 비중은 2001년 2.08%에서 2010년 2.90%로 꾸준히 증가하고 있지만 한국의 실적(2000년 2.30%, 2005년 2.79%, 2010년 3.74%, 2011년 4.03%)과 비교하면 지출액 자체 및 증가 속도에서 상당히 뒤처진다고 볼 수 있기 때문이다(통계청, 2013: 920).

넷째, 실업률과 소득5분위배율과 같은 사회지표도 과거에 비해 더 나빠진 모습을 보인다. 2000년대 대만 경제가 저성장-저투자의 국면으로 어려움을 겪으면서 실업률은 과거 그 어느 때보다 높은 수준으로 상승하였다. 1990년 1.7%, 1995년 1.8% 등 1990년대 내내 1~2%대에 머물러 있던 대만의 실업률은 2000년대 이후 급상승하여 이 기간 내내 4~5% 수준을 유지하고 있다(CEPD, 2001: 13). 이는 대만 기업들의 중국 진출과 국내투자 부진이 맞물리면서 나타난 현상으로 볼 수 있다. 하지만 유사하게 민간기업의 중국 투자와 해외진출이 이루어지는 한국과 비교해 볼 때 월등히 높은 수치라는 데 문제가 있다. 한국의 실업률은 2000년대 내내 3%대(2005년 3.7%, 2010년 3.7%)를 기록하고 있다(통계청, 2011: 209).

다섯째, 과거 한국보다 양호한 수준을 보이던 불평등 지표도 지속적으로 악화되고 있다. 대만의 불평등은 1991년 지니계수 0.308, 소득5분위배율 4.97배에 불과했는데, 2000년대에 급등한 뒤 이 기간 내내 지니계수는 0.34, 소득5분위배율은 6배 이상을 기록하고 있다. 이는 물론 중국, 싱가포르, 홍콩보다 양호한 수준이지만, 한국과 일본보다는 다소 높다(첸잉팡 · 뤄지엔더, 2011: 73). 한국은 2008년 지니계수(전 가구) 0.316, 소득5분위배율 5.74였고, 일본은 2005년 지니계수 0.308을 기록하고 있다. 특히 한국과 일본이 2000년대 이후 신자유주의적 전환을 가속화하면서 불평등 지표가 계속 상승했으며, 또 역대 최고 수준을 보여 왔다는 점을 감안할 때 신자유주의화에 소극적이던 대만의 불평등 증대는 다소 의외의 결과라고 할 수 있다. 이는 대만의 사회정책과 복지국가적 시도가 불평등을 억제하는 데 그다지 효율적이지 않았음을 반영한다고 할 수 있다.

2) 대만 발전모델의 현재적 좌표

이상에서 살펴본 2000년대 대만의 발전모델은 그 기본 성격과 핵심 특성에서 어떻게 규정될 수 있는가? 과거 발전국가 모델과의 연속성의 측면이 여전히 우세한가 아니면 발전국가로부터의 변화 및 이탈이 더 지배적인 경향인가? 앞서 본 연구는 2000년대 대만 발전모델의 특징을 '발전국가의 잡종적 진화'로 규정한 바 있는데, 이 개념화는 그 자체로 연속성의 측면이 더 우세함을 함축한다. 만약 대만의 발전국가 모델에 질적인 변화가 있었다면 더는 '발전국가'나 '진화'의 개념을 사용할 수 없을 것이기 때문이다. 2000년대의 대만을 발전국가의 잡종적 진화로 규정한 것은 다음의 이유에서 연유한다.

발전국가와는 이질적인 성격의 복지국가적 시도나 신자유주의 정책에도 불구하고 발전국가의 이념적·제도적·정책적 관성이 유지되고 있다는 점이다. 현재 대만 국가는 여전히 경제성장에 국가의 존립 근거와 정책의 최우선권을 부여하고 있으며, 경제건설위원회와 경제부 등 선도기구 역시 그 역할과 기능을 그대로 유지하면서 경제개발계획과 다양한 산업정책을 입안 추진하고 있다. 사실 대만에서는 복지국가나 신자유주의가 국가의 존립 근거와 핵심 정책 기조로 천명된 적이 결코 없었으며,[5] 이들 정책은 어디까지나 발전국가 모델의 취약성을 부분적으로 보완하는 '도구적 접근'에 입각한 것이었다. 즉, 대만에서의 복지국가적 시도는 민주화 이후 발전국가의 정당성 쇠퇴를 상쇄 만회하기 위한 것이며, 또 신자유주의 정책은 세계화 이후 발전국가의 능력성 쇠퇴와 정책효율성 하락을 보완하기 위해 추진한 것이라고 볼 수

5 2000년 천수이볜 집권 후 복지국가로 핵심 정책 기조의 변화가 나타날 뻔했지만, 민진당 정부는 결국 경제성장이라는 발전국가적 이념으로 회귀한 바 있다.

있다.

그렇다면 대만의 발전국가가 잡종적 진화의 경로를 걷게 된 것은 어떠한 대내외적 · 정치경제적 요인에서 기인하는가?

첫째, 대만의 발전국가 모델은 과거 수십 년의 고도성장기 동안 다소 부침은 있었지만 특별한 위기상황 없이 비교적 최근까지 순항해 왔다. 대만에서 한국의 IMF 위기와 같은 결정적인 경제위기의 부재는 한편으로는 발전모델의 전환 필요성을 야기하지 않음으로써 과거 발전국가의 관성과 경로의존성을 강화하게 되었으며, 다른 한편으로는 과거의 발전모델을 성찰하고 미래의 발전모델과 대안 모색의 기회를 박탈하는 결과를 초래한다(瞿宛文, 2011). 실제로 대만에서는 과거 발전국가의 한계가 무엇이었는지, 신자유주의적 세계화 시대에도 발전국가가 여전히 유효한지, 향후 대만의 발전모델은 무엇을 지향해야 하는지 등에 관한 진지한 고민과 토론이 국가기구 내부는 물론 시민사회 영역에서도 존재하지 않았다. 그 결과 대만의 발전국가는 복지국가를 지향하는 혁신적인 '사회조합주의적 발전국가'(Evans, 1995)로 나아가지 못했으며, 아일랜드와 같이 신자유주의와 결합된 '유연한 발전국가'(Ó Riain, 2000)로 발전하지도 못하였다. 따라서 대만 발전모델은 과거 모델에 대한 성찰과 미래 전망이 부재한 가운데 모호한 정체성을 지닌 잡종적 진화로 귀결하게 된다.

둘째, 국내 정치적 요인으로서 민주화 이후 국민당-민진당 간의 권력투쟁과 선거정치도 대만 발전모델의 잡종적 진화를 야기한 핵심 요인이다. 먼저 1990년대 중반부터 본격화된 사회정책의 확장은 선거에서 승리하기 위한 국민당-민진당 간 정책경쟁의 산물이었다. 대만에서의 복지국가는 장기적인 발전 목표나 체계적인 미래 비전으로 제시된 것도 아니었고, 이에 대한 사회적 합의나 복지동맹(welfare coalition)이 구축된 것도 아니었다. 그러므로 복지정책은 정치적인 상황 논리에 따라 전진과 후퇴, 그리고 부침을 거듭하게 된다. 단적으로 2000년 천수이볜 정부가 경제위기를 이유로 복지강령을 유보한 것과 대만의 복지정책이 2000년대 민진당 정부 시기보다 오히려 1990년대 국민당 정부 하에서 더 많은 발전을 이루었다는 평가는 그 점을 잘 보여 준다(Huang and Ku, 2011: 735). 그리고 신자유주의 정책의 확산에도 경제적 필요성 이상으로 정치적 논리가 개입되어 있다. 특히 민진당 정부에서 추진된 대규모 민영화와 금융개혁은 국민당의 지대추출 경로와 국민당-기업 간의 연결고리를 붕괴시키고 동시에 민진당-기업 간의 새로운 동맹구조를 창출하기 위한 전략에서 추진된 것이었다(Chu, 2013: 659-660). 또한 마잉주 국민당 정부의 대표적인 신자유주의 정책이라 할 수 있는 중국과의 ECFA 역시 민간기업들의 정치적 지지를 재확립하기 위한 전략의 일환으로 이해할 수 있다.

셋째, 대만이 처한 국내경제 상황과 국제경제적 맥락도 발전모델의 잡종적 진화를 가져온 핵심 요인 중 하나다. 발전국가의 제도적 관성이 유지되고, 경제계획과 산업정책이 여전히 추진되고 있음에도 2000년대의 대만 경제가 저성장-저투자의 침체 국면을 벗어나지 못하는 것은 신자유주의적 세계화 시대에는 발전국가 모델이 더는 유효성을 지니지 못함을 보여 주는 징후라고 할 수 있다. 기업들의 해외진출과 자본이동이 빈번해지고 세계시장에서의 경쟁이 더욱 첨예화되며, 나아가 리스크와 불확실성이 큰 첨단산업의 등장은 발전국가의 산업정책에 한계를 부여하고 정책효율성을 떨어뜨리는데, 현재의 대만은 바로 이러한 상황에 처해 있다. 따라서 대만에서 신자유주의의 부분적 적용은 대만 기업들의 해외진출과 중국 투자로 빚어진 대만 경제의 공동화와 경제의 활력 저하, 정책효율성의 하락을 저지하기 위한 부득이한 선택이었다. 동시에 복지정책 및 복지지출의 점진적 확대는 신자유주의 경향성 아래서 확대되고 있는 불평등과 양극화에 대처하기 위한 기능적 필요에 의한 것으로 볼 수 있다. 이런 맥락에서 대만은 발전국가 모델과 신자유주의화, 그리고 복지정책이라는 극히 이질적인 요소들이 병렬적으로 결합 공존하는 잡종적 형태로 진화하게 된 것이다.

대만에서 1960년대에 발전국가가 형성될 수 있었던 계기와 마찬가지로 2000년대 대만 발전모델의 변화와 연속성, 발전국가의 잡종적 진화의 과정도 대만이 처해 있는 '생존의 정치(politics of survival)'라는 맥락에서 이해할 수 있다(Castells, 1992). 즉, 1997년 동아시아 외환위기를 피해 갔지만, 2000년대 대만이 직면하고 있는 다양한 대내외적, 정치경제적인 도전은 신자유주의와 복지국가의 도입과 적용을 불가피하게 만들었다. 그리고 그간 대만의 경제적 성공을 보증해 왔던 발전국가를 굳이 폐기해야 할 이유와 근거가 없는 상황에서 이질적 요소들의 절충적 타협과 공존이 발전국가의 잡종적 진화를 결과한 것으로 생각된다. 그러나 대만의 잡종적 발전모델은 그것의 모호한 정체성만큼이나 성공여부 및 장기적 지속가능성에서 불확실하고 모호한 것이 현실이며, 최근의 대만 경제·사회 지표들은 그러한 일단을 잘 보여 준다.

현재의 대만 발전모델은 중국 경제의 부상과 지역경제통합의 국면 속에서 또 다른 '생존의 정치' 상황에 내몰리고 있다. 왜냐하면 1990년대부터 이어져 온 대만 기업의 중국 투자와 생산이전, 중국에 대한 부역의존도의 심화는 대만 경제의 공동화(空洞化)와 발전국가의 통제력 약화라는 숙제를 안겨 주고 있으며, 2010년 중국과의 ECFA는 2000년대 내내 저성장-저투자에 시달려 온 대만 경제에 새로운 활로를 제공하고 있으나 그 이면에는 '중국을 통한 세계화', '중국을 통한 지역경제통합'을 제외한 다른 전략적 옵션을 제약받는 정치경제적 딜레마가 내재되어 있기 때문이다(윤상우, 2010b).

물론 대만의 발전모델이 과거와 같은 성공신화를 재현할 수 있을지 아니면 신자유주의하에서 발전국가의 시효만료를 보여 주는 사례가 될지는 좀 더 지켜보아야 할 것이다. 그럼에도 현재와 같이 정체성이 모호하고 장기적인 비전이 결여된 잡종적 발전모델로는 긍정적인 결과를 만들어 내기가 쉽지 않아 보인다. 대만의 발전모델이 잡종적 진화가 아닌 발전적 진화를 이루기 위해서는 대만 사회 내에서 향후 발전모델이 어떠한 가치와 목표를 지향해야 하는가에 대한 광범위한 토론과 성찰이 이루어져야 한다. 그리고 대만의 국가, 기업, 시민사회를 아우르는 사회적 합의 도출이 반드시 수반되어야 할 것이다.

第10장 자본주의와 민주주의: 사회발전의 함수관계

1. 발전의 딜레마

현대사회의 양대 축인 자본주의와 민주주의의 갈등구도 안에서 복지국가의 미래와 가능성은 사회과학 분야에서 가장 중요한 연구 중의 하나라고 할 수 있다. 이는 각국의 발전전략상 국가의 역할과 더불어 사회·정책적 차원에서 어떻게 하나의 사회체계가 지속적인 사회발전을 경험할 것인가 하는 실천적 과제로서 인간사회의 궁극적인 이상인 삶의 질에 관한 지속적인 관심을 반영하는 것이다. 복지국가의 초기단계에 있는 한국을 비롯한 동아시아 신흥공업국의 경우는 서구의 경험과 비교됨으로써 다른 개발도상국의 발전경로에 함의하는 바가 크다고 할 수 있다. 이 지역에 대한 대부분의 기존 연구가 경제성장의 성취와 그 원인분석에 초점을 두어 온 데 비해 오히려 삶의 질을 둘러싼 발전체계에 관한 이론적 정립과 경험적 연구는 부족한 상황이다. 급격한 경제성장의 테두리 안에서 민주화 및 복지화 과정에서의 긴장관계는 역설적으로 사회발전의 미완성을 통해 새로운 준거 틀이 시급히 요청되는 시대적 중요성을 말해 준다. 서구의 역사에서 복지국가는 사회보장과 시민권에 대한 역사적으로 오래된 투쟁의 결과이며, 2차 세계대전 이후 인류의 최대 성과라고 할 수 있다. 복지국가에 대한 사회적 관심은 급속한 경제성장을 경험하고 있는 신흥공업국뿐만 아니라 사회변동의 길목에 서 있는 많은 개발도상국에 발전의 표준 모델로 간주되고 있으며, 전(全) 지구적으로 수렴되는 동질적인 현상으로 이해되고 있기도 하다.

이와 같은 맥락에서 본 연구는 비교역사의 시각에서 복지국가의 전형인 서구의 경험을 조망해 보고, 이를 각국의 구조적 조건들과 비교 검토함으로써 복지국가의 미래가능성을 살펴보고자 한다. 방법론 차원에서는 각기 상이한 지역에서의 공통점과 차이점을 대비하여 복지국가의 형성에 공헌하는 요소들을 추출함으로써 삶의 질에 관한 이론적 타당성을 검증하고자 한다. 복지국가의 다양성과 역동적인 과정을 사회학적으로 깊이 있게 탐구하기 위해서는 삶의 질 개념을 사회 각 집단의 다양한 이해관계를 둘러싼 정치력의 표현으로서뿐만 아니라 국가의 정체성과 시민권의 발로로 인간 존엄성과 사회적 유대감을 포함하여 좀 더 포괄적으로 다루는 것이 유용하다. 이와 같은 관점은 일찍이 오스트리아 출신의 경제역사학자인 폴라니(Polanyi, 1944)에 의해 제시되었으며, 시장기제론의 주장과 관련하여 부의 집중현상에 따른 경제논리의 위험성과 인간통제의 한계 및 인간존엄성의 상실 등 사회논리의 와해를 경고하고 있다. 특히 시장체제로의 전환기에 있는 동구는 기존의 보호막 역할을 했던 국가체제의 붕괴를 경험하면서 불확실한 시장질서에 대한 두려움과 함께 서구 틀의 문제점을 잘 반영하고 있다.

오늘날 대부분 사회에서는 복지국가의 실현을 실험 중에 있으며, 그 결과에 따라 방향모색을 새롭게 하고 있다. 예를 들어 경제성장의 저해요소, 가족제도의 변화, 고령화 사회와 조기 퇴직, 실업문제와 국가의 예산부족, 세율정책에 대한 저항, 국제경쟁의 가속화, 발전에 대한 국가실패와 시장실패 등인데, 이러한 제반 요소들에 의해 사회정책의 타당성 및 유용성이 의문시되고 있다. 사회 각 부문으로부터의 구조적 압력은 발전과정의 필수적인 측면으로 복지국가 운영의 문제를 강조하는 새로운 이념체계에 의해 더욱 강화된다. 그 결과 여러 국가가 서구의 복지제도에 대한 재검토와 함께 사회보장의 범주 및 혜택의 수준을 상당 부문 줄이고 있는 실정이다. 복지국가의 문제는 복지제도에 대한 개혁 논의와 함께 성장과 분배의 구도 안에서 체계 및 정책적 효율성의 쟁점으로 좁혀진다. 복지체계의 효율성은 민주화 및 분권화 과정으로 정치적 참여를 통한 복지정책의 입안과 실행에 직접적으로 관련되며, 지나친 복지지향의 분배정책은 사회구성원의 일에 대한 욕구와 투자 및 제반 경제활동이 위축될 수 있다. 반면에 성장과 고용의 확대정책에도 사회복지를 증진시키는 요소가 있으며, 또 경제적 침체가 복지체제의 근간을 붕괴시킬 수 있다는 점 등을 고려할 수 있다.

이와 같은 발전의 딜레마는 복지체계의 확립에 필수불가결한 요소로 성장과 분배의 균형점을 받아들여야 한다는 점에서 국가와 시민사회의 정합성을 요구한다고 하겠다. 만약 복지에 대한 문제가 현대사회에 필수적으로 수반되는 보편적인 현상이라면, 삶의 조건을 근본적으로 향상시키기 위해서는 국가와 같은 특정한 행위자뿐만 아니라 사회 전체의 노력이 필요한 것이다. 예를 들어 개발도상국에서 복지부문이 낙후성을 갖는 배경에는 국가의 경제성장 중심의 발전전략이나 경직된 예산편성, 억압적 계급정치, 위험추구성향, 일방적 사회통합을 강조하는 문화적 특성 등과 같은 다양한 요소가 복합적으로 작용할 수 있다(서문기, 2006). 사회구성원의 삶의 질을 심각하게 위협하고 있는 근원적인 문제는 일시적으로 나타나는 현상이 결코 아니다. 이는 국가 및 발전의 성격과 같은 구조적인 원인이 오랫동안 누적되어 사회체계의 조정능력을 넘어설 때 발생한다는 것을 선진국뿐만 아니라 개발도상국의 다양한 사례를 통해서도 알 수 있다.

삶의 질은 발전과정의 산물이며, 발전의 목표 및 전략에 의해 사회발전의 토대 역할을 했던 사회구성원들의 희생이 사회체계 안에 강제적으로 수용됨으로써 사회발전의 역동적인 특성을 배태하게 된다. 복지문제는 국제 지형에서도 정부의 신뢰뿐만 아니라 사회발전의 지속가능성이 걸린 중요한 현안으로 다음 세대의 삶의 질에까지 심각한 영향을 미칠 수 있는 역사적 조건이기도 하다. 따라서 사회발전의 보편성과 특수성이 교차하고 있는 복지체계의 문제를 체계적으로 분석하기 위해서는 자본주의와 민주주의의 함수관계에 관한 분석 틀과 함께 이에 대한 실증적 비교연구가 필요하다. 공공자산의 합리적 운영에 대한 정책적 설계뿐만 아니라 성장과 분배를 둘러싸고 새롭게 전개되는 21세기 국제 지형의 역동적 변화에 선제적으로 대응할 수 있는 발전전략이 요구된다고 하겠다.

2. 비교연구의 분석 틀

복지국가에 대한 비교연구는 서구의 경험과 대비되더라도 그 분석 틀을 그대로 연구대상 지역에 적용하는 데는 무리가 있다. 왜냐하면 사회경제적, 문화적인 조건이 다른 지역들 간의 단순한 일반화에서는 증명되기 어려울뿐만 아니라 각국의 특정한 맥락과 변수를 고려해야 하기 때문이다. 그렇다고 한국을 포함한 동아시아 지역의 연구가 제도적인 차원에서의 유관적합성을 부정하는 것은 아니며, 복지국가 발전에 대한 일치점과 차이점을 비교함으로써 좀 더 체계적인 이론적 구성을 위한 것이라고 할 수 있다.

비교연구와 관련하여 본 연구의 분석방법을 정리하면 다음과 같다. ① 원인이 될 수 있는 가능성에 대한 전체적인 관점, ② 원인에 대한 수렴 및 조합 형태에 대한 검토, ③ 각 사례에 포함되어 있는 이질적인 요소들의 추출, ④ 일탈 사례의 통합 및 배제 가능성의 확인, ⑤ 부분과 전체의 상호관계의 이해 등을 들 수 있다. 이러한 접근법은 양적 분석을 통해 사례연구의 본질적인 한계인 자유도(degree of freedom)의 문제를 줄일 수 있다. 그리고 개념 및 가설로부터 이론을 정립하거나 논리적으로 연결된 이론체계와의 유관적합성을 검증하기 위한 귀납적 활용이 가능하다.

세계화의 추세에 따른 분석단위와 관련하여 국가 및 시민사회의 분석상의 의미는 구체적인 사회행위의 주체로서 여전히 중요하다. 실제로 세계화의 진행이 국가나 사회체제의 붕괴로 곧바로 이어진다고 단정하기는 아직 이르다. 왜냐하면 국제 지형에서 주어진 사회 자체는 국가를 기본단위로 통합되어 있을뿐더러 각국은 가속화되는 세계화 과정으로 상호 교류 및 의존성을 높이고 있기 때문이다. 마찬가지로 국가체제의 하위성층인 각 사회조직체의 정체성과 사회운동의 흐름 역시 국가의 구조적 특징을 바탕으로 하므로 비교연구의 주요 분석단위로서 국가가 갖는 의미는 더욱 중요하다고 하겠다. 국가를 거시적인 차원에서 자료 및 분석단위로 하는 접근방법은 발전과정에 대한 인과구조를 역사적 수준에서 이해함으로써 과잉 일반화의 오류를 줄일 수 있다는 장점이 있다. 나아가 국가비교연구의 분석전략은 표준화된 자료를 상호교차 분석함으로써 사회발전에 대한 수평적인 역사진술의 가능성을 줄이고, 변수 간의 체계적인 논의를 통해 논점의 타당성을 확보할 수 있다(서문기, 1999).

일반적으로 거시적 사회현상은 적은 사례를 연구대상으로 하여 장기간의 변동을 다루어야 하므로 역사적 자료나 이에 기초한 2차 연구를 중심으로 접근하는 것이 방법론상 용이하다(Ragin, 1989). 개별적 사례연구들이 갖는 깊이 있는 서술적 분석방법(thick description)에 비해 거시적 차원의 연구는 각 변수 간의 관계에 대한 이론적 가설을 검토하고, 각 사례에 작용하고 있는 상황적 맥락을 충분히 고려한다. 그럼으로써 인과관계의 유형별 구성을 통해 설명적 가설을 검증할 수 있다. 이러한 방법론적 통합전략은 거시적 차원의 사회연구에 따르는 분석상의 난제인 사례 수의 제한성과 다양한 인과관계의 가능성을 극복할 수 있는 토대를 마련해 준다. 이와 같은 맥락에서 본 연구는 국제 지형에서의 삶의 질에 관한 비교분석을 통해 발전모델의 대안을 모색하며, 주어진 사회 및 지역의 역사적인 맥락을 반영함으로써 일반화의 문제를 해결하려고 노력한다. 이론적으로는 사회발전에 대한 주요 시각을 성장과 복지 중심의 발전전략으로 구분하고, 방법론적으로는 양적 분석과 질적 분석의 공통점과 차이점을 수용하여 삶의 질에 관한 분석틀의 지형을 확장시키고자 한다.

3. 자본주의와 민주주의

자본주의와 민주주의의 상호관계를 사회발전의 관점에서 살펴보면, 근대 시민권의 형성은 18세기의 법적 · 재산적 권리로부터 19세기의 정치적 권리를 거쳐 20세기의 사회적 시민권으로의 발달과정을 가진다(Marshall, 1950). 서구 선진국들의 경우 법적 또는 정치적 권리는 산업화의 진전과 함께 지속적인 성장을 거듭했지만, 사회적 시민권을 지향하는 복지체계의 공고화 또는 안정화에는 아직 도달하지 못하고 있다. 최근에 들어 더욱 쟁점이 되고 있는 복지국가 위기론과 함께 삶의 질은 사회발전의 다른 중요한 목표인 경제성장, 완전고용, 개인적 자유의 확대 등과는 양립할 수 없는 것으로 이해되기도 한다(Esping-Anderson, 1990). 그렇다면 서구의 경험에 바탕을 두고 복지체계의 누적적 성격을 강조하는 이론적 가정은 잘못된 것인가? 아니면 아시아 지역에서 새로운 형태의 복지체계가 가능할 것인가? 지속가능한 사회발전을 위한 복지체계는 어떤 방향으로 나아가야 하는가?

사회발전의 이론적 지형에서는 크게 성장 및 복지 중심의 시각으로 대비되며, 이러한 구도는 서로 다른 가치지향 사이의 갈등관계를 반영한다. 성장중심의 시각에서는 경제성장을 위해 여타 사회부문의 일정한 수준의 희생이 필요하며, 복지에 대한 일차적인 추구는 사회의 다양한 자원을 효과적으로 활용하지 못하는 결과를 가져온다. 이와는 반대로 복지중심의 시각은 급속한 경제성장의 추구와 발전의 왜곡으로 인해 복지실현이 어려운 상황을 경고하고 있다. 마찬가지로 경험적 차원에서도 기존의 연구결과들은 아직 명확한 결론에 도달하지 못하고 있는 상황이다. 개발도상국의 경우 경제성장과 물질적 풍요를 통해 점진적인 복지발전을 이룰 수 있다는 분석결과는 복지중심의 발전전략에서 주장하는 발전의 왜곡 효과를 비판할 수 있는 근거를 마련해 주고 있다(Amsden, 2001; Bauer, 1976; Easterlin, 1995; Kaletsky, 2010; Lipton, 1977; Warren, 1980). 이와는 반대로 빈곤과 분배의 문제는 시장 기제에 의한 경제성장으로 해결될 수 없으며, 사회정의를 추구하는 분배전략보다는 사회발전에 대한 국가 역할의 중요성과 이를 기초로 한 발전전략이 개발도상국에 더 필요하다는 연구결과들이 있다(Griffin, 1989; Max-Neef, 1995; Myrdal, 1972; Seers, 1969; Stiglitz et al., 2010; Wade, 1990). 같은 진영 안에서도 국가가 사회의 빈곤과 상대적 박탈의 모순을 해결해야 한다는 주장이 있다. 그러나 국가의 복지정책이 결과적으로 경제성장을 저해함으로써 성장과 분배의 양립 가능성을 부정하기도 한다(Booth, 1994; Chomsky and McChesney, 2011; Rapley, 2004; Streeten, 1981; Weiss,

1998; Weaver and Jameson, 1981).

이와 같이 발전이론의 패러다임은 국가 또는 체제의 차이점이라는 경험적 사실을 배경으로 하고 있다. 기존의 연구들은 아시아 지역의 복지체계를 다루고 있지만, 서구의 경험에 입각한 분석 틀을 그대로 적용함으로써 연구의 본질적인 한계를 포함하고 있다. 성장과 분배의 발전전략에 대한 기존의 연구결과들은 각기 상이한 결론에 도달하고 있는데, 이는 사회의 지속가능성과 관련하여 정치, 경제, 사회의 각 영역을 분리한 채 영역별 수준에서 양적 또는 질적 분석 한 부분에만 치중해 왔기 때문이다. 특히 정치 · 경제 체제에 대한 명확한 개념을 규정하지 않은 채 일방적으로 복지수준의 기준을 적용함으로써 분석적 한계를 갖는다고 할 수 있다. 본 연구에서는 비교사회학적 시각을 체계적으로 확장함으로써 삶의 질에 대한 복지국가의 공통분모를 추출하고, 서로 다른 지역의 복지체계 유형들을 기존의 서구 틀에 대한 예외가 아닌 주어진 사회의 특수성을 반영하는 독립적인 형태로서 접근하고자 한다. 나아가 경제영역을 시장과 국가로 구분하여 좀 더 분석적으로 다루고자 하며, 이를 다시 조합주의 및 다원주의로 구분되는 정치체제에 연결함으로써 삶의 질에 관한 정치, 경제, 사회의 각 영역을 통합적으로 이해하고자 한다.

〈표 10-1〉에서 알 수 있듯이 경제체제는 시장 및 국가 중심의 경제로 구분할 수 있는데, 전자가 민간부문에서 투자 및 기업 행위나 사적 재산권이 이루어지는 영역을 말한다면, 후자는 정부 소유 및 운영의 기업이 주류를 형성하여 공공부문에 대한 광범위한 투자가 이루어지는 영역을 의미한다. 정치체제에서 조합주의는 사회적 참여에 대한 이념 및 이익집단들의 중앙집중방식과 함께 관료제, 정당, 집단의 정치적 타협을 통한 자발적이고 비공식적인 조정을 특성으로 한다. 다원주의는 세 가지 측면에서 정반대의 입장으로 자유주의적 사회참여 및

〈표 10-1〉 '삶의 질'의 정치·경제 모델

<table>
<tr><td></td><td colspan="3">경제체제</td></tr>
<tr><td rowspan="3">정치체제</td><td></td><td>시장경제</td><td>국가경제</td></tr>
<tr><td>조합주의</td><td>I</td><td>III</td></tr>
<tr><td>다원주의</td><td>II</td><td>IV</td></tr>
</table>

출처: 필자 작성.

분권방식을 추구하며, 비공식적인 이익집단과 약한 이념체계를 기본적인 틀로 하고 있다. 이와 같은 분류체계의 핵심 요소는 ① 시장경제와 국가경제의 논리, ② 민주화에 대한 조합주의와 다원주의의 논리, ③ 논리의 조합 형태에 따른 성장, 분배, 삶의 질 결과라고 할 수 있다.

일반적으로 다원주의 및 조합주의는 국가의 역할과 다양한 이익집단의 정치적 참여방식에 따른 상관관계에 의해 구분되는데, 다원주의가 조직의 자발성, 경쟁성, 수평적 성격을 갖는 데 비해 조합주의는 그 대척점에 있다(Katzenstein, 1984). 특히 소수 엘리트주의에 대한 대안으로서 전자에서는 국가의 제한된 역할과 상충하는 집단의 갈등이 제도적인 틀 내에서 자연스러운 현상으로 간주되는 데 비해 후자에서는 국가가 이익집단을 구조화시키며, 각종 보조수단을 동원하여 결과적으로 시민사회를 제한하는 틀을 형성한다고 본다. 초기 조합주의 전형으로는 이탈리아의 파시즘을 들 수 있으며, 갈등보다는 조화가 강조되는 국가에 의해 유기적으로 통제되는 전체주의 사회로 규정될 수 있다. 다른 한편으로 남부 유럽과 남미 등 대부분 개발도상국에서 군부의 역할이 강조되는 국가조합주의와 함께 탈(脫)다원주의 유형으로 북구에서 볼 수 있는 진보적인 성격의 사회조합주의 등으로 구분하기도 한다(Schmitter, 1974). 이 밖에도 민주적 조합주의와 권위적 조합주의, 군부 및 보수 세력에 의한 신·구 조합주의의 구분 등이 있다. 여기서 파생된 개념인 정당주의는 강력한 단일 정당에 의해 국가가 통제되는 사회유형을 말한다.

한편으로 시장기제론에서는 민주주의와 결합된 시장경제의 우위성을 강조하는데, 조합주의든 다원주의든 국가경제보다는 시장경제가 보다 나은 삶의 질을 보장한다고 주장한다. 정치영역에서 이 논점을 좀 더 살펴보면, 시장경제에서는 다원주의가 다른 민주제 형태나 제도보다 사회구성원의 삶의 질을 개선하는 데 시장 기제의 역할과 작동이 중요하다고 본다. 그러나 국가경제에서는 다원주의를 노동시장의 유동성을 경직시키는 비효율적인 체제로 간주한다. 조합주의만이 국내외 시장의 논리를 활용함으로써 높은 성장률과 낮은 실업률 및 인플레이션을 가져올 수 있다고 강조한다. 조합주의의 전형인 북구의 작은 국가군이 다원주의의 전형인 서구의 큰 국가군 및 북미의 국가군보다 좀 더 효율적인 삶의 질의 결과를 가진다는 사실을 예로 들 수 있다. 이러한 시각에 의하면 시장경제의 조건에서는 다양한 이해집단 및 정당 간 네트워크 형성에 의해 부의 분배 및 삶의 질이 자동적으로 성취될 수 없다.

다른 한편으로 시장기제론에서는 국가경제와 민주주의가 병행할 수 없으며, 국가경제체제에서 기업은 이기적인 관료집단과 선거로 인해 구조적인 한계를 가질 수밖에 없다고 한다. 기업운영의 비효율성 및 자의적인 부의 분배 등이 대표적인 사례이며, 선거 등 정치적인 연결고리의 후유증은 1970년대의 영국병 현상이나 1990년대 동구의 민영화 과정에서 잘 나타나고 있다. 반대로 좌파의 시각에서는 모든 형태의 민주적 자본주의는 부의 분배 및 삶의 질 향상에 바람직하지 않은 결과를 가져왔으며, 자본가와 임금노동자 간의 불평등한 구조적 관계에 주목해야 한다. 시장 기제에 따른 부의 형성과 분배는 결코 자연스럽거나 정당하지 않으며, 부의 불평등은 자본주의 사회에서 사적 소유권이 분배되는 과정에서 파생되는 착취물의 결과다. 만약 자본가가 축적한 부의 일부를 투자하지 않는다면 임노동자의 현재와 미래의 삶의 질은 크게 위협을 받을 것이다. 따라서 세금 및 기업 운영에 대한 영향력 행사에서 구조적인 한계를 갖는다는 것이다. 이와 같이 사회정의를 우선적 가치로 강조하는 시각에서는 선거 등 서구의 민주적 정치제도가 결과적으로 부의 분배를 포함한 현상유지(status quo)를 개선 또는 개혁하지 못한다. 실제로 부의 편중에 의한 양극화 과정은 더욱 심화된다고 경고하고 있다. 이와는 달리 민주적 자본주의 체제에서 조합주의 형태를 유지하고 있는 북구의 사회구성원은 착취의 정도가 가장 낮은 수준에 머물고 있다고 할 수 있다.

4. 사회발전과 삶의 질

국가경제가 시장경제에 비해 경제적 효율성이 떨어진다는 가정은 시장기제론에 의해 강조되어 왔다. 일반적으로 국가의 개입 정도와 경제성장 간에는 단순한 상관관계를 상정할 수 없는 것으로 추정된다(Bevir, 2006; Nye et al., 1997; Stivers, 2001; Weiss and Hobson, 1995). 예를 들어 프랑스와 스위스의 경우 높은 국영화의 수준과 함께 국가의 개입 정도가 강하지만 동시에 높은 경제성장률을 유지하고 있다. 반면에 국영화 및 공공투자가 낮은 수준에 머물고 있는 미국은 상대적으로 낮은 경제성장률을 보이고 있다. 국가경제가 시장경제보다 더 나은 분배결과를 가져온다는 가정 역시 경험적 근거가 미약하다고 할 수 있다. 임노동자와 공공자산의 운영자가 국가경제로부터 혜택을 받는다는 것은 잘 알려진 사실이다. 그럼에도 사회불평등에 대한 측정 기준에서 볼 때 시장경제와 국가경제에는 어떤 체계적인 차이점이 있는가를 규명하기는 쉽지 않다. 이탈리아와 같은 국가경제 위주의 산업국은 비교적 불평등한 소득불균형을 갖고 있으며, 반대로 스웨덴의 경우는 높은 민간부문의 투자에도 불구하고 상대적으로 평등한 소득 분포를 보이고 있다. 프랑스는 국가의 의사결정과정에 대한 사회구성원의 통제력이 증대하고 있다. 하지만 국가경제의 민주화에 대한 잠재적 위험성은 크게 나타나고 있지 않으며, 결과적으로 국가경제와 민주주의의 양립 불가능성을 강조하는 시장기제론의 주장과 일치하고 있지 않다.

좌파의 주장 역시 경험적인 자료에 의하면 그 근거가 희박하다고 할 수 있다. 민주화된 국가들은 시장경제의 원리에 치중한다는 기본 전제만 하더라도, 실제로는 많은 민주주의 국가에서 국영기업 및 산업체를 포함하여 국내외적으로 국가경제가 많은 비중을 차지하고 있다는 사실을 고려해야 한다. 예를 들어 이탈리아의 경우는 높은 수준의 국가경제체제를 갖고 있으며, 1980년대의 유럽과 1990년대의 동아시아의 경우 역시 민영화 과정에도 불구하고 여전히 높은 비율의 국가경제체제가 유지되고 있다. 단지 영국과 프랑스의 경우만 공공부문의 20%와 60%를 각각 민영화함으로써 예외로 인정될 뿐이며, 대부분 민주주의 국가에서는 시장경제와 국가경제가 혼합된 형태가 주류를 형성하고 있는 것이다(World Bank, 2014). 자본주의 체제로의 이행과정을 경험하고 있는 동구는 낮은 경제성장률을 보이고 있으며, 조합주의 시장경제영역이 상대적으로 높은 북구는 다원주의 국가경제의 서구보다 낮은 성장률을 나타내고 있기도 하다. 그러므로 기존의 단순한 경제적 이분법의 한계를 극복하기 위해서는 정치영역에 대한 분석공간이 필요하다. 정치 및 경제 체제에서의 경제성장의 추이는 다원주의 시장경제, 다원주의 국가경제, 조합주의 시장경제, 조합주의 국가경제의 영역으로 세분되며, 다원주의 경제체제에 가까울수록 경제성장의 가능성이 높다고 추정할 수 있다.

경제성장에 관한 분석과는 반대로 분배문제의 함수관계는 다원주의 시장경제, 다원주의 국가경제, 조합주의 시장경제, 조합주의 국가경제의 순서로 구성되며, 미국에서와 같이 다원주의 시장경제에 근접할수록 부의 편중현상이 심화된다고 할 수 있다. 동아시아의 경우는 홍콩과 싱가포르가 예외적인 사례로 나타나고 있는데, 이는 도시국가의 성격과 토지의 배분 및 운영 방식에서 기인한다고 볼 수 있다. 급격한 경제성장과 자본주의의 진행과정에서 부의 편중현상이 필연적으로 초래될 수밖에 없는 구조적 모순과 한계를 도시의 공간분포에서 노정하고 있다는 것이다. 경제성장과 소득 불균형은 단기적으로 양립 불가능하지만 장기적으로는 균형점을 찾아서 유지하게 된다는 쿠즈네츠(Kuznets) 가설은 변곡점의 시기와 원인을 포함하여 이론적 타당성을 둘러싸고 여전히 많은 쟁점을 남기고 있다. 사회발전에 관한 분석 틀의 확장을 통해 살펴볼 때 사회구성원의 평등권을 지향하는 조합주의 경제일수록 부의 편중현상이 약화된다는 경향성을 발견할 수 있다.

사회발전의 최종목표인 삶의 질 차원은 개념적 다양성에도 불구하고 보편적으로 사용되는 객관적 측정 기준인 인간개발지수(Human Development Index)를 준거로 하는 경우 다원주의 시장경제에 가까울수록 높은 수준을 보여 주며, 조합주의 국가경제일수록 낮은 것으로 나타나고 있다. 이러한 결과는 경제성장 중심의 발전전략과 일치하며, 객관적 차원에서 경제성장이 삶의 질의 필수조건이라는 것을 의미한다. 그리고 삶의 질 과정은 사회구성원의 다양한 욕구 분출과 민간부문에의 광범위한 투자를 필요로 한다는 것을 말해 주는 것이다. 다른 한편으로

서구의 다원주의 국가경제와 북구의 조합주의 시장경제에서 유사한 삶의 질 수준을 확인할 수 있으며, 동아시아 경우는 서구 선진국의 삶의 질과 다른 모습을 보여 주고 있다. 또 다른 객관적 지표인 물리적 삶의 지수(Physical Quality of Life Index)에서도 동아시아는 경제성장과 관련하여 예외적인 유형을 나타내는데, 사회발전의 함수관계에서 이들 지역의 특징적인 발전전략 및 문화적 차별성 등을 반영하고 있다. 주관적인 삶의 질 기준에 의하면 동아시아 국가군은 경제성장과 삶의 질 차원에서 부의 상관관계를 보여 주고 있기도 하다(Suh, 1998).

국가군 집락분석(cluster analysis)은 국제 지형에서의 사회발전에 관한 밑그림을 좀 더 세분화시켜 주는데, 캐나다, 프랑스, 네덜란드, 영국, 스웨덴, 핀란드 등 복지 위주의 국가군과 미국, 독일, 덴마크, 스위스 등 성장 위주의 국가군 분류체계를 포함한다. 노르웨이와 이탈리아는 그 중간점에 위치하고 있으며, 헝가리를 포함한 동구의 경우는 성장 위주의 발전전략에 치중하고 있는 것으로 나타나고 있다. 동아시아의 경우는 보다 극명한 결과를 보여 주는데, 한국과 일본이 성장 위주의 국가군에 속한 반면 홍콩과 싱가포르는 복지 위주의 국가군에 속하는 것으로 나타난다. 전체적으로 사회발전의 함수관계는 다원주의 시장경제, 다원주의 국가경제, 조합주의 시장경제, 조합주의 국가경제의 순서로 구성되며, 경제논리가 사회논리를 앞서고 있다고 할 수 있다. 요컨대 다원주의 시장경제일수록 경제성장과 분배부문의 차이가 심화되고 있으며, 조합주의 체제일수록 경제성장과 삶의 질 수준이 낮아지는 데 비해 부의 편중현상은 약화되는 경향을 보이고 있다. 아울러 국가의 개입 정도가 국가의 성격이나 시민사회의 정치적 위상과 맞물리면서 조정될 때 경제논리와 사회논리의 차이가 감소할 가능성이 높다고 하겠다.

〈그림 10-1〉은 이상의 분류체계에 의한 분석결과를 요약하고 있는데, 사회발전의 함수관계는 크게 네 가지 유형의 정치 및 경제 체제

에 대한 사회학적 방정식으로 접근하는 것이 가능하다는 것을 보여 준다. 각 체제 유형에 따른 경제성장, 분배, 삶의 질에 대한 결과는 세 가지의 핵심변수인 국가의 행정방식, 시장 기제에 의한 자본의 활성화 정도, 시민사회에서의 사회적 합의에 의해 구성되고 있다. 첫 번째 변수인 국가의 행정방식은 중앙집권 및 지방분권의 유형으로 구분되며, 다원주의 및 조합주의 결합방식에 따라 종속변수로서 삶의 질 변이를 규정하는 출발점이 된다(Cohen, 1995; Painter, 2005). 두 번째 변수인 시장 기제에 의한 자본의 활성화 정도는 체제 유형을 그림의 왼쪽 위로 끌어당기는 역할을 함으로써 다원주의 시장경제로 진행시키는 구조적 힘을 의미한다(Cetron and Davies, 2006). 세 번째 변수인 시민사회에서의 사회적 합의는 시장의 기능과는 반대로 주어진 사회의 체제 유형을 그림의

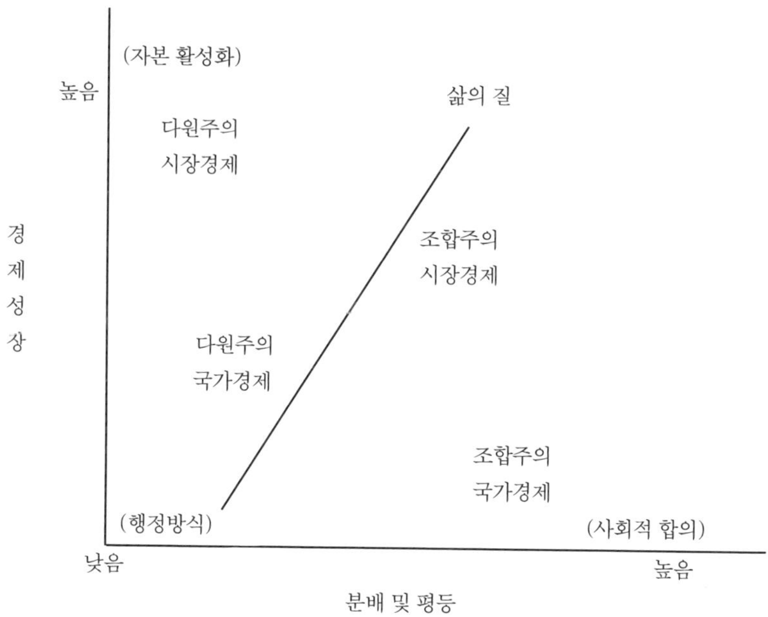

〈그림 10-1〉 사회발전의 함수관계에 관한 분석 틀

출처: 필자 작성.

오른쪽 아래로 끌어당김으로써 평등지향의 조합주의 국가경제에 관한 구조적 힘을 나타낸다(Bevir, 2006; 정태환, 2003).

이렇게 볼 때 첫 번째 변수인 국가에 의해 삶의 질 변곡점은 다른 두 가지 변수인 시장 및 시민사회와 만나는 교차점에서 사회발전의 함수관계의 결과물로 결정된다고 할 수 있다. 예를 들어 다원주의 국가경제의 특성을 반영하는 한국의 경우 역사적인 조건에서 볼 때 국가개입이 주로 경제부문에서 이루어짐에 따라 상대적으로 복지 등 사회적 자원의 분배는 등한시되어 왔다. 그 결과 되돌림 효과에 의해 오늘날 복지추구에 대한 강렬한 사회적 수요와 맞물리면서 국가에 대항하는 사회적 힘이 형성되었다. 이는 그동안 시민사회에 비해 국가가 더 강력한 권력을 행사하면서 시장기능을 활성화시킴에 따라 임노동자의 권익보다는 자본가의 이해관계와 자본축적과정에 초점을 두어 왔으며, 또 시민사회의 요구를 배제하거나 억압하는 사회정책을 진행시켜 온 결과인 것이다.

국가주도의 발전전략은 역설적으로 시민사회의 자발적인 형성에 필요한 사회적 연대를 가져다주었다. 이후 사회발전의 분기점을 거쳐 삶의 질을 향한 새로운 파동이 시작되면서 지방자치제의 실시로 분권적인 행정이 이루어지고 공기업의 민영화가 추구되었다. 같은 기간 동안의 분배지수 흐름은 국가권력의 분산, 자본시장의 활성화, 사회구성원의 사회적 합의라는 세 가지 변수 군과 일치하고 있다는 것을 잘 보여 주고 있다. 기존에 성장 위주의 발전전략에 의해 왜곡되었던 부의 분배곡선이 1980년대 중반 이후 정의 방향으로 전환되고, 1990년대에 와서 비로소 고용보험 등 최소한의 사회보장정책이 실시되었다는 사실에서 위의 세 가지 변수가 함께 작동했다는 것을 확인할 수 있다. 국가 엘리트가 부의 분배를 시장기능에 일임하고 자본가 계층이 사회적 분배를 위한 투자를 기피하며 성장가치가 높게 평가되는 사회체제로부터 벗어나 국가 행정기능이 분산되고 국가에 대항할 사회적 공간이 확보되었다. 따라서 다원화된 가치가 수용되는 체제로 전환하고 있는 것이다.

5. 복지국가의 미래

인류의 이상이자 세계 각국의 공동목표인 복지체제를 향한 노력은 사회발전의 모델과 전략을 둘러싸고 이론적 · 경험적 차원에서 첨예하게 대립해 왔다. 이데올로기의 종언과 함께 세계화의 물결 속에서 지속가능한 사회발전이라는 공통분모에 대한 제약이 드러나면서 각국은 발전전략을 새롭게 모색하고 있는 실정이다. 더욱이 세계적인 경제침체로 말미암아 복지국가의 재정을 둘러싸고 각 이익집단 간의 이해관계가 새롭게 정립되는 전환점으로부터 복지국가의 위기가 누적되어 왔다. 그리고 개방 및 민영화 과정에서 나타나는 외부적 충격으로부터의 위기의 심각성은 더해지고 있다. 이러한 현실 속에서 삶의 질에 관한 사회발전의 함수관계는 어떤 정치 및 경제 체제가 가장 바람직할 것인가에 대한 이론적 단초를 제공한다.

첫째, 가장 바람직한 사회체제는 모든 사회구성원의 기본적인 욕구를 실현하고 시민권을 보장해야 하며, 어떤 특정세력이 사회권력을 가진다 하더라도 사회구성원의 인권을 비롯한 천부적 권리를 인정하고 확장시켜야 하는 것을 의미한다(Brownlie, 1971; Rawls, 1971). 둘째, 자본가와 임노동자 간의 정당하고 평등한 부의 분배구조이며, 사회구성원에게 직업의 안정성과 사회안전망을 보장하는 사회경제적 복지의 실현이라고 할 수 있다(Rueschemeyer et al., 1992). 셋째, 지속가능한 사회발전을 위해서는 물질적 풍요뿐만 아니라 탈(脫)물질적인 가치 및 자유로운 사회환경을 다음 세대로 이전하는 것이 필수적인 조건이다 (Inglehart and Welzel, 2010). 따라서 경제성장, 분배, 삶의 질로 연결되는 사회발전의 함수관계를 반영함으로써 최적의 균형점을 갖는 체제가 가장 바람직하다고 할 수 있다. 이때 중요한 바탕은 특정 사회집단의 자의성을 배제하고 주어진 사회의 공공선을 최대한 보장할 수 있어야 한다는 것이다.

이와 같은 맥락에서 본 연구는 복지국가에 대한 좌·우 양 진영의 시각 및 주장과 관련하여 사회발전의 새로운 분석 틀과 이론적 함의를 제시하고 있다. 먼저 기존의 시장기제론과 국가론의 시각은 그들 주장의 장점만을 지나치게 강조하고 있다는 점에 유의할 필요가 있다. 시장기제론의 경우 자본의 활성화 정도가 국가의 분배의지를 약화시킬 수 있는 가능성을 도외시하고 있으며, 사회구성원의 관점에서 볼 때 시장의 분배기능이 정당하지도 자연스럽지도 않다고 보는 현실적 경향성을 등한시하고 있다. 반대로 국가론은 대다수 사회구성원의 합의가 다원주의적 시장경제에 기초하고 있다는 점을 간과하고 있으며, 조합주의 형태의 정치체제 아래서도 특권적인 사회행위자를 포함하여 다양한 계층이 존재한다는 사실을 배제하고 있다.

정치 및 경제 체제의 상관관계에 대해서는 국가경제 부문 종사자들이 사회구성원의 위상을 침범하는 범위 내에서만 국가경제와 민주주의의 양립 불가능성을 고려할 수가 있다. 그러나 국가부문의 종사자들이 특권층으로 규정되어 사회적 권력을 행사하더라도 국가경제가 경제성장과 분배의 최적체제라고 사회적으로 합의된다면 국가경제는 민주제와 양립할 수 있을 것이다. 반면에 경험적인 차원에서 대부분의 사회구성원은 국가경제 종사자들이 그들의 주어진 역할을 적절히 수행하고 있다고 보지 않으며, 따라서 비정상적인 보상과 권리를 향유한다고 생각하는 경향이 강하다. 세계화를 통한 개방물결 아래서는 기존의 특권층이 기득권을 상실할 가능성이 높기 때문에 양립 가능성은 감소하기도 한다. 하지만 기본적으로 사회구성원의 권리와 복지증진에 기여하는 국가자율성을 보장하는 경우는 민주주의와 함께 간다고 할 수 있다. 이렇게 볼 때 국가가 사회적 수요와 기대를 어떻게 반영하느냐에 따라 양립 가능성은 현저히 영향을 받으며, 근원적으로는 사회구성원의 경제성장 및 분배에 대한 의식과 사회적 합의가 사회발전과정에서 결정적인 역할을 수행하는 것이다.

일반적으로 국가경제이든 시장경제이든 국가는 사회구성원의 복지증진에 대해 일관되고 단일한 정책추구의 의지와 능력이 있다고 가정하는 경향이 많다(Banerjee, 1997; Ericson and Stehr, 2000). 이 가정에 따르면 국가는 양 부문의 경제영역에서 누가 정당한 소득의 파이를 받아야 하는지를 잘 알고 있으며, 국가경제 부문에서는 국가 엘리트층에 의한 사회적 목표를 명확하게 규정할 수 있다. 그럼에도 불구하고 이러한 가정은 국가가 만능의 사회통제 기제가 아니라는 점을 간과하고 있으며, 사회가 원하는 것을 제대로 수행하는지에 대한 기본적인 검증과 비판을 배제하고 있다. 예를 들어 분배에 대한 사회적 욕구는 기대만큼 간단하게 해결될 성격이 결코 아니며, 다음 세대의 새로운 욕구와 그들 세대가 받아야 할 혜택 부문에 대한 기대 및 투자 의지가 희박한 상태에서는 세대갈등과 같은 새로운 쟁점을 포함하게 마련이다.

국가 자체도 단일한 사회적 행위자로 규정되기보다는 관료, 정당, 이익집단 등으로 다양하게 구성되는 현실을 고려할 때, 국가의 사회정책은 시장기능과 맞물리면서 갈등적인 성격이 심화되므로 일정한 합의를 도출하기가 쉽지 않다. 특정 이해관계를 추구하는 이익집단 및 정당은 선거결과 및 정치적 과정으로 체제 유형별로 다른 결과를 가져올 수밖에 없으며, 일정 부분 사회구성원의 희생을 수반하기 마련이다. 요컨대 경제영역을 정치영역과 분리해서 평가할 수는 없으며, 그 결합방식에 대한 사회학적 이해가 필수적이다. 각 체제 유형에 따라 성장 및 분배, 삶의 질의 결과가 다르게 나타날 수 있으며, 사회구성원의 기본 욕구가 어떻게 수렴, 표현, 반영되어 어떠한 방식으로 접목되는가가 중요한 맥락인 것이다.

삶의 질을 둘러싼 보다 근원적인 문제 제기에서 출발한 본 연구의 분석결과는 서로 다른 정치 및 경제 체제가 삶의 질의 편차를 가져온다는 이론적 주장에 대한 근거를 뒷받침하고 있으며, 이를 정리하면 다음과 같다. 첫째, 여타 조건이 같다면 경제성장의 가능성과 삶의 질의 수준은 다원주의 시장경제에서 가장 높으며, 조합주의 국가경제에서 가장 낮다. 둘째, 분배문제에 관해서는 다원주의 시장경제가 가장 취약하며, 조합주의 국가경제가 가장 형평성 있는 분배수준을 보여 준다. 셋째, 다원주의 국가경제와 조합주의 시장경제는 경제성장의 가능성과 삶의 질에서 유사한 특징을 갖지만 분배문제에 대해서는 후자가 전자보다 좀 더 효율적인 체제라고 할 수 있다. 첫 번째 결과는 조합주의에 대한 다원주의의 상대적 효율성에 기인하며, 조합주의의 단기적인 시장왜곡의 효과보다는 다원주의의 장기적인 시장조정의 기능이 중요하다. 두 번째 결과는 임노동자의 조직적인 활동으로 국가정책에 관한 상대적 자율성으로서 사회적 공간이 확보되는 조합주의의 구조적 특성과 관련되며, 다원화된 정치제도에 의해 운영되는 체제에서는 부의 공정한 분배가 어렵다는 것을 보여 준다. 세 번째 결과와 관련하여 분배효과는 국가부문의 임노동자들이 특권적인 위치를 차지하는 조합주의 체제에서 가장 크다고 할 수 있다.

자본주의와 민주주의에서와 같이 성장과 분배를 둘러싼 양립 가능성의 쟁점은 좌 · 우 양 진영이 전제하는 것 이상으로 복잡한 인과관계를 포함하고 있다. 한편으로는 시장경제 및 국가경제 양 부문이 모두 민주제와 양립할 수 있으며, 다른 한편으로는 양 부문 모두 양립하기가 어려울 수도 있기 때문이다. 양립 가능성의 문제는 일련의 세부 조건들과 연관성을 가질 때 유의미하며, 구체적으로는 국가의 발전전략을 반영하는 행정방식, 자본가와 노동자 간의 이해관계가 걸린 자본의 활성화 정도, 시민사회의 정치적 행위 등이 중요한 변수가 된다. 국가의 비교분석 차원에서도 양립 가능성은 정도의 문제로 수렴되며, 그 결과는 주어진 사회의 체제 유형에서 발전전략에 대한 사회구성원의 합의가 어떻게 작동하는가에 달려 있다고 할 수 있다(서문기, 2007).

첫 번째 변수에서 국가개입의 목표와 수단에 대한 사회적 반응을 고려할 때, 중앙집권형의 국가행정은 국가의 시장개입의 효율성을 크게 개선함으로써 네 가지 형태의 정치 및 경제 체제를 탄력적으로 운영할 수 있다. 반대로 같은 형태의 체제에서도 중앙집권형의 행정기능이 수반될 때 좀 더 높은 삶의 질의 결과를 가져온다. 그러나 국가 엘리트층은 공공부문에 대한 사회적 보상이 최대가 되지 않은 상태에서 국영기업체의 운영에 몰두할 필요가 없으므로 오히려 시장경제 부문에서 가장 효과적인 결과를 기대한다. 다원주의 국가경제의 경우 이러한 상황에 쉽게 직면하며, 그 결과 여타 조건이 같다면 선거 및 의회 제도의 정치는 공공부문에 대한 투자의 회수보다 국가 엘리트 집단이 추구하는 사회적 목표를 전환하는 방식에 영향을 미치게 된다.

분배문제와 관련해서는 중앙집권형의 행정방식이 국가경제보다는 시장경제에서 효과적이지 않다고 할 수 있다. 분배에 대한 분명한 개념의식이 있는 국가 엘리트층에서조차 궁극적으로는 시장경제 부문에 기초를 둔 복지추구라는 틀에 의해 구조적으로 제한을 받게 된다. 조합주의 정치체제에서 국가 엘리트층이 임노동자 계층과 연대가 가능하더라도 자본가 계층의 투자행위에 따른 위험은 상존한다. 그리고 이러한 제약으로부터 벗어나기가 쉽지 않다. 그럼에도 불구하고 분배문제에 관한 한 조합주의 국가경제 부문에서는 생산자 계층과의 연대가 가능하고 정치제도로부터 일정한 독립성을 유지할 수 있다. 따라서 중앙행정방식이 좀 더 효율적으로 작동할 수 있다.

두 번째 변수인 자본의 활성화는 그 정도가 높을수록 민간부문의 자본가 입지가 강화되어 임노동자의 부의 분배에 대해 부정적인 영향을 미친다. 반면에 활성화된 자본시장 내에서는 자본의 소유주가 다수의 사회구성원을 포함하므로 부의 분배에 정의 효과를 가져온다. 이러한 이중효과는 부의 분배 균형점이 시장경제나 국가경제 부문 양쪽 모두 나타날 수 있지만, 자본에 대한 상대적 통제는 국가경제가 시장경제에서보다 수월하다.

세 번째 변수인 사회구성원의 정치행위와 관련해서는 국가개입의 목표와 수단에 대한 사회구성원의 합의 정도가 공공정책의 안정성에 영향을 미친다. 따라서 파레토 최적치(Pareto optimality)를 실현시킬 수 있다. 경제복지의 원칙은 최소한 다른 사람에게 피해를 주지 않은 상태에서 더는 혜택이 개선될 수 없을 때 실현가능하며, 사회적 합의가 낮을수록 선거제도가 경제에 영향을 미치는 정도는 다원주의 국가경제에서 첨예하게 나타난다. 반면에 조합주의 시장경제에서는 국가 엘리트가 정당 및 이익집단 등 경쟁하는 사회적 압력으로부터 독립성을 유지할 수 있기 때문에 사회적 합의가 낮을수록 가장 낮은 영향력을 행사한다. 아울러 사회구성원의 정치적 태도는 국가경제에서 행사되는 공공재산권의 소유권에 대해 영향을 미칠 수 있으며, 집단적인 공공재산권의 행사가 높게 나타날수록 경제성장에 대한 생산수준의 가능성도 높아진다고 할 수 있다. 반면에 국가경제 종사자들은 공적 자산에 대한 개념이 약할뿐만 아니라 개인적인 피해를 최소화하려는 욕구로 인해 시장경제에 비해 경제성장과 복지부문에서 비효율적인 역할을 수행할 가능성이 높다.

따라서 다원주의 국가경제와 조합주의 시장경제는 다음에서 제시하는 조건을 충족시킬 때 삶의 질에 대해 가장 효과적이라는 것을 알 수 있다. ① 전자에서는 행정기반이 분산적인 경우와 후자에서는 집중형인 경우, ② 전자에서는 자본시장이 미약한 상태에서 자본가 계층이 국가와 거래할 수 있는 여건이 조성되는 경우와 후자에서는 자본시장이 발달되었을 때 국가의 일방적인 재분배정책에 대항할 공간이 형성되는 경우, ③ 전자에서는 국가개입의 목표와 운용에 대해 사회적 합의가 현저하게 없는 경우와 후자에서는 경제성장과 분배 및 고용안정에 대한 광범위한 사회적 합의가 도출되는 경우가 가장 이상적이라고 할 수 있다.

반면에 다원주의 시장경제와 조합주의 국가경제에서 삶의 질을 향한 대조적인 가능성은 아래의 조건을 수반할 때 나타난다고 할 수 있다. ① 전자에서는 중앙집권형의 국가 엘리트가 부의 분배에 관해 시장기능에 일임하는 경우와 후자에서는 분산적 행정기반을 가지고 있는 경우, ② 전자에서는 발달된 자본시장을 가지고 자본가 계층이 투자행위를 기피하는 경우와 후자에서는 미약한 자본시장 아래에서 자본가 계층이 투자행위를 기피하지 않는 경우, ③ 전자에서는 소득균형과 고용안정에 비해 경제성장에 대한 상대적으로 높은 수준의 사회적 합의가 도출되는 경우와 후자에서는 전자와 반대일 때가 가장 효과적이라고 할 수 있다.

국가 엘리트층이 설계하고 추진하는 삶의 질에 관한 사회정책은 상기한 다양한 조건에서 사회구성원의 정치적 태도에 일정한 영향력을 행사하며, 경제적 불평등을 둘러싼 분배적 요구뿐만 아니라 삶의 질을 향한 사회구성원의 의식과 열망에 기반을 두는 복지체계의 제도적 형성에 중요한 역할을 수행하게 된다. 이와 같은 사회발전의 함수관계는 새로운 이론적 재구성의 필요성과 가능성을 함께 제시하고 있으며, 동일한 정치·경제 체제 안에서도 서로 다른 결과를 가져오는 역사적 맥락을 반영하여 사회정책적 효과와 신뢰에 대한 사례연구를 미래의 탐구영역으로 남겨 놓고 있다.

제11장 결론: 한국의 현재적 좌표와 과제

"우리의 문제는 미래의 어둡고 무서운 요소들에 직면하는 것일 뿐만 아니라
그러한 미래가 흐려지지 않게 하는 것이다."

— 오펜하이머(Robert Oppenheimer)

"비(非)서구사회는 자기의 고유문화를 포기하지 않고 또 서구의 가치, 제도, 관습을 전폭적으로 수용하지 않고서도 근대화할 수 있고 또 그렇게 발전해 왔다."

— 헌팅턴(Samuel Huntington)

1. 세계화의 역설

오래전 한국은 선진국들이 자동차, 선박, 비행기 등을 제조할 때 자전거도 제대로 만들지 못하는 나라였다. 그러나 오늘의 한국은 무선통신기, 반도체, 자동차, 석유화학, 조선, 철강 등 생산에서 세계 선두를 달리고 있다. 해방 이후 6 · 25전쟁(한국전쟁), 4 · 19혁명, 5 · 16군사정변을 치르는 어려운 상황 아래 지난 반세기에 걸쳐 산업화와 민주화를 동시에 이루어 내었다. 한국은 개발도상국의 위치를 벗어나 이제 국제계층구조 안에서 미국, 일본, 영국, 프랑스, 독일, 네덜란드, 덴마크, 스웨덴 등 선진국 반열에 들어서기 위해 노력하는 중이다.

그럼에도 작금 세계적인 경제, 자원, 환경 등 복합위기의 와중에서 한국은 세계화라는 기회와 위협에 동시에 직면하고 있다. 이미 한국이 겪어 온 세계화 경험은 미래발전에 관해 여러 가지 시사점을 던져 준

다. 세계화로 인해 얻은 것도 많고 잃은 것도 많기 때문이다. 1997년 외환위기 이후 세계적인 대세로 자리 잡은 신자유주의적 구조조정에 따라 성장과 배제가 동시에 일어나는 상극적 발전(antagonistic development)의 가장 우려되는 문제는 사회적 양극화를 지적할 수가 있다. 이러한 방식의 배제를 통한 경제성장이 앞으로 민주주의의 심화를 위한 사회경제적 토대를 잠식할 수 있다는 걱정이다. 그렇지 않아도 지역, 계층, 이념, 세대 사이의 정치적 균열이 해소되지 않고 있는 가운데 사회적 양극화가 기존의 사회갈등을 확대 재생산함으로써 한국의 미래발전을 위한 사회적 합의의 기반을 붕괴시킬 수 있기 때문이다.

세계화는 국경을 넘는 개방과 교류를 통해 지구의 부(富)를 총체적으로 늘려 주지만 선진국과 후진국 사이의 간격을 더욱 넓혀 주고 있기도 하다. 특히 위로부터의 신자유주의적 세계화는 후진국들에 지나친 무역개방과 자본이동을 허용함으로써 외환 및 금융 위기의 위험성을 높여 주고 있으며, 사회적 양극화가 정치불안과 사회갈등의 원천으로 작용하고 있음은 물론이다. 근래에 세계 여러 나라에서 확산되고 있는 내전, 폭동, 저항, 시위, 테러 등이 좋은 보기다. 그러므로 세계화를 무조건 수용하거나 거부하는 것을 넘어 미래 한국의 생존과 번영을 위해 오늘의 메가트렌드로서 세계화에 대처하고 관리할 수 있는 역량을 키우는 것이 매우 중요하다.

냉전체제의 붕괴 이후 우리의 시야에서 사라진 것은 자본주의가 아니라 사회주의다. 이는 자본주의가 스스로의 모순을 극복하기 위해 자체 나름대로 개량이나 변혁을 통해 내구력을 키워 왔기 때문에 가능한 일이라고 볼 수 있다. 따라서 자본주의의 다양성에 대한 논의는 한국의 바람직한 미래발전을 위해 여러 가지 측면에서 함의하는 점이 많다. 한국의 인구는 2020년을 절정으로 내리막길로 접어들게 되어 있다. 세계에서 유례를 찾기 어려운 정도의 빠른 속도로 진행되는 고령화와 출산 저하는 앞으로 10년 후 인구가 5,000만 명을 정점으로 줄어들게 만들어 노동인구의 감소와 부양인구의 증가를 가져옴으로써 장기적으로는 경제성장을 둔화시킬 것이다.

동시에 경제성장이 지속되지 않으면 국가채무는 악화될 수밖에 없다. 1997년의 외환위기 당시 정부재정은 건전한 편이었다. 그러나 구조조정 와중에서 막대한 공적자금이 사용되었다. 만약 정부의 국가부채와 민간의 가계부채 상환이 함께 맞물리면 지난번 위기와는 달리 총체적 경제위기가 언제든지 나타날 수 있다. 결국 우리에게 경제성장의 마지막 기회가 되는 향후 10년 안에 한국의 미래가 달려 있다고 해도 지나치지 않다. 이 기간 동안 재도약을 위한 성장의 기틀을 마련하지 못하면 국제사회에서 한국이 낙오되지 말라는 법도 없다. 그러므로 한국은 지금까지의 노동, 자본, 기술 등에 의존하는 성장방식을 넘어 정보기반의 지식집약적 산업화에 입각한 자가발전의 성장동력을 찾아내어야 하는 과제를 안고 있다. 외부로부터의 자원에 대한 의존은 불가피하더라도 기술의 자립을 통한 철강, 자동차, 선박, 섬유 등 전통산업의 유지 발전과 함께 IT 등 지식과 정보 기반의 첨난산업의 발굴과 이들 사이의 융합이 동시에 이루어져야 할 것이다.

2. 세계화 시대 자본주의의 다양성

냉전체제의 붕괴 이후 가속화되고 있는 세계화는 사회주의에 대한 자본주의의 승리를 선언하게끔 만들고 있다. 후쿠야마가 얘기하는 이른바 '역사의 종언(the end of history)'이 그것이다. 그렇다고 역사의 종언을 단정하기에는 자본주의 현실이 혼탁하고 어지럽다. 자본주의는 신자유주의의 득세에 따라 복지국가의 이상이 소진되고 있는 가운데 약육

강식과 적자생존이라는 정글의 법칙에 의해 지배되고 있다. 세계경제의 불안, 국가의 부도위기, 대규모 환경의 재앙, 문명의 충돌 등이 만만치 않다. 미국 경제의 회복이 더딘 가운데 그리스, 스페인, 포르투갈, 아일랜드의 재정위기, 인도네시아의 화산폭발, 일본의 대지진, 미국과 유럽의 한파, 호주와 브라질의 홍수라는 환경재앙, 아프가니스탄 및 이라크 전쟁과 같은 위기현상 등이 좋은 예다.

지금까지 우리는 자본주의의 모순과 폐해로 인해 그 자체의 개혁보다 다른 체제로의 이행에 더 많은 관심을 가져왔다. 이 와중에서 자본주의가 오랫동안 존속할 수 있는 내구력에 대해 신경 쓰지 못한 감이 없지 않다. 그럼에도 오래전부터 자본주의 내구력에 대해 분석해 온 여러 갈래의 학파들이 있어 왔다. 근대화이론, 신조합주의론, 생산의 사회체제론(social systems of production) 등이 그것이며, 다양한 자본주의론은 그 집대성이라고 할 수 있다(Hall and Soskice, 2001).

1960년대에 들어와 자본주의 동학에 관해 근대화이론은 경제성장을 유도하는 과정에서 국가와 시장이 은행과 기업이라는 행위자들과 맺는 관계에 의해 경제체제, 특히 금융체제의 유형화를 시도한 바 있다. 예를 들어 기업주도의 영·미 방식, 은행주도의 독일 방식, 정부주도의 프랑스 및 일본 방식의 금융체제가 이 범주에 포함된다(Zysman, 1983). 1970년대 이후 인플레와 같이 변화된 경제환경에서 유럽 국가들이 사용자와 노조와의 협상을 통해 임금과 노동조건을 결정 추구하는 신조합주의론은 자본과 노동의 집중화 정도에 의해 이익대변의 체계를 구분하고 있다. 1980~1990년대에는 자본주의 차이점을 생산방식과 부문지배 등 국가혁신체계에 의해 설명하는 생산의 사회체제론이 등장한다. 여기에는 포드주의적 대량생산, 다품종대량생산, 숙련기술생산, 유연대중생산, 유연전문화 등 새로운 형태들이 포함된다(Hollingsworth and Boyer, 1997).

현대적 지평에서 여러 갈래의 자본주의에 대한 논의는 알베르(Albert, 1993)에 의해 시도되어 왔다. 그는 현대자본주의를 크게 영·미 및 라인 유형으로 분류하여 그 특징을 대비하면서 프랑스식 자본주의나 일본식 자본주의의 가능성에 대해서도 언급하였다. 결국 자본주의란 나라마다 정치, 경제의 제도적 맥락에 따라 달라질 수밖에 없다는 지적이다. 생산의 사회적 체제론의 모태가 된 조절이론은 이미 오래전부터 자본주의의 지속성을 동시대적 맥락에서 축적체제와 조절양식의 변화로부터 찾으려 하였다. 자본주의의 발전단계에 따라 상이한 축적체제가 만들어진다면 그에 상응하는 조절양식이 태동한다는 분석이다. 자본주의의 생존력은 환경적 적응에 의한 부단한 자기 개선에 기인한다고 볼 수 있으며, 복지국가에 대한 이상도 그 적응의 결과라고 할 수 있다. 정부개입을 중시하는 복지체계로부터 시장 기제에 맡기는 복지체계까지 이르기까지 그 내용도 매우 차별적이며, 특히 북구 방식의 복지국가의 경우는 자본주의에서 사회주의로의 점진적 이행을 전제로 한다는 점이 매우 흥미롭다.

서구 국가들의 경험에 의하면 자유시장경제의 국가군으로 미국, 영국, 호주, 캐나다, 뉴질랜드, 아일랜드가 있고, 조정된 시장경제 국가군으로 독일, 일본, 스위스, 네덜란드, 벨기에, 스웨덴, 노르웨이, 덴마크, 핀란드, 오스트리아가 있다. 프랑스, 스페인, 포르투갈, 그리스, 터키는 두 가지 유형의 혼합 형태로 지중해 방식으로 불리기도 한다. 이들 국가는 농업기반의 경제를 중심으로 하되 기업금융은 비(非)시장적이지만 노사관계는 시장적으로 하는 방식으로 정부개입이 이루어지는 특수한 경우라고 할 수 있다. 경제성과와 사회복지 면에서 두 가지 유형의 자본주의는 두드러진 차이를 보여 준다. 일반적 통념과 달리 2차 세계대전 이후 지난 반세기의 실적은 조정된 시장경제가 자유시장경제보다 경제성장과 복지혜택에서 우월하다는 것을 증명하고 있다. 자유시장경제를 택한 나라들에서 실업률과 소득불평등이 높았다면, 조정된 시장경제를 취한 나라들에서는 노동시간이 전반적으로 낮을뿐더러 소득분배가 비교적 평등하게 이루어져 왔다(Wilenski, 2005). 조정된 시장경제를 가진 나라에서 술, 담배, 가솔린 등 건강과 환경에 좋지 않은 비탄력적 부문의 세율이 높은 반면 자본과 노동에 대한 한계세율은 높지 않아 성장촉진적인 조세의 혼합을 선택하고 있다는 것을 알 수가 있다(Lindert, 2005).

자본주의 다양성 논쟁은 비교시각에서 여러 국가 사이의 정치 · 경제적 성쇠를 제도적인 차원으로 접근하는 데서 출발한다. 세계화로 인한 국제경제의 통합이 국가들 사이의 제도적 차이를 줄여 하나의 자본주의 일반 모델을 가져올 것이다. 그러나 이 논의와는 달리 다양한 자본주의론은 오히려 국가별 역사적 · 사회적 차이에 따른 경로의존적(path-dependent) 맥락에서 특정한 경제 및 사회 정책이 여러 형태의 정부와 시장, 기업과 노동 사이의 관계를 만들어 낸다는 것이다.[1] 오늘의 세계화는 시장중심의 운영을 요구하고 있지만, 국가가 기업을 통해 시장을 조정할 수 있기 때문에 자본주의는 다양하게 존재할 수 있다는 것이다. 구미의 선진국, 특히 미국과 독일의 발전경험에 바탕하고 있는 유럽 중심적 발상의 한계는 차치하더라도 한국과 같은 중심부 지향의 후기-후발 자본주의 발전국가에 정책적으로 함의하는 바가 적지 않다. 특히 국제통화기금(IMF)의 요구에 의한 신자유주의적 구조조정 이후 시장의 기능이 국가의 역할을 대체하고 있는 상황에서 다양한 자본주의론은 우리의 시행착오를 줄일 수 있는 단초를 제공할 수 있다. 조정된 시장경제의 장점이 자유시장경제의 단점을 채워 줄 수 있는 방향에

1 이러한 경로의존도 제도 안의 반작용적 연쇄가 외부로부터의 충격에 의해 변형될 수 있다는 비판도 있다(Mahoney, 2000; Greif and Laitin, 2004).

서 한국의 미래를 위한 발전전략 수립에 중요한 정책적 시사점을 도출할 수 있는 것이다.

한국은 1990년대 초반 이래 김영삼 정부의 '세계화' 정책과 김대중 정부의 '구조조정'을 통해 국가주도 발전으로부터 시장중심 발전으로 급격한 방향전환이 이루어져 왔다. 노무현 정부 아래서 정부개입과 시장 기제 사이의 조화를 추구했지만, 이명박 정부에 들어와 시장중심적 발전은 가속화되었다. 한국의 경우 발전주의 국가의 경제, 사회에 대한 개입과 통제능력은 여전히 대단하지만, 국가의 '배태된 자율성(embedded autonomy)'은 이전과 동일하다고 보기는 어렵다. 중상주의적 발전국가에서 신자유주의적 발전국가로의 전환의 와중에서 시장 기제의 확대와 정부 역할의 축소를 보고 있다.

시장경제의 확립이 중요하다는 사실은 아무리 강조해도 지나치지 않다. 하지만 시장경제도 사회적으로 '조정된' 것이 '고삐 풀린' 것보다 낫다는 사실을 발전의 역사는 가르쳐 주고 있다. 미국식 주주 자본주의 및 독일식 이해관계자 자본주의 모델과 프랑스 및 일본의 국가주도적 모델, 스웨덴의 사회민주주의 모델, 영국의 신자유주의 제3의 길, 네덜란드 및 덴마크의 안정적 발전경험 등을 유용한 사례들로 검토할 필요가 있다.

3. 한국의 발전에 대한 비교분석

1) 한국의 국력: 하드파워와 소프트파워

정치학자 조셉 나이는 미국의 헤게모니가 쇠퇴하고 있다는 단순한 주장에 대한 반론으로, 헤게모니를 구성하고 있는 두 가지 권력을 구분한 바 있다(Nye, 1991). 권력을 '특정한 자원의 보유를 바탕으로 타인의 행동에 영향을 미쳐 자신이 원하는 결과를 얻는 능력'으로 정의한다면, 권력은 군사력이나 경제력과 같은 강제나 보상에 기초한 권력인 '하드파워'와 문화나 민주주의, 인권, 개인의 기회보장과 같이 동의에 기초한 권력인 '소프트파워'로 구분할 수 있다는 것이다. 나아가 그는 세계 헤게모니를 유지시키는 주요한 권력의 양상이 하드파워에서 소프트파워로 전환되고 있다는 점에 주목해야 한다고 역설한다. 오늘날 세계 헤게모니 국가인 미국의 사례에서 볼 수 있듯이 여전히 미국은 가장 강력한 하드파워를 가지고 있다는 사실을 부인할 수 없다. 그러나 9.11 이후 '테러와의 전쟁'에서 나타난 국제무대에서의 자국중심적인 일방주의 경향은 미국 소프트파워의 약화를 여실히 보여 주고 있으며, 이는 세계 헤게모니 자체의 쇠락을 암시하는 것이기도 하다.[2]

나이의 논의는 사람들이 전통적인 국력으로 간주해 왔던 하드파워 이외에도 소프트파워가 가진 중요성을 인식시키는 데 기여하였다. 소프트파워가 강제나 보상보다는 사람의 마음을 사로잡아 원하는 것을 얻어내는 능력이라고 한다면, 국제적 차원에서 소프트파워는 한 나라의 문화나 민주주의와 인권 수준에서 우러나오는 매력과 관련된다. 여기서 분명하게 강조되어야 할 사실은 하드파워와 소프트파워 사이의 관계다. 권력양상의 중요성이 하드파워에서 소프트파워에서 전환되고 있는 것은 사실이지만, 하드파워 없이 소프트파워는 결코 적절히

2 나이는 2차 세계대전 이후 미국의 세계 헤게모니 국가로의 등극은 하드파워와 소프트파워의 적절한 조화에 기반을 둔다고 주장한다. 이러한 관점은 나아가 소프트파워를 적절히 활용한 덕택에 소련의 붕괴를 유도할 수 있었다. 하지만 냉전 이후 소프트파워에 대한 관심이 저하되고 공공외교를 소홀히 함으로써 전 세계적인 반미주의 비판에 직면하여 미국 헤게모니 지위의 약화를 초래하게 되었다고 본다.

행사될 수 없다는 것이다. 일정한 수준의 하드파워 자원을 보유한 상황에서만 소프트파워 또한 성공적으로 작동할 수 있고, 소프트파워의 성공적인 작동은 하드파워를 행사하는 데 유리한 조건을 마련해 줄 수 있다. 따라서 이 두 가지 차원은 대체관계가 아니라 보완관계인 셈이다.[3]

2014년 한반도선진화재단이 기획한 종합국력지수는 나이의 하드파워와 소프트파워 개념에 근거하여 국가의 국력을 측정하여 국가 간 비교분석을 시도한 결과다. 나이의 연구가 추상적 · 이론적 수준에서 논의를 전개한다면, 종합국력지수는 이를 실증적으로 접근함으로써 중 · 장기적인 발전모델의 적립을 목표로 삼는다는 점에서 주목할 가치가 있다. 종합국력지수 연구는 G20 국가들을 대상으로 해서 종합국력을 하드파워(60%)와 소프트파워(40%)의 결합으로 정의한다. 하드파워를 측정하는 지수에는 ① 기초국력(국토, 인구, 천연자원 등), ② 강제력(국방력), ③ 핵심자원생산력(경제력), ④ 과학기술력, ⑤ 교육력, ⑥ 정보력, ⑦ 환경관리력의 7개 항목이 포함되며, 소프트파워를 측정하는 지수에는 ① 국정관리력, ② 정치력, ③ 외교력, ④ 문화력, ⑤ 사회자본력(국가기관 신뢰도), ⑥ 거시변화 대처력 등 6개 항목이 포함된다. 분석결과는 다음과 같다.

〈표 11-1〉이 요약하여 보여 주듯이 미국이 하드파워와 소프트파워 항목에서 압도적인 1위로 종합국력 수위를 차지했으며, 중국은 하드파워에서는 2위, 소프트파워에서는 7위로 종합국력 2위를 차지하였

3 이러한 문제의식에서 나이는 최근 하드파워와 소프트파워의 결합을 바탕으로 둔 '스마트파워(Smart Power)'라는 새로운 개념을 구상해 내었다. 스마트파워란 하드파워와 소프트파워를 잘 조합하여 성공적인 전략을 도출하는 권력이다. 결국 하드파워와 소프트파워는 스마트파워를 매개로 더욱 강화될 수 있다. 이러한 '스마트파워'의 특성을 두고 김상배(2009)는 '권력에 대한 권력' 혹은 '메타권력'이라고 요약한다.

다. 이는 최근 국제사회에서 중국의 위상이 급상승했다는 것을 보여 주고 있다. 그러나 종합점수에서는 미국의 68점에 비해 아직 55점으로 미국과 동등하게 견줄 정도는 아닌 것으로 보인다. 다만 세부항목에서 보면 정치력, 문화력, 사회자본력 등 소프트파워 영역으로 분류된 항목에서 1위를 차지했는데, 이는 국가기관의 정치력을 우선시하는 중국의 독특한 정치체제의 성격과 정치기관의 경제발전에서 보인 놀라운 성과를 단적으로 말해 주고 있다.

〈표 11-1〉 종합국력 점수 및 순위

국가명	종합국력		하드파워		소프트파워	
	점수	순위	점수	순위	점수	순위
미국	68.33	1	43.87	1	24.45	1
중국	55.92	2	35.25	2	20.66	7
영국	53.56	3	30.72	5	22.83	2
독일	53.20	4	30.94	4	22.25	3
호주	52.39	5	30.16	7	22.22	4
캐나다	52.11	6	30.06	9	22.04	5
프랑스	52.01	7	30.35	6	21.65	6
일본	51.52	8	31.74	3	19.77	8
한국	**48.42**	**9**	**29.37**	**10**	**19.04**	**11**
스페인	48.21	10	29.06	11	19.14	10
인도	48.02	11	28.57	13	19.45	9
이탈리아	47.74	12	28.89	12	18.84	12
러시아	46.47	13	30.06	8	16.41	19
멕시코	45.84	14	27.41	15	18.43	13
브라질	45.74	15	28.15	14	17.58	15

출처: 한반도선진화재단(2014).

한국의 경우 종합국력은 9위이며, 소프트파워(11위)보다는 하드파워(10위)가 비슷한 나라로 분류되지만, 분석결과는 하드파워에 걸맞은 소프트파워의 강화가 좀 더 필요하다는 것을 보여 준다. 세부항목별 순위를 보면 국방력(5위)과 과학기술력(7위)에서 경쟁력이 높은 것으로 나타난 반면 문화력(13위)과 정치력(14위) 및 사회자본력(15위)에서는 낮은 경쟁력을 보였다. 이는 한국이 종합국력을 증진시키고 대안적인 발전모델을 모색하기 위해서는 문화와 정치, 사회자본에 대한 보다 높은 관심의 제고가 필요하다는 사실을 시사한다. 현재 한국은 농업 및 산업 생산성을 높이기 위한 방안에 따라 화학비료 사용량이 다른 선진국에 비해 많고, 온실가스 배출량 또한 상대적으로 높은 편이다. 이를 해결하기 위해서는 친환경적 농업 및 산업으로의 전환을 강구해야 한다. 또한 지속적으로 지적되어 온 한국의 후진적 정치문화를 극복할 필요성도 제기되고 있으며,[4] 한국이 경험한 압축성장의 그늘이라고 할 수 있는 제도적 불안정성과 이에 따른 제도에 대한 낮은 신뢰 역시 시급히 극복해야 할 과제라고 할 수 있다.

2) 경제성장의 국제비교: 한국의 위상

한국의 경제성장 기적은 익히 알려진 대로다. 해방 이후 지금까지 지난 세기에 걸친 압축적인 경제성장은 여러 분야에서 손쉽게 관찰된다. 보다 중요한 문제는 이러한 성장이 미래에도 지속될 수 있느냐 하는 질

4 그러나 한반도선진화재단의 연구에서 '정치력' 항목은 민주주의의 정도와는 관련이 없다는 사실이 지적되어야 한다. 중국의 정치력이 1위로 평가된 데에서 알 수 있듯이 본 연구에서 정치력은 오직 안정성과 효율성의 측면에서만 평가되고 있다는 한계를 지닌다.

문과 관련된다. 예컨대 골드만삭스는 한국의 일인당 실질소득이 2025년 51,923달러로 미국, 일본에 이어 세계 3위로, 2050년에는 81,462달러로 미국에 이어 세계 2위로 올라설 수 있을 것이라는 장밋빛 예측을 한 바 있다. 반면 삼성경제연구소는 만약 모든 것이 순조롭지 못하다면 2050년 한국의 일인당 국내총생산은 8,700달러로 1994년 수준으로 후퇴할 수도 있다고 경고하였다.[5] 이러한 정반대의 예측에서 나타나듯이 문제는 과거의 성취에 안주할 것이 아니라는 것이다. 지난 60년간의 성장 결과이기도 한 현재의 다양한 조건을 재검토하고, 다른 국가들과의 경험을 비교시각에서 살펴봄으로써 미래의 성장동력을 가늠해 보는 작업이 필요하다는 것이다.

현재 한국이 처한 조건들을 평가하기 위해서는 한국과 유사한 발전단계에 있었던 국가들과 현재의 한국 상황을 간접적으로나마 비교해 보는 일이 유용하다. 즉, 한국의 현재 일인당 국민소득과 유사했던 시기의 선진국들의 제도, 자본, 정책을 살펴봄으로써 경쟁력 결정 요인에 대한 보다 심층적인 분석이 가능한 것이다(김병연, 2010). 〈표 11-2〉는 일인당 국민소득이 각각 2만 달러대와 3만 달러대에 위치한 초급 선진국과 고급 선진국으로의 진입 기간을 측정 요약해서 보여 주고 있다. 〈표 11-2〉에 나와 있는 17개 선진국들을 분석해 보면 1만 달러에서 2만 달러로 진입하는 데 걸린 기간은 4~15년 정도다. 한국의 경우는 1995년 1만 달러를 넘어선 뒤 2007년 2만 달러를 상회한 후 2008년

5 흥미로운 사실은 이러한 전망에서 각각 암묵적으로 전제되어 있는 것은 통일과 분단에 관한 예상이다. 통일 한국이란 관점에서 최상의 시나리오가 낙관적 전망이고, 분단 한국이란 입장에서 최악의 시나리오가 비관적 전망인 것이다. 여기서 우리는 남한과 북한이 결합하기 위해서는 만만치 않은 통일비용이 필요하고, 또한 남한과 북한 사이의 대결이 지속되는 한 분단비용도 만만치 않다는 사실을 알 수 있다.

에 다시 1만 달러대로 하락했다가 2010년에 다시 2만 달러로 복귀하였다. 이는 앞서 살펴본 국가들 중 가장 긴 편에 속한다. 선진국의 경우 2만 달러에서 3만 달러대로 진입하는 데 걸린 기간은 4~16년으로 1만 달러에서 2만 달러대로 진입한 기간과 유사하다. 그렇다면 한국은 어떻게 될까? 이를 예측하기 위해서는 유사한 경제수준을 경험했던 다른 나라들과의 좀 더 체계적인 비교가 필요하다.

〈표 11-2〉 선진국 진입 기간의 비교

국가	1만→2만 달러로 증가 때 소요기간	2만→3만 달러 증가 때 소요기간
호주	15년(1980~1994)	9년(1995~2004)
오스트리아	4년(1986~1989)	13년(1990~2002)
벨기에	10년(1980~1989)	13년(1991~2003)
캐나다	10년(1980~1989)	14년(1990~2003)
덴마크	9년(1978~1986)	8년(1987~1994)
핀란드	8년(1980~1987)	15년(1988~2002)
프랑스	11년(1979~1989)	14년(1990~2003)
독일	11년(1979~1989)	15년(1990~2004)
아일랜드	8년(1988~1995)	6년(1996~2001)
이탈리아	5년(1986~1990)	14년(1991~2004)
일본	4년(1984~1987)	4년(1988~1991)
네덜란드	13년(1978~1990)	13년(1991~2003)
노르웨이	10년(1977~1986)	8년(1987~1994)
스웨덴	10년(1977~1986)	16년(1987~2002)
스위스	8년(1977~1985)	4년(1986~1989)
영국	8년(1987~1995)	7년(1996~2002)
미국	10년(1978~1987)	9년(1988~1996)

출처: 김병연(2010).

국가 간 제도 비교 및 분석결과에 의하면 한국은 자본부문에서는 강하지만 정책부문에서는 약한 편이며, 제도부문에서는 대단히 취약한 것으로 나타났다. 특히 일본이 1~2만 달러대에 있던 시기의 지표들과 비교해 보면 제도와 정책의 측면에서는 단 하나의 지표도 나은 것이 없다(김병연, 2010). 한국은 부패, 법치, 관료의 질, 최고결정권자에 대한 제약 정도의 면에서 제도적 발전이 정체되어 있으며, 정책의 부족으로 인해 창업이 어렵고 공교육 지출도 열악한 상황이다. 특히 공공기관에 대한 낮은 신뢰 수준과 높은 수준의 물질주의 가치관, 뚜렷하지 않은 이념적 경향이 사회적으로 어떤 정책과 제도를 수립해야 할지에 대해 혼란을 주고 있다고 할 수 있다. 요컨대 한국발전의 원동력은 일반적인 이해와는 다소 상반되게 하드파워나 자본부문으로 대표되는 경제력 부문의 일방적인 성장보다는 소프트파워나 제도 및 정책 부문의 보완을 절실하게 요구하고 있다.

4. 자본주의 안팎의 발전모델: 비교발전론적 검토

흔히 발전이라 할 때 그것은 유럽이 최초로 겪은 역사적 발전경험으로서 '근대화(modernization)'를 일반화한 것이다. 유럽은 영국의 산업혁명과 프랑스의 시민혁명을 전기로 하여 내셔널리즘이라는 민족주의 이데올로기를 주조함으로써 자본주의 틀 안에서 국민국가의 건설과 시민사회의 형성으로 나아갈 수 있는 결정적인 돌파구를 열었다. 이렇듯 18세기 이후 유럽에서 대략 200여 년에 걸쳐 정치, 경제, 사회, 문화 면에서 이루어진 총체적 변동을 근대화라고 통칭한다(임현진, 2009: 13-20). 발전의 한 유형에 불과한 근대화가 제3세계 국가들에 오히려 발전의 전형적인 모델로 자리 잡게 된 배경이다. 근대화를 선구적으로 추진한 서부 유럽의 발전경험이 그 뒤를 좇아가려는 나라들에 가장 중요한 전범이 될 수밖에 없었던 것이다. 그러나 벤딕스(Bendix, 1967)가 일찍이 지적한 대로 근대화는 시기(timing)와 국면(sequence)에 따라 달라지게 마련이다.[6] 세계체제 안에서의 위상과 사회구성의 성격이 근대화의 상수라면 시기와 국면은 근대화의 변수가 된다. 제아무리 공통된 근대화의 조건에 있더라도 나라마다 발전이 똑같은 형태로 되풀이되지 않는 연유다.

그러므로 발전의 동인, 과정, 결과를 비교시각에서 차이점과 유사점을 면밀히 검토하기 위해서는 선발 및 후발 발전의 특성을 대조해 보는 것이 필요하다.[7] 이에 본 연구에서는 수평적 근대화와 수직적 근대화라는 이념형(ideal type)에 의해 두 유형의 발전에 관한 특징을 대비하고자 한다. 수평적 근대화는 민중적 기반 아래 밑으로부터 발전의 동력이 마련된다면, 수직적 근대화는 발전의 동력이 위로부터 주어지는 것으로 엘리트동맹에 의해 추진되는 경향이 있다. 전자에서는 정복적 부르주아의 형성에 따라 자유방임형 국가가 나타나고, 시민권의 확대가 대의민주주의라는 형식을 통해 계급타협적인 자본주의 발전을 가져온다. 이와 달리 후자에서는 개입주의 국가의 보호막 아래 합작적 부르주아가 기생하면서 권위주의 체제의 형태로 시민권이 부정되고 계급배제적인 자본주의의 발전이 이루어진다. 대체로 수평적 근대화가

6 이에 관한 대표적인 연구로는 거쉔크론(Gerschenkron, 1962)의 선도적 연구를 따라 허쉬만(Hirshman, 1968)과 커스(Kurth, 1979)를 참조할 수 있으며, 산업화의 시기와 계기 면에서 서부 유럽, 동·남부 유럽, 남미 국가들에서 발전전략뿐만 아니라 부르주아의 역할, 권위주의의 성격, 민주주의로의 이행 등에서 현저한 차이가 있다는 것을 보여 준다.

7 대체로 영국, 프랑스의 선발 발전, 독일, 일본, 미국의 후발 발전, 제3세계 나라들의 후기-후발발전으로 유형화할 수 있으며, 한국의 경우는 세 번째 유형에 속한다.

세계체제로부터 자유로운 여건에서 자생적이고 내생적인 발전의 과정을 밟는다면, 수직적 근대화는 세계체제로부터 구속받으며 종속적이고 외생적인 발전의 과정을 거친다.

수직적 근대화를 시도하는 나라들의 경우 과거 식민지 경험과 무관치 않다. 그럼에도 불구하고 국가의 구심적 역할이 후발 발전으로 갈수록 현저하게 나타나고, 따라서 자원동원을 위한 동의 기제도 선발 발전에서는 합의가 중시되는 반면 후발 발전에서는 강제가 편재한다. 후발 발전의 시점에 있는 국가일수록 선발국을 따라잡기 위해 평등보다 성장, 형평보다 효율, 자율보다 통제와 같은 발전 기제를 추구한다. 이러한 잉여배제적인 수직적 근대화는 잉여포함적인 수평적 근대화에 비해 사회에 대한 침투능력은 강하지만 통합능력은 약하다고 할 수 있다. 그렇다고 유럽의 발전이 수평적 근대화의 원형이고 아시아, 아프리카 및 라틴아메리카의 발전이 수직적 근대화의 전형을 보여 주고 있는 것은 물론 아니다.[8] 세계사의 경험은 두 가지 근대화의 방법이 시간과 장소를 불문하고 혼재하거나 중첩되고 혹은 전환하는 모습을 보여 준다. 제3세계 안에서 발전경험의 다양성과 복잡성만 보더라고 이는 이론(異論)의 여지가 없다.

일반적으로 자본주의 후발 발전에서 나타나는 공통점은 후발국이 선발국을 따라잡는다는 강박감 속에서 세계체제로부터의 제약을 후발

8 서부 유럽조차 2차 세계대전 이전까지는 지금의 제3세계와 권위주의 국가, 국가 · 지주계급 · 산업자본가 사이의 연합, 해외시장에의 종속, 취약한 중간계급, 현저한 불평등과 가난, 부분적 민주주의라는 측면에서 거의 비슷한 수준에 있었다는 주장이 있기도 하다(Halperin, 1997). 서부 유럽이 오늘의 민주주의와 경제발전을 향유하게 되기까지는 두 차례에 걸친 전쟁을 거치면서 나타난 계급갈등과 계급타협이 주효했다는 것이다. 이러한 관점에서는 국내변수에 비해 국제변수를 경시함으로써 선발 발전과 후발 발전의 세계체제적 맥락이 제대로 고려되지 않고 있다.

발전의 효과(late-development effects)에 의해 극복하는 방식 여하에 따라 발전의 경로와 귀결이 달라질 수 있다는 사실이다. 대체로 후발국은 선발국의 경험에 기초하여 지식과 제도와 기술의 손쉬운 유입을 통해 기획, 교육, 훈련, 동원, 투자 등에서 시행착오를 줄일 수 있다(Vogel, 1979). 하지만 선발국과의 현격한 격차 아래 국제적 국가체제와 자본주의 세계경제로부터 시장, 금융, 기술 차원에서 압력과 통제를 받아들일 수밖에 없는 상대적으로 어려운 처지에 있기도 하다. 제3세계의 대부분의 나라에서 관찰되는 빈곤과 억압은 후발의 이점보다 불리한 여건이 만만치 않다는 사실을 입증해 준다. 월러스타인(Wallerstein, 1991: 115-116)은 자본주의 체제뿐만 아니라 사회주의 체제의 경우에도 후발국은 선발국을 따라잡아야 한다는 일념에서 성장에만 전력을 집중한 나머지 불평등 문제를 해결하는 데 근본적인 한계를 가져왔다고 지적한다. 이것이 제3세계에서의 발전 실상이다. 사실상 후발 발전의 맥락에서 수직적 근대화를 성공적으로 이끈 사례는 아주 적다. 일본이 후발 발전의 효과를 잘 활용한 경우라면, 독일과 미국은 세계체제로부터의 제약을 거의 받지 않은 경우라고 할 수 있다. 실제로 세 나라는 모두 산업사본주의의 세계적 팽창 시기에 식민지 내지 유사(類似)식민지를 경영한 제국주의 국가였다.

따라서 후기-후발발전의 입장에 있는 한국이 중심부로 진입한다는 것은 하늘의 별따기처럼 어렵다고 보아야 할 것이다.[9] 특히 한국은

9 자유주의나 맑스주의 시각에서 공통적으로 발견되는 현상이다. 써로우(Thurow, 1992: 204)는 19세기와 20세기 사이에 중심부로 지위이동을 한 유일한 나라로 일본을 들고 있다. 체이스-던(Chase-Dunn, 1983: 80-81)도 일본, 구소련, 이탈리아, 핀란드, 노르웨이, 캐나다, 덴마크, 뉴질랜드, 호주 등 9개 나라를 예시하고 있는데, 이 가운데 일본, 구소련, 핀란드를 제외한 나머지 나라들은 이미 19세기에 중심부에 진입한 경우다.

냉전질서의 첨예한 틈바구니 속에서 해방과 분단을 맞이함으로써 그 어느 나라보다 세계체제로부터의 종속성이 심한 경우다. 국제계층구조 안에서의 지위상승을 시도하고 있는 과정 가운데 기술개발, 자본조달, 상품시장에서 여전히 대외의존도가 높다는 사실은 우리에게 지식집약적 산업화를 통한 자가충전적 발전모델의 중요성을 재삼 알려주는 것이다.

해방 이후 한국이 이루어 온 발전을 압축적 발전으로 표현할 수 있다. 수직적 근대화를 통한 초고속형 후기-후발발전은 매우 압축적인 만큼 전체 사회 여러 부문 사이의 불균형과 파행성을 안고 왔다는 점에서 불균등하고 복합적인 성격을 배태하고 있다. 새것과 옛것, 그리고 안의 것과 바깥의 것이 서로 혼효되면서 농경사회, 산업사회, 정보사회의 여러 요소가 공존하는 가운데 도농, 빈부, 산업, 연령, 성별, 환경, 문화, 의식 차원에서 격차와 갈등을 보여 주어 왔다. 후발 발전은 사회구조와 가치체계 내부의 분화와 긴장을 유발하면서 역동성과 모순을 동시에 잉태하고 있는 것이다.

그 결과 한국 사회의 곳곳에서 발전의 과잉, 발전의 왜곡, 발전의 부재를 볼 수 있다. 예를 들어 산업구조에서 1차 산업의 축소가 3차 산업의 비대화와 함께 2차 산업의 확대를 가져왔으며, 이는 서비스 영역에서 공식부문 외에 비공식부문의 성장에 기인한 것이다. 2차 산업에서도 노동집약적 부문과 자본집약적 부문 사이의 격차가 매우 크며, 지식집약적 부문의 등장으로 그러한 격차는 더욱 벌어지고 있다. 한국은 반도체, 자동차, 철강, 선박 등에서 세계 5위권의 생산국이지만, 외국기술과 부품으로부터 자립도는 아직 취약하다. 반면 섬유, 의류, 신발 산업에서는 가내수공업뿐만 아니라 자동화에 의한 대량생산에 이르기까지 기술수준이 높고 다양하다. 분명 후발 발전의 굴곡이 매우 심하다고 할 수 있으며, 실제로 모든 영역이 고르게 변화하지 않았을 뿐만 아니라 각 영역 안에서도 상향적으로 더 나아진 것이 있는 반면 하향적으로 더 나빠진 것도 있다.

단적으로 지난 반세기에 걸친 삶의 양과 삶의 질 사이에 나타나는 격차가 이를 잘 반영해 준다. 경제성장에 비한 사회복지의 지체, 도시화에 따른 농촌 공동체의 파괴, 개인주의 가치의 등장에 따른 공동체적 가치의 훼손, 지역개발에 따른 환경오염과 생태위기의 발생 등 그 보기는 무수히 많다. 나아가 집단주의와 개인주의, 권위주의와 평등주의, 명분주의와 실용주의, 귀속주의와 업적주의, 정의주의와 합리주의 등 사회관계에서도 두 가지 상반된 조직원리가 사회변화의 와중에서 복합되어 있다. 한국 사회에 만연되어 있는 집단이기주의, 물질만능주의, 반인륜적 행위, 생명 경시 풍조 등이 그 표현이다. 이는 그간의 수직적 근대화에 의한 압축적 발전의 모순을 재귀적 발전에 의해 역동적으로 극복해야 할 이유의 근거를 마련해 준다. 따라서 도구적 합리성에 비해 뒤처진 실질적 합리성을 신장하기 위한 성찰의 필요성은 아무리 강조해도 지나치지 않다.

압축적인 후기-후발발전의 도정은 선후좌우를 살피지 않고 앞만 보고 고속 질주하는, 기든스의 비유를 빌리자면 마치 '크리스나의 수레'와 같은 것이었다. 전통과 현대성의 충돌 속에서 한국 사회의 중심 규범이 아노미 상태에 놓여 있는 가운데 과정보다 결과, 내실보다 외형, 안전보다 속도를 중시하는 성과주의, 적당주의, 형식주의, 편법주의가 사회 저변에서 만들어졌다. 이는 한국의 급속하고 파행적인 자본주의적 산업화가 위험사회의 묘상이 되었음을 가르쳐 준다. IMF에 의한 경제관리로 귀결된 1997년의 외환위기도 한국의 경우 자본주의 발전과정에서 성공의 원인이 또한 실패의 원인으로 작용했다는 점에서 고속 질주형 후기-후발발전에 의한 위험사회의 한 단면을 극명하게 보여 주는 것이라 할 수 있다. 농경사회에서 산업사회로 그리고 산업사회에서 정보사회로의 이행과정에서 자기조절장치가 제대로 운영되고 있지 않으며, 이러한 발전 기제의 부조화는 예측의 정상 궤도를 벗어나 우리가 만들어 놓은 시스템 자체가 불확실성을 주는 상황에까지 도달해 있다. 이른바 지구적 표준(global standard)이라는 이름 아래 이루어진 자본시장의 개방이 국제투기자본에 의해 한 국가의 금융질서를 교란할 수 있다는 점에서 1997년의 외환위기와 2008년의 금융위기는 적지 않은 공통점을 보여 주고 있다.

한국 사회의 민주주의는 권위주의로부터 이행의 단계를 넘어 공고화의 와중에 있다는 것이 공통된 정설이다. 그럼에도 선거와 경쟁에 기초한 절차적 민주화는 부의 재분배와 대중의 참여를 보장하는 실질적 민주화로 나아가지 못하고 있다. 이러한 '얼어붙은 민주주의(frozen democracy)'는 국가와 시장에 비해 취약한 시민사회에 부분적으로 기인한다. 시민사회는 성장하고 있지만, 한편으로는 국가로부터의 제약과 다른 한편으로는 시장으로부터의 공세로 말미암아 자신의 영역을 확고히 구축하지 못하고 있는 것이다. 구(舊)사회운동이나 신(新)사회운동을 막론하고 아직도 제도화보다 운동의 정치가 주축을 이루고 있다는 사실이 이러한 단면을 잘 보여 주고 있다. 서구의 현실이 정당중심의 정치에서 하부정치에 의한 일상정치로 나아가고 있는 데 비해 한국의 시민사회나 운동역학은 삶의 기회와 정체의 차이를 존중하는 생활정치를 반영하지 못함으로써 대의민주주의조차 뒷받침해 주지 못하는 미숙한 단계에 있다고 할 수 있다.

원래 민주주의와 시장경제는 일인일표 및 다수제와 일인다표 및 과두제라는 원칙의 차이로 인해 서로 모순적이라고 할 수 있다. 자유주의 축적 이데올로기로서 민주주의의 참여와 평등의 가치는 시장경제의 원칙인 경쟁 및 효율과 필연적으로 충돌하기 마련이다. 민주주의와 시장경제가 충돌을 피하기 위해서는 시민사회에 의한 시장견제와 동시에 국가에 의한 사회보호가 필수적이다. 독일, 영국, 프랑스, 덴마크, 핀란드, 스웨덴, 네덜란드 등에서는 조합주의가 노사정 사이의 사회협약에 터 잡고 있음은 물론이다. 그러나 사회협약의 기반으로서 조합주의와 같은 제도적 기제를 결여하고 있는 한국의 경우 노동과 자본 사이의 동반자 관계는 아직도 차후의 과제로 남아 있다.

후기-후발발전의 맥락에서 종속적인 면모를 강하게 가진 한국의 자본주의는 국가개입에 의한 시장형성 내지 시장순응 정책에 의해 지속적인 고도성장과 산업구조의 분화를 가져왔다. 그러나 이러한 국가주도적인 자본주의도 세계무역기구(WTO)의 출범 이후 세계화 과정에서 신자유주의 아래 나타나고 있는 상품, 자본, 서비스, 노동시장의 개방에 따라 국내외 민간부문이 중심이 되는 초국적 자본주의(transnational capitalism)로 그 성격이 바뀌어 가고 있다. 국가의 정책적 입지가 점점 더 약화될 것이라는 전망에서 볼 때 앞으로 국민경제의 자립적 기반을 확보하는 것이 중요한 과제가 되고 있다. 나라는 있지만 경제적 · 문화적 예속이 심화되는 새로운 형태의 재식민화를 가져올 수도 있기 때문이다.

해방 이후 한국의 발전경험의 바탕에는 1960년대 초반 성장지상주의를 내건 국가주도의 대기업을 중심으로 수출증진을 통한 대외지향적인 발전전략이 깔려 있다. 후기-후발발전의 견인차가 정부를 중심으로 한 관료였고, 해외로부터 자본과 기술의 투입이 대기업에 우선적으로 이루어졌으며, 성장의 엔진으로서 수출경제의 과실이 선성장 후분배의 원칙에 따라 일부 집단과 계층에 의해 독점되었던 것이다. 이러한 위로부터의 강제와 억압에 의한 동원 체제는 효율성에도 불구하고 정당성의 문제에 직면하여 점차 유인과 참여에 의한 합의체제로 바뀌어 갈 수밖에 없었으며, 이것이 바로 권위주의로부터 민주주의로의 체제이행이 이루어지게 된 배경이다.

5. 21세기 한국의 강중국 발전모델

오늘의 한국은 제2의 개항이라 일컬어질 만큼 세계화의 거센 도전에 직면해 있다. 세계화는 이율배반적이다. 한편으로 세계화가 인적·물적 교류를 통해 국경을 무너뜨리고 있다면, 다른 한편으로 국가는 세계화의 와중에서 무한경쟁과 적자생존의 원리를 뚫고 살아남기 위해 나름대로 역할을 수행해야 한다. 전통적으로 지구시대의 국가들은 부국(富國)과 민복(民福)에 관심이 많다. 미국, 영국, 독일, 프랑스, 일본 등 선진국이나 중국, 브라질, 인도, 베트남 등 개발도상국이 좋은 보기다. 이들은 자국의 이익을 극대화하기 위해 세계화를 적극 활용한다. 일반적 예측과 달리 세계화로 인해 국가가 사라지는 것이 아니라 국가는 여전히 살아 움직이고 있다. 바뀐 것이 있다면 국가의 무대가 자국 영토와 주민을 넘어 전(全) 지구를 향하고 있다는 점이다. '탈(脫)영토-신(新)기능국가'의 출현인 것이다.

세계화 시대에 한국이 추구해야 할 길은 경제성장과 분배복지 사이의 조화와 균형을 달성하는 데 있다. 지난 시절 정부주도 발전전략이 양적 성장과 질적 진보 사이에서 발전 지체를 낳았다는 것은 이미 살펴본 바 그대로다. 경제성장이라는 삶의 양적 지표도 중요하지만, 이제는 복지라는 삶의 질적 지표 역시 그에 못지않게 중요한 시기다. 경제성장과 복지를 민주주의라는 협치(協治)의 방식으로 담아내야 하며, 이와 함께 새롭게 추구해야 할 발전전략으로 인간과 자연 사이의 생태적 공존 또한 중시해야 한다. 서양이 개발과 활용이라는 적극적인 의미로 발전을 사용하면서부터 인간과 자연 사이의 상극이라는 생태적 위기를 가져왔다면, 동시에 개발과 황폐라는 양면성을 가졌다는 점에서 인간과 자연 사이의 관계를 상생의 원리에 의해 안정과 조화를 도모할 수 있도록 가치함축적인 발전의 이상을 만들어야 할 것이다. 전 지구적인 위협이면서 위험사회의 핵심을 이루는 환경문제에 근원적으로 접근할 필요가 있기 때문이다. 이제 세계체계와의 단절 혹은 연합이라는 기존의 방식은 그 실효성을 상실하고 있으며, 세계체제에 능동적으로 참여하되 자기중심적 발전능력을 회복하는 것이 무엇보다 시급하다(임현진, 1997: 92). 이는 정의롭고 민주적인 국가를 만들어 나가고, 대중의 참여에 기초한 민중중심의 발전노선을 건설해야 한다는 보다 거시적인 차원에서 실현가능하고 지속가능한 발전모델의 추구를 의미한다(임현진, 1997: 96-97).

한국은 지난 반세기 동안 압축발전을 통해 국제계층구조 안에서 주변부로부터 반주변부로의 지위상승을 통해 중심부를 넘보고 있는 대표적인 나라다. 그러나 1995년 일인당 소득 1만 달러 달성 이후 13년 만에 2만 달러를 넘자마자 하강하다가 2010년 16년 만에 2만 달러를 넘어서 2014년 2만 6,000달러에 이르고 있다. 오늘날 한국은 선진국의 견제와 후진국의 추격 사이에 끼여 후발효과(late-development effects)를 더는 가동하기 어려운 실정이며, 사회적 양극화가 보여 주듯이 경제성장과 복지의 균형을 가장 중요한 과제로 남겨 두고 있다. 나아가 앞으로의 성장동력은 외국 기술과 자본에 의존하여 해외시장의 '링커' 위치를 넘어설 수 있는 지식정보 기반의 자가충전형 산업에서 찾아야 하며, 그 이유는 모방에서 창조로의 전환을 통한 주체적 발전의 기반이 필요하기 때문이다. 이와 같은 맥락에서 한국은 양적 성장에 치우친 발전경로에서 벗어나 질적 도약을 위한 보다 구체적인 발전모델을 검토할 필요가 있다. 지금까지는 오직 선진국화라는 다소 추상적인 목표로 따라잡기 전략을 추구했다면, 이제는 '어떤 선진국인가'라는 질문이 제기되어야 한다는 것이다. 이는 발전목표를 보다 현실적, 구체적으로 설정하고 그에 적합한 발전모델을 정립해야 한다는 것을 의미하며, 선진국들의 다양한 모델에 대한 비판적 검토를 통해 우리에게 가장 적합한 발전모델을 선택하는 것이 중요하다. 앞서 논의된 여러 가지 국가전략 가운데 한국적 현실을 고려할 때 다음의 세 가지 방안이 중요한 함의를 가진다. 첫째는 강소국(强小國) 발전전략, 둘째는 소강국(小康國) 발전전략, 그리고 셋째는 강중국(强中國) 발전전략이다.

〈그림 11-1〉에서 나타나듯이 강대국으로 분류되는 미국과 일본은 1억 명 이상의 인구를 보유하고 있고, 일인당 GDP가 3만 달러 이상에 달한다는 공통점을 지닌다. 그러나 이미 잘 알려진 것처럼 두 나라의 역사적 발전 경로는 매우 상이하다. 미국은 2차 세계대전의 승전국인 동시에 같은 승전국인 영국이나 프랑스와는 달리 전쟁에 의한 본토의 피해가 거의 없었을 뿐만 아니라 오히려 전쟁 특수를 통해 막대한 경제적 이득을 구가하면서 20세기 세계 헤게모니 국가의 지위에 올랐다. 이와 달리 일본은 2차 세계대전의 패전국이었지만 냉전체제라는 특수한 환경 아래 미국의 전폭적인 지지와 후원으로 10년 만에 전쟁의 피해로부터 복구될 수 있었고, 경제적 강국으로 거듭날 수 있었다.

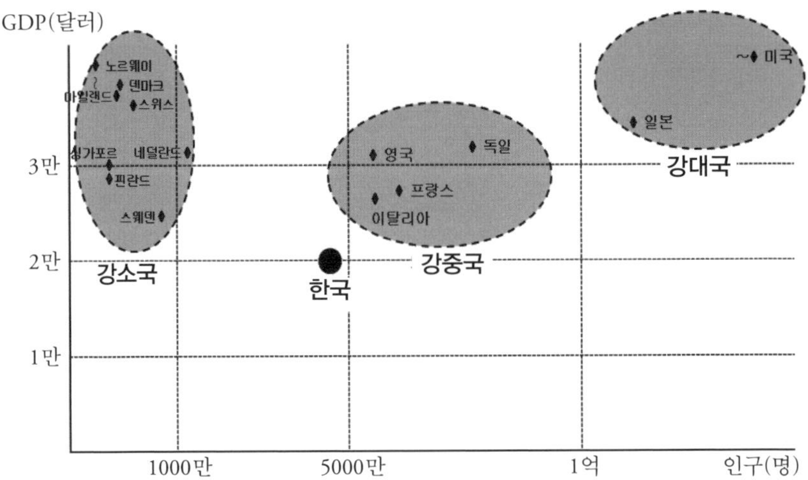

〈그림 11-1〉 선진국의 분류

출처: 필자 작성.

미국은 자유시장경제의 대표주자이고, 일본은 조정된 시장경제를 따르고 있다는 점에서 그 차이는 분명하다. 그럼에도 미국과 일본이 강대국이라는 범주로 함께 묶일 수 있는 것은 바로 이러한 차이가 국가간 국제체제 안에서 두 나라의 상호의존을 강화시키며, 동시에 자본주의 세계경제 안에서 두 나라가 행사하는 국력을 유지시켜 주기 때문이다. 오늘날 미국은 압도적인 군사력을 독점하고 있으며, 세계 화폐인 달러의 발권국가로서 세계경제에서 일종의 게임 규칙을 확정하는 권력을 행사할 뿐만 아니라 미국 자체가 거대한 세계시장 가운데 하나로서 세계 각국의 상품을 수입한다. 일본은 정치 및 군사적으로 미국적 질서에 긴밀하게 통합되어 있다. 일본은 세계경제에서 가장 거대한 상품수출국 중 하나로 벌어들인 달러를 다시 미국 금융시장에 환류시킴으로써 미국의 경상수지 적자를 보전하는 역할을 수행한다. 요컨대 미국이 정치, 군사, 금융의 중심이라는 권력을 행사한다면, 일본은 상품생산과 수출의 중심이라는 권력을 행사한다. 두 국가는 서로를 보완해 주면서 세계경제의 강대국 지위를 구가하는 것이다. 따라서 강대국 발전모델은 경제·군사·정치 요소의 복합적인 결과로서 한국이 지향하기에는 현실적합성이 떨어진다고 할 수 있다.

삼성의 이건희 회장이 제안한 강소국(强小國) 발전모델은 수출주도의 산업 및 금융구조를 통해 지구경제에 주체적으로 참여하면서, 국가개입 아래 조정된 시장경제를 바탕으로 노사합의에 의해 성장과 분배를 조화시키는 전략이다(오승구·김득갑, 2003). 이 모델은 유럽의 네덜란드, 벨기에, 덴마크, 핀란드, 스위스처럼 인구가 적고 국토는 작지만 빼어난 경쟁력을 갖춘 나라들의 경험에 기초하면서, 기업지배권 강화를 통해 외국인 투자를 적극적으로 유치하고 노동유연화와 효율적인 복지시스템을 병행할 것을 목표로 한다. 특히 이 나라들은 선택과 집중의 전략에 의해 일부 산업을 특화시켜 비교우위의 차원에서 세계경제에 참여하고 있다. 반면 소강국(小康國) 발전모델은 물질적으로 잘사는 것 이상으로 여유 있고 반듯한 사회를 위한 환경 및 인성 친화적 발전을 강조하는 전략이다(김광웅, 2005). 이 모델은 발전에 관한 규범적 이상을 강조하는데, 예컨대 이분법을 극복하고 물질적으로 어느 정도 충족되는 것도 중요하지만 남을 배려하고 정당한 법질서를 지키는 환경과 인성 친화적 발전을 강조한다는 점에서 그러하다. 과거 덩샤오핑이 소강에 대한 이상을 피력한 바 있으며, 현재 중국은 급속한 산업화의 와중에서 나타나고 있는 사회적 격차를 해소하기 위해 화해(和諧)를 중시하고 있다. 그렇다고 중국이 소강국의 경험적 준거가 될 자격이 있는 것은 아니다.

노무현 정부가 관심을 보인 바 있는 강중국(强中國) 발전모델도 흥미롭다. 강소국 모델이 스스로 작은 나라임을 인정하고, 이러한 소국의식 아래서 대응전략을 모색한다면, 강중국 전략은 자강(自强)을 강조하고 환경에 대한 적극적 대응을 추구한다는 점에서 차이가 난다고 하겠다. 한국은 국토는 작지만 인구가 많다는 점에서 유럽의 작은 나라인 네덜란드, 벨기에, 덴마크, 스웨덴, 핀란드, 스위스보다 좀 더 큰 나라인 프랑스와 독일의 발전경험이 보다 유익할 수 있다. 프랑스와 독일은 비록 세계 패권에 영향을 미칠 만한 외교국방능력은 지니지 못하고 있더라고 지역강국이라는 면모를 지니고 있다. 이 나라들은 세계시장에서 휴대전화와 같은 소수정예로 맞서기보다 생명, 전기, 전자, 기계, 자동차, 선박, 섬유를 포함하는 다품종으로 승부를 걸고 있다. IT, BT, NT, GT 등 첨단산업뿐만 아니라 전통산업인 철강, 자동차, 선박, 섬유 등을 집중적인 연구개발을 통해 육성하는 것이 중요하다는 것이다. 요컨대 강중국 모델은 내수와 수출산업을 동시적으로 육성하는 데 주력하고 있으며, 연구개발 강화와 경영 엘리트 교육에 초점을 맞추고 있다.

〈표 11-3〉에서 나타나듯이 선진국들의 발전모델을 그 특징과 조

〈표 11-3〉 자본주의 발전모델의 유형

	자유시장체제	조정된 시장체제
강대국	미국	일본
강중국	영국	독일, 프랑스
강소국	아일랜드, 싱가포르	네덜란드, 스위스, 덴마크, 스웨덴, 핀란드, 노르웨이

출처: 필자 작성.

건에서 검토해 본다면, 한국 사회에는 강소국보다 강중국 발전모델이 더 적합하다고 할 수 있다. 대체로 강소국 발전모델은 인구 2,000만 명 미만 유럽 국가들—네덜란드, 벨기에, 덴마크, 스웨덴, 핀란드, 스위스 등—의 경험에 바탕을 두고 있다면, 강중국 발전모델은 인구 5,000만 명에서 1억 명 사이의 유럽 국가들—프랑스와 독일 등—의 경험에 근거하고 있다. 남한 인구 4,800만 명에 북한 인구 2,200만 명을 합쳐 7,000만 명 크기의 인구 규모를 가진 미래의 통일 한국은 강소국 발전모델을 적용하기에는 큰 나라다. 다른 한편으로 소강국 발전모델은 현실적인 발전전략이라기보다는 발전에 대한 규범적 차원의 제안이라고 볼 수 있다. 따라서 전략적으로 강중국 발전모델을 수용하는 동시에 소강(小康)이라는 발전의 이상 또한 이에 결합시킬 수도 있을 것이다.

우리가 강중국 발전모델을 수용하기 위해서는 독일의 전후 비약적 경제부흥을 가져온 사회적 시장경제(social market economy)에 주목할 필요가 있다. 자본주의의 다양성 논쟁에서 언급한 바 있는 조정된 시장경제가 그 기본이다. 시장의 자율을 중시하되 그것을 적절히 규제하는 정부, 그 아래 자본과 노동을 포함하는 모든 이해관계자 사이의 동반관계를 통해 자유와 연대의 공동체가 만들어지는 경제체제다. 조합주의에 의한 노사합의의 원칙 아래 노동의 경영참여(co-determination)와 이윤공유(profit sharing)가 근간을 이루어 있는 것이다.

21세기 한국이 추구할 수 있는 최적의 발전전략은 서구의 강중국 모델에서 배태하는 하드파워를 단순히 모방하는 데서 그치는 것이 아니라 과거 제국주의를 주도한 오늘날의 선진국 행태를 넘어서서 국제적으로 '선진국(善進國)'이 되어야 한다는 데 있다. 미래의 생태환경과 인성문화의 중요성을 고려하여 지속가능한 강중국 발전모델을 한국의 현재 상황에 맞도록 재구성하는 것이 한국형 발전모델의 출발인 것이다. 그렇다면 이러한 새로운 발전모델을 이끌어 갈 주체는 과연 누구인가? 그 주체는 이제 더 이상 강한 국가가 아니다. 그렇다고 해서 국가와 다른 조직 원리를 갖는 비정부기구나 기업만으로 고정되어서도 곤란하다. 민주화 과정에서 국민의 역량이 강화되어도 여전히 국가는 중요하고, 특히 세계화 시대에는 여전히 국가를 필요로 한다. 종래의 부국강병(富國强兵)의 목표에 국리민복(國利民福)의 가치를 추가해야 하기 때문이다. 한국의 국가는 국제협상의 타결, 수출무역의 확대, 성장동력의 형성, 하부구조의 건설, 사회갈등의 조정, 복지제도의 개선 등 바쁘게 움직일 수밖에 없다.

따라서 국가가 시민사회와 시장 사이의 견제와 균형을 통해 시너지 효과를 발휘할 수 있도록 하고, 동시에 발전의 주체로 자리 잡게 하는 것이 무엇보다 중요하다(Evans, 1992a). 아무리 훌륭한 발전모델이라 해도 그것을 받아들이는 나라 안에서 사회구성원들에 의해 공적 토론과 사회적 합의라는 숙의과정을 거쳐야 더욱 현실 적합한 형태로 살아 숨 쉴 수 있기 때문이다(Sen, 1999). 세계화와 정보화 과정이 전 지구적으로 확대되고 사회구성원의 가치평가가 중요해짐에 따라 주어진 사회의 구조적인 변동은 국가, 시장, 시민사회가 함께 간다는 점에서 발전의 사회공학이 필요한 것이다. 세상을 변화시키는 세계화와 발전의 새로운 패러다임에서 국가는 사회의 수요와 반응을 반영하여 가장 적합한 발전전략을 추구해야 하고, 기업은 국부의 창출자로서 제 역할을 다해야 한다. 그리고 시민사회는 국가의 비판적 협조자로서 사회공헌의 책임을 완성하기 위해 최선을 다해야 한다. 국가의 균형적 · 선도적 역할 아래 시민사회의 비판능력과 시장의 경쟁능력이 자기중심적 발전의 주체로 맞물릴 때 비로소 삶의 질을 향한 미래의 지속가능한 사회발전의 성장동력이 가능한 것이다.

참고문헌

국내 문헌

강찬수. 2011. 「지구씨, 어디 성한 데가 없네요」, 『중앙일보』(4월 22일).

고병익. 1995. 「동아시아 나라들의 상호 소원과 통합」, 정문길·최원식·백영서·전형준 편. 『동아시아, 문제와 시각』. 서울: 문학과지성사.

공병호. 1996. 『시장경제와 그 적들』. 서울: 한국경제연구원.

공석기. 2007. 「지구민주주의와 초국적 사회운동: 세계사회포럼(World Social Forum) 사례를 중심으로」, 『한국사회과학』 29: 135-165.

공석기·임현진. 2010. 「세계사회포럼과 한국 사회운동—시애틀에서 벨렘까지」, 『국제정치논총』 50(1): 341-371.

관세청. 2011. 『무역통계』. 서울: 관세청.

Ku, Yeun-Wen. 2012. 「대만의 새로운 사회정책: 마잉주 정부의 과제」, 『국제노동브리프』 6: 14-28.

구춘권. 2003. 「독일모델의 전환과 사회협약정치의 변화」, 『한국정치학회보』 37(1): 387-409.

권순미. 2008. 「민주화, 세계화, 대만의 사회정책」, 『사회과학논총』 39(2): 109-126.

김광웅. 2005. 「'소강국'이 한국의 미래모델」, 『신동아』 1월호.

김경원·임현진 공편. 1995. 『세계화의 도전과 한국의 대응』. 서울: 나남.

김대환. 1998. 「돌진적 성장이 낳은 이중 위험사회」, 『계간 사상』 가을호.

김병국. 1995. 『세계화 시대의 국가와 시장』. 서울: 나남.

김병연. 2010. 「한국 기업과 사회의 경쟁력: 함정과 부족」, 〈21세기 한국의 미래발전과 성장동력: 한국기업과 사회의 경쟁력〉 서울대학교 심포지엄 발표문(6월 10일).

김상배. 2009. 「스마트 파워의 개념적 이해와 비판적 검토: 중견국 네트워크 권력론의 시각」, 『국제정치논총』 49(4): 7-33.

김성숙 외. 2011. 『아시아 태평양 10개 국가의 공적연금제도 비교연구』. 서울: OECD

대한민국정책센터·국민연금연구원.
김성한. 1995.「세계화, 분권화, 지방화」, 김경원·임현진 편.『세계화의 도전과 한국의 대응』. 서울: 나남.
김순양. 1999.「스웨덴 사회협약의 성공요건 분석」,『한국행정학보』33(3): 215-236.
김의동. 2006,「세계화 시대의 스웨덴 모델: 신자유주의 정책과 복지국가 체제간 정합성을 중심으로」,『국제지역연구』10(2): 385-413.
김 준. 1993.「대만의 민주화: 과정, 현황, 과제」,『입법자료분석』17: 19-59.
김중웅. 1986.「산업발전과 정책금융」,『한국개발연구』8(1): 43-76.
김진영. 1994.「조절이론의 재검토」,『한국정치학회보』28(2): 283-318.
김학노. 2004.「'네덜란드 모델'의 성과와 한계」,『한국정치학회보』38(3): 411-434.
김형기. 2007.「서장: 글로벌화·정보화 시대와 자본주의의 다양성」, 김형기 편.『현대 자본주의 분석』. 서울: 한울아카데미.
문우식. 2005.「유럽통합과 프랑스경제사회모델의 변화」,『EU학연구』10(1): 5-36.
박경순·윤여덕. 2006.「독일의 고용정책 비판과 대안」,『한국사회학』40(2): 77-117.
박길성. 1995.「근대성에서 세계성으로: 세계화와 한국사회」, 김경원·임현진 편.『세계화의 도전과 한국의 대응』. 서울: 나남.
———. 1996.『세계화: 자본과 문화의 구조변동』. 서울: 사회비평사.
박성택. 2004.「프랑스와 EU의 산업정책 진화에 대한 소고」,『EU학연구』9(1): 89-124.
박세일. 2010.『창조적 세계화론: 대한민국 세계화전략』. 서울: 서울대학교출판문화원.
박윤철. 2009.「민주화 이후 대만 경제독점구조의 재구조화: 국가, 자본 및 지방파벌의 삼각동맹」, 조희연·박은홍·이홍균 편.『아시아 민주화와 사회경제적 불평등의 동학: '사회경제적 독점'의 변형 연구』. 파주: 한울아카데미.
박재묵 편역. 1984.『제3세계 사회발전론』. 서울: 창작과비평사.
서문기. 1999.「비교역사방법의 이해: 민주주의 연구에 관한 방법론적 확장」,『한국사회과학』21(2-3): 199-223.
———. 2003.「신기술혁신과 장기파동이론: 사회학적 접근」,『한국사회학』37(6): 33-63.
———. 2006.「위험사회와 산업안전」,『한국정책학회보』15(4): 65-86.
———. 2007.「사회적 합의형성에 관한 이론적 소고: 분석틀과 정책적 함의」,『행정논총』45(4): 1-22.

———. 2013. 「근대화이론에 대한 이해와 성찰: 사회발전에 관한 이론적 소고」, 『사회과학논총』 16: 101-123.

———. 2014. 「한국사회의 갈등구조와 계층갈등」, 『국제·지역연구』 23(1): 27-52.

서익진. 2007. 「금융주도 축적체제의 생명력에 관한 시론적 탐구: 불안정성, 불평등성 및 지속불가능성을 중심으로」, 김형기 편. 『현대자본주의 분석』. 서울: 한울아카데미.

蕭素菁. 1997. 「대만의 국가-자본 관계 변화에 관한 연구: 대중국투자 사례를 중심으로」, 한양대학교 사회학과 석사학위논문.

송호근, 1996, 「스웨덴의 사회정책: 렌-마이드너 모델을 중심으로」, 『지역연구』 5(2): 115-144.

오승구·김득갑. 2003. 『유럽식 경제모델의 성과와 한계』. 서울: 삼성경제연구소.

유석춘. 1997. 「유교자본주의의 가능성과 한계」, 『전통과 현대』 창간호: 74-93.

윤상우. 1996. 「세계화와 자본-노동관계의 변화」, 『현대사회』 14(1): 263-283.

———. 2002. 「동아시아 발전국가의 위기와 재편: 한국과 대만 비교연구」, 고려대학교 사회학과 박사학위논문.

———. 2005. 『동아시아 발전의 사회학』. 파주: 나남출판.

———. 2010a. 「자본주의의 다양성과 비교자본주의론의 전망」, 『한국사회』 11(2): 3-36.

———. 2010b. 「동아시아 지역경제통합에서의 대만의 대응과 딜레마」, 『한국과 국제정치』 26(2): 103-133.

———. 2013. 「현대자본주의의 금융화 경향성과 쟁점들」, 『사회과학논총』 15: 57-88.

———. 2014. 「현대자본주의의 위기와 재구조화: 세계화·정보화 자본주의의 등장과정」, 『사회과학논총』 16: 125-151.

이수행·김윤태·이준엽·문현미. 2007. 『대만경제의 침체배경과 시사점』. 수원: 경기개발연구원.

이수훈. 1994. 「글로벌 자본주의와 전지구화」, 『세계화 시대의 한국정치: 쟁점과 과제』. 제4회 한국정치 세계학술대회. 한국정치학회.

이숙종·이곤수. 2010. 「세계화 논쟁과 경험적 분석」, 이숙종·장훈 편. 『세계화 제2막: 한국형 세계화의 새 구상』. 서울: 동아시아연구원.

이숙종·장훈 편. 2010. 『세계화 제2막: 한국형 세계화의 새 구상』. 서울: 동아시아연구원.

이영희. 1990. 「장기파동(Long Waves)과 노동과정의 역사적 전개과정」, 『연세사회학』 10·11: 505-534.

이재호·박경돈. 2011. 「동아시아 국가의 통신시장자유화와 시장경쟁모델: 통신사업자의 효율성 분석을 중심으로」, 『한국정책학회보』 20(2): 383-410.

임혁백. 1993. 「서구 자본주의 재생산체제의 변천: 자유자본주의, 조직자본주의, 탈조직자본주의」, 『계간 사상』 18: 181-218.

———. 1995. 「세계화와 민주화: 타고난 동반자인가? 사귀기 힘든 친구인가?」, 김경원·임현진 편. 『세계화의 도전과 한국의 대응』. 서울: 나남.

———. 2000. 『세계화 시대의 민주주의: 현상·이론·성찰』. 서울: 나남.

임현진. 1987. 『현대 한국과 종속이론』. 서울: 서울대학교출판부.

———. 1995. 「지구시대 한국의 진로: 민족주의, 지역주의 및 세계주의를 넘어」, 김경원·임현진 편. 『세계화의 도전과 한국의 대응』. 서울: 나남.

———. 1995. 「지구시대의 한국의 진로: 민족주의, 지역주의 및 세계주의를 넘어」, 『계간 사상』 24(1): 252-279.

———. 1997. 「종속이론은 죽었는가?」, 『경제와 사회』 36: 77-101.

———. 1998. 『지구시대 세계의 변화와 한국의 발전』. 서울: 서울대학교출판부.

———. 2005. 『전환기 한국의 정치와 사회: 지식, 권력, 운동』. 파주: 집문당.

———. 2009. 「21세기 한국의 발전모델 탐색: 소강 강중국 발전모델을 향하여」, 박삼옥·양승목·윤영관·이근·임현진 편. 『지속 가능한 한국 발전 모델과 성장 동력』. 서울: 서울대학교출판부.

———. 2010. 「동북아시아에서의 내셔널리즘과 보편주의의 조화: 문화공동체의 모색」, 『동북아문화연구』 24: 169-187.

———. 2012. 『지구시민사회의 구조와 역학』. 서울: 나남.

임현진·공석기. 2006. 「지구시민사회의 작동원리와 한국 사회운동의 초국적 동원전략」, 『한국사회학』 40(2): 1-36.

———. 2011. 『글로벌 NGOs—세계정치의 '와일드카드'』. 파주: 나남.

장경섭. 1998. 「복합 위험사회」, 임현진·이세용·장경섭 편. 『한국인의 삶의 질: 신체적·심리적 안전』. 서울: 서울대학교출판부.

장세정. 2010. 「중국 세계 2위 vs 96위」, 『중앙일보』(2월 16일).

전창환. 2003. 「네덜란드 사회경제모델과 네덜란드 연금제도」, 『경제학연구』 51(2): 209-237.

정원호. 2005.「덴마크의 유연안정성 정책에 관한 고찰」,『EU학연구』10(2): 41-74.
———. 2007.「대안적 산업발전 경로에 대한 모색: 덴마크와 핀란드 사례의 시사점을 중심으로」,『아세아연구』50(1): 7-48.
정진영. 1996.「세계화와 국가주권의 변모」, 한배호 편.『세계화와 민주주의』. 서울: 세종연구소.
정태환. 2003.『한국의 정치사회적 갈등』. 서울: 일신사.
조영훈. 2004.「'제3의 길' 복지정책과 영국 복지국가의 변화」,『국제지역연구』8(1): 234-253.
주경철. 2008.『대항해시대: 해상 팽창과 근대 세계의 형성』. 서울: 서울대학교출판부.
지식경제부. 2010.『2010년 수출입 실적평가』. 서울: 지식경제부.
지은주. 2012.「대만 경제개방의 확대와 소득불평등 개선을 위한 정부의 대응」,『국제정치논총』52(3): 447-471.
지주형. 2011.『한국 신자유주의의 기원과 형성』. 서울: 책세상.
첸잉팡·뤼지엔더. 2011.「경제위기하 대만 사회보장제도의 발전과 개혁」,『아세아연구』54(1): 73-118.
최장집·임현진. 1993.『시민사회의 도전』. 서울: 나남.
통계청. 1999.『한국주요경제지표』. 서울: 통계청.
———. 2008.『통계로 본 대한민국 60년의 경제·사회상 변화』. 서울: 통계청.
———. 2011.『한국의 사회지표』. 서울: 통계청.
———. 2012.『국제통계연감』. 서울: 통계청.
———. 2013.『한국통계연감』. 서울: 통계청.
한국경제연구원. 1984.『대만의 산업정책』. 서울: 한국경제연구원.
한국사회경제학회. 2001.『세계화의 도전과 대안적 자본주의의 모색』. 서울: 풀빛.
한국은행. 1993.『대만경제와 한국경제: 경제개발과정 및 정책운용 비교』. 서울: 한국은행.
한반도선진화재단. 2014.『한선 종합국력지수 분석결과』. 서울: 한반도선진화재단.
황수경. 2004.「덴마크의 유연안정성 모형」,『World Labor』2(6): 16-21.

번역 문헌

Albert, M. 1993. (김이랑 역) 『자본주의 대 자본주의』. 서울: 소학사.

Aglietta, M. 1994. (성낙선 외 역) 『자본주의 조절이론』. 서울: 한길사.

Amin, S. 1986. (김대환·윤진호 역) 『세계적 규모의 자본축적 I』. 서울: 한길사.

Armstrong, P., A. Glyn, and J. Harrison. 1993. (김수행 역) 『1945년 이후의 자본주의』. 서울: 동아출판사.

Beck, U. 1998. (문순홍 역) 『정치의 재발견』. 서울: 거름.

Boyer, R. 1991. (정신동 역) 『조절이론: 위기에 도전하는 경제학』. 서울: 학민사.

Brenner, R. and M. Glick. 1992. (박복영 역) 「조절접근: 이론과 역사」, 『사회경제평론』 5: 176-245.

Castells, M. 1998. (정헌주·윤상우 역) 「정보경제와 신국제분업」, 『정보화시대의 지구경제와 국가』. 서울: 일신사.

———. 2003. (김묵한·박행웅·오은주 역) 『네트워크 사회의 도래』. 서울: 한울아카데미.

Chesnais, F. 1998. (이병천·백영현 역) 「금융지배적 세계적 축적체계의 출현」, 『한국사회에 주는 충고』. 서울: 삼인.

Duménil, G. and D. Lévy. 2006. (이강국·장시복 역) 『자본의 반격: 신자유주의 혁명의 기원』. 서울: 민맥.

Giddens, A. 1991. (이윤희·이현희 역) 『포스트 모더니티』. 서울: 민영사.

Giddens, A, U. Beck, and S. Lash. 1998. (임현진·정일준 역) 『성찰적 근대화』. 서울: 한울.

Glyn, A. 2008. (김수행·정상준 역) 『고삐풀린 자본주의』. 서울: 필맥.

Haggard, S. 1994. (박건영·강문구·양길현 역) 『주변부로부터의 오솔길』. 서울: 문학과지성사.

Harvey, D. 2007. (최병두 역) 『신자유주의: 간략한 역사』. 파주: 한울아카데미.

Hauck, G. 1986. (이각범 역) 「근대화이론의 빈곤」, 『제3세계 사회발전 논쟁: 근대화론·종속이론의 비판과 한국』. 서울: 한울.

Held, D., A. McGrew, D. Goldblatt, and J. Perraton. 2002. (조효제 역) 『전지구적 변환』. 파주: 창작과비평사.

Hilferding, R. 1994. (김수행·김진엽 역) 『금융자본』. 서울: 새날.

Hyman, R. 1993. (강석재·이호창 역) 「생산의 이론과 이론의 생산」, 『생산혁신과 노동의 변화: 포스트 포드주의 논쟁』. 서울: 새길.

Jessop, B. 1991. (장병승 역) 「조절이론의 회고와 전망」, 『사회경제평론』 3: 269-353.

Kaletsky, A. 2011. (위선주 역) 『자본주의 4.0』. 서울: 컬처앤스토리.

Lenin, V. 1988. (박세영 역) 『제국주의: 자본주의 발전의 최고단계』. 서울: 과학과사상.

Lipietz, A. 1991. (김종한·엄창옥·이태왕 역) 『기적과 환상』. 서울: 한울.

Mandel, E. 1985. (이범구 역) 『후기자본주의』. 서울: 한마당.

Martin, H. and H. Schumann. 2003. (강수돌 역) 『세계화의 덫』. 서울: 영림 카디널.

Murray, R. 1993. (강석재·이호창 역) 「포드주의와 포스트 포드주의」, 『생산혁신과 노동의 변화: 포스트 포드주의 논쟁』. 서울: 새길.

Saad-Filho, A. and D. Johnston. 2009. (김덕민 역) 『네오리버럴리즘』. 서울: 그린비.

Senghaas, D. 1990. (한상진·유팔무 역) 『유럽의 교훈과 제3세계』. 서울: 나남.

Thurow, L. 1992. (이근창 역) 『세계경제전쟁』. 서울: 고려원.

Wallerstein, I. 1996. (강문구 역) 『자유주의 이후』. 서울: 당대.

Weber, M. 2010. (김덕영 역) 『프로테스탄티즘의 윤리와 자본주의 정신』. 서울: 도서출판 길.

Womack, J. and D. Johns. 1992. (현영석 역) 『생산방식의 혁명』. 서울: 기아경제연구소.

山田鋭夫. 1993. (강석재·이호창 역) 「애프터 포드주의의 여러 모습들」, 『생산혁신과 노동의 변화: 포스트 포드주의 논쟁』. 서울: 새길.

山田正隆. 1991. (정신동 역) 「조절이론의 기본적 성격」, 『조절이론: 위기에 도전하는 경제학』, 서울: 학민사.

외국 문헌

Abu-Loghod, J. 1991. *Before European Hegemony: The World System AD 1250-1350.* Oxford: Oxford University Press.

Aglietta, M. 1979. *A Theory of Capitalist Regulation: The US Experience.* London: NLB.

———. 1994. *The Long Twentieth Century: Money, Power, and the Origin of the World.* London: Verso.

Alavi, H. 1972. "The State in Postcolonial Societies: Pakistan and Bangladesh," *New Left Review* 74: 59-81.

Althusser, L. and E. Balibar. 1970. *Reading Capital.* London: New Left Books.

Amable, B. 2003. *The Diversity of Modern Capitalism.* Oxford: Oxford University Press.

Amin, S. 1974. *Accumulation on a World Scale.* NY: Monthly Review Press.

———. 1976. *Unequal Development.* NY: Monthly Review Press.

———. 1979. *Imperialism and Unequal Development.* NY: Monthly Review Press.

———. 1980. "The Class Structure of Contemporary Imperialist System," *Monthly Review* 31: 25.

———. 1987. "Democracy and National Strategy in the Periphery," *The World Quarterly* 9(4): 1129-1156.

Amsden, A. 1989. *Asia's Next Giant: South Korea and Late Industrialization.* Oxford: Oxford University Press.

———. 2001. *The Rise of "The Rest": Challenges to the West from Late Industrializing Economies.* Oxford: Oxford University Press.

Amsden, A. and W. Chu. 2003. *Beyond Late Development: Taiwan's Upgrading Policies.* Cambridge: The MIT Press.

Appadurai, A. 1991. "Disjuncture and Difference in the Global Culture Economy," In M. Featherstone (ed.), *Global Culture: Nationalism, Globalization and Modernity.* London: Sage.

Arrighi, G. 1983. *The Geometry of Imperialism.* London: Verso.

———. 2007. *Adam Smith in Beijing: Lineages of the 21st Century.* London: Verso.

Aseniero, G. 1994. "South Korean and Taiwanese Development: The Transnational Context,"

Review XVII(3): 275-336.

Ashford, D. 1986. *The Emergence of the Welfare States.* Oxford: Blackwell.

Aspalter, C. 2006. "The East Asian Welfare Model," *International Journal of Social Welfare* 15: 290-301.

Balassa, B. 1981. *The Newly Industrializing Countries in the World Economy.* NY: Pergamon.

Banerjee, A. 1997. "A Theory of Misgovernance," *Quarterly Journal of Economics* 112(4): 1289-1332.

Barnet, R. and J. Cavanagh. 1994. *Global Dreams: Imperial Corporations and the New World Order.* NY: Simon & Schuster.

Bauer, P. 1976. *Dissent on Development.* London: Weidenfeld & Nicolson.

Bello, W. 2000. "Prague 2000: Toward a Deglobalized World," *Focus Dossiers* 3: 26-29.

———. 2002. *Deglobalization: Ideas for a New World Economy.* NY: Zed Books.

Bendix, R. 1967. "Tradition and Modernity Reconsidered," *Comparative Studies in Society and History* 9(3): 292-346.

Berger, P. 1988. "An East Asian Development Model?" In P. Berger and H. Hsiao (eds.), *Search of an East Asian Development Model.* NY: Transaction Books.

Bevir, M. 2006. "Democratic Governance: Systems and Radical Perspective," *Public Administrative Review* 66(3): 426-436.

Bok, D. 2011. *The Politics of Happiness: What Government Can Learn from the New Research on Well-Being.* Princeton: Princeton University Press.

Boli, J. and G. Thomas. 1997. "World Culture in the World Polity: A Century of International Non-Governmental Organization," *American Sociological Review* 62(2): 171-190.

Booth, D. 1985. "Marxism and Development Sociology: Interpreting the Impasse," *World Development* 13(7): 761-787.

———. 1993. "Development Research: From Impasse to a New Agenda," In F. Schurman (ed.), *Beyond the Impasse: New Directions in Development Theory.* London: Zedbooks.

———. 1994. "Rethinking Social Development: An Overview," In D. Booth (ed.), *Rethinking Social Development: Theory, Research and Practice.* Essex: Longman.

Borrogo, J. 1999. "Twenty-Fifty: The Hegemonic Moment of Global Capitalism," In V. Borndchier and C. Chase-Dunn (eds.), *The Future of Global Conflict.* London: Sage.

Bowles, S. and H. Gintis. 1982. "The Crisis of Liberal Democratic Capitalism: The Case of the US," *Politics and Society* 11: 51-93.

Boyer, R. 1988. "Technical Change and the Theory of 'Regulation'," In G. Dosi et al. (eds.), *Technical Change and Economic Theory: The Global Process of Development.* London: Pinter Publishers.

———. 1991. *New Directions in Management Practices and Work Organization.* Paris: CEPREMAP.

———. 2000. "Is Finance-led Growth Regime a Viable Alternative to Fordism? A Preliminary Analysis," *Economy and Society* 29(1): 111-145.

———. 2005. "How and Why Capitalisms Differ?" *Economy and Society* 34(4): 509-557.

Brecher, J. and T. Costello. 1994. *Global Village or Global Pillage.* Boston: South End.

Brenner, R. 1998. "The Economics of Global Turbulence," *New Left Review* 229: 1-265.

———. 2002. *The Boom and the Bubble: The US in the World Economy.* London: Verso.

Broad, R. 2002. *Global Backlash: Citizen Initiatives for a Just World Economy.* Maryland: Rowman & Littlefield.

Brownlie I. (ed.) 1971. *Basic Documents on Human Rights.* Oxford: Oxford University Press.

Bruno M. and J. Sachs. 1985. *Economics of Worldwide Stagflation.* Oxford: Blackwell.

Bukharin, N. 1929. *Imperialism and World Economy.* NY: Monthly Review Press.

Cardoso, F. 1973. "Associated-Dependent Development: Theoretical and Practical Implication," In A. Stepan (ed.), *Authoritarian Brazil: Origins Polities and Future.* New Haven: Yale University Press.

———. 1993. "North-South Relation in the Present Context: A New Dependency?" In M. Carnoy, M. Castells, S. Cohen, and F. Cardoso (eds.), *The New Global Economy in the Information Age: Reflections on Our Changing World.* University Park: The Pennsylvania State University Press.

Cardoso, F. and E. Faletto. 1979. *Dependency and Development in Latin America.* Berkeley: University of California Press.

Carling, W. and D. Soskice. 1997. "Shocks to the System: The German Political Economy under Stress," *National Institute Economic Review* 159: 57-76.

Castells, M. 1992. "Four Asia Tigers with a Dragon Head: A Comparative Anaysis of the State, Economy, and Society in the Asia Pacific Rim," In R. Appelbaum and J. Henderson (eds.), *State and Development in the Asian Pacific Rim.* London: Sage.

———. 1993. "The Informational Economy and the New International Division of Labor," In M. Carnoy et al. (eds.), *The New Global Economy in the Information Age: Reflections on Our Changing World.* University Park: Pennsylvania University Press.

———. 1996. *The Rise of the Network Society.* London: Blackwell.

Castles, F. 1978. *The Social Democratic Image of Society: A Study in the Achievements and Origins of Scandinavian Social Democracy in Comparative Perspective.* London: Routledge.

CEPD. 2001. Taiwan Statistics. Taiwan: Council for Economic Planning and Development.

Cerny, P., G. Menz, and S. Soederberg. 2005. "Different Roads to Globalization: Neoliberalism, the Competition State, and Politics In a More Open World," In S. Soederberg et al. (eds.), *Internalizing Globalization: The Rise of Neoliberalism and the Decline of National Varieties of Capitalism.* Houndmills: Palgrave Macmillan.

Cetron, M. and O. Davies. 2006. "The Dragon vs. the Tiger," *The Futurist* 40(4): 39-46.

Chandler, A. 1990. *Scale and Scope.* Boston: Harvard University Press.

Chase-Dunn, C. 1983. "Inequality, Structural Mobility, and Dependency Reversal in the Capitalist World Economy," In C. Doran et al. (eds.), *North/South Relations: Studies of Dependency Reversal.* NY: Praeger.

Chen, H. and H. Chen. 2003. "Universal Values vs Political Ideology: Virtual Reform Experience of Taiwan's National Pension Plan," Paper presented at the workshop on Aging: Lessons from East Asia. UK: University of Birmingham.

Cheng, T. 1990. "Political Regimes and Development Strategies: South Korea and Taiwan," In G. Gereffi and D. Wyman (eds.), *Manufacturing Miracles: Paths of Industrialization in Latin America and East Asia.* Princeton: Princeton University Press.

———. 1993. "Guarding the Commanding Heights: The State as Banker in Taiwan," In S. Haggard, C. Lee, and S. Maxfield (eds.), *The Politics of Finance in Developing Countries.* Ithaca: Cornell University Press.

Cheng, T. and S. Haggard. 1992. "Regime Transformation in Taiwan: Theoretical and Comparative Perspectives," In T. Cheng and S. Haggard (eds.), *Political Change in Taiwan.* Boulder: Lynne Rienner.

Chesnais, F. 1993. "Globalization, World Oligopoly and Some of Their Implication," In M. Humbert (ed.), *The Impact of Globalization on Europe's Firms and Industries.* London: Pinter Publishers.

Chomsky, N. and R. McChesney. 2011. *Profit Over People: Neoliberalism and Global Order.* NY: Seven Stories Press.

Chou, Y. 1992. "Economic Dependence and Changes in Taiwan's Trade Policy, 1984-1989," *Issues and Studies* 28(1): 55-80.

Chu, Y. 1994. "The Realignment of Business-Government Relations and Regime Transition in Taiwan," In A. MacIntyre (ed.), *Business and Government in Industrializing Asia.* Ithaca: Cornell University Press.

———. 2002. "Re-engineering the Developmental State in an Age of Globlaization: Taiwan in Defiance of Neo-liberalism," *The China Review* 2(1): 29-59.

———. 2013. "Coping with the Global Financial Crises: Institutional and Ideational Sources of Taiwan's Economic Resiliency," *Journal of Contemporary China* 22(82): 649-668.

Coates, D. 2000. *Models of Capitalism: Growth and Stagnation in the Modern Era.* London: Blackwell.

———. (ed.) 2005. *Varieties of Capitalism, Varieties of Approaches.* Houndmills: Palgrave Macmillan.

Cohen, J. 1995. "Capacity Building in the Public Sector: A Focused Framework for Analysis and Action," *International Review of Administrative Sciences* 61(3): 407-422.

Corbridge, S. 1990. "Post-Marxism and Development Studies: Beyond the Impasse," *World Development* 18(5): 623-639.

Council for Economic Planning and Development. 2001, 2007, 2012. *Taiwan Statistical Data Book.* ROC: Executive Yuan.

Crouch, C. 2005. *Capitalist Diversity and Change: Recombinant Governance and Institutional Entrepreneurs.* Oxford: Oxford University Press.

Dasgupta, B. 1998. *Structural Adjustment. Global Trade and the New Political Economy of Development.* London: Zed Books.

Dicken, P. 2003. Global Shift: *Reshaping the Global Economic Mapping the 21st Century.* London: Sage.

Dos Santos, T. 1970. "The Structure of Dependence," *American Economic Review* 60(1): 231-236.

Drucker, P. 1989. *The New Realities.* London: Heinemann.

Duncan, M. 1968. *A Dictionary of Sociology.* London: Routledge and Kegan Paul.

Dunning, J. 1993. *Multinational Enterprises and the Global Economy.* Wokingham: Addison-Wesley.

Easterlin, R. 1995. "Will Raising the Incomes of All Increase the Happiness of All?" *Journal of Economic Behavior and Organization* 27(1): 35-48.

Easterly, W. 2001. *The Elusive Quest for Growth: Economists' Adventures and Misadventures in the Tropics.* Cambridge, MA: MIT Press.

Eichengreen, B. and M. Bordo. 2002. "Crises Now and Then: What Lessons from the Last Era of Financial Globalization?" *NBER Working Paper Series 8716.*

Emmanuel, A. 1972. *Unequal Exchange: A Study of the Imperialism of Trade.* NY: Monthly Review Press.

Epstein, G. 2005. "Introduction: Financialization and the World Economy," In G. Epstein (ed.), *Financialization and the World Economy.* UK: Edward Elgar.

Ericson, R. and N. Stehr. 2000. *Governing Modern Societies.* Toronto: University of Toronto Press.

Esping-Andersen, Gøsta. 1990. *The Three Worlds of Welfare Capitalism.* NJ: Princeton University Press.

Evans, P. 1975-1976. "Industrialization and Imperialism: Growth and Stagnation on the Periphery," *Berkeley Journal of Sociology* 20: 113-145.

———. 1979. *Dependent Development: The Alliance of Multinational, States and Local Capital in Brazil.* NJ: Princeton University Press.

———. 1992a. "The State as a Problem and Solution: Predation, Embedded Autonomy, and Structural Change," In R. Kaufman (eds.), *The Politics of Economic Adjustment.* Princeton: Princeton University Press.

———. 1992b. "Transnational Linkages and the Economic Role of State: An Analysis Developing and Industrialized Nations in the Post-World War II Period," In P. Evans, D. Rueschmeyer, and T. Skocpol (eds.), *Bringing the State Back In.* Cambridge: Cambridge University Press.

———. 1995. *Embedded Autonomy: States and Industrial Transformation.* Princeton: Princeton University Press.

———. 1997. "The Eclipse of the State?: Reflections on the Stateness in an Era of Globalization," *World Politics* 50(1): 62-87.

———. 2005. "Counter-Hegemonic Globalization: Transnational Social Movements in the Contemporary Global Political Economy," In R. Timmons and A. Hite (eds.), *The Globalization and Development Reader: Perspective on Development and Global Change*. NY: Blackwell.

———. 2008. "Is an Alternative Globalization Possible?" *Politics & Society* 36(2): 271-305.

Featherstone, M. (ed.) 1991. *Global Culture: Nationalism. Globalization and Modernity*. London: Sage.

Ferguson, N. 2005. "Sinking Globalization," *Foreign Affairs* 84(2): 64-77.

Foster, J. 1989. "The Age of Restructuring," In A. MacEwan and W. Tabb (eds.), *Instability and Change in the World Economy*. NY: Monthly Review Press.

———. 2007. "The Financialization of Capitalism," *Monthly Review* 58(11): 1-12.

Frank, A. 1967a. *Capitalism and Underdevelopment in Latin America: Historical Studies of Chile and Brazil*. NY: Monthly Review Press.

———. 1967b. "Sociology of Development and Underdevelopment of Sociology," *Catalyst* 3: 20-73.

———. 1970. "The Development of Underdevelopment in Latin America," In R. Rhodes (ed.), *Imperialism and Underdevelopment: A Reader*. NY: Monthly Review Press.

———. 1972. *Lumpenbourgeoisie and Lumpendevelopment: Dependency, Class and Politics in Latin America*. NY: Monthly Review Press.

———. 1998. *ReOrient: Global Economy in the Asian Age*. Berkeley: University of California Press.

Frieden, J. 2006. *Global Capitalism: Its Fall and Rise in the Twentieth Century*. NY: W.W. Norton & Company.

Friedman, M. 1962. *Capitalism and Markets*. Ithaca: Cornell University Press.

Friedman, T. 2005. *The World is Flat: A Brief History of the Twentieth-First Century*. NY: Farrar, Straus and Giroux.

Friedmann, H. 1991. "New Wines, New Bottles: The Regulation of Capital on a World Scale," *Studies in Political Economy* 36: 9-42.

Galtung, J. 1971. "A Structural Theory of Imperialism," *Journal of Peace Research* 8(2): 81-117.

Gerschenkron, A. 1962. *Economic Backwardness in Historical Perspective*. MA: Harvard University Press.

Giddens, A. 1990. *The Consequences of Modernity*. Cambridge: Polity Press.

———. 1991. *Modernity and Self-identity: Self and Society in the Late Modern Age*. Cambridge:

Polity Press.

Gilpin, R. 2000. *The Challenge of Global Capitalism: The World Economy in the 21st Century.* Princeton: Princeton University Press.

———. 2001. *Global Political Economy.* Princeton: Princeton University Press.

Glyn, A., A. Hughes, A. Lipietz, and A. Singh. 1990. "The Rise and Fall of the Golden Age," In M. Stehphen and J. Schor (eds.), *The Golden Age of Capitalism: Reinterpreting the Postwar Experience.* Oxford: Oxford University Press.

Gordon, D., R. Edwards, and M. Reich. 1982. *Segmented Work, Divided Workers: The Historical Transformation of Labor in the United States.* Cambridge: Cambridge University Press.

Gray, J. 1998. *False Dawn.* London: Granta.

Greider, W. 1997. *One World, Ready or Not: The Manic Logic of Global Capitalism.* NY: Simon & Schuster.

Greif, A. and D. Laitin. 2004. "A Theory of Endogenous Institutional Change," *American Political Science Review* 98(4): 633-652.

Grewal, D. 2008. *Network Power: The Social Dynamics of Globalization.* New Haven: Yale University Press.

Griffin, K. 1989. *Alternative Strategies for Economic Development.* London: Macmillan.

Guillen, M. 2001. "Is Globalization Civilizing, Destructive or Feeble? A Critique of Five Key Debates in the Social Science Literature," *Annual Review of Sociology* 27: 235-260.

Gurr, T. 1968. "Causal Model of Civil Strife: A Comparative Analysis Using New Indices," *American Political Science Review* 62: 1104-1124.

Habermas, J. 1989. *The New Obscurity: The Crisis of the Welfare State and the Exhaustion of Utopian Energies.* MA: MIT Press.

Hagen, E. 1962. *On the Theory of Social Change.* Homewood: Dorsey Press.

Hahnel, R. 1999. "The Great Global Asset Swindle," *ZNet Community* (March).

Hall, P. 1986. *Governing the Economy: The Politics of Intervention in Britain and France.* Cambridge: Polity Press.

Hall, P. and D. Soskice (eds.) 2001. *Varieties of Capitalism: The Institutional Foundations of Comparative Advantage.* Oxford: Oxford University Press.

Halperin, S. 1997. *In the Mirror of the Third World: Capitalist Development in Modern Europe. Ithaca.* NY: Cornell University Press.

Hancké, B., M. Rhodes, and M. Thatcher (eds.) 2007. *Beyond Varieties of Capitalism: Conflict, Contradictions, and Complementarities in the European Economy*. Oxford: Oxford University Press.

Hart, J. 1992. *Rival Capitalist*. Ithaca: Cornell University Press.

Harvey, D. 1989. *The Condition of Postmodernity: An Inquiry into the Conditions of Cultural Change*. London: Basil Blackwell.

———. 2005. *The New Imperialism*. Oxford: Oxford University Press.

Hay, C. 2005. "Two Can Play at That Game ... or Can They? Varieties of Capitalism, Varieties of Institutionalism," In D. Coates (ed.), *Varieties of Capitalism, Varieties of Approaches*. Houndmills: Palgrave Macmillan.

Hay, C. and D. Marsh. 2000. *Demystifying Globalization*. London: Macmillan Press.

Held, D. 2007. *Globalization/Anti-Globalization: Beyond the Great Divide*. Cambridge: Polity Press.

Held, D., D. Goldblatt, and J. Perraton. 1999. *Global Transformations: Politics, Economics and Culture*. Cambridge: Polity Press.

Held, D. and A. McGrew. 2003. *The Global Transformations Reader: An Introduction to the Globalization Debate*. Cambridge: Polity Press.

Henderson, J. 1989. *The Globalization of High Technology Production: Society, Space, and Semiconductors in the Restructuring of the Modern World*. London: Routledge.

———. 1993. "Against the Economic Orthodoxy: On the Making of the East Asian Miracle," *Economy and Society* 22(2): 200-217.

Hirshman, A. 1968. "The Political Economy of Import-Substituting Industrialization in Latin America," *The Quarterly Journal of Economics* 82(1): 1-32.

Hirst, P. and G. Thompson. 1992. "The Problem of Globalization: International Economic Relations, National Economic Management and the Formation of Trading Blocs," *Economy and Society* 21(4): 357-396.

———. 1999. *Globalization in Question: The International Economy and the Possibilities of Governance*. Cambridge: Polity Press.

Hobson, J. A. 1902. *Imperialism*. London: Allen & Unwin.

Holliday, I. 2000. "Productivist Welfare Capitalism: Social Policy in East Asia," *Political Studies* 48(4): 706-723.

Hollingsworth, J. and R. Boyer (eds.) 1997. *Contemporary Capitalism: The Embeddedness of Institutions*. Cambridge: Cambridge University Press.

Holm, H. and G. Sørensen. 1995. *Whose World Order? Uneven Globalization and the End of the Cold War*. Boulder: Westview.

Hoogvelt, A. 1997. *Globalization and the Postcolonial World: The New Political Economy of Development*. London: Macmillan.

Hoselitz, B. 1953. "Social Structure and Economic Growth," *Economia Internazionale* 6(3): 52-72.

———. 1964. "Social Stratification and Economic Development," *International Social Science Journal* 16(2): 237-251.

Huang, C. and Y. Ku. 2011. "Effectiveness of Social Welfare Programmes in East Asia: A Case Study of Taiwan," *Social Policy & Administration* 45(7): 733-751.

Huntington, S. 1996. *The Clash of Civilization and the Remaking of World Order*. NY: Simon & Schuster.

Inglehart, R. and C. Welzel. 2010. "Changing Mass Priorities: The Link between Modernization and Democracy," *Perspectives on Politics* 8(2): 551-567.

Jessop, B. 1993. "Towards a Schumpeterian Workfare State? Preliminary Remarks on Post-Fordist Political Economy," *Studies in Political Economy* 40: 7-39.

Johnson, C. 1982. *MITI and the Japanese Miracle: The Growth of Industrial Policy 1925-1975*. CA: Stanford University Press.

———. 1986. "The Institutional Foundations of Japan's Industrial Policy," pp. 187-205 In C. Barfield and W. Schambra (eds.), *The Politics of Industrial Policy*. NY: American Enterprise Institute.

Juris, J. 2008. *Networking Futures: The Movements against Corporate Globalization*. Durham: Duke University Press.

Kaldor, M. 2003. "Global Civil Society," In D. Held and A. McGrew (eds.), *The Global Transformations Reader: An Introduction to the Globalization Debate*. Cambridge: Polity Press.

Kaletsky, A. 2010. *Capitalism 4.0: The Birth of a New Economy in the Aftermath of Crisis*. NY: Public Affairs.

Katzenstein, P. 1984. *Corporatism and Change: Austria, Switzerland, and the Politics of Industry*. Ithaca: Cornell University Press.

Kennedy, P. 1987. *The Rise and Fall of the Great Powers: Economic Change and Military Conflict from 1500 to 2000.* NY: Random House.

———. 1993. *Preparing for the Twenty-first Century.* NY: Vintage.

Keohane, R. and J. Nye. 2001. *Power and Interdependence: World Politics in Transition.* Boston: Little.

Keynes, John. 1973. *The General Theory of Employment, Interest, and Money.* London: Macmillan.

Kim, K. 1994. "Confucianism and Capitalist Development in East Asia." In L. Sklair (ed.), *Capitalism and Development.* London: Routledge.

Kitschelt, H., P. Lange, G. Marks, and J. Stephens. 1999. "Convergence and Divergence in Advanced Capitalist Democracies," In H. Kitschelt et al. (eds.), *Continuity and Change in Contemporary Capitalism.* Cambridge: Cambridge University Press.

Korpi, W. 1989. "Power, Politics, and State Autonomy in the Development of Social Citizenship: Social Rights during Sickness in Eighteen OECD Countries since 1930," *American Sociological Review* 54: 309-328.

Krippner, G. 2011. *Capitalizing on Crisis: The Political Origins of the Rise of Finance.* MA: Harvard University Press.

Krueger, A. 1990. "Government Failure in Development," *Journal of Economic Perspectives* 4: 9-23.

Ku, Y. and H. Chen. 2001. "Is It Safe Enough? The Planning of National Pension Insurance in Taiwan," In C. Finer (ed.), *Comparing the Social Policy Experience of Britain and Taiwan.* Aldershot: Ashgate.

Kurth, J. 1979. "Industrial Change and Political Change: A European Perspective," In D. Collier (ed.), *The New Authoritarianism in Latin America.* Princeton: Princeton University Press.

Kuznets, S. 1963. "Quantitative Aspects of the Economic Growth of Nations: Distribution of Income by Size," *Economic Development and Cultural Change* 11: 1-80.

Kwon, H. 2009. "The Reform of the Developmental Welfare State in East Asia," *International Journal of Social Welfare* 18: S12-S21.

Lal, D. 1985. *The Poverty of Development Economics.* London: Institute of Economic Affairs.

Lash, S. and J. Urry. 1987. *The End of Organized Capitalism.* Cambridge: Polity Press.

Lenin, V. I. 1993. *Imperialism: The Highest Stage of Capitalism.* NY: International Publishers.

Levy, J. 2005. "Redeploying the State: Liberalization and Social Policy in France," In W. Streeck and K. Thelen (eds.), *Beyond Continuity*. Oxford: Oxford University Press.

Lim, H., B. Kim, and J. Chang. 2004. "Towards a Preliminary Analysis of the Political Economy of Regionalism in East Asia: Differences from the European Union Experience," *European Studies* 20: 25-66.

Lin, S. 2010. "The Transformation of Taiwan from a Sovereign-Centric State to a Structural Competition-State," Paper presented at the annual conference of the *American Association for Chinese Studies*. NC: Wake Forrest University, October 15-17.

Lindert, P. 2005. "Growing Public: Is the Welfare State Mortal or Exportable?" Paper presented at the international symposium on *Social Spending and Economic Growth in OECD Countries. Korea Institute for Health and Social Affairs*. Seoul, Korea. November 22.

Lipietz, A. 1993. "From Althusserianism to 'Regulation Theory'," in E. Kaplan and M. Sprinker (eds.), *The Althusserian Legacy*. London: Verso.

Lipton, M. 1977. *Why Poor People Stay Poor: A Study of Urban Bias in World Development*. London: Temple Smith.

Luxemburg, R. 1972. *The Accumulation of Capital-an Anti-Critique*. NY: Monthly Review Press.

MaClelland, D. 1961. *The Achieving Society*. Princeton: Van Nostrand.

———. 1963. "Motivational Patterns in Southeast Asia with Special Reference to the Chinese Case," *Journal of Social Issues* 19(1): 6-19.

Macrae, N. 1975. "Pacific Century, 1975-2075?" *The Economist* 4: 38-54.

Madsen, P. 2004. "The Danish Model of Flexicurity: Experiences and Lessons," *Transfer* 10(2): 187-207.

Magdoff, H. 1992. "Globalization: To What End?" *Monthly Review* 43(9, 10): 1-40.

Mahoney, J. 2000. "Path Dependency in Historical Sociology." *Theory and Society* 29: 507-548.

Mandel, E. 1980. *Long Waves of Capitalist Development: The Marxist Interpretation*. Cambridge: Cambridge University Press.

Marglin, S. 1990. "Lesson of the Golden Age: An Overview," In M. Stehphen and J. Schor (eds.), *The Golden Age of Capitalism: Reinterpreting the Postwar Experience*. Oxford: Oxford University Press.

Marsh, D., N. Smith, and N. Hothi. 2005. "Globalization and the State," In C. Hay and D.

Marsh (eds.), *The State: Theories and Issues*. NY: Palgrave Macmillan.

Marsh, R. 1996. *The Great Transformation: Social Change in Taipei: Taiwan Since the 1960s*. NY: M. E. Sharpe.

Marshall, T. 1950. *Citizenship and Social Class*. Oxford: Oxford University Press.

Max-Neef, M. 1995. "Economic Growth and Quality of Life: A Threshold Hypothesis," *Ecological Economics* 15(2): 115-118.

McBeath, G. 1997. "Taiwan Privatizes by Fits and Starts," *Asian Survey* 37(12): 1145-1162.

McNeill, W. 1963. *The Rise of the West: A History of the Human Community*. Chicago: The University of Chicago Press.

———. 1998. "World History and the Rise and Fall of the West," *Journal of World History* 9(2): 215-236.

Menz, G. 2005. *Varieties of Capitalism and Europeanization: National Response Strategies to the Single European Market*. Oxford: Oxford University Press.

Meyer, J., J. Boli, G. Thomas, and F. Ramirez. 1997. "World Society and the Nation-State," *American Journal of Sociology* 103(1): 144-181.

Milanovic, B. 2006. "Why Globalization Is in Trouble," Yale Global Online (http://yaleglobal.yale.edu).

Mishra, R. 1990. *The Welfare State in Capitalist Society*. Toronto: University of Toronto Press.

Moghadam, V. 2008. *Globalization and Social Movements: Islamism, Feminism, and the Global Justice Movement*. Lanham: Rowman & Littlefield Publishers.

Moore, B. 1966. *Social Origins of Dictatorship and Democracy: Lord and Peasant in the Making of the Modern World*. Boston: Beacon.

Morishima, M. 1981. *Why Japan Has 'Succeeded'?* Cambridge: Cambridge University Press.

Morris, M. 1996. "Measuring the Changing Conditions of the World's Poor: The Physical Quality of Life Index, Center for the Comparative Study of Development," *Brown Working Paper* #23-24.

Myrdal, G. 1972. *Against the Streams: Critical Essays on Economics*. NY: Vintage.

Nielson, K. 1992. "The Mixed Economy, the Neoliberal Challenge and the Negotiated Economy," *The Journal of Socio-Economics* 21(4): 325-351.

North, D. C. 1990. *Institutions, Institutional Change and Economic Performance*. Cambridge: Cambridge University Press.

Nye, J. 1991. *Bound to Lead: The Changing Nature of American Power*. NY: Basic Books.

———. 2004. *Soft Power: The Means to Success in World Politics*. Public Affairs.

———. 2008. "Smart Power and the 'War on Terror'," *Jung-Aang Daily* (Feb. 12).

Nye, J., P. Zelikow, and D. King. (eds.) 1997. *Why People Don't Trust Government*. MA: Harvard University Press.

OECD. 1999. *Employment Outlook*. Paris: OECD.

Offe, C. 1985. *Disorganized Capitalism: Contemporary Transformations of Work and Politics*. MA: The MIT Press.

Ohmae, K. 1996. *The End of the Nation State: the Rise of Regional Economies*. NY: The Free Press.

Olson, M. 1965. *The Logic of Collective Action: Public Goods and the Theory of Groups*. MA: Harvard University Press.

Ominami, C. 1986. *Le tiers monde dans la crise*. Paris: Le Découverte.

Orhangazi, O. 2008. *Financialization and the US Economy*. London: Edward Elgar.

Ó Riain, S. 2000. "The Flexible Developmental State: Globalization, Information Technology, and the Celtic Tiger," *Politics & Society* 28(2): 157-193.

Painter, M. 2005. "Bureaucratic Autonomy And Administrative Reform Capacity in East and Southeast Asia," In A. Cheung (ed.), *Public Service Reform in East Asia*. Hong Kong: Chinese University Press.

Pao, H., H. Wu, and W. Pan. 2008. "The Road to Liberalization: Policy design and Implementation of Taiwan's Privatization," *International Economics and Economic Policy* 5: 323-344.

Parsons, T. 1991. *The Social System*. London: Routledge.

Payer, C. 1991. *Lent and Lost: Foreign and Third World Development*. NY: Zed Books.

Pierson, P. (ed.) 2001. *The New Politics of the Welfare State*. Oxford: Oxford University Press.

Pieterse, J. 2011. "Twenty-First Century Globalization-Propositions and Perspectives," In H. Lim et al. (eds.), *New Asias: Global Futures of World Regions*. Seoul: SNU Press.

Piore, M. and C. Sabel. 1984. *The Second Industrial Divide: Possibilities for Prosperity*. NY: Basic Books.

Polanyi, K. 1944. *The Great Transformation: The Political and Economic Origins of Our Time*. Boston: Beacon Press.

Przeworski, A. 2001. "How Many Ways Can Be Third?" In A. Glyn (ed.), *Social Democracy in Neoliberal Times: The Left and Economic Policy Since 1980*. Oxford: Oxford University Press.

Ragin, C. 1989. *The Comparative Method: Moving Beyond Qualitative and Quantitative Strategies.* CA: University of California Press.

Rapley, J. 2004. *Globalization and Inequality: Neoliberalism's Downward Spiral.* London: Lynne Rienner.

Rawls, J. 1971. *A Theory of Justice.* MA: Harvard University Press.

Reich, R. 1991. *The Work of Nations: Preparing Ourselves for 21st-Century Capitalism.* NY: Alfred A. Knopf.

Rey, P. 1973. *Les Alliances de Classes.* Paris: Maspero.

Richardson, J. 2001. *Contending Liberalisms in World Politics: Ideology and Power.* Boulder: Lynne Rienner.

Robertson, R. 1991. "Mapping the Global Condition: Globalization as the Central Concept," In M. Featherstone (ed.), *Global Culture: Nationalism. Globalization and Modernity.* London: Sage.

———. 1993. *Globalization: Social Theory and Global Culture.* London: Sage.

Robinson, W. 2007. "Beyond the Theory of Imperialism: Global Capitalism and the Transnational State," *Societies Without Borders* 2: 5-26.

Rodrick, D. 2002. *In Search of Prosperity: Analytical Country Studies on Growth.* Princeton: Princeton University Press.

Rosenberg, J. 2005. "Globalization Theory: A Post Mortem," *International Politics* 42: 2-74.

Rostow, W. 1990. *The Stages of Economic Growth: A Non-Communist Manifesto.* Cambridge: Cambridge University Press.

Rueschemeyer, D., E. Huber, and J. Stevens. 1992. *Capitalist Development and Democracy.* Chicago: University of Chicago Press.

Ruggie, J. 1982. "International Regimes, Transactions, and Change: Embedded Liberalism in the Postwar Economic Order," *International Organization* 36: 385-398.

Said, E. 1978. *Orientalism.* NY: Pantheon Books.

Schäfer, W. and H. Lim. 2010. "The New Asias and the Rise of Global Regions," In H. Lim, W. Schäfer, and S. Hwang (eds.), *New Asias: Global Futures of World Regions.* Seoul: Seoul National University Press.

Schmidt, V. 2002. *The Future of European Capitalism.* Oxford: Oxford University Press.

Schmitter, P. 1974. "Still the Century of Corporatism," *Review of Politics* 36: 93-104.

Scholte, J. 2000. *Globalization: A Critical Introduction.* NY: Palgrave Macmillan.

Schumpeter, J. 1951. *Capitalism: Essays.* NY: Addison-Wesley.

Schurman, F. 1993. "Introduction: Development Theory in the 1990s," In F. Schurman (ed.), *Beyond the Impasse: New Directions in Development Theory.* London: Zed Books.

Seers, D. 1969. "The Meaning of Development," *International Development Review* 11: 2-6.

Sen, A. 1999. *Development as Freedom.* NY: Knopf.

Sklair, L. 1999. "Competing Conceptions of Globalization," *Journal of World-Systems Research* 5: 143-163.

———. 2001. *The Transnational Capitalist Class.* Wiley: Blackwell.

Skocpol, T. 1985. "Bring the State Back In: Strategies of Analysis in Current Research," In P. Evans et al. (eds.), *Bring the State Back In.* Cambridge: Cambridge University Press.

Smith, A. 1961. *An Inquiry into the Nature and Cause of the Wealth of Nations.* London: Methuen.

———. 1991. "Towards a Global Culture?" In M. Feathestone (ed.), *Global Culture: Nationalism.* Globalization and Modernity. London: Sage.

Smith, J. 2008. *Social Movements for Global Democracy.* Baltimore: Johns Hopkins University Press.

Smith, J., C. Chatfield, and R. Pagnucco. 1997. "Social Movements and World Politics: A Theoretical Framework." In J. Smith et al. (eds.), *Transnational Social Movements and Global Politics: Solidarity Beyond the State.* NY: Syracuse University Press.

Smith, J., M. Karides, and M. Becker. 2007. *Global Democracy and the World Social Forums.* Boulder: Paradigm Publishers.

Soskice, D. 1999. "Divergent Production Regimes: Coordinated and Uncordinated Market Economies in the 1980s and 1990s," In H. Kitschelt et al. (eds.), 1999. *Continuity and Change in Contemporary Capitalism.* Cambridge: Cambridge University Press.

Stiglitz, J., A. Sen, and J. Fitoussi. 2010. *Mismeasuring Our Lives: Why GDP Doesn't Add Up.* NY: New Press.

Stivers, C. 2001. *Democracy, Bureaucracy, and the Study of Administration.* Boulder: Westview.

Stoffaes, C. 1986. "Industrial Policy in the High-Tech Industries," In W. Adams and C. Stoffaes (eds.), *French Industrial Policy.* CA: Brookings Institution.

Strange, S. 1986. *Casino Capitalism.* London: Basil Blackwell.

Streeck, W. 1992. *Social Institutions and Economic Performance.* NY: Sage.

———. 2001. "Introduction: Explorations into the Origins of Nonliberal Capitalism in Germany and Japan," In W. Streeck and K. Yamamura (eds.), *The Origins of Nonliberal Capitalism: Germany and Japan in Comparison*. Ithaca: Cornell University Press.

Streeten, P. 1981. *First Things First: Meeting Basic Needs in Developing Countries*. Oxford: Oxford University Press.

Suh, Moon-Gi. 1998. *Developmental Transformation in South Korea: From State-Sponsored Growth to the Quest for Quality of Life*. NY: Praeger Press.

———. 2011. "After the Developmental State in South Korea," *Korea Observer* 38(3): 387-406.

———. 2014. "Quality of Life and Happiness: The Myth of Development in South Korea," *Korea Observer* 45(1): 61-86.

Swedberg, R. 2005. "The Economic Sociology of Capitalism: An Introduction and Agenda," In V. Nee and R. Swedberg (eds.), *The Economic Sociology of Capitalism*. Princeton: Princeton University Press.

Tang, K. 2000. *Social Welfare Development in East Asia*. Basingstoke: Palgrave.

Tasi, M. 2001. "Dependency, the State and Class in the Neoliberal Transition of Taiwan," *Third World Quarterly* 22(3): 359-379.

Taylor, C. and M. Hudson. 1983. *World Handbook of Political and Social Indicators*. New Haven: Yale University Press.

Taylor, J. 1979. *From Modernization to Modes of Production: A Critique of the Sociologies of Development and Underdevelopment*. London: Macmillan.

Tilly, C. 1975. *The Formation of National States in Western Europe*. Princeton: Princeton University Press.

Tiriyakian, E. 1990. "On the Shoulders of Weber and Durkheim: East Asia and Emergent Modernity," In K. Kim and S. Lee (eds.), *Asia in the 21st Century: Challenges and Prospects*. Seoul: Panmoon Book.

Toffler, A. 2006. *Revolutionary Wealth*. NY: Knopf.

———. 2010. *40 For The Next 40: A Sampling of the Drivers of Change That Will Shape Our World between Now and 2050*. MA: Toffler Associates.

Tu, Wei-Ming. (ed.) 1996. *Confucian Tradition in the East Asian Modernity: Modern Education and Economic Culture in Japan and the Four Mini-Dragons*. Cambridge: Harvard University Press.

Tucker, R. 1978. *The Marx-Engels Reader*. NY: Norton.

United Nations Development Program. 2014. *Human Development Report*. Oxford: Oxford University Press.

Veltmeyer, H. 2004. *Globalization and Antiglobalization: Dynamics of Change in the New World Order*. VT: Ashgate.

Vernon, R. 1966. "International Investment and International Trade in the Product Cycle," *Quarterly Journal of Economics* 80(2): 190-207.

Vogel, E. 1979. *Japan as Number One: Lessons for America*. MA: Harvard University Press.

Wade, R. 1990. *Governing the Market: Economic Theory and the Role of Government in East Asian Industrialization*. Princeton: Princeton University Press.

———. 1996. "Globalization and its Limits: Reports of the Death of the Nation-State are Greatly Exaggerated," In S. Berger and R. Dor (eds.), *National Diversity and Global Capitalism*. Ithaca: Cornell University Press.

Wallerstein, I. 1974. *The Modern World System*. NY: Academv Press.

———. 1979. *The Capitalist World-Economy: Essays*. NY: Cambridge University Press.

———. 1990. "Culture as the Ideological Battleground of the Modern World-System," In M. Featherstone (ed.), *Global Culture: Nationalism. Globalization and Modernity*. London: Sage.

———. 1991. *Unthinking Social Science: The Limits of Nineteenth Century Paradigm*. Cambridge: Polity Press.

Wang, C. 2012. "Moving toward Neoliberalization? The Restructuring of the Developmental State and Spatial Planning in Taiwan," In B. Park, R. Hill, and A. Saito (eds.), *Locating Neoliberalism in East Asia: Neoliberalizing Spaces in Developmental States*. West Sussex: Wiley-Blackwell.

Warren, B. 1980. *Imperialism: Pioneer of Capitalism*. London: Verso.

Waters, M. 1995. *Globalization*. NY: Routledge.

Weber, M. 1978. *Economy and Society: An Outline of Interpretive Sociology 2*. Berkeley: University of California Press.

Weaver, J. and K. Jameson. 1981. *Economic Development: Compelling Paradigms*. Lanham: University of America Press.

Weiss, L. 1998. *The Myth of the Powerless State: Governing the Economy in a Global Era*. NY: Polity.

Weiss, L. and J. Hobson. 1995. *States and Economic Development: A Comparative Historical*

Analysis. NY: Polity.

Wilenski, H. 2005. "Tradeoffs in Public Finances: Comparing the Wellbeing of Big Spenders and Lean Spenders," Paper presented at the International Symposium on *Social Spending and Economic Growth in OECD Countries*. Korea Institute for Health and Social Affairs. Seoul, Korea. (November 22)

Williamson, J. 1999. "What Should the Bank Think about the Washington Consensus?" Background Paper to the World Bank's *World Development Report 2000*. Washington, D.C.: World Bank Publications.

Wilthagen, T. 1998. "Flexicurity: A New Paradigm for Labour Market Policy Reform?" *Discussion Paper* FS (I). Berlin: Social Science Research Center.

Wolf, M. 2006. "Will Globalization Survive?" *World Economics* 6(4): 1-10.

Wong, J. 2004. "The Adaptive Developmental State in East Asia," *Journal of East Asian Studies* 4: 345-362.

———. 2005. "Re-making the Developmental State in Taiwan: The Challenges of Biotechnology," *International Political Science Review* 26(2): 169-191.

Wood, M. 1997. "Labor, the State and the Class Struggle," *Monthly Review* 49: 1-17.

World Bank. 1993. *The East Asian Miracle: Economic Growth and Public Policy*. Oxford: Oxford University Press.

———. 1995. *World Tables of Economic and Social Indicators*. Baltimore: Johns Hopkins University Press.

———. 2002. *Globalization, Growth, and Poverty: Building an Inclusive World Economy*. NY: Oxford University Press.

———. 2014. *World Development Report*. Oxford: Oxford University Press.

Wu, Y. 2007. "Taiwan's Developmental State: After the Economic and Political Turmoil," *Asian Survey* 47(6): 977-1001.

Zysman, J. 1983. *Governments, Markets, and Growth: Financial Systems and the Politics of Industrial Change*. Ithaca: Cornell University Press.

瞿宛文. 2011.「民主化與經濟發展: 臺灣發展型國家的不成功轉型」,『臺灣社會學研究季刊』第84期, 243-288.

杜維明. 1990.『儒家傳統的現代轉化』. 北京: 中國廣播電視出版社.

隅谷三喜男·劉進慶·凃照彦. 1992.『臺灣の經濟: 典型NIESの光と影』. 東京: 東京大學出版會.

鄭陸霖. 1988.「臺灣勞動體制形構的解析: 歷史/結構的取向」. 國立臺灣大學社會學研究所 碩士論文.

行政院經濟建設委員會編. 1989.『中華民國七十七年經濟年報: 邁向經濟自由化之路』. 中華民國七十八年六月.

行政院經濟部. 2009.『兩岸經濟合作架構協議(ECFA)構想及推動重點』.

行政院主計處. 2012.『臺灣統計月報』.

위키피디아. 연도별 반도체 기업 순위(2009-2010)

『經濟日報』(2003. 7. 23)

Taiwan Journal(2005. 8. 12)

World Steel Association(2010)

WTO 및 APEC 통계시스템 자료(2009)

찾아보기

ㅎ

발간사

다가오는 미래가 아시아의 시대가 될 것이라는 인식은 이제 우리에게 그리 새롭지는 않습니다. 그렇다면 우리에게 주어진 과제는 한국인과 한국 사회는 어떤 존재로서 아시아의 시대를 살아가고자 하는가 하는 질문을 통해 우리와 남의 모습을 상상하고, 우리와 남의 관계에 대한 그림을 그리고, 그것들을 실천하는 일일 것입니다.

그러나 아시아의 시대가 온다고 해서 아시아 사람들이 저절로 잘 살게 되는 것도, 아시아가 저절로 평화롭고 정이 넘치는 공동체가 되는 것도 아닐 것입니다. 그러므로 우리는 아시아 지역을 살아가는 사람들이 어떤 공동체를 만들어가고 싶은가, 아시아 공동체가 잘 되면 인류에게 무슨 도움이 되는 것인가 하는 질문을 해야 하지 않을까 싶습니다. 오히려 아시아의 시대가 왔다고 생각하기 시작한 지난 20여 년간 아시아 내부의 갈등과 적대, 민족주의와 인종차별 등은 더 심해지고 있다는 착각이 듭니다. 그것을 착각이라고 생각하는 까닭은 외양으로 보면 그렇게 보이지만, 실제 내부에서 일어나는 현상을 찬찬히 살펴보면, 아시아 내부의 상호이해와 교류가 느리지만 거대한 규모로 일어나고 있다고 믿기 때문입니다. 지표면에서 보면 날씨 변화도 심하고 지진도 자주 일어나지만, 땅속 깊은 곳에서 아시아의 시대를 만들어가는 지하수의 물줄기가 형성되고 있는 것 아닌가 싶습니다.

20세기 유럽과 미국이 축적한 자연과학과 인문·사회과학 등 근대의 학문적 지식은 인류 문명의 새로운 길을 열었고, 인류의 행복과 안정에 커다란 기여를 했습니다. 물론 제국주의 지배와 전쟁, 차별과 빈곤을 동시에 가져다주기도 했습니다. 아시아의 세기는 서양의 근대를 넘어서서 새로운 '근대 이후'를 만들어나가는 일이어야 합니다.

지식의 생산과 공유, 인재 양성을 책임지고 있는 대학이라는 공간에서 아시아에 대한 어떤 지식을 생산하고, 아시아에 대해 무엇을 어떻게 가르칠 것인가 하는 문제의식이야말로 서울대학교 아시아연구소에 주어진 책무일 것입니다. 서울대학교 아시아연구소는 2009년 9월 출범한 이래 지역과 주제의 결합에 기초한 아시아 연구의 세계적 허브 구축을 목표로 아시아 연구 기반 구축과 우수 연구 활동 지원 등의 다양한 학술 활동을 진행해 왔습니다. 특별히 아시아에 대한 지식 생산의 기반을 다지는 작업으로서, 우수한 기초 연구 활성화를 위해 노력해 왔습니다.

서울대학교 아시아연구소총서는 바로 이러한 학문적 노력의 결실입니다. 앞으로도 서울대학교 아시아연구소는 국내외 연구자들의 우수한 연구를 지원하여 그 결과물을 지속적으로 발간해나갈 것입니다. 이러한 아시아연구소총서가 아시아의 시대를 열어가는 데 필요한 기반을 만드는 중요한 지적 자산이 되기를 기대합니다. 이를 바탕으로 아시아 시대를 만들어가는 지하수를 실증적으로 드러내고, 아시아 내부의 상호 이해와 교류를 넓혀갈 수 있길 바랍니다.

서울대학교 아시아연구소

집필자 소개

임현진은 서울대 사회학과를 거쳐 미국 하버드대에서 사회학 박사학위를 받았으며, 현재 서울대 사회학과 명예교수로 한국사회과학협의회 회장을 맡고 있다. 서울대 사회과학대학장, 아시아연구소장, 기초교육원장과 한국사회학회, 한국정치사회학회, 한국NGO학회, 국제개발협력학회, 전국사회대학장협의회 등의 회장을 역임하였으며, 교육부로부터 인문사회분야 '국가석학'으로 추대된 바 있다. 전공분야는 사회발전론, 정치사회학, 비교사회학이며, 주요 연구업적으로 『지구시민사회의 구조와 역학』, 『세계화와 반세계화』, 『한국의 사회운동과 진보정당』, *Global Challenges in Asia: New Development Models and Regional Community Building*(공저), *New Asia: Global Futures of World Regions*(공저), 「21세기 아시아 시대의 도래?」, "Globalizing Asia", "A New Spirit of Capitalism"(공저) 등 다수가 있다.

서문기는 서울대 사회학과를 거쳐 미국 브라운대에서 사회학 박사학위를 받았으며, 영국 옥스퍼드 대학원에서 Senior Associate Member로 활동한 후 현재 숭실대 정보사회학과 교수로 재직 중이다. 숭실대 사회과학연구소장과 한국사회학회, 한국정보사회학회, 한국사회과학협의회 등의 이사를 역임하였으며, Korean Honor Scholar, 인촌기념펠로우, 매경비트펠로우, Best Teacher 등 전문적인 학술활동을 하고 있다. 전공분야는 사회발전론, 정보사회학, 사회정책이며, 주요 연구업적으로 *Developmental Transformation in South Korea*(Praeger), 『한국사회의 위험과 안전』(공저), 「잘 사는 국가는 행복한가?」(DBpia 최다 다운로드 논문), 「한국사회의 정부신뢰구조」, 「한국의 사회갈등 구조 연구」, 「정보사회와 골드칼라」, "Quality of Life and Happiness" 등 다수가 있다.

집필자 소개

임현진은 서울대 사회학과를 거쳐 미국 하버드대에서 사회학 박사학위를 받았으며, 현재 서울대 사회학과 명예교수로 한국사회과학협의회 회장을 맡고 있다. 서울대 사회과학대학장, 아시아연구소장, 기초교육원장과 한국사회학회, 한국정치사회학회, 한국NGO학회, 국제개발협력학회, 전국사회대학장협의회 등의 회장을 역임하였으며, 교육부로부터 인문사회분야 '국가석학'으로 추대된 바 있다. 전공분야는 사회발전론, 정치사회학, 비교사회학이며, 주요 연구업적으로 『지구시민사회의 구조와 역학』, 『세계화와 반세계화』, 『한국의 사회운동과 진보정당』, *Global Challenges in Asia: New Development Models and Regional Community Building*(공저), *New Asia: Global Futures of World Regions*(공저), 「21세기 아시아 시대의 도래?」, "Globalizing Asia", "A New Spirit of Capitalism"(공저) 등 다수가 있다.

서문기는 서울대 사회학과를 거쳐 미국 브라운대에서 사회학 박사학위를 받았으며, 영국 옥스퍼드 대학원에서 Senior Associate Member로 활동한 후 현재 숭실대 정보사회학과 교수로 재직 중이다. 숭실대 사회과학연구소장과 한국사회학회, 한국정보사회학회, 한국사회과학협의회 등의 이사를 역임하였으며, Korean Honor Scholar, 인촌기념펠로우, 매경비트펠로우, Best Teacher 등 전문적인 학술활동을 하고 있다. 전공분야는 사회발전론, 정보사회학, 사회정책이며, 주요 연구업적으로 *Developmental Transformation in South Korea*(Praeger), 『한국사회의 위험과 안전』(공저), 「잘 사는 국가는 행복한가?」(DBpia 최다 다운로드 논문), 「한국사회의 정부신뢰구조」, 「한국의 사회갈등 구조 연구」, 「정보사회와 골드칼라」, "Quality of Life and Happiness" 등 다수가 있다.

윤상우는 고려대 사회학과에서 사회학 학사 · 석사 · 박사 학위를 받았으며, 미국 워싱턴대 박사후연구원과 한림대 강의전담교수 및 고려대 연구교수 등을 거쳐 현재 동아대 사회학과 교수로 재직 중이다. 전공분야는 사회발전론, 비교정치경제, 동아시아 연구이며, 신자유주의에 대한 비교연구와 세계화 시대의 자본주의 변동에 관심을 두고 활발한 연구활동을 하고 있다. 주요 연구업적으로 『동아시아 발전의 사회학』, 『한국인의 갈등의식의 지형과 변화』(공저), 『한국 민주화와 사회경제적 불평등의 동학』(공저), 「IMF위기 이후 신자유주의의 내부화 과정: 한국과 브라질 비교」, 「현대자본주의의 금융화 경향성과 쟁점들」, 「외환위기 이후 한국의 발전주의적 신자유주의화」, 「발전국가를 준거로 한 중국 성장체제의 평가」 등 다수가 있다.